陶行知 著

中国陶行知研究会 组编

总主编 周洪宇

陶行知全集（新编本）

第六卷 论著

本卷主编 刘来兵

副主编 贺鹏丽

华中师范大学出版社

陶行知全集（第六卷）

TAOXINGZHI QUANJI

图书在版编目（CIP）数据

陶行知全集：新编本. 第六卷 / 周洪宇 总主编；陶行知 著；刘来兵 本卷主编. — 武汉：华中师范大学出版社，2021.12

ISBN 978-7-5622-9611-9

Ⅰ. ①陶… Ⅱ. ①周… ②陶… ③刘… Ⅲ. ①陶行知（1891—1946）—全集 Ⅳ. ①G4-52

中国版本图书馆 CIP 数据核字（2021）第 267202 号

责任编辑：陈良军　　封面设计：罗明波
责任校对：骆　宏　　责任印制：刘　敏
编辑室：学术出版中心　　电话：027－67863280/7792
出版发行：华中师范大学出版社
地址：湖北省武汉市洪山区珞喻路 152 号
电话：027－67863426（发行部）
网址：http://press.ccnu.edu.cn
邮箱：press@mail.ccnu.edu.cn
印刷：湖北恒泰印务有限公司
开本：710mm×1000mm　1/16　　印张：29.5
字数：481 千字　　定价：149.00 元
版次：2022 年 11 月第 1 版　　印次：2022 年 11 月第 1 次印刷

《陶行知全集》（新编本）顾问委员会

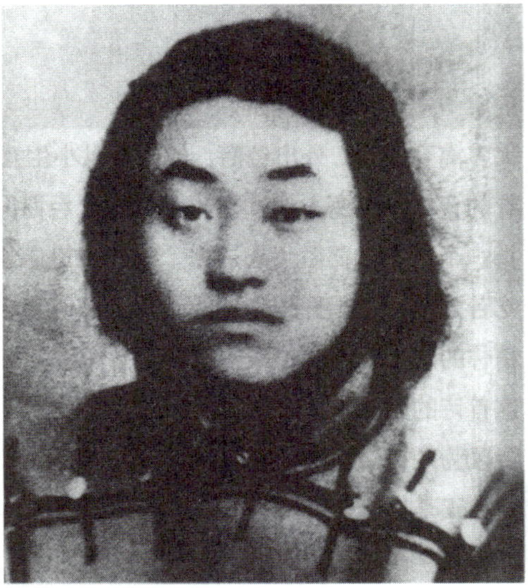

青少年时期

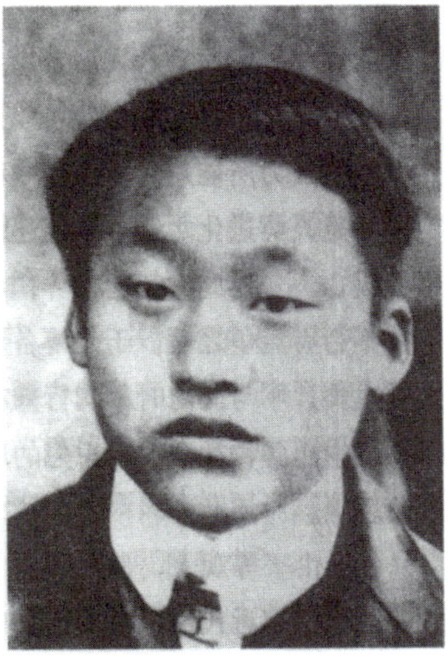

金陵大学时期

1914 年赴美途中与同学合影（前排左一为陶行知，后排右一为陈鹤琴）

1915 年秋，转赴纽约哥伦比亚大学师范学院攻读教育学博士学位，在哥伦比亚大学本部校区侧门高台处与同学孙科等合影（中间为陶行知，左二为孙科，背后是哥伦比亚大学师范学院大楼）

与哥伦比亚大学同学合影（前排右一为陶行知，左二为胡适）

与哥伦比亚大学导师斯特雷耶合影

1915年秋，获伊利诺伊大学政治学硕士学位（后排右二为陶行知）

与妻汪纯宜（右）、妹陶文渼（左）合影

1919 年 5 月，杜威应邀来华讲学，由史量才、陶行知等陪同
参观上海申报馆时的合影（前排右一为杜威，后排右二为陶行知）

1921 年，孟禄来华考察，陶行知陪同并任翻译（左三为孟禄，左四为陶行知）

1923 年，与长子陶宏和次子陶晓光合影

南京平民教育动员大会盛况

陶行知的妹妹陶文渼热心乡村教育，创设了晓庄农妇工学处

东南大学任教时期

中华教育改进社第一次董事会议，陶行知任主任干事（右一为陶行知）

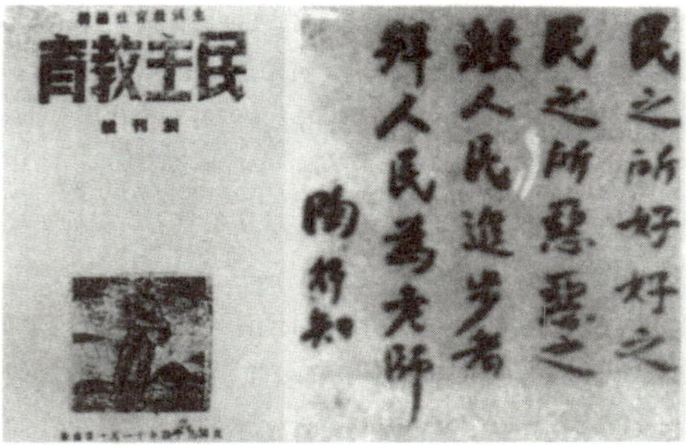

陶行知主编的《民主教育》

陶行知亲自设计的晓庄师范校旗

（100 颗星代表征集 100 万位同志，倡导 100 万所学校，改造 100 万个乡村）

陶行知在晓庄师范周年纪念会上讲话，讲话内容可概括为：主张教学合一，改造乡村教育

1928年秋，陶行知创办了第二所乡村师范——浙江湘湖师范，先后委派晓庄学生操震球、程本海、方与严、王琳、李楚材等赴湘湖师范办学

育才办学时期

出席世界和平大会期间与巴黎学生自治会代表合影（左三为陶行知）

1932 年 10 月 1 日，山海工学团在宝山县大场成立，
取名“山海”，志在唤醒民众，收复东北失地，要日寇还我河山

1933 年 4 月，山海工学团各儿童自动工学团联合举行儿童节纪念大会，
陶行知在大会上讲话

1936 年 9 月，出席巴黎全欧华侨抗日救国联合会会议时，与钱俊瑞、陆璀合影
（后排左一为陶行知，左三为钱俊瑞；前排中为陆璀）

1936年11月，在英国伦敦海德公园（海德公园是当时的自由论坛，陶行知曾写有《海德公园》一诗，赞扬这里的言论自由，讽刺、抨击当时国民党政权的独裁与专制）

1936年11月，回访母校哥伦比亚大学，并发表演讲

1937 年，孩子剧团人员合影，陶行知鼓励他们勇敢地为抗日救国而斗争

1937 年，在温哥华与华侨合影（居中者为陶行知）

1938年8月，陶行知回国途经香港，受到香港渔人协会平民学校师生的热烈欢迎，应邀在欢迎会上作《国际形势与中国抗战》的演说

1939年，与吴树琴在重庆

1945年10月，中国民主同盟举行第一次全国代表大会（三排右四为陶行知；二排右三为史良，右五为鲜特生，右六为张澜，右七为沈钧儒；前排右六为李公朴）

1945年10月11日，毛泽东到重庆谈判后返回延安时，陶行知等到机场欢送（右一为陶行知，右二为陈诚，右四为张治中）

普及教育

社會大學開學

1946 年 1 月初，陶行知创办社会大学，在《普及教育》上刊登了《社会大学开学》一文

1946 年 6 月 23 日，陶行知在上海北站欢送人民代表赴南京请愿的大会上高呼：“八天的和平太短了，我们需要永久的和平！伪装的民主太丑了，我们需要真正的民主！”

编辑说明

一、陶行知（1891—1946）是中国近现代著名的教育家、思想家、政治家和文学家，也是中国近现代原创力最强，真正形成教育学说体系，并具有世界影响的教育思想家。陶行知在国内外有着很高的地位，毛泽东称之为“伟大的人民教育家”，董必武誉之为“当今一圣人”，宋庆龄赞之为“万世师表”。习近平总书记也多次在不同场合提及陶行知，对陶行知思想、事业、人格与精神予以充分肯定。不仅在国内，陶行知在国际上也享有盛誉。日本知名教育史学家、中国研究所前所长、东京专修大学教授斋藤秋男指出：“陶行知不仅是属于中国的，也是属于世界的。”2007 年，美国知名学者、哥伦比亚大学师范学院哲学、教育学教授戴维德·汉森（David T. Hansen）在他主编的《教育的伦理视野——实践中的教育哲学》一书中，介绍了世界最具影响力的十大教育思想家，其中唯一的一位中国教育思想家就是陶行知，他将陶行知与美国的杜威、意大利的蒙台梭利等世界著名教育思想家并列，足见陶行知在国际学术界的巨大影响以及被国际人士的高度认可。学习、研究和借鉴陶行知教育学说和人格精神在新时代仍然有重要的现实意义。

二、陶行知的著作，生前曾以各种形式出版过专辑，在其去世以后，有关方面和人士也多次提出编辑出版全集，但终因条件所限，一直未能实现。党的十一届三中全会以后，陶行知研究走上正轨。1982 年，华中师范学院（后改名华中师范大学）在陶行知家属吴树琴、陶晓光、陶城和张健、戴自俺、楼化蓬、孙传华、苏辛涛等弟子们，以及一批国内陶行知研究专家的支持和指导下，由华中师范学院教育科学研究所所长杨葆焜和副所长董宝良两位教授分别担任正、副主编，与萧宗六、伍文教授一道，带领中青年教师夏德清、喻本伐、周洪宇、熊贤君、蔡靖方、李红梅等人编辑完成《陶行知全集》（8 卷本），并由湖南教育出版社从 1984 年初开始陆续出版（简称湘教版）。湘教版全集出版后，陶行知弟子，时任国务委员的张劲夫在 1986 年 4 月 24 日的《人民日报》上发表书评《中国近代教育史上的一座宝库》，高度赞扬了华中师范大学湘教版《陶行知全集》的编辑出版工作。湘教版《陶行知全集》先后荣获 1988 年全国首届优秀教育图书特别奖、1994 年第一届国家图书奖。这套全集出版后，为弥补遗漏缺失，成立不久的中国陶行知研究会就组成编辑委员会，邀请张劲夫、钱伟长、孙起孟担任顾问，方明担任主任委员，戴自俺任主编，胡晓风任特邀主编，由陶晓光全面协调，在此基础上利用当时收集的一批新资料，在陶行知家属吴树琴、陶晓光、陶城及刘季平、方明、张健、戴自俺、陆静山、楼化蓬、徐明清、吴瀚、苏辛涛、孙传华、金成林等弟子们指导和参与下，组织郭笙、聂大鹏、张邦民、温致义、洪桥、储朝晖、庞曾漱、王超英等同志整理、编辑《陶行知全集》（12 卷本），丁丁、李能寿、龚思雪担任审稿，并由四川教育出版社金成林、伍尧、浦家驹、吴纪真、王屏汉、周良玉、罗智超、文龙、邹青等人组成出版工作班子，于 1990 年开始陆续出版（简称川教版），2005 年之后又出版修订版。川教版全集第一版出版后，时任中顾委常委的张劲夫再次在《人民日报》上发表书评予以肯定：华中师范大学、中国陶行知研究会都为保存中华民族优秀文化遗产，推动教育改革，建设中国特色社会主义教育理论体系作出了积极贡献，得到了社会各界佳评。

这次华中师范大学及出版社之所以要编辑出版《陶行知全集》（新编本），一是为了纪念陶行知先生诞辰 130 周年和逝世 75 周年；二是近 30 年来又陆续发现了一批重要佚文，是时候重新编辑一套内容更为丰富、资料更为齐全、考订更为精准、卷帙更为繁富的《陶行知全集》了。这有助于推动当下和未来中国教育改革、发展与创新，对建设高质量教育体系，打造教育强国具有重要价值和意义。

三、基于陶行知是 20 世纪集教育家、思想家、政治家和文学家四大家于一身的综合型文化巨人这一新的历史定位，《陶行知全集》（新编本）力图创新原有的编辑整理理念、思路和分类。

《陶行知全集》（新编本）的第一个明显改进是建立了全新的分类体系：第一卷至第五卷为论文演讲，收录陶行知于 1913 年至 1946 年发表的论文、演讲等文章以及与正文内容密切相关的附文，新增篇目是论文演讲卷的一大亮点，同时考证、修订了以往两套全集中的部分错误。第六卷为论著，收录陶行知撰写出版的《中国教育改造》《教学做合一讨论集》《普及教育》《普及教育续编》《普及教育三编》《怎样做小先生》《中国大众教育问题》《育才学校手册》八本论著。第七卷为教材，收录陶行知撰写出版的《平民千字课》《儿童天文学活页指导（函授教材）》《老少通千字课》《算术课本编辑手稿》四套教材及《儿童科学读物》。第八卷为英文，该卷特点在于集论著、书信、诗歌等多种体裁于一卷，按照英文著述与翻译作品对篇目初次分类，继而以体裁二次归类，同一体裁内以时间先后编排，同时考虑到学位论文（硕士）的特殊性与重要性，在编排中予以单列。第九卷为小说、杂文、散文、儿童故事、儿童剧，采取全新的分类方式，将陶行知文学著作中的小说、杂文、散文、儿童故事和儿童剧（如《古庙敲钟录》《斋夫自由谈》以及《创造宣言》等）从原来湘教版、川教版教育著作类中独立出来并加以细分，实现了分类理念的创新。第十卷为诗歌，该卷将《知行诗歌集》《知行诗歌续集》《知行诗歌别集》《知行诗歌三集》《知行诗歌集》5 本专集编排在前，然后将此之外的诗歌（包括中诗英译和英诗中译）依照时间先后编进集外诗歌，同时也将歌曲和对联细分，最终形成了由集内诗歌、集外诗歌、歌曲、对联四大类综合而成的诗歌卷。第十一卷为书信，收录陶行知以个人名义、职务名义以及作为集体一员所写的书信及相关来信或复信，同时该卷将呈文、电文等类似书信形式的通信也收录进来。第十二卷为日志，根据陶行知 55 本记事本的复印件整理而成，是陶行知著述的重要组成部分。第十三卷为自述，陶行知生前没有写过自传，只写过一批带有自传性质的自述。为了让读者对陶行知有更加全面的了解，参照目前市面类似自述的编辑方式，编者以陶行知本人所作《早期的经历和打算》《早期的人生信仰》两篇自述性文章为基础和线索，通过综合整理陶行知各种自述性质的资料编成此自述，给人们提供了一种了解他的新途径、新形式，这也是《陶行知全集》（新编本）编辑方式上的新探索。第十四卷为年谱，该卷内容均为原创，条目化呈现了陶行知的生活轨迹，客观公正地呈现了陶行知的人生，简单明了便于查阅。《陶行知全集》（新编本）14 卷重新细分类型，形成了比较科学合理的分类格局。

《陶行知全集》（新编本）的第二个明显改进是新增了一批重要佚文。特别需要指出的是，《陶行知全集》（新编本）新增了陶行知英文硕士学位论文的原文及译文，合 10 余万字，系首次公开发表，它是研究陶行知早期思想发展过程极为珍贵的史料。此外，新增百余篇新发现的佚文，包括演讲、诗歌、书信、日记等，合40余万字，再加上新整理的自述和年谱，使全集新编本总字数将近900万。这说明陶行知本人实际撰译字数远超前述两套全集。

《陶行知全集》（新编本）的第三个明显改进是努力对照原文，考证查实了收文的标题、内容、出处、日期，对以往两套全集中存在的错误进行了修订。例如，经考证修订了文章出处及日期错误60余处、其他各类文字脱漏和标点错误等数百处。

《陶行知全集》（新编本）的第四个明显改进是新增了各卷的本卷说明，介绍了各卷的编辑原则、编辑范围、编辑体例、新增篇目、修订内容以及各卷的特点与风格，做到了全集与各卷之间的兼顾与呼应。

四、《陶行知全集》（新编本）的编辑工作，以“求全”“求新”“求真”为基本原则。（一）求全：将已知的文献尽可能地全部收入，尽量不留遗憾。（二）求新：增补了新收集的资料，并做了认真的校勘和考订。（三）求真：《陶行知全集》新编本收文，尽量保持陶行知著作原貌，所收文稿，均作慎重核查考订。校勘、考订工作主要以手稿或最早的影印本为依据，并参考湘教版、川教版等，对照比较，在出现表述差异的情况下，以“求真”为原则进行选择。

五、《陶行知全集》（新编本）的编辑工作，努力把握和处理好主体与全体的关系、整体与局部的关系、继承与创新的关系。（一）主体与全体的关系：陶行知著述丰富，涉及领域广泛，不仅在教育方面，而且在哲学、政治和文学多方面都有许多论述。教育著述是陶行知著述的主体，但不是它的全体。因此，《陶行知全集》新编本不仅在分类和内容上重点编辑教育著述，还努力将诗歌、小说、杂文、散文、儿童故事、儿童剧、歌曲、对联等文学作品与教材、书信、日志、自述等各类著述分类呈现。（二）整体与局部的关系：体现在两个层面，一是分卷局部与14卷整体的关系，在编辑本卷时努力放在14卷整体中来考虑；二是编辑本卷时，努力把每篇文章放在本卷整体中来考虑，做到统筹兼顾，相互协调。（三）继承与创新的关系：《陶行知全集》（新编本）一方面努力继承湘教版和川教版两套全集的精华与优点，另一方面在分类与编辑过程中大胆创新与突破。

六、在华中师范大学校领导以及中国陶行知研究会新任会长朱永新等人的高度重视和大力支持下，《陶行知全集》（新编本）由华中师范大学陶行知国际研究中心发起组织并协调，中国陶行知研究会组编，华中师范大学出版社出版。编辑机构分为顾问委员会和编辑委员会。顾问委员会名誉主任为张劲夫、钱伟长、孙起孟、吴树琴；主任委员为方明、张健、戴自俺、胡晓风、刘若曾、章开沅、朱永新、杨葆焜、董宝良、赵凌云、韩邦彦，副主任委员为丁丁、丁右涵、王琳、王世杰、王承绪、邓宗琦、吕长春、吕景星、伍文、任钟印、孙传华、苏辛涛、李冰封、李能寿、李楚材、杨应彬、杨明远、肖宗六、吴瀚、余洁生、张一诚、张邦民、张达扬、陆维特、陆静山、陈树新、陈贻鑫、罗明、周正章、庞曾漱、洪桥、祝德顺、聂大朋、夏德清、徐明清、徐春轩、郭笙、陶城、陶晓光、曹先捷、龚思雪、蒋秋芝、温致义、楼化篷、操震球、戴本博；委员包括王仁雷、王旭明、王超英、卢志文、申国昌、吕德雄、刘大康、刘有声、刘贵华、江长风、汤翠英、许森、李冬、李红梅、李祚明、杨东平、杨立义、张颖、张惠元、张德生、陈华、陈思、陈洛、金堤、周国彪、周晓平、赵振铣、胡国枢、姚启安、聂圣哲、夏青峰、徐成钢、陶侃、陶铮、韩忠祥、喻本伐、程红兵、程晋升、程翊德、储朝晖、鲁风、童兆玲、童富勇、窦桂梅、蔡靖方、裴未如、熊贤君。编辑委员会名誉主任是中国陶行知研究会会长朱永新；编辑委员会主任为中国教育学会副会长、中国陶行知研究会原常务副会长、中国陶行知研究会学术委员会主任、华中师范大学陶行知国际研究中心主任周洪宇，华中师范大学校长郝芳华，副主任为华中师范大学副校长彭南生。编辑委员会成员按姓氏笔画排序，包括于洋、王会波、申国昌、申慧宁、冯会平、邢欢、刘大伟、刘从德、刘训华、刘来兵、齐彦磊、杜小双、杜京容、李宇阳、汪亮、张汉敏、陈诗、周娜、周挥辉、赵婧、柯文涛、侯雅蓉、贺鹏丽、夏豪杰、黄国华、覃琳、詹淑兰、操太圣。编辑人员包括陈海霞、郑媛、李楠、王燕、刘明源、操若璠、余江涛、陈港、侣娅琳、赵美君、陈冰、潘亚东、产夏洪、安智诚、邓宇星、杨妮、刘利敏、王亭力、冯雯、唐仁凤、吴梦洁、胡晓涵、郑王怡、徐聪聪、励琳、方楹、金小骞、张好、李佳新、樊竣菲、韩旭帆、曾嘉怡。编辑委员会成员是这次编辑工作的主干，秘书长为周挥辉、刘从德、申国昌，副秘书长为刘来兵、齐彦磊、陈诗。

七、《陶行知全集》（新编本）总主编由周洪宇担任。第一卷分卷主编周洪宇，副主编齐彦磊；第二卷主编周洪宇，副主编王会波；第三卷主编周洪宇，副主编詹淑兰、李宇阳；第四卷主编申国昌，副主编夏豪杰、申慧宁；第五卷主编操太圣；第六卷主编刘来兵，副主编贺鹏丽；第七卷主编刘来兵，副主编贺鹏丽；第八卷主编周娜、杜小双，副主编侯雅蓉、张汉敏；第九卷主编于洋；第十卷主编汪亮、覃琳；第十一卷主编邢欢，副主编陈诗；第十二卷主编刘训华，副主编柯文涛；第十三卷主编周洪宇；第十四卷主编杜京容、刘大伟。

八、《陶行知全集》（新编本）的编辑工作，得到了中国陶行知研究会、湖北省图书馆、华中师范大学图书馆、南京晓庄学院图书馆、南京大学图书馆、南京晓庄学院陶行知纪念馆、伊利诺伊大学档案馆、中国第二历史档案馆以及各相关省市图书馆、博物馆、档案馆、陶行知纪念馆、出版社以及陶行知先生后人、生前友人和学生的热心赞助与大力支持，特别是喻本伐教授、何荣汉博士提供了一批重要佚文及信息，谨此致谢！

九、限于水平和时间，《陶行知全集》（新编本）中错漏之处在所难免，敬希读者教正。

《陶行知全集》（新编本）编辑委员会

2021 年 9 月

编辑凡例

一、《陶行知全集》新编本采取体裁加编年的形式作为编辑体例。按照体裁分类分卷，再于各分卷下以编年的原则编排。《全集》新编本分编为十四卷：第一至五卷为论文演讲；第六卷为论著；第七卷为教材；第八卷为英文；第九卷为小说、杂文、散文、儿童故事和儿童剧等；第十卷为诗歌；第十一卷为书信；第十二卷为日志；第十三卷为自述；第十四卷为年谱。

二、《全集》新编本的编年原则为：（一）文章写作、演讲时间与发表时间皆备者，以写作与演讲时间为据。（二）无写作与演讲时间而有发表时间者，以发表时间为据。（三）报刊上连载的文章，以第一部分的发表时间为据。

三、《全集》新编本的收文原则为：（一）收文以首次发表者为准。（二）专著以陶行知生前出版者为据。（三）未刊发者以底本为据。

四、《全集》新编本的注释原则为：（一）一律采用尾注形式。（二）注释从简。同一条目，在同一卷中，原则上只在首次出现时加注，在后卷出现时酌注。（三）注释序号，原注照旧。今注用①②③④等。（四）人物注释，只做介绍，不做评价，力求客观真实。（五）文章标题尽量使用原文发表时期的标题，对于部分原文没有标题的篇目由编者拟定，并以注释形式说明。原则上从原文中直接摘取代表性文字构成文章标题，必要情况下对原文文字稍加增减。（六）对于作者在原著重新发表时有所增删者，其增删部分用注释加以说明，或将修改文字以附录形式置于原著正文之后，以便对照。（七）注释中须说明写作或发表时间以及原著来源。

五、《全集》新编本的文字处理原则为：（一）按国家公布的《简化字总表》（1986 年 10 月），将原件的繁体字一律改为简化字。（二）按《现代汉语词典》，将原件中的异体字、通假字等一律改为规范字。（三）原稿及印本中有明显的漏字、衍字和错字，由整理者慎重校勘后斟酌订正；无从判断正误者，或发现数据有误者以注释存疑。（四）原著中因直排而出现“如左”字样，均改为“如下”。

《陶行知全集》（新编本）编辑委员会

2021年9月

本卷说明

本卷为论著卷，遵循全集确定“求全”“求新”“求真”原则，采用“体裁+编年”体例，收录陶行知发表的8本论著，总计约48万字。

本卷最大特点是细分类型，将陶行知生前所出版的著作集中收录，其中《古庙敲钟录》《斋夫自由谈》收于《陶行知全集（新编本）第九卷》。本卷按照论著出版时间确定顺序，其中，《怎样做小先生》出版时间原在《普及教育》之后，为便于读者，将其置于《普及教育三编之后》。

对照原文进行考证修订，情况如下：第一，补充出处：《普及教育续编》中《普及现代生活教育之路》原载《中华教育界》1934年12月第22卷第7期。第二，修改出处：(1)《普及教育三编》中《流通图书馆与普及教育》一文，湘教版原载《生活教育》1935年12月1日第2卷第19期，经考证查实，此文原载《生活教育》1935年11月16日第2卷第18期。(2)《普及教育三编》中《怎样写大众文》一文，湘教版原载《生活教育》1935年11月16日第2卷第18期，经考证查实，此文原载《生活教育》1935年12月1日第2卷第19期。(3)《普及教育三编》中《店员与普及教育》一文，湘教版原载《晨报·普教周刊》1935年11月11日，经考证查实。此文原载《民生教育》1935年11月10日第1卷第1期。(4)《普及教育三编》中《四个先生》一文，湘教版原载《大众生活》1935年12月23日第1卷第2期，经考证查实，此文原载《大众生活》1935年11月23日第1卷第2期。(5)《普及教育三编》中《民族解放中小先生之使命》一文，湘教版出自陶行知编著《普及教育三编》上海儿童书局1936年6月版，经考证查实，此文原载《教育季刊》1936年3月第12卷第1期。(6)《普及教育三编》中《上海文化界救国会国难教育方案》一文，湘教版原载《生活教育》1936年1月16日第2卷第22期，经考证查实，此文原载《大众生活》1936年1月11日第1卷第22期。

第 22 期，经考证查实，此文原载《大众生活》1936 年 1 月 11 日第 1 卷第 22 期。

本卷遵照全集的编辑要求，修改注释 40 余处，新增注释 70 余处。

本卷分工：主编刘来兵、副主编贺鹏丽，编辑余江涛、陈港。

编者

2021 年 9 月

目　录

中国教育改造

1928 年 3 月 15 日，晓庄试验乡村师范学校创办一周年之际，陶行知自编文集《中国教育改造》以示纪念。此文集选入 1918 年至 1928 年所写的论著 32 篇并作序，于当年 4 月由亚东图书馆出版，到 1934 年 4 月，发行已达 7 版。

自　序

这部书代表我在中国教育里摸黑路所见着的几线光明。从“教授”写到“教学”，从“教学”写到“教学做”，人家怕要疑我前后思想矛盾。其实我的矛盾处，便是我的长进处。当选择旧稿时，我曾下了一个决心，凡是为外国教育制度拉东洋车的文字一概删除不留，所留的都是我所体验出来的。所以我所写的便是我所信的，也就是我所行的。

当吾母六十寿辰，我立志要将吾父母传给我最好的精神在中国教育上充分表现出来，作为我献与她的寿礼。她所最欢喜的是她的四个孙儿，她常呼他们为她的蟠桃。因此我便想到最好的寿礼，无过于把她爱蟠桃的心推广出去。使全国的蟠桃都得到他们所应得的爱护。自从这天以后，我便深刻的注意到小朋友们所受的教育。我踏进蟠桃园去看了一看，知道这蟠桃园已由玉皇大帝交给专好“升赏”的猴王看管了。玉皇大帝所以叫他看管的意思，只是怕他“后来闲中生事，不若与他一件事管了，庶免别生事端”。谁知他不当一件事做，往往在园里“耍了一会，吃了几个桃子，变做二寸长的一个人儿，在大树梢头浓叶之下睡着了”。再抬头看看，只有小桃、中桃，后树上的大桃“止有几个毛蒂青皮的，原来熟的都是猴王吃了”。这不是中国儿童教育的缩影吗！我们要想彻底改造蟠桃园，不但要请出如来法掌去收服猴王，还要“瑶池王母自栽培”，才能使他“夭夭灼灼花盈树，颗颗株株果压枝”咧。纸上的教育改造能有多大效力！大家愿把整个的心捧出来献给小孩子，才能实现真正的改造。这部书最多不过是画了几条路线罢了。倘使遇不着有心改造的人，便与废纸何异？

陶知行　一七年清明日

试验主义与新教育[①]

《说文》："新，取木也。"木有取去复萌之力，故新有层出不已之义。新教育与旧教育之分，其在兹乎？夫教育之真理无穷，能发明之则常新，不能发明之则常旧。有发明之力者虽旧必新，无发明之力者虽新必旧。故新教育之所以新，旧教育之所以旧，亦视其发明能力之如何耳。发明之道奈何？曰，凡天下之物，莫不有赖于其所处之境况。境况不同，则征象有异。故欲致知穷理，必先约束其境况，而号召其征象，然后效用乃见。此试验之精神，近世一切发明所由来也。彼善试验者立假设，择方法，举凡欲格之物，尽纳之于轨范之中：远者近之，微者大之，繁者简之，杂者纯之，合者析之，分者通之，多方以试之，屡试以验之，更较其异同，审其消长，观其动静，察其变化，然后因果可明而理可穷也。例如试验甲乙二教授法之优劣，则必将试验时之一切情形，归为一致。盖必先一其教师，一其教材，一其设备，一其时间，一其地方，而所教之学生又须年龄等，男女等，家境等，程度等，然后施以各异之教法，乃可知结果之攸归；屡试而验，然后二法之优劣，乃可得而发明焉。

故试验者，发明之利器也。试验虽未必皆有发明，然发明必资乎试验。试验之法，造端于物理、生物、生理诸科学，浸假而侵入人群诸学，今则哲理亦且受其影响矣。盖自培根（Bacon）[②]用以格客观之物；笛卡儿（Descartes）[③]用以致主观之知。试验精神遂举形而上、形而下学而贯彻之。究其结果，则思想日精，发明日盛，欧美之世界几变其形。征之欧美之进步，试验方法既如此，其不可废也，则其应用之于教育学者明矣。教育为群学之一种，居形上、形下之间。故其采用试验方法也，亦较迟于物理、生物诸学。然近二百年来，教育界之进步，皆由试验而来。是以配斯泰来齐（Pestalozzi）[④]试验幼子，而官觉之要以明；赫耳巴忒（Herbart）[⑤]设研究科，而统觉之理以阐；福禄倍（Froebel）[⑥]创幼稚园，而游戏之效以著；杜威（J. Dewey）[⑦]之集成教育哲学，也以试验；桑戴克（Thorndike）[⑧]之集成教育心理也，亦以试验。他若全部发育也，先质后文也、自动也、兴味也、感应结也、习惯法也，无一不根源于试验。举凡今日教育界所视为金科玉律者，皆昔贤试验累积之成功。是故试验之消长，教育之盛衰系之。柏林大学保尔生（Paulsen）[9]曰：德国中世纪以前，狉狉榛榛，等之化外之民；及拉丁文输自罗马，民情一变，既而文艺北渐，蕴成宗教变革，而民德又一进。当十七世纪法国礼乐艺术最盛，德人慕之，其贵族咸以能说法语为荣。及十八世纪，大风烈铁骑帝（Frederick the Great）[10]又定法文为学校必修科，并聘法人为高级教师。其学于法人也，可谓勤矣！此外于英吉利及希腊之文化，皆无所不吸收，此德人师他人之时期也。迨至十八世纪之初，哈里大学（Halle University）与郭听斯堡大学（Göttinsburg University）相继而兴，皆以宣扬试验精神为务。其后赫耳巴忒与福禄倍诸贤先后辈出，凡所建树，皆根本于试验。虽执政者屡加干预，而其教之流行，速于置邮传命，不数十年而弟子几遍国中。此后言教育者多宗之。试验主义之功不亦大哉？美国三十年前之教育，亦几无事不模仿旧大陆，自乾姆斯（James）[11]创设心理试验科，而学者趋向一变。至于今日，凡著名大学，莫不设教育科。其同时试验教育心理者以百计，其试验机关与从事实地试验之人，几无处无之。盛矣！其试验精神之充塞也，观其效果，虽未必人人皆有贡献，然英德识者，皆承认美国近今小学校法为全球冠，试验之功也。故欲求常新之道，必先有去旧之方。试验者，去旧之方也。盖尝论之，教育之所以旧者五，革而新之，其惟试验。所谓五旧者何？

一曰依赖天工　彼依赖天工者，待天垂象，俟物示征，成败利钝，皆委于气数。究其利弊，则以有限之时间，逐不可必得之因果，是役于物而制于天也，安得不为所困哉？困即无自新之力矣。苟其有之，或出于偶然。即有常矣，或所示者吝，吾又安能穷其极而启其新耶？荀子曰：“大天而思之，孰与物畜而制之？从天而颂之，孰与制天命而用之？因物而多之，孰与聘能而化之？思物而物之，孰与理物而勿失之也？”此数语可谓中试验精神之窍要矣。盖善试验者役物而不为物所役，制天而不为天所制。惟其以人力胜天工，故能探其奥蕴，常保其新焉。

二曰沿袭陈法　彼泥古之人以仍旧贯为能事。行一事，措一词，必求先例。有例可援，虽害不问；无例可援，虽善不行。然今昔时势不同，问题亦异。问题既异，方法当殊。故适于昔者未必适于今。徒执古人之成规，以解决今之问题，则圆枘方凿，不能相容，何能求其进步也？故欲求教育刷新进步，必先有试验，以养成其自得之能力。能自得，始能发明，能发明，则陈法自去，教育自新矣。

三曰率任己意　教育为一种专门事业，必学焉而后成。然从事教育之人，偏欲凭一己一时之意，以定进行之趋向。故思而不学，凭空构想者有之；一知半解，武断从事者有之；甚至昧于解决，以不了了之者亦有之。空想则无新可见；武断则绝自新之路；不了了之，则直无新之希望矣。欲救斯弊，必使所思者皆有所凭，所断者皆有所据；困难之来，必设法求所以解决之，约束之，利用之：凡此皆试验之道也。

四曰仪型他国　今之号称新人物者，辄以仪型外国制度为能事；而一般人士，见有能仪型外人者，亦辄谓新人物。虽然，彼岂真能新哉？夫一物之发明，先多秘密。自秘密以迄于公布，须历几何时？自公布以迄于外传，又须历几何时？况吾所仪型者，或出于误会。以误传误，为害非浅。即得其真相，而转辗传述，多需时日。恐吾人之所谓新者，他人已以为旧矣。不特此也，中外情形有同者，有不同者。同者借镜，他山之石，固可攻玉。不同者而效焉，则适于外者未必适于中。试一观今日国中之教育，应有而无，应无而有者，在在皆是。此非仪型外国之过欤？若能实心试验，则特别发明，足以自用；公共原理，足以教人。教育之进步，可操左券矣。

五曰偶尔尝试　当一主义发生之时，必有人焉慕其美名而失其真意。其弊也，弥近似而大乱真。乃时人不察，误认试验为尝试。计划不确，方法无定，新猷未出，已中途而废矣。彼真试验者，则不然。必也有计划，有方法，视阻力为当然，失败为难免，具百折不回之气概，再接再厉之精神。成败虽未可必，然世界实由此而进步，教育亦由此而进步。此岂持尝试之见者所可能哉！

既能塞陈旧之道，复能开常新之源，试验之用，岂不大哉！推类至尽，发古人所未发，明今人所未明，皆试验之力量也。吾国数千年来相传不绝之方法，惟有“致知在格物”一语。然格物之法何在，晦庵与阳明[12]各持一说。晦翁以“即物穷理”释之，近矣。然而即物穷理，又当用何法乎？无法以即物穷理，则物仍不可格，知仍不可致。阳明固尝使用即物穷理者也，其言曰，“初年与钱友同论做圣贤，要格天下之物。……因指亭前竹子，令去格看。钱子早夜去穷格竹子的道理，竭其心思，至于三日，使致劳神成疾。当初说他这时精力不足，某因自去穷格，早夜不得其理，到七日亦以劳思致疾。……及在夷中三年，颇见得此意思，乃知天下之物本无可格者；其格物之功，只在身心上做。”类此者皆坐格物不得其法之弊也。假使阳明更进一步，不责物之无可格，只责格之不得法，竞竞然以改良方法自任，则近世发明史中，吾国人何至迄今无所贡献？然亡羊补牢，未为晚也。全国学者，苟能尽刷其依赖天工、沿袭旧法、仪型外国、率任己意、偶尔尝试之旧习，一致以试验为主，则施之教育而教育新，施之万事而万事新，未始非新国新民之大计也。不然，若以应时为尽新之能事，则彼所谓旧教育者，当时亦尝为新教育也。而今之新教育，又安知其他日之不或旧耶？

原载《新教育》第1卷第1期，1919年2月

【注释】

①本篇于1928年作者收入自选教育论文集《中国教育改造》时，曾作较大删削。此文原无标点。

②培根（Francis Bacon，1561—1626），英国哲学家。

③笛卡儿（Rene Descartes，1596—1650），法国哲学家、数学家和物理学家。

④配斯泰来齐，通译裴斯泰洛齐（Johann Heinrich Pestalozzi，1746—1827），瑞士教育家。

⑤赫耳巴忒，通译赫尔巴特（Johann Fiedrich Herbart，1776—1841），德国哲学家、心理学家、教育家。

⑥福禄倍，通译福禄贝尔（Friedrich Wilhelm August Fröbel，1782—1852），德国教育家。

⑦杜威（John Dewey，1859—1952），美国哲学家、教育家。

⑧桑戴克，通译桑代克（Edward Lee Thorndike，1874—1949），美国心理学家。

⑨保尔生，通译保罗生（Fr. Paulsen，1846—1908），德国哲学家。

⑩大风烈铁骑帝，通译腓特烈大帝。

⑪乾姆斯，通译詹姆斯（William James，1842—1910），美国心理学家。

⑫晦庵与阳明，晦庵，即朱熹；阳明，即王守仁。

生利主义之职业教育[①]

自本社[②]标解决生计问题为进行之方针，一般学者往往以文害辞，以辞害意，误会提倡者之本旨。推其原因，多由于不明生计二字之界说所致。惟其不明乎此，故或广之而训作生活，或狭之而训作衣食；驯至彼一是非，此一是非，议论纷纭，莫衷一是。不徒反对者得所借口，即办学者亦无所适从。其隐为职业教育前途之障碍，良非浅鲜。孔子曰："名不正则言不顺；言不顺则事不成。"故欲职业教育之卓著成效，必自确定一正当之主义始。

夫职业教育之成效既有赖于正当之主义，则向何谓正当之主义，生活乎？衣食乎？抑生活衣食之外别有正当之主义乎？

生活主义包含万状，凡人生一切所需皆属之。其范围之广，实与教育等。有关于职业之生活，即有关于职业之教育；有关于消闲之生活，即有关于消闲之教育；有关于社交之生活，即有关于社交之教育；有关于天然界之生活，即有关于天然界之教育。人之生活四，职业其一；人之教育四，职业教育其一。故生活为全体，职业为部分；教育为全体，职业教育为部分。以教育全体之生活目的视为职业教育之特别目的，则职业教育之目的何以示别于教育全体之目的，又何以示别于他种教育之目的乎？故生活之不能为职业教育独专之主义者，以其泛也。

生活主义固不适于职业教育之采用矣，衣食主义则何如？大凡衣食之来源有四：职业、祖遗、乞丐、盗窃是也。职业教育若以衣食为主义，彼之习赖子、乞丐、盗窃者，不亦同具一主义乎？而彼养成赖子、乞丐、盗窃者，亦得自命为职业教育家乎？此衣食主义之不适于职业教育者一也。不宁惟是，职业教育苟以衣食为主义，则衣食充足者不必他求，可以不受职业教育矣。此衣食主义之不适于职业教育者二也。且以衣食主义为职业教育之正的，则一切计划将趋于温饱之一途。此犹施舍也。夫邑号朝歌，墨翟[③]回车；里名胜母，曾子[④]不入。学校以施舍为主旨，则束身自好者行将见而却步矣。此衣食主义之不适于职业教育者三也。凡主义之作用，所以指导进行之方法。若标一主义不能作方法之指针，则奚以贵？故衣食之可否为职业教育之主义，亦视其有无补助于职业方法之规定耳。夫学校必有师资，吾辈选择职业教员，能以衣食为其资格乎？学校必有设备，吾人布置职业教具，能以衣食为其标准乎？又试问，职业学校收录学生，可否以衣食为去取？支配课程，可否以衣食为根据？衣食主义之于职业教育方法，实无丝毫之指导性质。有之，则吾不知也。衣食既不能为职业教育方法施行之指导，则其不宜为职业教育之主义，又明矣。此衣食主义之不适于职业教育者四也。不特此也，吾人作事之目的，有内外之分。衣食者，事外之目的也；乐业者，事内之目的也。足衣足食而不乐于业，则事外虽无冻馁之虞，事内不免劳碌之患。彼持衣食以为职业教育主义者，是忽乐业之道也。此衣食主义之不适于职业教育者五也。且职业教育苟以衣食主义相号召，则教师为衣食教，学生为衣食学，无声无臭之中隐然养成一副自私之精神。美国人士视职业教育与学赚钱（Learning to earn）为一途，有识者如杜威（Dewey）先生辈，咸以其近于自私，尝为词辟之。吾国当兹民生穷蹙之际，国人已以衣食为口头禅，兴学者又从而助长其焰，吾深惧国人自私之念，将一发难餍矣。此衣食主义之不适于职业教育者六也。是故衣食主义为众弊之渊薮，欲职业教育之有利无弊，非革除衣食主义不为功。

衣食主义既多弊窦，生活主义又太宽泛，二者皆不适用于职业教育，然则果应以何者为正当之主义乎？曰，职业作用之所在，即职业教育主义之所在。职业以生利为作用，故职业教育应以生利为主义。生利有二种：一曰生有利之物，如农产谷，工制器是；二曰生有利之事，如商通有无，医生治病是。前者以物利群，后者以事利群。生产虽有事物之不同，然其有利于群则一。故凡生利之人，皆谓之职业界中人；不能生利之人，皆不得谓之职业界中人。凡养成生利人物之教育，皆得谓之职业教育；凡不能养成生利人物之教育，皆不得谓之职业教育。生利主义既限于职业之作用，自是职业教育之特别目的，非复如生活主义之宽泛矣，此其一。以生利主义比较衣食主义尤无弊窦之可指，故以生利主义为准绳，则不能生利之赖子、乞丐、盗窃与养成之者，皆摈于职业教育之外矣，此其二。学校既以生利为主义，则足于衣食而不能生利者无所施其遁避，此其三。父母莫不欲其子女之能生利，职业教育苟以生利为主义，自能免于施舍之性质，自好者方将督促子女入学之不暇，又何暇反加阻力乎？此其四。职业既以生利为作用，吾人果采用生利主义以办职业教育，则生利之方法，即可为职业教育方法之指针，其此五。职业教育既以养成生利人物为主义，则其注重之点在生利时之各种手续，势必使人人于生利之时能安乐其业，故无劳碌之弊，此其六。生利主义侧重发舒内力以应群需，所呈现象正与衣食主义相反。生产一事一物时，必自审曰："吾能生产乎？吾所生产之事物于群有利乎？"教师学生于不知不觉中自具一种利群之精神，此其七。不特此也，能生利之人即能得生活上一部分之幸福；而一衣一食亦自能措置裕如。不能生利之人，则虽有安富尊荣亦难长守。故惟患不能生利，不患不得生活之幸福与温饱。然则生利主义既无生活主义之宽泛，复无衣食主义之丛弊，又几兼二者之益而有之，岂非职业教育之正当主义乎？

生利主义之职业师资 职业教育既以养成生利人物为其主要之目的，则其直接教授职业之师资，自必以能生利之人为限。盖己立而后能立人，己达而后能达人，天下未有无生利经验之人而能教育人生利者。昔樊迟请学稼，子曰："吾不如老农。"请学为圃，曰："吾不如老圃。"孔子岂故为拒绝哉？亦以业有专精，事有专习，孔子之不知农圃，亦犹老农老圃之不知六艺耳。由是以推，无治病之经验者，不可以教医；无贸易之经验者，不可以教商。百凡职业，莫不皆然。故职业教师之第一要事，即在生利之经验。无生利之经验，则以书生教书生，虽冒职业教师之名，非吾之所谓职业教师也。

然职业教师不徒负养成生利人物之责，且负有改良所产事物之责。欲求事物之改良，则非于经验之外别具生利之学识不可。无学识以为经验之指导，则势必故步自封，不求进取。吾国农业，数千年来所以少改良者，亦以徒有经验而无学识以操纵之耳。故职业教师之第二要事，是为生利之学识。

兼有生利之经验学识尚不足以尽职业教师之能事。盖教授生利之法，随业而异。有宜先理想而后实习者，有宜先实习而后理想者，有宜理想实习同时并进者。为职业教师者自宜熟悉学者之心理，教材之性质，使所教所学皆能浃洽生利之方法，而奏事半功倍之效。故职业教师第之三要事，为生利之教授法。

准如前说，则健全之职业教师，自必以经验学术教法三者皆为标准。三者不可得兼，则宁舍教法学术而取经验。盖无学术教法而有经验，则教师尚不失为生利之人物，纵无进取良法，然学生自能仪型教师所为，以生产事物。既能生产事物，即不失职业教育之本旨。如无经验，则教授法无由精密，纵学术高尚，断不能教学生之生利。既不能生利，则失职业教育之本旨矣。是故经验学术教法三者皆为职业教师所必具之要事，然三者之中，经验尤为根本焉。

职业教师既以生利经验为根本之资格，则养成职业师资自当取材于职业界之杰出者。彼自职业中来，既富有经验，又安于其事，再加以学术教法，当可蔚为良材，概之收录普通学子，为事当较易，收效亦当较良且速也。

职业教师既以生利之经验学术教法三者为资格，则如何养成此种教师之方法，亦在吾人必须研究之列。大概养成职业师资之法有三：（一）收录普通学子教以经验学术与教法；（二）收录职业界之杰出人物教以学术与教法；（三）延聘专门学问家与职业中之有经验者同室试教，使其互相砥砺补益，蔚为职业教师。夫经验所需之多少，随职业而异；其需经验较少之职业，利用第一法。如普通师范学校之教师有二三年之经验者，即可作教授之基础。故收录普通学子而养成之，为事甚易。其次则商业学校教员，似亦可以利用此法。但农工等职业之教师，性质迥异，非富有经验，不足以教生利。舍难就易，似不如采用第二法，精选职业界之杰出者养成之。彼既从职业中来，自必有相当之经验，再教以实用之学术教法，为事自顺。然此法效力之大小，常视国中教育普及之程度为差。其在欧美教育普及之邦，职业中人，大半受过八年之公共教育，既有普通知能以植其基，则于学术教法自易领悟。中国则不然，教育未普及，农工多数不识文字；既不识文字，则欲授以学术教法，自有种种困难。然而职业界之杰出者，终不乏粗识文字之人。当事者苟能精选而罗致之，则有用之职业师资，或能济济而出也。此外则有延聘学问家与经验家同室试教一法。当今职业师资缺乏，为其备选者或有学术而无经验，或有经验而无学术，速成之计，莫如合学问家与经验家于一炉而共冶之；既可使之共同试教，又可使之互相补益，则今日之偏材，经数年磨炼之后，或能蔚成相当之师资，岂非一举两得哉？然一班二师，所费实巨，况学术经验贵能合一，若分附二人之身，终难免于隔膜。故此计虽有优点，不过为过渡时代权宜之策耳。总之，职业教师最重生利之经验，则养成之法，自宜提其要领，因已有之经验而增长之，方能事半功倍也。

生利主义之职业设备 孔子曰：“工欲善其事，必先利其器。”无利器而能善其事者，吾未之前闻。职业教育又何独不然？必先有种种设备，以应所攻各业之需求，然后师生乃能从事于生利；否则虽有良师贤弟子，奈巧妇不能为无米之炊何！故无农器不可以教农，无工器不可以教工。医家之教必赖刀圭。画家之教必赖丹青。易言之，有生利之设备，方可以教职业；无生利之设备，则不可以教职业。然职业学校之生利设备可分二种：一、自有之设备；二、利用职业界之设备。但无论设备之为己有，为利用，学生教师莫不可因以生利。故设备虽有己有利用之分，而同为学生教师生利之资则一。余尝游美之麻撒朱赛州（Massachusetts）视其乡村中学校附设之农业科，多利用学生家中之田园设备，使各生在家实习，命之曰家课（Home projects）。教员则自御汽车，循环视察，当场施教。农隙则令学生来校习通用之学术。故校中自有之设备，除课堂点缀以外，实属寥寥无几；校外则凡学生足迹所至，皆其所利用之设备。论其成效则不特设备之经费可省，而各家之农业皆借学生而间接改良之。此盖利用他人生利设备以施职业教育之彰明较著者也。

生利主义之职业课程 职业学校之课程应以一事之始终为一课。例如种豆，则种豆始终一切应行之手续为一课。每课有学理，有实习，二者联络无间，然后完一课，即成一事。成一事再学一事，是谓升课。自易至难，从简入繁。所定诸课，皆以次学毕，是谓毕课。定课程者必使每课为一生利单位，俾学生毕一课，即生一利；毕百课则生百利，然后方无愧于职业之课程。职业课程既以生利为主，则不得不按事施教，欲按事施教，则不得不采用小班制。故欧美之职业实习班至多不满十五人，凡以便生利课程之教授也。不特每课为然，即各课之联络亦莫不以充分生利为枢机。客有学蚕桑者，学成执蚕桑业，终岁生利之期两三月而已，余则闲居坐食，不数年而家计渐困，卒改他业。此能生利而不能充分生利之过也。故职业课程之配置，须以充分生利为标准，事之可附者附教之，事之可兼者兼教之。正业之外，苟能兼附相当之业，则年无废月，月无废日，日无废时矣。此之谓充分之生利。根据此旨以联络各课，是为充分生利之课程。

生利主义之职业学生 有生利之师资设备课程，遂足以尽职业教育之能事乎？曰，未也。学生择事不慎，则在校之时，学不能专；出校之后，行非所学。其弊也：学农者不归农，学商者不归商。吾国实业教育之所以鲜成效，固由于师资设备课程之不宜于生利，然其学生择业之法之不当，亦其一因也。大凡选择职业科目之标准，不在适与不适，而在最适与非最适。所谓最适者有二：一曰才能；二曰兴味。吾人对于一业，才能兴味皆最高，则此业为最适；因其最适而选之，则才能足以成事。兴味足以乐业，将见学当其性，用当其学，群与我皆食无穷之益矣。故能选最适之业而学者，生大利不难，岂仅生利已哉！择业不当，则虽居学习生利之名，而究其将来之生利与否，仍未可必。故欲求学业者归业，必先有精选职业之方法。方法维何？曰，职业试习科是也。职业试习科包含农工商及其他业之要事于一课程，凡学生皆使躬亲历试之。试习时期可随遇伸缩，多至半载，少至数星期皆可。但试习之种种情形，必与真职业无异，始可试验学生之真才能真兴味。一参假面具则试验科之本旨失矣。试习之后，诸生于各业之大概既已备尝，再择其最有才能最有兴味之一科专习之。彼其选择既根本于才能兴味，则学而安焉，行而乐焉，其生利之器量，安有不大者哉？

结论 职业学校：有生利之师资、设备、课程，则教之事备；学生有最适之生利才能兴味，则学之事备。前者足以教生利，后者足以学生利：教与学咸得其宜，则国家造就一生利人物，即得一生利人物之用，将见国无游民，民无废才，群需可济，个性可舒。然后辅以相当分利之法，则富可均而民自足矣。故职业教育之主义在是，职业教育之责任在是，余之希望于教育家之采择试行者亦莫不在是。谨贡一得，聊献刍荛，幸垂教焉。

原载《职业与教育》第1卷第8期，1918年11月3日

【注释】

①本篇于1928年收入作者的自选教育论文集《中国教育改造》。

②本社，指中华职业教育社。我国的职业教育团体，1917年成立于上海，主要负责人为黄炎培等。曾先后创办不同性质的职业学校，还创办了《职业与教育》、《生活》（周刊）等杂志。

③墨翟即墨子（约前468—前376），春秋战国时期的思想家、政治家，墨家学派创始人。

④曾子即曾参（前505—前436），字子舆，春秋时期鲁国人。孔子的学生，以孝著称。

教学合一①

现在的人叫在学校里做先生的为教员，叫他所做的事体为教书，叫他所用的法子为教授法，好像先生是专门教学生些书本知识的人。他似乎除了教以外，便没有别的本领，除书之外，便没有别的事教。而在这种学校里的学生除了受教之外，也没有别的功课。先生只管教，学生只管受教，好像是学的事体，都被教的事体打消掉了。论起名字来，居然是学校；讲起实在来，却又像教校。这都是因为重教太过，所以不知不觉的就将他和学分离了。然而教学两者，实在是不能分离的，实在是应当合一的。依我看来，教学要合一，有三个理由：

第一，先生的责任不在教，而在教学，而在教学生学。大凡世界上的先生可分三种：第一种只会教书，只会拿一本书要儿童来读它，记它，把那活泼的小孩子做个书架子、字纸篓。先生好像是书架子字纸篓之制造家，学校好像是书架子、字纸篓的制造厂。第二种的先生不是教书，乃是教学生；他所注意的中心点，从书本上移在学生身上来了。不像从前拿学生来配书本，现在他拿书本来配学生了。他不但是要拿书本来配学生，凡是学生需要的，他都拿来给他们。这种办法，固然比第一种好得多，然而学生还是在被动的地位，因为先生不能一生一世跟着学生。热心的先生，固想将他所有的传给学生，然而世界上新理无穷，先生安能尽把天地间的奥妙为学生一齐发明？既然不能与学生一齐发明，那他所能给学生的，也是有限的，其余还是要学生自己去找出来的。况且事事要先生传授，既有先生，何必又要学生呢？所以专拿现成的材料来教学生，总归还是不妥当的。那么，先生究竟应该怎样子才好？我以为好的先生不是教书，不是教学生，乃是教学生学。教学生学有什么意思呢？就是把教和学联络起来：一方面要先生负指导的责任，一方面要学生负学习的责任。对于一个问题，不是要先生拿现成的解决方法来传授学生，乃是要把这个解决方法如何找来的手续程序，安排停当，指导他，使他以最短的时间，经过相类的经验，发生相类的理想，自己将这个方法找出来，并且能够利用这种经验理想来找别的方法，解决别的问题。得了这种经验理想，然后学生才能探知识的本源，求知识的归宿，对于世界一切真理，不难取之无尽，用之无穷了。这就是孟子所说的“自得”，也就是现今教育家所主张的“自动”。所以要想学生自得自动，必先有教学生学的先生。这是教学应该合一的第一个理由。

第二，教的法子必须根据于学的法子。从前的先生，只管照自己的意思去教学生；凡是学生的才能兴味，一概不顾，专门勉强拿学生来凑他的教法，配他的教材。一来先生收效很少，二来学生苦恼太多，这都是教学不合一的流弊。如果让教的法子自然根据学的法子，那时先生就费力少而成功多，学生一方面也就能够乐学了。所以怎样学就须怎样教；学得多教得多，学得少教得少；学得快教得快，学得慢教得慢。这是教学应该合一的第二个理由。

第三，先生不但要拿他教的法子和学生学的法子联络，并须和他自己的学问联络起来。做先生的，应该一面教一面学，并不是贩买些知识来，就可以终身卖不尽的。现在教育界的通病，就是各人拿从前所学的抄袭过来，传给学生。看他书房里书架上所摆设的，无非是从前读过的几本旧教科书；就是这几本书，也还未必去温习的，何况乎研究新的学问，求新的进步呢？先生既没有进步，学生也就难有进步了。这也是教学分离的流弊。那好的先生就不是这样，他必定是一方面指导学生，一方面研究学问。如同柏林大学包尔孙先生（Fr. Paulsen）[②]说：“德国大学的教员，就是科学家。科学家就是教员。”德国学术发达，大半靠着这教学相长的精神。因为时常研究学问，就能时常找到新理。这不但是教诲丰富，学生能多得些益处，而且时常有新的材料发表，也是做先生的一件畅快的事体。因为教育界无限枯寂的生活，都是因为当事的人，封于故步，不能自新所致。孔子说：“学而不厌，诲人不倦。”真是过来人阅历之谈。因为必定要学而不厌，然后才能诲人不倦；否则年年照样画葫芦，我却觉得有十分的枯燥。所以要想得教育英才的快乐，似乎要把教学合而为一。这是教学应该合一的第三个理由。

一、先生的责任在教学生学；二、先生教的法子必须根据学的法子；三、先生须一面教一面学。这是教学合一的三种理由。第一种和第二种理由是说先生的教应该和学生的学联络；第三种理由是说先生的教应该和先生的学联络。有了这样的联络，然后先生学生都能自得自动，都有机会方法找那无价的新理了。

原载《时报·教育周刊·世界教育新思潮》第 1 号，1919 年 2 月 14 日

【注释】

①本篇于 1928 年收入作者的自选教育论文集《中国教育改造》。

②包尔孙，通译保罗生（Fr. Paulsen，1846—1908），德国哲学家。

第一流的教育家①

我们常见的教育家有三种：一种是政客的教育家，他只会运动，把持，说官话；一种是书生的教育家，他只会读书，教书，做文章；一种是经验的教育家，他只会盲行，盲动，闷起头来，办……办……办。第一种不必说了，第二、第三两种也都不是最高尚的。依我看来，今日的教育家，必定要在下列两种要素当中得了一种，方才可以算为第一流的人物。

（一）敢探未发明的新理 我们在教育界做事的人，胆量太小，对于一切新理，小惊大怪。如同小孩子见生人，怕和他接近。又如同小孩子遇了黑房，怕走进去。究其结果，他的一举一动，不是乞灵古人，就是仿效外国。也如同一个小孩子吃饭、穿衣，都要母亲帮助，走几步路，也要人扶着，真是可怜。我们在教育界任事的人，如果想自立，想进步，就须胆量放大，将试验精神，向那未发明的新理贯射过去；不怕辛苦，不怕疲倦，不怕障碍，不怕失败，一心要把那教育的奥妙新理，一个个的发现出来。这是何等的魄力，教育界有这种魄力的人，不愧受我们崇拜！

（二）敢入未开化的边疆 从前的秀才以为“不出门能知天下事”，久而久之，“不出门”就变做“不敢出门”了。我们现在的学子，还没有解脱这种风气。试将各学校的同学录拿来一看，毕业生多半是在本地服务，那在外省服务的，已经不可多得，边疆更不必说了。一般有志办学的人，也专门在有学校的地方凑热闹，把那边疆和内地的教育，都置在度外。推其原故，只有一个病根，这病根就是怕。怕难，怕苦，怕孤，怕死，就好好的埋没了一生。我们还要进一步看，这些地方的教育究竟是谁的责任？我们要晓得国家有一块未开化的土地，有一个未受教育的人民，都是由于我们没尽到责任。责任明白了，就放大胆量，单身匹马，大刀阔斧，做个边疆教育的先锋，把那边疆的门户，一扇一扇的都给它打开。这又是何等的魄力！有这种魄力的人，也不愧受我们崇拜。

敢探未发明的新理，即是创造精神；敢入未开化的边疆，即是开辟精神。创造时，目光要深；开辟时，目光要远。总起来说，创造、开辟都要有胆量。在教育界，有胆量创造的人，即是创造的教育家；有胆量开辟的人，即是开辟的教育家，都是第一流的人物。大丈夫不能舍身试验室，亦当埋骨边疆尘，岂宜随便过去！但是这种人才，究竟要到什么时候才能出现？究竟要由什么学校造就？究竟要用什么方法养成？可算是我们现在最关心的问题。

原载《时报·教育周刊·世界教育新思潮》第9号，1919年4月21日

【注释】

① 本篇最初发表时，专栏主笔蒋梦麟写有如下按语："陶先生，你讲的一席话，我读了便觉精神提起来。这种话我久不听见了，可算是教育界福音。"

学生自治问题之研究[1]

近世所倡的自动主义[2]有三部分：一、智育注重自学；二、体育注重自强；三、德育注重自治。所以，学生自治这个问题，是自动主义贯彻德育的结果，是我们数千年来保育主义、干涉主义、严格主义的反应，是现在教育界一个极重要的问题。这个问题，包含甚广。我们要问学生应否有自治的机会？如果应该自治，我们又要问学生自治究竟应有几多大的范围？学生应该自治的事体，究竟有哪几种？规定学生自治的范围，又应有何种标准？施行学生自治，又应用何种方法？这几个问题，都是我们所要研究的。总起来说，就是学生自治问题。

学生自治是什么　凡是讨论一种问题，必先要明白问题的性质和它的意义。性质和意义不明了，就不免起人误会。这篇所讨论的学生自治，有三个要点：第一，学生指全校的同学，有团体的意思；第二，自治指自己管理自己，有自己立法、执法、司法的意思；第三，学生自治与别的自治稍有不同，因为学生还在求学时代，就有一种练习自治的意思。把这三点合起来，我们可以下一个定义："学生自治是学生结起团体来，大家学习自己管理自己的手续。"从学校这方面说，就是"为学生预备种种机会，使学生能够大家组织起来，养成他们自己管理自己的能力"。

依这个定义说来，学生自治，不是自由行动，乃是共同治理；不是打消规则，乃是大家立法守法；不是放任，不是和学校宣布独立，乃是练习自治的道理。

学生自治的需要　今日的学生，就是将来的公民；将来所需要的公民，即今日所应当养成的学生。专制国所需的公民，是要他们有被治的习惯；共和国所需的公民，是要他们有共同自治的能力。中国既号称共和国，当然要有能够共同自治的公民。想有能够共同自治的公民，必先有能够共同自治的学生。所以从我们国体上看起来，我们学校一定要养成学生共同自治的能力，否则不应算为共和国的学校。这是第一点。

当今平民主义的潮流，来势至为猛烈，受过他的影响的人，都想将一切的束缚尽行解脱。这固然有他的好处，不过也有他的危险。好处在哪里？大家从此可以充分发挥个人的精神，促进人群的进化。危险在哪里？束缚既然解脱，未必人人能够约束自己的欲望，操纵自己的举止，一旦精神能力向那坏处发泄，天下事就不可为了。一国当中，人民情愿被治，尚可以苟安；人民能够自治，就可以太平；那最危险的国家，就是人民既不愿被治，又不能自治。所以当这渴望自由的时候，最需要的是给他们种种机会得些自治的能力，使他们自由的欲望可以自己约束。所以时势所趋，非学校中提倡自治，不足以除自乱的病源。这是第二点。

我们既要能自治的公民，又要能自治的学生，就不得不问问究竟如何可以养成这般公民学生。从学习的原则看起来，事怎样做，就须怎样学。譬如游泳，要在水里游；学游泳，就须在水里学。若不下水，只管在岸上读游泳的书籍，做游泳的动作，纵然学了一世，到了下水的时候，还是要沉下去的。所以专制国要有服从的顺民，必须使做百姓的时常练习服从的道理；久而久之，习惯成自然，大家就不知不觉的只会服从了。共和国要有能自治的国民，也须使做国民的时常练习自治的道理；久而久之，习惯成自然，他们也就能够自治了。所以，养成服从的人民，必须用专制的方法；养成共和的人民，必须用自治的方法。如果用专制的方法，可以养成自治的学生公民，那么，学生自治问题，还可以缓一步说；无奈自治的学生公民，只可拿自治的方法将他们陶熔出来。所以从方法这方面着想，愈觉得学生自治的需要了。这是第三点。

学生自治如果办得妥当有这几种好处

第一，学生自治可为修身伦理的实验　现今学行并重，不独讲究知识，而且要求所以实验知识的方法。所以学校教课当中，物理有实验，化学有实验，博物有实验，别门功课也有实习，如作文、图画、体操等等，都于学识之外，加以实地练习的机会。它的目的，无非要由实验实习以求理想与实际的联络，使所做的学问，可以深造。修身伦理一类的学问，最应注意的，在乎实行；但是现今学校中所通行的修身伦理，很少实行的机会；即或有之，亦不过练习仪式而已。所以嘴里讲道德，耳朵听道德，而所行所为却不能合乎道德的标准，无形无影当中，把道德与行为分而为二。若想除去这种弊端，非给学生种种机会，练习道德的行为不可。共和国民最需要的操练，就是自治。在自治上，他们可以养成几种主要习惯：一是对于公共幸福，可以养成主动的兴味；对于公共事业，可以养成担负的能力；对于公共是非，可以养成明了的判断。简单些说：自治可以养成我们对于公共事情上的愿力、智力、才力。照这样看来，学生自治，若办得妥当，可算是实验的修身，实验的伦理。全校就是修身伦理的实验室，照这样办，才算是真正的修身伦理。

第二，学生自治能适应学生之需要　我们办学的人所定的规则，所办的事体，不免有与学生隔膜的。有的时候，我们为学生做的事体越多，越是害学生。因为为人，随便怎样精细周到，总不如人之自为。我们与学生经验不同，环境不同，所以合乎我们意的，未必合乎学生的意。勉强定下来，那适应学生需要的，或者遗漏掉；那不适应学生需要的，反而包括进去。等到颁布之后，学生不能遵守，教职员又不得不执行，却是左右为难。甚至于学生陷于违法，规则失了效力，教职员失了信用。若是开放出去，划出一部分事体出来，让学生自己治理；大家既然都有切肤的关系，所定的办法，容或更能合乎实在情形了。这就是说，有的时候学生自己共同所立的法，比学校里所立的更加近情，更加易行，而这种法律的力量，也更加深入人心。大凡专制国家的人民，平日不晓得法律是什么，只到了犯法之后，才明白有所谓法律。那么，法律的力量，大都发现于犯法之后，这是很有限的。至于自己共同所立之法就不然，从始到终，心目中都有它在；平日一举一动，都为大家自立的法律所影响。所以自己所立之法的力量，大于他人所立的法；大家共同所立之法的力量，大于一人独断的法。

第三，学生自治能辅助风纪之进步　我们的行为，究竟应该对谁负责？对于少数职教员负责呢？还是要对于全校负责呢？按着旧的方法，学生有过失，都责成少数职员监察纠正，其弊病有两种：第一种是少数职员在的时候，就规规矩矩，不在的时候，就肆行无忌；第二种是大家学生以为既有职员负责，我们何必多事，纵然看见同学为非，也只好严守中立。这是大多数的学生所抱持的态度。所以一人司法，大家避法。我们要想大家守法，就须使各人的行为，对于大家负责。换句话说，就是要共同自治。

第四，学生自治能促进学生经验之发展　我们培植儿童的时候，若拘束太过，则儿童形容枯槁；如果让他跑，让他跳，让他玩耍，他就能长得活泼有精神。身体如此，道德上的经验又何尝不然。我们德育上的发展，全靠着遇了困难问题的时候，有自己解决的机会。所以遇了一个问题，自己能够想法解决它，就长进了一层判断的经验。问题自决得越多，则经验越丰富。若是别人代我解决问题，纵然暂时结束，经验却也被旁人拿去了。所以在保育主义之下，只能产生缺乏经验的学生；若想经验丰富，必须自负解决问题的责任。

学生自治如果办得不妥当就要发生这几种弊端

第一，把学生自治当作争权的器具　大凡团体都有一种特别的势力，这种势力比个人的大得多。用得正当，就能为公众尽义务；用不得当，就能驱公众争权利。学生自治，是一种团体的组织，所以用得不妥当的时候，也有这种危险。

第二，把学生自治误作治人看　这个危险是随着第一个顺路下来的。有的时候，这也是个自然的趋势。因为有了团体，一不谨慎，就有驾驭别人的趋势。刘伯明[③]先生说："人当为人中人，不可仅为人上人。"这句话，是我们共和国民的指南针。

第三，学生自治与学校立在对峙地位　学生自治会与学校当有一种协助精神，不可立在对峙的地位，但是办得不妥当，这种对峙的情形，也是免不掉的。不过这是一种很不幸的现象，不是师生之间所宜有的。

第四，闹意气　学生有自治的机会，就不得不多发言论，多立主张，多办交涉，一不小心，大家即刻闹出意气；再由闹意气而彼此分门别户，树立党帜，于是政客的手段，就不得不传到学校里来了。

以上所举的，不过是几种重要的弊端；至于小的弊端，一时难以尽举。总之，学生自治如果办理不善，则凡共和国所发现的危险，都能在学校中发现出来。但是我们要注意，这许多弊端都是办理不妥当的过处，并非学生自治本体上的过处。如果厉行自治的时候，大家不愿争权，而愿服务；不愿凌人，而愿治己；不愿对抗，而愿协助；不愿负气，而愿说理；那么，自治之弊可去，自治之益可享了。这种利害关头，凡做共和国民的都要练习。我们在学校的时候，有同学的切磋，有教师的辅助，纵因一时不慎，小有失败，究竟容易改良纠正。若在学校里不注意练习，将来到了社会当中，切磋无人，辅导无人，有了错处，只管向那错路上走，小而害己，大而害国。这都是因为做学生的时候，没有练习自治所致的。所以学生自治如果举行，可以收现在之益；纵小有失败，正所以免将来更大的失败。

规定学生自治范围的标准 学生自治的利弊，既如上所说，现在就要问学生自治有什么范围？规定学生自治的范围，应有若何标准？

一、学生自治应以学生应该负责的事体为限。学生愿意负责，又能够负责的事体，均可列入自治范围；那不应该由学生负责的事体，就不应列入自治范围。因自治与责任有联带关系，别人号令而要我负责，就叫做被治；别人负责而由我号令，就叫做治人，都失了自治的本意。所以学生自治，应以学生负责的事为限。

二、事体之愈要观察周到的，愈宜学生共同负责，愈宜学生共同自治。

三、事体参与的人愈宜普及的，愈宜学生共同负责，愈宜学生共同自治。

四、依据上列三种标准而订学生自治的范围时，还须参考学生的年龄、程度、经验。

学生自治与学校的关系 学生自治会，是学校里面一种团体，自然与学校有密切的关系。这种关系，可以分为两类：一、关于权限的，二、关于学问的。

一、权限上的关系 学生自治会正式成立之后，学校里面的事体，就可分为二部分：一部分仍旧是学校主持，一部分由学生主持。平常的时候，权限固可以分明；不过既在一个机关里面，总有些事体划不清楚的。既然划不清楚，就不能不有一种接洽的机关，使两方面的意思，都可以互相发表沟通，而收圆满的效果。此外还有临时发生而有关全校的事体，学校与学生都宜与闻，更不得不有一种接洽的机关。人数少的学校，可由校长直接担任；人数多的学校，可由校长指定职教员数人担任。学生自治会职员有事时，即可与他们接洽；而学校有事时，也由这几位和学生接洽。有这种接洽的组织，然后学校与学生的声气可通，就没有隔膜的弊病了。

二、学问上的关系 天下不学而能的事情很少。共同自治是共和国立国的根本，非是刻苦研究，断断不能深造。我们举行学生自治的时候，也要把它当作一个学问研究。既要当作一个学问研究，那就有两点要注意：一、同学的切磋，二、教员的指导。有人说，现在中国的职教员对于学生自治问题，素未研究，恐怕未必能指导。这句话诚然，但是还有些意思要注意：一、学校里所有功课，都有教员指导，独于立国根本的学生自治一门，却没有指导，似乎把它太看轻了。二、若校内没有相当的人，办学的就应当赶紧物色那富于共和思想自治精神的教员，来担任此事。三、师生本无一定的高下，教学也无十分的界限；人只知教师教授，学生学习；不晓得有的时候，教师倒从学生那里得好多的教训。所以万一找不到相当的人才，就请职教员和学生共同研究也好。总而言之，学生自治这个问题，不但要行，而且还要研究。研究的时候，学校不能不负指导参与的责任。

学生自治与学校既有这两种密切的关系，我们就须打破一切障碍，使师生的感情，可以化为一体，使大家用的力量，都有相成的效果。大家一举一动都接洽，有话好商量，有贡献彼此参考。在这共和的学校当中，无论何人都不应该取那武断的、强迫的、命令的、独行的态度。我们叫人做事的时候，不但要和他说“你做这件事，你应该这样做”，并且要使得他明白“为何做这件事，为何这样做”。彼此明白事之当然，和事之所以然，才能同心同德，透达那共同的目的。

施行学生自治应注意之要点 现在各学校对于学生自治，多愿次第举行。我悉心观察，觉得有几件最要紧的事体，必先预为注意，方能发生美满的效果。

第一，学生自治是学校中一件大事，全体学生都要以大事看待他，认真去做；学校里也须以大事看待他，认真赞助，若以为他是寻常小事，不加注意，没有不失败的。

第二，学生自治如同地方自治。地方自治之权，出于中央；学生自治之权，出自学校。所以学生自治，虽然可以由学生发动，但是学校认可一层，似乎也是应有的手续。

第三，学生自治之有无效力，要看本校对于这个问题是否有相当了解兴味。如果大家都明白它的真意，都觉得它的需要，那么，行出来必能得大家的赞助。所以未举行学生自治之前，必须利用演讲、辩论、谈话、作文等等养成充分的舆论。

第四，法是为人立的：含糊启争，故宜清楚；繁琐害事，故宜简单。

第五，推测一校学生自治的成败，一看他的领袖就知道。所以要提高学生自治的价值，就须使最好的领袖不得不出来服务。如果好的领袖洁身自好，或有好的领袖而大众不愿推举，都不是自治的好现象。

第六，学校与学生始终宜抱持一种协助贡献的精神。

第七，学校与学生对于学生自治问题，须采取一种试验态度。章程不必详尽，组织不必细密；一面试行，一面改良；虽然中途难免挫折，但到底必有胜利。

结论 总之学生自治，是共和国学校里一件重要的事情。我们若想得美满的效果，须把他当件大事做，当个学问研究，当个美术去欣赏。当件大事做，方才可以成功；当个学问研究，方才可以进步。这两种还不够。因为自治是一种人生的美术，凡美术都有使人欣赏爱慕的能力；那不能使人欣赏的，爱慕的，便不是真美术，也就不是真的学生自治。所以学生自治，必须办到一个地位，使凡参与和旁观的人，都觉得它宝贵，都不得不欣赏它，爱慕它。办到这个地位，才算是高尚的人生美术，才算是真正的学生自治。

原载《新教育》第2卷第2期，1919年10月

【注释】

①本篇于1928年收入作者的自选教育论文集《中国教育改造》。

②自动主义，二十世纪初期盛行于中国的教育思潮之一。所谓自动教育，是以学生自动为本体，加以教师之训导，强调学生应自学、自强、自治。

③刘伯明（1887—1923）名经庶，字伯明，留美哲学博士，当时任南京高等师范学校行政委员会副主任，文、史、地部主任。

我们对于新学制草案应持之态度[①]

第七届全国省教育会联合会[②]，拟订学制草案，征求全国意见，以为将来修正实施之准备，立意甚好。“壬子学制”[③]，经十年之试验，弱点发现甚多。近一二年来，教育思潮猛进，该学制几有不可终日之势。故此次所提草案，确是适应时势之需求而来的。我们对于这应时而兴的制度，究竟要存何种态度？我以为建设教育，譬如造房屋；学制，譬如房屋之图案。想有适用的房屋，必先有适用的图样。这图样如何能画得适用？我以为画这图的人，第一必须精于工程。第二假使所造的是图书馆，他必定要请教图书馆专家；科学馆，必定要请教科学专家；纱厂，必定要请教明白纱厂管理的人；舞台，必定要请教明白管理舞台的人。有这两种人参议，才能斟酌损益，画出最适用之图样。制定学制，也可以应用这理。不过学制包括的范围更广，所应询问的方面更多了。此次全国省教育会联合会，征集各省教育界的意见，就是为了要顾到各方面的情形。所以我觉得凡对于学制有疑问、有反对、有主张的，都应提出充分讨论，研究，实验，使将来修正之后，各方面之教育，都有充分发展之机会。换句话说，虚心讨论，研究，实验，以构成面面顾到之学制，是我们对于学制草案应有之第一个态度。

建筑最忌抄袭：拿别人的图案来造房屋，断难满意。或与经费不符，或与风景不合，或竟不适用。日后懊悔，损失已多[④]。我国兴学以来，最初仿效泰西，继而学日本，民国四年取法德国，近年特生美国热，都非健全的趋向。学来学去，总是三不像。这次学制草案，颇有独到之处。但是不适国情之抄袭，是否完全没有？要请大家注意。诸先进国，办学久的，几百年；短的，亦数十年。他们的经验，可以给我们参考的，却是不少；而不能采取得益的，亦复很多。今当改革之时，我们对于国外学制的经验，应该明辨择善，决不可舍己从人，轻于吸收。这是我们对于研究新学制草案应有的第二个态度。

为造新房绘图易，为改旧房绘图难。因为改旧房时，须利用旧房，以适合改造之需要。然旧房有可利用的；有断不可利用的；有将来要拆而改造时，不得不暂行存留的。这都是绘图的人，应加考虑的事。我们的旧学制，多半应当改革；但因国中特别情形，或亦有宜斟酌保存之处。大凡改制之时，非旧制遭过分之厌恶，即新制得过分之欢迎。这两种趋势，都能使旧制中之优点，处于不利之地位。所以我们欢迎新学制出现的时候，也得回过头来看看掉了东西没有？这是我们对于新学制草案应有的第三个态度。

图案是重要的，但只是建筑房屋的初步。学制是重要的，亦只是建设教育的初步。徒有学制，不能使人乐学；也如徒有图案，不能使人安居。如何使纸面上的图案，变成可以安居之房屋；与如何使纸面上之学制，变成最优良最有效率之教育，是一相仿的事业。不知要费几许金钱、脑力、时间去经营，才能成就我们所想成就的。我们切不可存学制一定即了事的观念。我们更要承认，学制以后之事业问题是无穷尽的。无穷尽的事业，要我们继续不已的去办理他。无穷尽的问题，要我们继续不已的去解决他。所以学制虽是个重要问题，但只是前程万里的第一步。他原来是如此，就应如此看待他。这是我们对于新学制草案应有的第四个态度。

总之，当这学制将改未改之时，我们应当用科学的方法态度，考察社会个人之需要能力，和各种生活事业必不可少之基础准备，修正出一个适用之学制。至于外国的经验，如有适用的，采取他；如有不适用的，就回避他。本国以前的经验，如有适用的，就保存他；如不适用，就除掉他。去与取，只问适不适，不问新和旧。能如此，才能制成独创的学制——适合国情，适合个性，适合事业学问需求的学制。

原载《新教育》第 4 卷第 2 期，1922 年 1 月

【注释】

①本篇于 1928 年收入作者的自选教育论文集《中国教育改造》。

②第七届全国省教育会联合会即全国教育会联合会。该会由各省省教育会及特别行政区教育会组成。1921 年 10 月 26 日至 11 月 7 日，在广州召开了第七届会议，研究讨论新学制问题，通过了新学制系统草案。

③“壬子学制”，1912 年（壬子年）9 月，教育部公布了《学校系统方案》，称为“壬子学制”。其后，教育部还陆续颁布了各种学校法令，而有些学校法令同新学制又略有差异，遂于次年（即癸丑年），综合上述两方面内容，发布了“壬子、癸丑学制”，仍可称“壬子学制”。

南京安徽公学创学旨趣[①]

南京在前清为两江之都会，和安徽有密切的历史关系；就地理说，又和安徽十分接近。中国兴学以来，南京即为全国教育中心之一。安徽的学者和学子来此传道受业的，素来很多。前清即有上江公学之设，民国成立后因故停办，殊为憾事。“五四”以后，安徽学潮屡起，学生不能安心肄业，纷纷投到南京求学的，源源不绝。但南京学校格于种种限制，有志有才的学生不免向隅。安徽旅宁同乡会和旅宁同学会，看此景况，深表同情，就联合起来共谋上江公学之恢复，于十二年秋季开学，改名为南京安徽公学。所以，安徽公学的设立，是迫于一种不能自已的同情心。因为安徽旅宁前一辈的人，对于后一辈的少年，发生了一种学问上的同情心，才有安徽公学的产生。

有了这种同情的基础，所以我们最注重师生接近，最注重以人教人。教职员和学生愿意共生活，共甘苦。要学生做的事，教职员躬亲共做；要学生学的知识，教职员躬亲共学；要学生守的规矩，教职员躬亲共守。我们深信这种共学、共事、共修养的方法，是真正的教育。师生有了共甘苦的生活，就能渐渐的发生相亲相爱的关系。教师对学生，学生对教师，教师对教师，学生对学生，精神都要融洽，都要知无不言，言无不尽。一校之中，人与人的隔阂完全打通，才算是真正的精神交通，才算是真正的人格教育。

在共同生活中，教师必须力求长进。好的学生在学问和修养上，每每欢喜和教师赛跑。后生可畏，正是此意。我们极愿意学生能有一天跑在我们前头，这是我们对于后辈应有之希望。学术的进化在此。但我们确不能懈怠，不能放松，一定要鞭策自己努力跑在学生前头去引导学生，这是我们应有的责任。师道之可敬在此。所以我们要一面教，一面学。我们要虚心尽量接受选择与本职本科及修养有关系之学术经验来帮助我们研究。要教学生向前进，向上进，非自己努力向前进、向上进不可。

安徽公学是个贫穷的学校。办贫穷的学校如同管贫穷的家事一样。用一文钱，必问："这一文钱该用吗?"费一分光阴，必问："这一分光阴该费吗?"光阴与钱都有限，该用才用，不该用必不用；用必尽其效。爱惜光阴，就是不为无益害有益。将无益的时间腾出，则从事有益的时间有余裕了。然后学生可以从容问学，怡然修养，既不匆忙劳碌，那身心自然渐渐的有润泽了。节省经费，不是因陋就简，乃是移无用为有用。我们既不甘于简陋，来源又不易开，要想收相当的效果，自非革除浪费不为功。用最少的经费，办理相当的教育，是我们很想彻底努力的一个小试验。

现今办学的人，每存新旧宽严之见。我们只问是非好坏，不问新旧宽严。是的、好的，虽旧必存；非的、坏的，虽新必除。应宽则宽，应严则严。随时、随地、随人而施教育，初无丝毫之成见。我们承认欲望的力量，我们不应放纵他们，也不应闭塞他们。我们不应让他们陷溺，也不应让他们枯槁。欲望有遂达的必要，也有整理的必要。如何可以使学生的欲望在群己相益的途径上行走，是我们最关心的一个问题。总之，必使学生得学之乐而耐学之苦，才是正轨。若一任学生趋乐避苦，这是哄骗小孩的糖果子，决不是造就人才的教育。

最后，我们要谈谈我们心中所共悬而借以引导我们进行的目标。

一、我们都是学生，教师的一部分生活也是学生——就要负学问的责任。做学问最忌的是玄想，武断，尽信书；以差不多自足，以一家言自封。我们要极力的锻炼学生，使他们得到观察、知疑、假设、试验、印证、分析、推想、会通、正确，种种能力和态度，去探求真理的泉源。简单些说，我们研究学问，要有科学的精神。

二、我们是物质环境当中的人。我们对于四周的环境，最忌是苟安，同流合污，听天由命，不了了之。有进取性的人，对于环境总想加以改造。但是驱了乌合之众，叫嚣乱斫算得改造吗?改造应当秉着美术的精神，去运用科学发明的结果，来支配环境，使环境现出和谐的气象。我们要有欣赏性的改造，不要有恐怖性鬼脸式的改造。换句话说，我们改造环境，要有美术的精神。

三、我们不但是物质环境当中的人，并且是人中人。做人中人的道理很多，最要紧的是"富贵不能淫，贫贱不能移，威武不能屈"的精神。这种精神，必须有独立的意志，独立的思想，独立的生计和耐劳的筋骨，耐饿的体肤，耐困乏的身，去做他摇不动的基础。近今国人气节，消磨殆尽，最堪痛心。倘不赶早在本身、后辈身上培植一种不可屈挠的精神，将何以为国呢？至于今日，少数具有刚性的领袖，又因缺少容量，自取失败，并以此丧失国家的元气，至为可惜。那么推己及人的恕道，和大公无我的容量，也是做人中人的最重要的精神。把这几种精神合起来，我找不到一个更好的名词，就称他为大丈夫的精神。我们处世应变，要有大丈夫的精神。

科学的精神，美术的精神，大丈夫的精神，都不是凭空所能得来的。我们要在“必有事焉”上下手。我们要以“事”为我们活动的中心。研究学问要以事为中心，改造环境要以事为中心，处世应变也要以事为中心。我们要用科学的精神在事上去求学问，用美术的精神在事上去谋改造，用大丈夫的精神在事上去锻炼应变。我们愿意一同努力朝着这三个目标行走。活一天，走一天；活到老，走到老。

原载《申报·教育与人生》第 60 期，1924 年 12 月 8 日

【注释】

①本篇 1928 年收入作者的自选教育论文集《中国教育改造》时，更名为《南京安徽公学办学旨趣》。在文字上略有改动。

半周岁的燕子矶国民学校[1]

——一个用钱少的活学校

燕子矶国民学校的官名叫作北固乡区立第一国民学校，设在南京神策门外的燕子矶，离神策门约有十三里的路程。这个学校已经开了好多年，但他的新生命的起点是在今年正月。那时丁超调任这校校长，从事改造，为他开一新纪元。我们说他为半周岁，就是为这个新纪元说的。我参观这个学校是和本社乡村教育研究员、东南大学乡村教育教授赵叔愚[2]先生同去的。我们走进这个学校，四面一望，觉得似曾相识。因为我们在这里所看见的都是我们心目中所存的理想，天天求他实现而不可得，不料在这个偏僻的地方遇到，真是喜出望外。现在我要把我们参观所得的，报告出来，公诸同好。

校长是一个学校的灵魂，要想评论一个学校，先要评论他的校长。丁校长是陆军小学出身，并经过甲种师范讲习科的训练。未任本校职务之前，曾在尧化门国民学校充任校长八年，著有成绩。我们看他的人，听他的话，察他的设施，觉得他是个天才的校长。他能就事实生理想，凭理想正事实。他有事实化的理想，理想化的事实。他事事以身作则。他是教员的领袖，学生的领袖，渐渐的要做成社会的领袖。

这个学校不但教学生读书，并且教学生做事。做什么？改造学校！改造环境！学生是来读书的，教他做事，自己不情愿，父母不情愿。这是第一个难关。教员是来教书的，要他教学生做事，固不情愿，实在也是不会。这是第二个难关。教学生读书易，教学生做事难。如何打破这两道难关？一要身教，二要毅力。丁校长教学生做事的成功也是在这两点。他起初的时候整天拿在手里的是钉锤和扫帚。所以那时有人讲他是位钉锤校长，扫帚校长。但是久而久之，教员跟他拿钉锤扫帚了，学生也跟他拿钉锤扫帚了。教员变做钉锤扫帚的教员，学生也变做钉锤扫帚的学生了。丁校长于是开始偕同教员学生合力改造学校，改造环境。

校址是在一个关帝庙里，关公神像之外还有痘神、麻神等等。这些神像已经把课堂占去了大半个。丁校长一方面要教课堂适用，一方面要免去地方反对，就定了一个保存关公搬移杂神的计划。他就带领学生为关公开光，把神像神座洗刷得焕然一新，并领学生们向关公恭恭敬敬地行礼。他再同教员把这些杂神的神像移到隔壁的庙里摆着。他们又把那个庙打扫得干干净净，把这些杂神安排得妥妥当当，大家也行个礼。杂神搬出之后，这个课堂又经过了一番洗刷，加了些灰粉，居然变了一个很适用的教室。村里的人看见关公开了光，杂神安排得妥当，又听见学生报告向神行礼的一番话，不但不责备校长，并且称赞校长能干。

校内干好了，进而求环境的改良。燕子矶即在近旁，他就带领学生栽树，从门口栽到燕子矶顶上，风景一变。造林场栽树，十活一二。丁君栽树，栽一棵活一棵，也是他从经验中得来的。燕子矶坡上因有人时倒垃圾，太不洁净，丁校长就领学生们把所有的垃圾扫除一空。村民不知卫生，仍是时常把垃圾倒在此处。但村民一面倒，他就一面扫。村民倒一回，他就扫一回。后来邻居渐渐地出来责备倒垃圾的人，燕子矶头从此清洁了。

教学生做事的第一个影响就是全校无事不举：屋角上，桌缝里都可以看见精神的贯注。第二个影响就是用不着用（佣）人做事：打扫，泡茶，及一切常务都是大家分任，所以这个学校没有门房，没有听差，没有斋夫。第三个影响就是学生得了些合乎生活需要的学问：学生在学校里既肯做事，会做事，在家里也肯做事，会做事了；父母因此也很信仰学校了。第四个影响就是省钱：这个学校连校长有四位职员，五级学生共有一百二十四个人，但每年只花费公家六百二十四元钱。平均每个学生只费五元钱。学费是一文不收的。这是何等的省钱啊！省钱不为稀奇；省钱而有这样的成效，却是难能可贵的。

公家经费只有此数，设备一项宜乎因陋就简了。然而照我们所观察，比同等的学校好得多。就图书而论，这个学校里有教员参考书二十余种，学生读物四十余种，可谓选得妥当。

我见学生读物摆得有条有理，就问他买书的钱怎样来的。校长说每逢年节、午节、秋节，学生例送节敬，我们却之不情，就拿来买些书给大家读读。再，学生有一种储蓄买书的办法：每天储蓄一两个铜板，我们就把这笔钱拿来代学生买书。这是一种大家买书大家看的办法。每人出几角钱，就可得几十块钱的书读。出校的时候，学生还可把自己的书带回去，这是穷学校阅书最好的办法。

我再举一个例。学生喝茶的茶杯总要每人一个才合卫生之道。平常小学都是用公共茶杯，很不妥当。燕子矶国民学校却是每生一个茶杯。每人从家里带一个茶杯来，放在学校里，自己洗，自己管，自己用。茶水每人每星期出铜板两枚合办。茶水是公共的，茶杯是个人的，都是由学生自备的。

这个学校的教职员是很勤劳的。校长自己也教四堂。校长薪金每月二十元。教员薪金十四元的一人，十二元的一人，六元的一人。他们星期日只放半天学，暑假完全不放，学生在学校里补习各种家常实用的功课。燕子矶多水，父母不放心，所以不大愿意学校放假。学校肯得依从父母有理性的心理，所以很得社会信仰。

平常办学，学校自学校，社会自社会，不要说联络，连了解也说不到。丁校长接事只有半年，对于燕子矶社会情形，了如指掌。他并能得地方公正绅士之信仰和帮助。学校因此无形中消除了好多障碍。

这个学校还给了我们一个很重要的暗示。乡村学校最怕的是教职员任职无恒，时常变更。在这种情形之下，研究、设施都不能继长增高，真是可惜。丁先生所以能专心办学，一部分也是因为他的夫人能够和他共同努力。他的夫人也是本校的教员，特别担负女生的责任。他在这里服务是带一半义务性质。他们所组织的俭朴家庭同时是乡村家庭的模范。我想未来的乡村学校最好是夫妻合办。如果男师范生和女师范生结婚之后，共同担负一个小乡村的改造，也是人生一大快事，并是报国的要图。

我们再看看这个学校普通的进步。去年校中只有学生七十八人，今年已经加到一百二十四人。去年女学生寥寥无几，今年因丁夫人之教导，已经有三十余人了。去年本地有私塾四所，现在只有一所了。由此可见这半年进步敏捷之一斑。

现在办学的时髦方法：一是要求经费充足。有钱办学不算稀奇，我们要把没有钱的学堂办得有精彩，才算真本领。二是聘请留学生做教授。有西洋留学生更好，西洋留学生中有硕士、博士头衔的更为欢迎。这个偶像是要打破的。像燕子矶这样一个学校，西洋博士能否办得起来还是一个问题；容或办得起来，我却没有看见过。

这个学校是有普遍性的。他可以给一般学校做参考。他也有缺点，但只是时间上的问题。我们很希望大家起来试试这种用钱少成绩好的活教育。

叔愚先生和我对于这天的参观，觉得快乐极了，也受了无限的感动。回时路上遇了大雨，一身都湿透了。只听着叔愚先生连说：“值得！值得！值得！”

1924 年 7 月写

原载《申报·教育与人生》第 24 期，1924 年 8 月 4 日

【注释】

①本篇于 1928 年收入作者的自选教育论文集《中国教育改造》。

②赵叔愚（1888—1927），字叔怡，早年留学美国攻读乡村教育。回国后任东南大学乡村教育教授和中华教育改进社乡村教育委员会特约研究员。后与陶行知一起创办晓庄试验师范学校，任该校第一院院长。

评陈著之《家庭教育》①

——愿与天下父母共读之

此书为东南大学教育科丛书之一，系近今中国出版教育专书中最有价值之著作。全书分十二章，立家庭教育原则一百零一条。前两章述儿童心理及普通教导法，为提纲挈领之讨论；后十章都是拿具体的事实来解释各项建议之涵义。在这书里，小孩子从醒到睡，从笑到哭，从吃到撒，从健康到生病，从待人到接物的种种问题，都得了很充分的讨论。这些讨论对于负家庭教育责任的，都有很具体的指导。

书中取材的来源不一，但有一个中心：这中心就是陈先生的儿子一鸣。著者在《自序》中曾声明各项材料之来源，但未指明一鸣就是这本书之中心人物。倘使我们把这本书从头到尾读他一遍，就觉得这是无可怀疑的。一百多条举例当中，在一鸣那儿来的，就占了七十三条之多。其余的事实只可算为陪客。陈先生得了这个实验的中心，于是可以把别人的学说在一鸣身上印证，自己的学说在一鸣身上归纳。据他自己所说，我们晓得《佛戴之教育》(*The Education of Karl Witte*)②一书对于他研究家庭教育这个问题是很有影响的。佛戴③小时通五国方言，九岁进大学，十四岁得哲学博士，十六岁得法律博士并任柏林大学教授：都是他的父亲大佛戴的教育理想之实现。一鸣就是陈先生的佛戴，《家庭教育》一书就当作《一鸣之教育》看也是可以的。

郑宗海氏的《序文》上说："我阅过之后，但觉珠玑满幅，美不胜收，有数处神乎其技，已臻乎艺术的范域。"这种称赞并不过分。我现在要举一两个例来证明陈先生的艺术化的家庭教育。当他讨论游戏式的教育法时，他举了下面一个例：

> 今天（十三年四月十八日）下午我手里拿着一只照相机，叫我的妻子把我们的女儿秀雅放在摇椅里。预备要替他拍照的时候，一鸣就捷足先登，爬到椅子里去，也要我替他拍照。我再三劝告他，他总是

不肯。后来，我笑嘻嘻地对他说："一鸣！你听着！我叫一、二、三；我叫'三'的时候，你就爬出来，爬得愈快愈好。"他看见我同他玩，也很高兴地答应我。歇了一歇，我就一、二、三地叫起来，说到"二"的时候，他一只足踏在椅子的坐板上，两只手挨在椅子边上，目光闪闪地朝我看着。等我说到"三"的时候，他就一跃而出，以显出他敏捷的样子。(《家庭教育》三五面)

一鸣三岁大的时候，陈先生要一鸣把东西玩好以后，整理好放在原处。一鸣不依，他就想了下面说的一个法子：

后来我对他说："我帮助你一同弄。"我就"海荷""海荷"的叫着，替他整理起来；他看见我已经替他整理好，也"海荷""海荷"的叫着，把书籍搬到他的书架上去了。(《家庭教育》七六面)

他讨论小孩子为什么怕，为什么哭的时候举了两个例，也可以显出他神乎其技的教育法：

我同一鸣（一岁零十个月）在草地上游玩的时候，他看见一只大蟾蜍，就举起手来向着后退，并且喊叫说："咬！咬！"我走过去，在地上拾了一根棒头轻轻地去刺着那只蟾蜍说："蟾蜍你好吗？"后来他拿了我的棒头也去刺刺看，但是一触就缩回，仍显出怕的样子，但比当初好得多了。(《家庭教育》九五面)

有一天，我带一鸣（一岁零三个月）到东大附小去看小学生做戏。做戏的小学生们共有三百多人，戏做得很好，观戏的人大家都鼓掌。在这个当儿，小孩子应当发生惧怕，但我一抱一鸣进门，就笑嘻嘻地对他说；"你看这里许多小孩子。"后来看见小孩子要鼓掌的时候，我就对他说："我们也来拍掌。"他一听见小孩子拍掌，也就欢欢喜喜地鼓起掌来。(《家庭教育》九五面)

父母不会教养，小孩子不晓得要冤枉哭多少回。在这种家庭里面，小孩子早上醒了要哭，吃乳要哭，穿衣服要哭，换尿布要哭，洗脸要哭，拭鼻涕要哭，看见生人要哭，喊人抱要哭，讨糖吃要哭，跌了要哭，睡时脱衣服要哭，一天平均总得要哭十几回。估计起来全中国六岁以下的小孩子每年流的眼泪该有两万万斤。如果做父母的肯像陈先生这样细心教导儿童或是采用陈先生的教导方法，我敢说小孩子的眼泪，是可以省掉一万万八千万斤咧。

陈先生写这本书有一个一贯的主张。这个主张就是做父母的对于子女的教育应有一致的措施。中国家庭教育素主刚柔并济。父亲往往失之过严，母亲往往失之过宽。父母所用的方法是不一致的。虽然有时相成，但流弊未免太大。因为父母所施方法之宽严不同，子女竟至无所适从，不能了解事理之当然。并且方法过严则易失子女之爱心，过宽则易失子女之敬意。这都是父母主张不一致的弊病。陈先生此书所述各种教育方法，或宽或严，都以事体的性质为根据，不以施教育的人为转移。他和他的夫人对于一鸣的教育，就是往这条路去走的。我们看他教一鸣觉得他是个母亲化的父亲，姊姊化的父亲，但他从没有失掉父亲的本色。

这本书出来以后，小孩子可以多发些笑声，父母也可以少受些烦恼了。这本书是儿童幸福的源泉，也是父母幸福的源泉。著者既以科学的头脑，母亲的心肠做成此书，我愿读此书者亦务须用科学的头脑和母亲的心肠去领会此书之意义。我深信此书能解决父母许多疑难问题，就说他是中国做父母的必读之书，也不为过。这本书虽有许多贡献，但还是初步试验的成绩。有志儿童幸福者倘能拿此书来做个基础，再谋进一步的贡献，那就更是我们所希望的了。

原载《新教育评论》第1卷第2期，1925年12月11日

【注释】

①原题为《陈著之〈家庭教育〉书评——愿与天下父母共读之》，1928年收入《中国教育改造》时改为此题。陈著，指陈鹤琴著。

②《佛戴之教育》通译《卡尔威特的教育》。

③佛戴，通译卡尔·威特（Karl Witte，1800—1883），德国人。

国画也要提倡了①

上月十九日至二十四日，为上海美术专门学校举行国画展览会之期。该校校长刘海粟先生做了一篇宣言叫做《昌国画》，我看了，不禁为中国美术前途贺。中国人画中国画，自是当然之事，现在也要提倡了，岂非奇事！仔细想来，这又何足为奇，中国文化哪一样不是弄到这步田地呢？

近年来我参观学校时最觉得伤心的一件事，就是到处所见的学生图画作品，一百分之九十九是非驴非马的西洋画。五年前我陪杜威夫人参观的时候，她很严重的批评说："放弃固有的艺术去干这种三不像的外国画，断断乎是条走不得的错路。"

学画要想学得好，必得有四种要素：一是自己的天才，民族特长在个人身上之表现；二是名师的指点；三是名画之临摹；四是自然之薰染。在中国学校里学外国画，这四种要素，简直是一无所有，那能学得好呢？若学国画，则自己的天才本来相近，名师之指点及名画之临摹，机会都比学外国画多得多。至于自然之薰染，则山川美景，触目皆是，更不必说了。在这种情形之下，倘能努力进修，不难在艺术上占一地位。我不是反对学外国画，我所反对的是三不像的外国画，是在无外国生命精神之环境里学候补字纸篓的外国画。看中国人画的西洋画，好像吃中国式的番菜，或美国式的杂碎，很难说得到欣赏。我很希望全国画家抱着"文艺复兴"的宏愿为国画开一新纪元。我更希望全国艺术教员还是自寻路走，不要蒙起头来跟人瞎跑。

原载《新教育评论》第1卷第7期，1926年1月15日

【注释】

①本篇于1928年收入作者的自选教育论文集《中国教育改造》。

整个的校长①

去年我对南开中学学生演讲《学做一个人》，曾经提出五种“非整个的人”，内中有一种就是分心的人。分心的人是个命分式的人，不是个整个的人。整个的人的中心，只放在一桩主要的事上。他的心分散在几处，就是几分之一的人。这类人包括兼差的官吏，跨党的党人，多妻的丈夫。俗语说“心挂两头”，就是这类人。这类人是命分式的人，不是整个的人。

做一个学校校长，谈何容易！说得小些，他关系千百人的学业前途；说得大些，他关系国家与学术之兴衰。这种事业之责任不值得一个整个的人去担负吗？现在不然。能力大的人，要干几个校长。能力不够或时间不敷分配的，就要找几个人，合起伙来，共干一个校长。

我要很诚恳的进一个忠告：一个人干几个校长，或几个人干一个校长，都不是整个的校长，都是命分式的校长。试问，世界上有几个第一流的学校是命分式的校长创造出来的？国家把个整个的学校交给你，要你用整个心去做个整个的校长。为个人计，这样才可以发展专业的精神，增进职务的效率。为学校计，与其做大人名流的附属机关，不如做一个学者的专心事业。具体的说：去年教育部所开的总长兼校长和校长兼校长的例不但不应沿袭，并且应当根本铲除。我希望现在以总长兼校长的诸公都自动的辞去总长或校长，以校长兼校长的诸公都自动的以担任一校校长为限。至于某大学设立会办一层，似有几人合做校长之情形；此种新例，亦不可开。总之，为国家教育计，为个人精力计，一个人只可担任一个学校校长。整个的学校应当有整个的校长，不应当有命分式的校长。

原载《新教育评论》第1卷第10期，1926年2月

【注释】

①本篇于1928年收入作者的自选教育论文集《中国教育改造》。

天将明之师范学校[①]

——江宁县立师范学校半日生活记

我是天将明的时候动身去参观江宁县立师范学校的，我亲眼看见这个学校天将明的生活，觉得这个学校要天明了，也觉得中国的真正师范教育要天明了。中国的师范教育过了二十多年的黑夜生活，到了现在居然要天明了，要看见阳光了，要吸收朝气了，真是爽快啊！

这个学校设在南京南门外，我由丁兆麟[②]先生介绍，于十月五日偕本社乡村教育研究员赵叔愚[③]、邵德馨[④]二先生前去参观。到了学校门口，看见学生在那儿买柴。有一个学生和一个卖柴的人抬着，又一个学生在那看秤上的戥码。好一幅学生买柴图！走进门口，找不着号房——本来号房是城里学校装门面的，乡下要他做甚。恰好有个学生在那儿，我就把名片交给他，请他送去递与校长。校长徐卓夫先生即刻出来接见，谈了十分钟，其中最感动人的一段话就是：“我有了改革本校的决心，就去聘请尧化门小学校长宋鼎先生来任本校训育主任及学生活动指导员。第一次不答应，第二次再去请；第二次不答应，第三次又去请。这次走到尧化门，凑得不巧，宋先生到了燕子矶去了。我就在大风大雨之下走到燕子矶去找宋先生，弄得像在泥里打滚出来的一样。宋先生看这情形也就答应了。”徐校长叙述这段话的时候，眼眶里泪汪汪的，显出很悲壮的样子。此时一面谈，一面走，到院子里一看，宋先生正领着十来个学生在那儿整理校景。宋先生看见我来了，非常欢喜的说：“先生从前在江苏省教育会所说的乡村标准校长的三层资格，我们就拿到这里来实行了，我们每天天没有亮就起来过这农夫的生活，大家都快乐的了不得。”是的，我看他们很像活神仙。写到这里，大家似乎愿意要晓得我所讲的乡村标准校长。九月中旬，江苏省教育会邀集研究乡村教育及办理乡村学校的人在南京贡院开会，讨论标准乡村学校。我发表了一点意见说：“乡村标准学校最需要的就是标准校长。乡村标准校长应当有三层资格：一，他要有农夫的身手；二，他要有教师的头脑；三，他要有社会改造家的精神。”宋先生那天也曾列席会议，他竟拿这话来实地训练学生，这种见义勇为的精神，真令人钦佩不已。我看学生们在各处搬石头，挑瓦片，栽花除草，几疑学生就是农夫，农夫就是学生了。大家抖起精神来做得津津有味，丝毫没有假借。徐先生和我说：“我请了宋先生之后，还有些人说冷话，质问我‘为何找宋先生来，他有什么资格’。我回答他们说：‘他的资格就是尧化门小学。如果我的学生个个能把学校办成尧化门的样子，我也心满意足了。’社会里办事很难，现在还有这种冷酷的论调呢。”我劝他认定主张做去，人家好意的批评固然要虚心考虑，但成败、利害、毁誉可以置之度外。干了几年之后，闲话自然没有了。停一会，大家同到饭厅上去吃早饭。这里也是师生共食，和我们的南京安徽公学[5]一样，所以我是很习惯的。八点钟应当上第一堂课，徐校长及宋先生一定要我们演讲，我们只得遵命，赵、邵二先生和我都有演词。我一上讲台，眼见这些可爱的学生——未来的乡村校长、教员——心里就想到中国农民生活如何困苦，一般师范学校如何走入迷途，裨益农民子女之乡村学校如何稀少，徐校长之三顾茅庐，宋先生之以身作则，和正统派教育家对他们的冷笑态度，以致没有说两句话眼泪就滚了下来，全堂肃静无声，数分钟后才能发言。这是我第一次在讲坛上流眼泪，当时痛恨自己，不能制止，事后一想，为农民及乡村教育流几点眼泪也是应该的。

演讲后，即参观上国文课。这天学的是柳宗元的《捕蛇者说》。秦教员讲解得很有精神，很有趣味，所发之问也能启迪学生的思想。次一课为《中国农业历史》，也是秦先生教。乡村师范教历史固不宜以农业史为限，但这是属于课程问题。秦先生教这门功课也能引学生入胜。教毕，已经是十一时了。这是学习烹饪的时间。教练的是位钟先生，就是本校的事务员，从燕子矶小学过来帮忙的。我们到厨房里去参观他们的工作，只见钟先生和轮值的学生都穿了围裙在厨房做菜煮饭。只有一个校工在那儿帮助挑水烧火。全校只有两个工人，还有一个是在农场上做粗工的。学生们看待烧饭做菜如同上课，也如同游戏，大家做得有滋有味的。徐校长说：“今年有个姓程的学生，到了乡村里去做教员，饿了两天，就是吃了不会煮饭的苦楚。以后的学生大致没有这种困难了。”从前科举时代虽然考的是八股文章，但因为考举要在考场里好多日子，自己不会煮饭就要饿肚皮；并因为要在路上旅行很长久的时间，对于好多别的技能如骑马、打拳、舞剑、缝纫等等都要在家里学会，父母才放心给他们出去。所以科举时代，秀才们所会的不但是八股，并且还有些日常生活的本领。现今学堂里的学生简直只学得一点洋八股，连这些日用的常识常能都不会了，岂是国家办学的真意吗？这个学校冒大不韪，辞退了厨司，要教员同学生穿着围裙做厨子，这是何等的勇气！正午饭菜做好了，就由学生送到饭厅上去，大家吃个快乐。我们不客气，也在这里同乐了一遭。每桌三大碗菜：一碗红烧肉，一碗炒白菜，一碗青豆煮豆腐。该校每星期吃两次荤，今日适逢荤期。这餐饭滋味很合口，材料很丰富，大家饱吃一顿。听说每月每人只费四块洋钱。学生说从前厨子做饭，既不好吃，又吃不饱，相形之下，想到昔日之苦，更觉得今日之乐了。我吃了这餐饭，要向全国县立师范学校建议一两句口号。这口号就是："不会种菜，不算学生"；"不会煮饭，不得毕业"。

我参观之后觉得有三种感触：一是该校有贫而乐的精神，从校长以及教员、学生都有这贫而乐的精神。全校四十人，每月只有经费二百元，已有两个月没有发了，这不是用钱很少吗？社会待他们虽然冷淡，但是他们并不因此灰心；他们只是勇往直前的奋斗。二是该校有学小学的虚心。我曾说过"办中学要多学小学，少学大学"。办师范更应学小学。师范学校的职务是要采取优良小学的办法，训练学生，以广流传。该校聘请尧化门、燕子矶两校教员帮助训练学生，不久必生绝大的效力。他们放弃了一般师范学校的空架子，宁可虚心受小学之指导，这种不耻下问的态度实是一切进步之母。三是该校有远大的前途，影响所及，可以为中国师范教育辟一新纪元。他们有了灵魂，以后的发展只是时间问题，只是使此灵魂继长增高的活动出去就是了。他们有许多事业可以做。他们自从改革以来只有两个月的工夫，外面当然不能有惊人的成绩。但是照这样精神做下去，一年一定有一年的功效，做下去多少时候一定就有多少时候的功效。乡下教员要做的事，他们就拿来教学生学。凡事会做则乐，不会做则苦。寻常师范生以下乡为苦，多半因为他们不会做乡下教员要做的事。我深信这个学校继续照样办了三年，凡乡村教师应做的事，学生是可以无不会做，无不乐做的了。他们的学生当能在乡村里安居乐业，负担乡村生活改造的任务。如果这种精神可以普遍到全国的县立师范学校，我们全国乡村生活的改造事业就有希望了。天将明的中国师范教育！天将明的中国乡村生活改造！我晓得你们都要渐渐的随着天将明的江宁县立师范学校一一出现了。

原载《新教育评论》第2卷第21期，1926年10月22日

【注释】

①本篇于1928年收入作者的自选教育论文集《中国教育改造》。

②丁兆麟即丁超，南京燕子矶小学校长。

③赵叔愚，国立东南大学教授。

④邵德馨，即邵仲香，曾任金陵大学教师、晓庄试验乡村师范农事指导员等职。

⑤安徽公学，陶行知创办的一所中学。

无锡小学之新生命[①]

——开原乡立第一小学一日生活记

今年九月，本社[②]聘请丁兆麟先生考察沪宁一带之乡村学校，以为改进乡村教育之根据。丁先生考察无锡小学二十余所之后，到昆山安亭和我会面，告诉我说："无锡开原乡，有个学校叫做开原小学，办得很有精神。校长潘一尘[③]先生听说你在无锡第三师范分校演讲一个费钱少的活学校，内中拿我们燕子矶小学来引证，就自己筹旅费到燕子矶来参观，后来又乘童子军会操的机会，带了学生来作第二次的参观。潘校长这种精神是最可钦佩的。我看他学校里一切设施，有的学东南大学[④]附属小学，有的学无锡第三师范附属小学或其他学校，原原本本都有根据，都足以代表校长虚心采纳的精神。但开原小学不但是效法他人的成法，并且有他独创的方法，独到的境界。"丁先生说了并劝我去参观。听了这番话，不消劝也要去参观了。这是我发愿去看开原小学的动机。

我于十月九日早晨六时半从无锡城里向开原乡出发，在西门外换车。车夫告诉我，开原乡有好几个学校，问我要到哪个学校去。这一下却把我问倒了，因为丁先生并没有告诉我这个学校是在哪个村庄。我想好的学校，参观的人必多，我就对车夫说："拉我到你常拉到的那个学校去罢。"车夫说："我拉先生到河埒口去看看。"

车夫使劲跑了四十分钟，就到了河埒口，歇在一个学校门口，一看挂的校牌是"开原乡立第一小学"。向里一望，气象不凡，料想就是这里无疑。走进门一问，果然不错。随手拿了一张名片，托位学生代我递与潘校长。这个学校也没有门房听差了。我在应接室里坐着，一个学生送了一杯茶来，很有礼貌地说："请先生用茶。"过了一分钟的光景，潘校长就出来接见。他曾在东吴大学[⑤]肄业二年，没有进过师范学校。他的教员都没有进过师范学校。他是凭他的天才和虚心研究态度在这里办学。他们没有好些师范生的成见，也没有好些师范生的空架子。我请他把他办学的经过历史、现在状况、未来计划详详细细的指示了一番。他最后说："可惜今天没有功课。明天双十节全县学校开联合庆祝大会；今日开原乡学校就提前先开全乡学校联合庆祝大会。幸而地点就在本校，请先生在这里看看我们学生及全乡学生的活动。"我说："这就是功课，怕比正式的功课还要有意思，有价值些。"

过了一刻钟，创办人蒋仲怀[⑥]先生也来了。这个学校是蒋先生在光绪三十年创办的。蒋先生家就住在本村。他现任无锡县教育局长。他有个决心，要把他自己村里这个学校办好，使得全县学校可以得个标准。所以他对于这个学校的发展是很努力扶助指导的。

我看了校里筹备开会一定很忙，就请蒋、潘二先生让我一人自由参观。得了他们允许，我就在应接室考察各种表册。开原小学所备的表册，很有系统，很有意义，并且是应用尽用的，不像好多学校，只是把他们挂在那儿当作装饰品罢了。其中最令人注意的有几种。一是儿童所好教科之统计。这是俞子夷[⑦]先生近年创办的调查。该校竟已效行，真是敏捷之至。二是儿童志向之统计。别的学校只是概括的分类，该校所调查之志向非常具体，例如愿做教员，习商，当兵，航海，外交，花行，航空，铁行，电灯厂，洋布厂，面粉厂，木匠，米行，银行，成衣匠，丝厂，钱庄，报关行，印刷业，猪行和大总统的学生都有。这种具体的调查很能给施教者一种重要参考。三是毕业生状况之统计。该校对于毕业生之状况调查得非常明晰。毕业生对于母校感情也非常浓厚。将来后期小学之发展，大半要出于毕业生之赞助。就我所亲见的小学校中论，与毕业生之联络怕要以该校为最密切，得毕业生的帮助也怕要以该校为独厚了。四是学生之课外自治事业之各种图表簿册。该校之学生课外自治事业有一个组织总其成。这个组织叫做新民村。新民村里的组织有村民大会、村务会议、村政厅、村议会、裁判所，以村长村佐总其成。村长就是校长。村中举办事业有原一商社、储蓄银行、新民旬刊社、童子军、博物馆、公园、农场、体育场、巡察团、卫生局、音乐会。这些事业每件都有一本簿子记录进行之状况。我一人在那里翻阅，把全村的生活都印入我的心中，好像照相一样，真是有味得很。其中最引我注意的可以略举几样说说。

（甲）在《裁判所日记簿》上最令人受感触的就是犯事的处分。学生裁判学生，往往处分比教员还严。该校常有的处分是："关夜课"。这和迟放学的意思差不多。受这处分的学生，下午四至五时须关在学校里不许出去。

（乙）《巡察团规程》里面最切实的是第八条巡察员的任务。

第八条　巡察员任务如下：

1. 禁止村民违禁行为，有违禁的随时拉了他，或抄他的姓名，报告团长办理。
2. 维持下列各行的秩序：
    ㄅ　休息运动时的秩序；
    ㄆ　整队出校时的秩序；
    ㄇ　周会或其他集会时的秩序；
    ㄈ　雨天取雨具时的秩序；
    ㄉ　维持避灾练习时的秩序；
    ㄊ　注意纠正村民行路时靠左走；
    ㄋ　禁止村民休息时在课堂故意逗留胡闹；
    ㄌ　其他。
3. 注意村民的行为，如有下面的情形，随时加以护导，比较重大的，报告当值监护教师处理：
    ㄅ　忽然患病的；
    ㄆ　受了伤的；
    ㄇ　幼年同学号哭的；
    ㄈ　一时失误的（如饮水弄湿衣服，无心损坏东西等）；
    ㄉ　年幼同学的困难（如不明禁令，不能自着衣服等）；
    ㄊ　收受遗失品送交团长管理；
    ㄋ　执行其他各教员特别委托的。

（丙）在村民大会的《日记簿》上，看见一段最有趣的记录。这记录就是说，九月二十九日写信请燕子矶小学加入双十节之联合庆祝大会。我看了这条记录，就找该校关于这件事的来往信件。看了该校与燕子矶小学来往的信札，觉得这种小学生通信最足以促进学校间之合作，并给学生一种最有价值的发表及精神社交之机会。开原小学的信是周金耕、周映耕两个学生起稿的，承严颂虞给我抄来，披露于下：

诸位老师学长：

我们早已知道贵校的名字，并且和诸位精神上已有一种结合了；可是没有机会和诸位见面。日前你们丁老师到敝校来参观，我们得到他不少的指教，不知道丁老师平安抵校否？极念。

光阴如箭，不久又是国庆日了。敝校定于十月九日下午二时至五时，七时至九时，联络本地附近各校开庆祝大会。听丁老师说，贵校亦愿加入表演，倘蒙惠临加入，不但增光敝校，且可使敝县各校大大地兴奋一下。尚请预先通知，以便编入节目。仰着脖子等你们的回音。专此，敬祝

学业进步

无锡开原一校全体敬启

九月二十九日

燕子矶小学接了这封信就于十月四日回了一封信，承周映耕当时给我抄了一封，也在下面披露：

诸位师长同学：

我们接到贵校的来信，所得的教训有两种：一种是帮助自省能力；一种是增加勉励精神。因为贵校的组织设施和各方面活动事业都是向新的精神和节省经济这两点目标上走，这是办活的经济教育，真堪佩服。而同时又不得不自己自省一下，因自省而得着的益处，确实不在少处啊！这是所得的教训一种。第二种呢？是增加勉励精神。因为既知道贵校真精神的所在，同时又不得不自己勉励勉励，所以我们十二分的情愿步贵校的后尘。至于贵校此次庆祝大会，以敝校的能力看起来，实在是不配加入和先进的贵县学校同时表演。这也不是敝校的客套话，是在实际上有些做不到的。此后敝校的师生，有相当的机会，要到贵校瞻仰一下。将来在精神方面，作大规模的合作运动，这实在是敝校的荣幸了。专此，敬祝

学业进步

北固一校新农村村政厅启

十月四日

表册翻完之后，我就到校内各部参观。一切布置都很有条理，也很清洁。学生进出都是很有秩序的，靠左靠右都有一定办法。我看见一块蓝色的牌子，后面是红色的，不晓得什么意思。校长就把红色一面翻过来，院子里的学生看见红色，即刻就从院里跑了出来；后来校长又把蓝色一面翻过来，学生又纷纷进到院子来了。我才知道红色蓝色不过是发号令的记号：蓝色是可以在院里的记号；红色是即刻出院，好像有危险来了的记号。院子里还有点表现科学原理的办法。他们用洋铁管就着屋檐水做成喷水泉。到下雨的时候，听说这个喷泉是很好看的，所费只有十二个铜元。这样办法很有苏州第二女子师范附属小学科学环境的趣味。图书馆有学生用书二十九种，共计二八六六册；教员用书四十五种，共计二六四九册。学生用书分十八个阶段，这是采取东南大学附属小学的办法。图书馆是由学生管理，分七股办事，即借书股、装订股、报章股、格言股、棋枰股、悬赏股、巡回文库股，很是井井有条。乡村小学图书馆就我所看过的，怕要以此为最好了。该校公园约有九八〇方尺，体操场约有四一四〇方尺，农场约有七八〇方尺。我走到农场的时候，有两位学生向我一鞠躬，递了一封信给我，表示代表欢迎我的意思。我打开信一看，上面写的是：

陶先生：

我们在上午九时开一个欢迎会，为先生拂尘。

请先生到会指导指导，幸勿推却。敬请

旅安

开原一校村政厅敬上

十月九日启

原来半点钟前，学生就在那里开会筹备欢迎。他们拟了秩序单，派定各人的职务，并推了两个学生起稿写这封信给我。同时也写了一封信给蒋仲怀先生，请他训话。过了十分钟光景，又有两个学生来，说是已经预备好了，要我们去指教。我就和蒋先生、潘先生一同去赴会。学生主席致欢迎词，唱歌，讲故事，然后由我演说。该校每周有周训。本星期的周训挂在那里，是“知行合一”四个字。这是我的老本行，我就拿“知难行易”和“知易行难”的道理引证具体活动比较讨论一番。蒋先生又把“知是必行”“知非必去”八个字勉励他们，然后散会。这种小学生自己筹备、自己主持的欢迎会，真是我平生第一次最可纪念的经验。

会散之后，潘校长领我到一个邻村的学校去参观。参观毕，就到蒋先生家里去吃午饭。蒋先生送了我一张开原乡全图。这个图是今年六月测量的，就图上看来，一共有二十四个学校。全区学龄儿童五千零七十八人，入学男生有一千六百二十八人，未入学男生有一千七百九十四人；入学女生有三百八十人，未入学女生有一千二百七十八人。蒋先生说：“我想把这个学校办好，使得全乡的学校有所取法。”这是与我们“以学校化学校”的政策不约而合。

下午两时回到学校来赴庆祝会。这是个联合庆祝会。这天到的有八个学校的学生，都有教职员率领来的。个个学堂教职员学生都有主动的参与。现在把这个联合国庆大会的节目单披露于后，俾能明白这些学校协作精神之一般：

国庆大会节目单　民国十五年十月十日

开会

锣鼓　开一[8]

国歌

开会辞

演讲

国语歌　开一

叠罗汉　双十节　公三

国技　公一

丝竹　公一，开一

人山　开一

双簧　绩成

国耻小曲　公一

叠罗汉国之纪念塔　公三

国庆问答　开六

京剧　化子拾金　绩成

可怜的秋香　唐氏

表情 双十节
叠罗汉 庆祝国庆 公三
国乐 县四
渔樵耕读 开一
寒衣曲 公一
休息
尽力中华 开一
麻雀和小孩 唐氏
木兰从军 公一
春天的快乐 歌剧 开一
葡萄仙子 歌剧 唐氏，公一，开一
滑稽舞
欢呼 开一
散会

我这天虽没有看见该校上课，但该校的生活我是看得充分，怕比看正式上课还要亲切些。从文字及谈话上，我晓得该校对于课业上一切设施是最用心的。他已经采用新学制。学级制只存其适应需要的部分，其余的都打破了。于是国语主分阶段，数学主分团。设计教学[9]及道尔顿制都酌量采用。他们要兼取各种方法之优点，不受一种方式之拘束。他们有一个决心，要使乡村小学的教学适应于教育新思潮。品行方面以《好儿童》为标准，借以发展儿童天赋之才能，使他们向着能作能为的大路行走。从这天的生活上看来，我推想该校教课训育各方面有相类的切实。该校还有一个志愿，这志愿就是要以少量的经费教育多数儿童。该校现有初级学生八十五人，经常费每年七百三十八元，平均每生教育费为八元七角；高级小学二十二人，经常费五百元，平均每生教育费为二十二元。我因为无锡生活程度不熟悉，不能判断该校所费之高下，但该校仍旧还是向经济的方面进行。

依我看来，西洋文化能补充东方文化的地方有两点：一是运用科学改造天然环境，二是运用社会组织以谋充分之协作。开原第一小学的最大特长就是有最敏捷、最切实的方法引导学生组织积极的活动。据说这里的教员也是同心协力的。中国的通病就是没有组织力，人数越多，越散漫。俗语说："一个和尚挑水吃；两个和尚抬水吃；三个和尚买水吃。"就是描写这种不能协作之景况。当这外患濒临的时候，国民没有伟大的组织，便不能有伟大的抵抗，便不能有伟大的成就。我看了开原学校的团体活动，不禁为中国前途增加了好些希望。我希望个个学校都能得到这种精神，好为中国造就能组织、能团结、能为共同幸福从事共同活动之新国民。倘使这些学校既能培养团体生活，又能运用科学知识以改造天然环境，征服天然势力，那么，他们岂不成为更切需要、更合理想的学校吗？

原载《新教育评论》第2卷第26期，1926年11月26日

【注释】

①本文于1928年收入作者的自选教育论文集《中国教育改造》。

②本社，中华教育改进社。

③潘一尘，无锡市开原第一小学校长兼晓庄小学指导员。

④东南大学，综合性大学，今南京大学的前身。1921年成立，1923年南京高等师范学校并入该校。校址在南京。

⑤东吴大学，基督教教会大学。1881年，美国监理公会设中西书院于上海；1897年，又设中西书院于苏州；1901年，合为东吴大学，校址在上海、苏州两地。

⑥蒋仲怀，江苏无锡人，无锡小学创办人。

⑦俞子夷，江苏省吴县人，东南大学小学教育教授。

⑧开一，无锡开原乡立第一小学的简称。以下公三、绩成等均系其他小学的简称。

⑨设计教学即设计教学法。美国克伯屈等人所创，是实用主义的一种教学制度。

南京中等学校训育研究会①

南京中等学校近来组织了一个训育研究会，于本月九日开成立会，并于二十一日开第一次常会。这个研究会是由国立、省立、私立中等学校担任训育的职员组织而成的，可算是一个地方训育人员第一次对于训育问题之大协作。历来办学的人谈到学生品行问题就联想到宽严的观念。其实从前学校一味盲目的压制，近年学校一味盲目的放任，都是不应该走的错路。训育问题不是笼统的宽严问题：究竟什么事应当严？什么事应当宽？应当严的如何严法？应当宽的如何宽法？什么叫做严？什么叫做宽？我怕专在笼统的宽严问题上做工夫总寻不出什么条理来。所以希望担任训育的人，第一要打破宽严的观念，要在宽严以外去谋解决。真正的训育是品格修养之指导。我们要在“事”上去指导学生修养他们的品格。事应当怎样做，学生就应当怎样修养，先生就应当怎样指导。各种事有各种做法，指导修养之法也跟了它不同。同是一事，处不同之地，当不同之时，遇不同之人，那做的方法及指导修养的方法也就不能尽同了。怎样可以拿一个笼统的宽严观念来制裁他们呢？

训育上的第二个不幸的事体就是担任训育人员的消极作用。他们惯用种种方法去找学生的错处。学生是犯过的，他们是记过的。他们和学生是两个阶级，在两个世界里活着，他们对于学生的问题困难漠不关心。我们希望今后办训育的人要打破侦探的技术，丢开判官的面具。他们应该与学生共生活，共甘苦，做他们的朋友，帮助学生在积极活动上行走。他们也不应当忘记同学互相感化的影响；最好还要运用同学去感化同学——运用朋友去感化朋友。

训育上还有个最不幸的事体，这事就是教育与训育分家，把教育看作知识范围以内的事，训育看作品行范围以内的事；以为学习知识与修养品行是受不同的原理支配的，甚至于一校之中管教务与训育者不相接洽，或背道而驰。殊不知学习知识与修养品行是受同一学习心理定律之支配的，我们如果强为分家，必至自相矛盾，必至教知识的不管品行，管品行的不学无术。所以我们希望担任训育的人，要打破知识品行分家的二元论，而在知识品行合一上研究些办法出来。

训育难办，中等学校的训育更难办，当今中国之中等学校训育尤其难办。然而难处即是有兴味处。他所以难是因为他问题繁多而复杂；他所以有兴味是因为他给我们研究的机会极丰富而不可限量。品行养成之要素是在一举一动前所下的判断。我们问题中之最大问题是如何引导学生于一举一动前能下最明白的判断。这样一来，即刻牵涉到善恶、是非、曲直、公私、义利之分。这样一来，即刻牵涉到个人所处的地位、时会及发生关系的人。这样一来，问题可就多了，可就难了，可就真有兴味了。知道这里的难处，欣赏这里的兴味，才可以干训育的事。任训育者不是查房间、管请假、记过、发奖品就算了事。他的最大责任是引导学生参与现代人生切要的生活，于一举一动前能下最明白的判断。全体教职员都有这个责任，即全体教职员都负有一部分训育上之任务，不过任训育者总其成罢了。

南京训育研究会的成立，就是一件很有价值的事。从此各人可以把实际的具体问题提出交换意见，共谋改进。最好是活动些，大家可以伸缩自如；不可勉强规定一致的办法，以致造成机械的、呆板的训育系统。这种会的贡献就在唤起各人之主动思想，倘使每人提出经验上发生的问题，叫参与讨论的人都不得不慎重考虑，去谋适当的解决，便是很有价值了。像这样的训育研究会才值得推广哩。

原载《新教育评论》第2卷第23期，1926年11月5日

【注释】

①本篇于1928年收入作者的自选教育论文集《中国教育改造》。训育，即当时学校里的品德教育。

创设乡村幼稚园宣言书[①]

从福禄伯[②]发明幼稚园以来，世人渐渐的觉得幼儿教育之重要；从蒙梯梭利[③]毕业研究幼儿教育以来，世人渐渐的觉得幼稚园之效力；从小学校注意比较家庭送来与幼稚园升来的学生性质，世人乃渐渐的觉得幼儿教育实为人生之基础，不可不趁早给他建立得稳。儿童学者告诉我们，凡人生所需之重要习惯、倾向、态度，多半可以在六岁以前培养成功。换句话说，六岁以前是人格陶冶最重要的时期。这个时期培养得好，以后只须顺着他继长增高的培养上去，自然成为社会优良的分子；倘使培养得不好，那么，习惯成了不易改，倾向定了不易移，态度决了不易变。这些儿童升到学校里来，教师需费尽九牛二虎之力去纠正他们已成的坏习惯、坏倾向、坏态度，真可算为事倍功半。至于不负责的教师，哪里顾得到这些。他们只一味地放任，偶然亲自看见学生做坏事，也不过给儿童一个消极的处分。于是坏习惯、坏倾向、坏态度蓬蓬勃勃的长，不到自害害人不止。这是必然的趋势。

有志儿童幸福的人和有志改良社会的人看此情形，就大呼特呼的提倡广设幼稚园。但提倡的力竭声嘶，而响应的寥若晨星。都市之中尚有几个点缀门面，乡村当中简直找不到他们的踪迹。这也难怪，照现在的情形看来，幼稚园倘不经根本的改革，不但是乡村里推不进去，就是都市里面也容不了多少。

依我看来，现在国内的幼稚园害了三种大病：一是外国病。试一参观今日所谓之幼稚园，耳目所接，哪样不是外国货？他们弹的是外国钢琴，唱的是外国歌，讲的是外国故事，玩的是外国玩具，甚至于吃的是外国点心。中国的幼稚园几乎成了外国货的贩卖场，先生做了外国货的贩子，可怜的儿童居然做了外国货的主顾。二是花钱病。国内幼稚园花钱太多，有时超过小学好几倍。这固然难怪，外国货哪有便宜的。既然样样仰给于外国，自然费钱很多；费钱既多，自然不易推广。三是富贵病。幼稚园既是多花钱，就得多弄钱，学费于是不得不高，学费高，只有富贵子弟可以享受它的幸福。所以幼稚园只是富贵人家的专用品，平民是没有份的。

我们现在所要创办的乡村幼稚园，就要改革这三种弊病。我们下了决心，要把外国的幼稚园化成中国的幼稚园；把费钱的幼稚园化成省钱的幼稚园；把富贵的幼稚园化成平民的幼稚园。

一　建设中国的幼稚园　我们在这里要力谋幼儿教育之适合国情，不采取狭义的国家主义。我们要充分运用眼面前的音乐、诗歌、故事、玩具及自然界陶冶儿童，外国材料之具有普遍性、永久性的亦当选粹使用，但必以家园所出的为中心。

二　建设省钱的幼稚园　打破外国偶像是省钱的第一个办法。我们第二个办法就是训练本乡师资教导本乡儿童。一村之中必有一二天资聪敏，同情富厚之妇女。我们就希望她们经过相当训练之后，出来担任乡村幼稚园的教师。她们既可得一新职业之出路，又可使幼稚园之薪金不致超过寻常小学额数。岂不是一举两得？这些妇女中最可有贡献而应最先训练的，无过于乡村校长教员之夫人、姊妹及年长的女学生。她们受过训练之后，只要有人加以提倡，幼稚园就可一举而成。第三个办法就是运用本村小学手工科及本村工匠仿制玩具，如此办来，一个钱可以抵数钱之用。三个办法同时并进，可以实现省钱的幼稚园。

三　建设平民的幼稚园　幼稚园花钱既省，取费自廉，平民的儿童当能享受机会均等。教师取之乡间，与村儿生活气味相投，自易亲近。这两件事都可以叫幼稚园向平民方面行走。但一个制度是否真能平民化，要看它是否应济平民的需要。就我们所观察，乡村幼稚园确是农民普遍的永久的需求。试一看乡村生活，当农忙之时，主妇更是要忙得天昏地黑。她要多烧茶水，多弄饭菜，多洗衣服，有时还要她在田园里工作，哪里还有空去管小孩子。那做哥哥，做姊妹的也是送饭、挑水、看牛、打草鞋，忙个不了，谁也没有工夫陪小弟弟、小妹妹玩。所以农忙之时，村中幼儿不是跟前跟后，就是没人照应，真好像是个大累，倘使乡村幼稚园办的得当，他们就可以送来照料。一方面父母又可以免去拖累，一方面儿童又能快快乐乐地玩耍，岂不是“得其所哉”！小学儿童，年龄较大，可以做事，农忙时颇能助父母一臂之力，要他上学，不啻减少农民谋生能力，所以有如登天之难。幼稚园则不然。它所招收的儿童，正是农民要解脱的担负，要他们进来，正是给农民一种便利。倘使办理得当，乡村幼稚园，可以先小学而普及。幼稚园既是应济平民的需要，自有彻底平民化之可能。我们只须扫除当路的障碍，使它早日实现就是了。

建设一个中国的、省钱的、平民的乡村幼稚园不是一说就可以成功的。我们必须用科学方法去试验，必须用科学方法去建设。我们对于幼稚园之种种理论设施都要问他一个究竟，问他一个彻底。我们要幼稚园里样样活动都要站得住。我们要用科学的方法来建设一个省钱的、平民的、适合国情的乡村幼稚园。将来全国同志起而提倡，使个个乡村都有这样一个幼稚园，使个个幼儿都能享受幼稚园的幸福，那更是我们所朝夕祷祝的了。

原载《新教育评论》第2卷第22期，1926年10月29日

【注释】

①本篇于1928年收入作者的自选教育论文集《中国教育改造》。

②福禄伯，通译福禄培尔（Friedrich Wilhelm August Frobel，1782—1852），德国教育家。

③蒙梯梭利，通译蒙台梭利（Maria Montessori，1870—1952），意大利教育家和医生。

我们的信条①

《我们的信条》虽是我用笔写的，但不是我创的。我参观诸位先生在学校里实际的工作，心里不由人起了好多印象，积起来共有十八项，我就依着次序编成这套信条。所以这是诸位先生自己原来的信条，早已接受实行，今日只是大家共同温习一遍，并下定决心，终身奉行，始终如一。

我们从事乡村教育的同志，要把我们整个的心献给我们三万万四千万的农民。我们要向着农民“烧心香”。我们心里要充满了农民的甘苦。我们要常常念着农民的痛苦，常常念着他们所想得的幸福，我们必须有一个“农民甘苦化的心”才配为农民服务，才配担负改造乡村生活的新使命。倘使个个乡村教师的心都经过了“农民甘苦化”，我深信他们必定能够叫中国个个乡村变做天堂，变做乐园，变做中华民国的健全的自治单位。这是我们绝大的机会，也就是我们绝大的责任。

一、我们深信教育是国家万年根本大计。

二、我们深信生活是教育的中心。

三、我们深信健康是生活的出发点，也就是教育的出发点。

四、我们深信教育应当培植生活力，使学生向上长。

五、我们深信教育应当把环境的阻力化为助力。

六、我们深信教法学法做法合一。

七、我们深信师生共生活，共甘苦，为最好的教育。

八、我们深信教师应当以身作则。

九、我们深信教师必须学而不厌，才能诲人不倦。

十、我们深信教师应当运用困难，以发展思想及奋斗精神。

十一、我们深信教师应当做人民的朋友。

十二、我们深信乡村学校应当做改造乡村生活的中心。

十三、我们深信乡村教师应当做改造乡村生活的灵魂。

十四、我们深信乡村教师必须有农夫的身手、科学的头脑、改造社会的精神。

十五、我们深信乡村教师应当用科学的方法去征服自然，美术的观念去改造社会。

十六、我们深信乡村教师要用最少的经费办理最好的教育。

十七、我们深信最高尚的精神是人生无价之宝，非金钱所能买得来，就不必靠金钱而后振作，尤不可因钱少而推诿。

十八、我们深信如果全国教师对于儿童教育都有“鞠躬尽瘁死而后已”的决心，必能为我们民族创造一个伟大的新生命。

原载《新教育评论》第3卷第2期，1926年12月10日

【注释】

①本篇系陶行知1926年11月21日在中华教育改进社特约乡村教师研究会上的演讲词，于1928年收入作者的自选教育论文集《中国教育改造》。

中国师范教育建设论①

教什么？怎样教？教谁？谁教？这是师范学校的几个基本问题。要想把师范学校办得好，必须把这些问题先弄明白。

师范学校首先要问的是：教什么？这是教材问题。施教的人不能无中生有，他必得要运用环境所已有的事物去引起学生之活动。所以遇了“教什么”这个问题，我们暂时可以下一句答语：有什么，学什么；学什么，教什么；教什么，就拿什么来训练教师。但是世界上有的东西，无计其数；所有的未必是所需要的。因此，我们姑且又要加上一句答语：要什么，学什么；学什么，教什么；教什么，就拿什么来训练教师。

所有和所要都知道了，我们立刻发生教法问题。我们要接着问一问：怎样教？教的法子要根据学的法子，学的法子要根据做的法子。教法、学法、做法是应当合一的。我们对于这个问题所建议的答语是：事怎样做就怎样学；怎样学就怎样教；怎样教就怎样训练教师。

教什么和怎样教，决不是凌空可以规定的。他们都包含“人”的问题。这问题就是：教谁？人不同，则教的东西、教的方法、教的分量、教的次序都跟着不同了。我们要晓得受教的人在生长历程中之能力需要，然后才晓得要教他什么和怎样教他；晓得了要教他什么和怎样教他，然后才能晓得如何去训练那教他的先生。

预备要做先生的是哪种人？他对于教师职业的兴味、才能如何？他充当某种教师是否可以胜任愉快？现在实际在那儿当教师的是谁？师范学校所期望于他所训练的人有多少能做适当的教师？这也是师范学校要考虑的问题。我们的建议是：谁在那儿教，谁欢喜教，谁能教得好，就应当训练谁。

就上面所说的，总起来看，我们知道师范学校，是要运用环境所有所需的事物，归纳于他所要传布的那种学校里面，依据做学教合一原则，实地训练有特殊兴味才干的人，使他们可以按着学生能力需要，指导学生享受环境之所有，并应济环境之所需。这个定义包含三大部分：一是师范学校本身的工作，二是中心学校的工作，三是环境里的幼年人生活。这三大部分应当发生有机体的关系，使得他们的血脉可以流通，精神可以一贯。他们中间不当有丝毫的隔膜。一看这个定义，我们立刻晓得师范学校的出发点就是他所要传布的中心学校，中心学校的出发点就是环境里的幼年人生活。由此我们也就可以明白建设师范教育之历程。

环境里的幼年人生活既是中心学校的中心，我们首先就要把他弄个明白。我们要晓得幼年人在生长历程中有什么能力，有什么需要。我们虽不能完全知道，但是学者已经研究出来的，我们必须充分明了。幼年人不是孤立的，他是环境当中的一个人。环境对于幼年人的生活有两种大的力量。一是助力。自然界的光线、空气、食物、饮料在常态之下，都是扶助人类生长的东西。社会里的语言文字、真知灼见以及别人的互相提携，也都有扶助我们生长的作用。二是阻力。例如狂风、暴雨、水患、旱灾、虫害种种，都是自然界与人为难的东西。社会方面的贪官、污吏、劣绅、土棍、盗贼以及一切不良的制度风俗，也是我们生长的挡路物。可是阻力倘不太大，可以化为助力。逆境令人奋斗，生长历程中发生了困难才能触动思想，引起进步。人的脑袋就是这样长大的，文明也是这样进化的。我们应用自然界和社会界的助力、阻力去培植幼年人的生活力，使他可以做个健全分子去征服自然，改造社会。因此，我们又要问自然界与社会界对于幼年人的生长有什么助力，有什么阻力？他们对于幼年人生长的贡献是什么？他们有什么缺憾要人力补天工之不足？一个环境对于幼年人生长之助力、阻力、贡献、缺憾，要具体的分析开来，才能指导教育的实施。倘使囫囵吞枣，似乎没有多大用处。分析出来的具体事实必定是整千整万，学校自然不能完全采纳进去。所以进一步的工作就是估量每件事实的价值。价值估量之后再作选择的工夫，把价值最低的除开，需要可缓的除开，学校不必教不能教的除开，留下来的容纳到学校里去，编成教材，制为课程，佐以相当设备，配以相当程序，使教师指导学生脚踏实地地去做去学。这样一来，中心学校就可以办成了。这种学校是有根的；他的根安在环境里，吸收环境的肥料、阳光，化作自己的生命；所以他能长大，抽条，发叶，开花，结果。这种学校是与自然生活、社会生活联为一气的。他能适应环境的生活，也能改造环境的生活。他是本地的土壤里产生出来的，他自能在相类的环境里传播。我们可以祝他说："恭喜你多福，多寿，多儿子，儿子又生孙，孙又生儿子，子子孙孙生到无穷期，个个都像你，个个胜过你。”中心学校有了办法，再办师范学校。师范学校的使命，是要运用中心学校之精神及方法去培养师资。他与中心学校的关系也是有机体的，也是要一贯的。中心学校是他的中心而不是他的附属品。中心学校也不应以附属品看待自己。正名定义，附属学校这个名字要不得。实习学校的名字好得多，但是这个名字包含了“思想与实习分家”的意味，也不是最好的。师范学校的各门功课都有专业的中心目的，大部分都应当与中心学校联串起来。例如教育学、心理学等等功课若是附加的性质，决不能发生很大的效力。这种功课应当与实地教学熔为一炉，大部分应当采取理科实验指南的体裁以谋教学做三者之合一。我们进行时对于师范生本身之能力与需要当然要同时顾到。因为师范生将来出去办学的环境与中心学校的环境必定不能一模一样；要想师范生对于新环境有所贡献，必得要同时给他们一种因地制宜的本领。

师范毕业生得了中心学校的有效办法和因地制宜的本领，就能到别的环境里去办一个学校。这个学校的精神与中心学校是一贯的，但不是刻印板的，不是照样画葫芦的。他要适应他的特殊环境，也要改造他的特殊环境。

这个学校对于学生所要培植的也是生活力。他的目的是要造就有生活力的学生，使得个个人的生活力更加润泽丰富强健，更能抵御病痛，胜过困难，解决问题，担当责任。学校必须给学生一种生活力，使他们可以单独或共同去征服自然，改造社会。

我们这里所建议的步骤是一气呵成的：自然社会里的生活产生活的中心学校，活的中心学校产生活的师范学校，活的师范学校产生活的教师，活的教师产生有生活力的国民。

这个建设历程，从头到尾，都是息息相通的，倘使发现不衔接、不联络、不适应的地方，到处可以互相参考纠正，随改随进。所以中心学校随着自然社会生活继续不断的改进，师范学校随着中心学校继续不断的改进，地方学校随着师范学校继续不断的改进，自然、社会生活又随着地方学校继续不断的改进。

上述师范教育的建设历程，倘用下图表示，更能一目了然：

中国师范教育建设图②

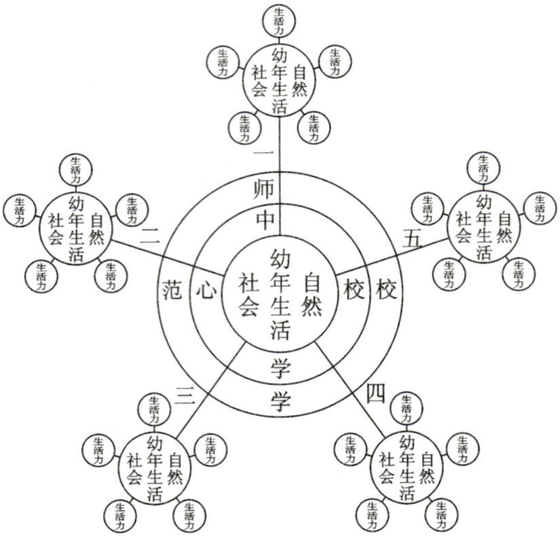

说明：

自然、社会里的幼年生活是中心学校之中心。

中心学校是师范学校之中心。

一、二、三、四、五是师范毕业生办的学校。

生活力代表师范毕业生所办学校培养之学生。

训练初级师范教员之高等师范或师范大学，可于师范学校外加一圈，并类推。

师范学校既以中心学校为中心，那么，有哪一种的中心学校就有哪一种的师范学校：有幼稚园为中心学校，就可以办幼稚师范；有小学为中心学校，就可以办初级师范；有中学或师范为中心学校，就可以办高等师范或师范大学；有各种职业机关或学校做中心学校，就可以办各种职业师范。

师范学校既以中心学校为中心，就得跟着中心学校跑。凡有好的中心学校的地方都可以办个师范；凡是没有好的中心学校的地方，都可以取消师范的招牌。否则就应当根本改造中心学校和各方面的关系，使它名实相符。师范学校人数也可不拘，看中心学校的容量而定。他能容几个人就是几个人，不必勉强。一个师范可以有几个中心学校；一个中心学校也可以做几个师范学校的公共中心。例如一个乡村师范可以有几个单级学校，几个复式学校，几个单式学校做他的中心学校。又例如一个好的中心小学里可以容纳初级中学、高级中学、甚至于大学程度的师范生在这里学习。初级中学程度的人在这里学习之后可以去当初小的教师，高级中学程度的人在这里学习之后可以去当高小的教师，大学程度的学生在这里学习之后可以去办初级师范或县立师范。

中心学校的成立有两种方式都可以行。一是另起炉灶来创设；二是找那虚心研究、热心任事、成绩昭著并富有普遍性之学校特约改造，立为中心学校。这两种方式可以按照情形酌量采择施行。

有了中心学校，就可以在中心学校左近建筑或租借房屋开办师范班或师范学校。收录师范生可有两种办法。一是本校招收新生始终其事，予以完全训练。这种办法规模较大，需用人才、设备、经费也较多。二是招收他校将毕业而有志充当教师之学生或有相当程度之在职之教职员，加以相当时期之训练。照这种办法，师范部只须准备宿舍、图书、讨论室、指导人才及所需之其他设备，就可开办。这是比较轻而易举的。毕业后发给修业证书，俟办成有生活力之学校始发给正式毕业证书。原肄业学校如因本校没有师范训练，亦得依照规定手续保送相当学生来此学习。毕业证书可由两校合发。这种种办法各级师范都可适用。

上面所说的是建设中国师范教育的根本原理与实施概要。中国师范教育因前清办理失策，以致师范学校与附属学校隔阂，附属学校与实际生活隔阂。我们所以有这种隔阂，是因为我们的师范教育或是从主观的头脑里空想出来的，或是间接从外国运输进来的，不是从自己的亲切经验里长上来的。这种师范教育倘不根本改造，直接可以造成不死不活的教师，间接可以造成不死不活的国民。有生活力的国民，是要靠着有生活力的教师培养的；有生活力的教师，又是要靠着有生活力的师范学校训练的。中国今日教育最急切的问题，是旧师范教育之如何改造，新师范教育之如何建设。国家所托命之师范教育，是决不容我们轻松放过的。我们很希望全国同志聚精会神地来对付这个问题。

原载《新教育评论》第 3 卷第 1 期，1926 年 12 月 3 日

【注释】

①本篇于 1928 年收入作者的自选教育论文集《中国教育改造》。

②在《新教育评论》上发表时，编者曾将此图略去。本图据方与严编《陶行知教育论文选辑》收入之图绘制。

中华教育改进社改造全国乡村教育宣言书①

本社的乡村教育政策是要乡村学校做改造乡村生活的中心，乡村教师做改造乡村生活的灵魂。我们主张由乡村实际生活产生乡村中心学校，由乡村中心学校产生乡村师范。乡村师范之主旨在造就有农夫身手、科学头脑、改造社会精神的教师。这种教师必能用最少的金钱，办最好的学校，培植最有生活力的农民。我们深信他们能够依据教学做合一的原则，领导学生去学习那征服自然改造社会的本领。但要想这种教育普遍实现，必须有试验、研究、调查、推广，指导之人才，组织、计划、经费，及百折不回的精神，方能成功。本社的事业范围很宽，但今后主要使命之一，即在厉行乡村教育政策为我们三万万四千万农民服务。我们已经下了决心，要筹募一百万元基金，征集一百万位同志，提倡一百万所学校，改造一百万个乡村。这是一件伟大的建设事业，个个国民对他都负有绝大的责任。我们以至诚之意欢迎大家加入这个运动，赞助他发展，指导他进行，一心一德的为中国乡村开创一个新生命。

原载《新教育评论》第3卷第1期，1926年12月3日

【注释】

①本宣言系陶行知代表中华教育改进社所拟。1928年作者收入自选教育论文集《中国教育改造》。

中国乡村教育之根本改造

中国乡村教育走错了路！他教人离开乡下向城里跑，他教人吃饭不种稻，穿衣不种棉，做房子不造林；他教人羡慕奢华，看不起务农；他教人分利不生利；他教农夫子弟变成书呆子；他教富的变穷，穷的变得格外穷；他教强的变弱，弱的变得格外弱。前面是万丈悬崖，同志们务须把马勒住，另找生路！

生路是什么？就是建设适合乡村实际生活的活教育。我们要从乡村实际生活产生活的中心学校；从活的中心学校产生活的乡村师范；从活的乡村师范产生活的教师；从活的教师产生活的学生，活的国民。活的乡村教育要有活的乡村教师；活的乡村教师要有农夫的身手，科学的头脑，改造社会的精神。活的乡村教育要有活的方法，活的方法就是教学做合一：教的法子根据学的法子，学的法子根据做的法子；事怎样做，就怎样学；怎样学，就怎样教。活的乡村教育要用活的环境，不用死的书本。他要运用环境里的活势力，去发展学生的活本领——征服自然改造社会的活本领。他其实要叫学生在征服自然改造社会上去运用环境的活势力，以培植他自己的活本领。活的乡村教育，要教人生利。他要叫荒山成林，叫瘠地长五谷。他要教农民自立、自治、自卫。他要叫乡村变为西天乐园，村民都变为快乐的活神仙。以后看学校的标准，不是校舍如何，设备如何，乃是学生生活力丰富不丰富。村中荒地都开垦了吗？荒山都造了林吗？村道已四通八达了吗？村中人人都能自食其力吗？村政已经成了村民自有、自治、自享的活动吗？这种活的教育，不是教育界或任何团体单独办得成功的。我们要有一个大规模联合，才能希望成功。那应当联合中之最应当联合的，就是教育与农业携手。中国乡村教育之所以没有实效，是因为教育与农业都是各干各的，不相闻问。教育没有农业，便成为空洞的教育，分利的教育，消耗的教育。农业没有教育，就失了促进的媒介。倘有好的乡村学校，深知选种、调肥、预防虫害之种种科学农业，做个中心机关，农业推广就有了根据地、大本营。一切进行，必有一日千里之势。所以第一要教育与农业携手。那最应当携手的虽是教育与农业，但要求其充分有效，教育更须与别的伟大势力携手。教育与银行充分联络，就可推翻重利；教育与科学机关充分联络，就可破除迷信；教育与卫生机关充分联络，就可预防疾病；教育与道路工程机关充分联络，就可改良路政。总之乡村学校，是今日中国改造乡村生活之唯一可能的中心！他对于改造乡村生活的力量大小，要看他对于别方面势力联络的范围多少而定。乡村教育关系三万万六千万人民之幸福！办得好，能叫农民上天堂；办得不好，能叫农民下地狱。我们教育界同志，应当有一个总反省，总忏悔，总自新。我们的新使命，是要征集一百万个同志，创设一百万所学校，改造一百万个乡村。我们以至诚之意，欢迎全国同胞一齐出来，加入这个运动！赞助他发展，督促他进行，一心一德的来为中国一百万个乡村创造一个新生命。叫中国一个个的乡村都有充分的新生命，合起来造成中华民国的伟大的新生命。

一九二六年十二月

出自作者的自选教育论文集《中国教育改造》1928 年版

试验乡村师范学校答客问

乡村师范学校是什么?

乡村师范学校是依据乡村实际生活,造就乡村学校教师、校长、辅导员的地方。

为什么要加上试验两个字?

中国乡村教育走错了路,现在已经到了山穷水尽,不得不另找生路。试验就是用科学的方法去采新的生路。我们在前面已经看着一线光明,不能说是十分有把握,但深愿“试他一试”。

这个学校是谁办的?

这个学校是中华教育改进社结合少数乡村教育同志办的。

中华教育改进社为什么要发这种宏愿?

中华教育改进社三年以来对于乡村教育素所注意,近来更觉得这件事是立国的根本大计。估计起来,中国有一百万个乡村,就须有一百万所学校,最少就须有一百万位教师。个个乡村里都应当有学校,更应当有好学校。要有好的学校,先要有好的教师。好的教师有生成的,有学成的。生成的好教师如同凤毛麟角,不可多得,恐怕一百万位乡村教师当中,九十九万九千九百位是要用特殊的训练把他们培养成功的。这是一件伟大的事业,要全国同志运用心力财力才能办到。本社不忍放弃国家一份子的责任,所以很情愿在万难中设立这个小小的试验乡村师范,为的是要造就好的乡村教师去办理好的乡村学校。

乡村教师要怎样才算好?

好的乡村教师,第一有农夫的身手,第二有科学的头脑,第三有改造社会的精神。他足迹所到的地方,一年能使学校气象生动,二年能使社会信仰教育,三年能使科学农业著效,四年能使村自治告成,五年能使活的教育普及,十年能使荒山成林,废人生利。这种教师就是改造乡村生活的灵魂。

乡村学校要怎样才算好?

有了这样好教师，就算是好的乡村学校；好的乡村学校，就是改造乡村生活的中心。

现在中国有没有这种学校？

现在中国有少数乡村学校确是朝着这条路走。他们的精神确系要令人起敬。如同燕子矶小学、尧化门小学、开原小学，都是著有成绩的乡村学校。最近改造的江宁县立师范学校、明陵小学、笆斗山小学，成绩也有可观。别的地方一定也有这种学校，因为不晓得清楚，不能列举。这几个学校假使再给他们五年或十年的时间，当能使这些乡村得到一种新生命，开创一个新纪元。

这些学校为什么办得这样好？

因为他们的教职员有办理乡村方面的天才，并且有虚心研究学问的精神。

这些学校与试验乡村师范要发生什么关系？

因为地点接近燕子矶小学和尧化门小学，已经特约为试验乡村师范学校的中心小学，其他学校就辅助分工研究关于乡村小学的种种问题。

何谓中心小学？

中心小学以乡村实际生活为中心，同时又为试验乡村师范的中心。平常师范学校的小学叫做附属小学，我们要打破附属品的观念，所以称他为中心小学。中心小学是师范学校的主脑，不是师范学校的附属品。中心小学是师范学校的母亲，不是师范学校的儿子。中心小学是太阳，师范学校是行星。师范学校的使命是要传布中心学校的精神、方法和因地制宜的本领。

试验乡村师范学校依据中心小学办理，已经听得明白，但究竟采用什么方法使他实现呢？

我们的一条鞭[①]的方法就是教学做合一。

什么是教学做合一？

教学做合一是：教的法子根据学的法子，学的法子根据做的法子。事怎样做就怎样学，怎样学就怎样教。比如种田这件事要在田里做，就要在田里学，也就要在田里教。教学做有一个共同的中心，这个中心就是“事”，就是实际生活；教学做都要在“必有事焉”上用功。

试验乡村师范的课程与平常学校有什么不同的地方？

试验乡村师范的全部课程就是全部生活，我们没有课外的生活也没有生活外的课。约略分起来，共有五门：一，中心小学生活教学做。二，中心小学行政教学做。三，师范学校第一院院务教学做。四，征服天然环境教学做。五，改造社会环境教学做。

什么是第一院？

我们的师范学校将来要分两院，第一院是招收他校末一年半学生及相等程度之在职人员，加以一年半的训练；第二院是完全师范制，一切训练，都由本校始终其事。因为第一种办法较为轻而易举，所以先办第一院。

什么是院务教学做？

我们第一院里面种种事务都是要学生分任去做的，什么文牍、会计、庶务、烧饭、种菜，都是要学生轮流学习的。全校只用一个校工担任挑水一类的事，其余一切操作，都列为正课，由学生躬亲从事。

师范生要学习烧饭种菜，这是什么道理？

乡村里当教师，不会烹饪，就要吃苦。我们晓得师范生初到乡间去充当教师，有的时候，不免饿得肚皮叫，就是因为他们不会炊事。从前科举时代文人因过考需要，大多数都会烹饪。现在讲究洋八股反把这些实用的本领挥之门外，简直比科举还坏。所以我们这里的口号是：“不会种菜，不算学生”；“不会烧饭，不得毕业”。

教师处于什么地位？

本校各科教师都称为指导员，不称为教员。他们指导学生教学做，他们与学生共教、共学、共做、共生活。不但如此，高级程度学生对于低级程度学生也要负指导之责。

什么资格的学生可以进来呢？

初级中等学校，高级中等学校，专门大学校末了一年半的学生和在职教职员有同等程度的都可以投考。但是他们必须有农事或土木工经验方才有考取的把握。这是顶重要的资格，这两个条件完全没有的人，不必来考。凡是小名士、书呆子、文凭迷的都最好不来。如果有人想办乡村小学，为预储师资起见，保送合格学生来学，学成就去办学，这是我们最欢迎的。

考些什么功课？

我们所要考的有五样东西：一，农事或土木工操作；二，智慧测验；三，常识测验；四，作国文一篇；五，三分钟演说。

收录多少学生呢？

我们现在暂定为二十名。倘使我们在这两个月当中经费可以多筹些，如果合格学生很多，我们也可以多收几名。倘使合格学生很少，我们就少取几名；只要有一个合格学生，我们都是要开办的。我们教一个学生和教一千个学生一样的起劲，因为如果这个学生是个人才，他对于乡村教育必有相当的贡献。一个人是千万人的出发点。倘使我们这次招生只能得到一个真学生，我们也就心满意足了。

毕业年限怎样？

我们的修业年限暂定为一年半，但不是一定不移的，可以按照实在情形酌量伸缩。不过修业后必须服务半年，经本校派员考查，确有精神表现，才发给各种毕业证书。

费用要多少呢？

本校学费一概不收，收膳费每月暂以五元为最高额，由师生共同经管。杂费依最节省限度另订。学生种田，照佃户租田公允办法，每年赚钱多少，看自己运用心力的勤惰巧拙，统归本人所用，账目完全公开。

试验乡村师范学校设在何处？

这个学校设在南京神策门外迈皋桥，离燕子矶、尧化门都很近。我们准备了田园二百亩，供师生耕种；荒山数座，供师生造林；最少数经费，供师生自造茅草屋居住。

茅草屋怎样布置？

每个茅草屋住十一个人：十位学生，一位指导员。里面有阅书室，会客室，饭厅和盥洗室，厕所。屋外后面附一个小厨房；厨房之后，有一个小菜园。

茅草屋没有造成住在何处？

住在帐篷里。谁的茅草屋没有造好，谁就要住在帐篷里。十一个人都要受茅草屋指导员的指导，按照图样建造一个优美的，卫生的，坚固的，合用的，省钱的茅草屋。个个人都要参加，都要动手。教师不但是教书，学生不但是读书，他们是到这里来共同创造一个学校。从院长起以及到学生，谁不造成茅草屋，谁就永久住在帐篷里。

宿舍之外还有什么？

本校一切建筑都是茅草屋。除宿舍外，我们要有图书馆、科学馆、教室、娱乐室、操室、温室、陈列所、医院、动物园。指导员家属住宅，都要逐渐使他们成立，但总依据茅草屋的形式建筑。

简括些说起来，试验乡村师范的精神究竟何在？

本校的精神可以拿本校校旗之意义来代表。旗之中心有一个小圆圈，里面有个“活”字代表所要培养之生活力。圈外有个等边三角，代表学教做三者合一。三角上面有一个“心”放在当中，表示关心农民甘苦之意。左边有一支笔，右边有一把锄头。三角之外有一大圆圈放射光芒，好比是太阳光。四面有一百个金色星布满全旗，代表一百万个学校，改造一百万个乡村，使个个乡村都得到光，合起来造成中华民国的伟大的光。

民国十五年十二月二十八日黎明

出自作者自选教育论文集《中国教育改造》1928年版

【注释】

①一条鞭，原指明代政治家张居正推行的一项经济政策，即改变赋税制度，把各项税役合并为一，按亩征收。这里借用其名，以喻教学做三者合而为一。

幼稚园之新大陆①

——工厂与农村

最需要幼稚园的地方是什么？最欢迎幼稚园的地方是什么？幼稚园应当到而没有到的是什么地方？幼稚园还有什么新大陆可以发现？

（一）女工区域是需要幼稚园的。妇女上工厂做工，小孩子留在家里，无人照应，最感痛苦。若带在身边，那么工厂里的特殊紧张之环境，便要阻碍儿童的发育。倘使工厂附近有相当之幼稚园，必能增进儿童之幸福而减少为母者精神上之痛苦。同时女工既不必心挂两头，手边又无拖累，则做工效率，自然也要增加好多。所以为儿童教育计，为女工精神计，为工业出产效率计，这种工厂附近必须开办幼稚园。这是幼稚园的第一个新大陆，我希望幼稚园同志快来探获。

（二）农村也是需要幼稚园的。农忙的时候，田家妇女们忙个不了，小孩子跟前跟后，真是麻烦。哥哥姊姊也要帮忙操作，无暇陪伴弟妹玩耍，所以农忙一到，乡村小孩子就要缺乏照料。倘使农村里有了幼稚园，就能给这些小孩子一种相当的教育，并能给农民一种最切要的帮助。幼稚园的同志们！诸君可曾想到这个新大陆？我深信如果诸君愿意下乡，采桑娘子必定是诚心诚意的欢迎诸君的。

幼稚园的下乡运动和进厂运动必须开始，实无疑义。但现在的幼稚园必须经过一番根本变化，方能到乡村和工厂里去。它第一要打破外国的面具，第二要把贵族的架子放开，第三要省钱，不当用的不必用。这里要整天整年的幼稚园。半天的幼稚园只能解决一半的困难。幼稚园放假也只能跟着女工农妇空闲的时候为转移。现在幼稚园还有一件事没有注意到，这事就是儿童的康健，儿童的康健比什么事还要紧。幼稚园教师倘没有受过严谨的卫生训练，则幼稚园恐怕要变成传染疾病的中心。我有一个朋友全家害过猩红热，又一个朋友的小孩儿都染着百日咳，还有好儿家朋友的小孩子染着沙眼病和天花，都是因为幼稚园里不注意卫生所致。我希望大家把儿童康健当做幼稚园里面第一重要的事情，幼稚园教师应当做康健之神。工厂和农村是幼稚园可以发现的新大陆。它们只欢迎爱护康健的幼稚园，不欢迎传染疾病之幼稚园。

原载《新教育评论》第2卷第24期，1926年11月12日

【注释】

①本篇于1928年收入作者的自选教育论文集《中国教育改造》。

从野人生活出发

无锡开原小学校长潘一尘[①]来帮助我们创办第三中心小学，和我们同住了六天。临去那一晚，我问他对于试验乡村师范的生活有什么感想。他说："你们这里简直是原始生活，不是农民生活。"我说："原始生活虽说不到，但是一部分确实是野人生活。我们这里的教育是从野人生活出发，向极乐世界探寻。"这段谈话，虽是寥寥数语，却能表示晓庄教育之真相。封建制度下之农民生活是最不进步的。他们一天一天地过去，好像人生毫无问题。乡村教育虽是为农民谋幸福，但从农民生活出发，能否达到目的是很可怀疑的。所以我们鼓起勇气把乡村教育的摆子使劲摆到野人生活上去。野人生活是最富于问题的。生活上的实际问题一个一个地来到我们面前，命令我们思想，要求我们解决。这些问题来势急于星火，不容我们苟且偷安。倘使我们不振作精神，当机立断，必定有不堪言状的痛苦，甚而至于只有死路一条。山上出狼，我们必得学习打猎。地上有蛇，我们必得学习治毒。聚蚊成雷，我们必得学习根本铲除蚊子的方法。衣、食、住、行各种问题，我们在尝试野人生活的时候得到了极亲切的了解。没有到晓庄以前，没有住在晓庄以前，我们对于这些生活需要简直是一知半解。嘴里虽能说得头头是道，其实心中哪里觉得到啊！我们从野人生活里感觉到人的身体是不足以应付环境的。我们觉得人类要想征服天然势力，必须发明、制造、运用身体以外的工具。我们自从尝了野人生活，对于工具觉得万分重要，没有生活工具，简直不必空谈生活教育。可是朋友们不要误会，我们不是要做羲皇上人[②]，我们的黄金时代是在未来。我们从野人生活出发，不是没有出息，开倒车，不是要想长长久久的做野人。出发的号令已下，我们要向极乐世界去探寻了。

出自《中国教育改造》上海亚东图书馆 1928 年 4 月版

【注释】

①潘一尘，无锡开原第一小学校长兼晓庄小学指导员。

②羲皇上人，羲皇即伏羲氏。指伏羲氏以前的原始人类。

生活工具主义之教育

“教育以生活为中心。”这句话已经成为今日学校里的口头禅。但是细考实际，教育自教育，生活自生活，依然渺不相关。这是因为什么缘故？我们先前以“老八股”不适用，所以废科举，兴学堂；但是新学办了三十年，依然换汤不换药，卖尽气力，不过把“老八股”变成“洋八股”罢了。“老八股”与民众生活无关，“洋八股”依然与民众生活无关。但是新学校何以变成“洋八股”，何以与民众生活无关？这其中必有道理。

人的生活，必须有相当工具，才能表现出来。工具充分，才有充分的表现；工具优美，才有优美的表现；工具伟大，才有伟大的表现。“老八股”与“洋八股”虽有新旧之不同，但都是靠着片面的工具来表现的，这片面的工具就是文字与书本。文字与书本只是人生工具之一种，“老八股”与“洋八股”教育拿他当作人生的唯一工具看待，把整个的生活都从这个小孔里表现出去，岂不要把生活剥削得黄皮骨瘦吗？文字、书本，倘能用的得当，还不失为人生工具之一；但是“老八股”与“洋八股”的学生们却不用他们来学“生”，偏偏要用他们来学“死”。中国教育所以弄到山穷水尽，没得路走，是因为大家专靠文字、书本做唯一无二的工具，并且把文字、书本这个工具用错了。我们要想纠正中国教育，使他适应于中国国民全部生活之需要，第一就须承认文字、书本只是人生工具之一种，此外还有许多工具要运用来透达人生之欲望；第二就须承认我们从前运用文字、书本的方法是错的，以后要把他们用得更加得当些。

现在有一班人，开口就说：西方的物质文明比东方好，东方的精神文明比西方高。这句话初听似乎有理，我实在是百索不得其解。精神与物质接触必定要靠着工具。工具愈巧则精神愈能向着物质发挥。工具能达到什么地方即精神能达到什么地方。动物以四肢百体为工具，所以他的精神活动亦以四肢百体的力量所能达到的地方为限。人的特别本领就是不专靠自己的身体为工具。人能发明非身体的工具，制造非身体的工具，应用非身体的工具。文明人与野蛮人的最大分别就是文明人能把这些非身体的工具发明得格外多，制造得格外精巧，运用得格外普遍。有了望远镜，人的精神就能到火星里去游览；有了显微镜，人的精神就能认识那叫人生痨病的不是痨病鬼乃是痨病虫。今年五月七日第一次飞渡大西洋的飞行家林白从德国柏林通电话到美国和他的老母谈话，是精神交通破天荒的成功，也是物质文明破天荒的成功。精神文明与物质文明是合而为一的。这合而为一的媒介就是工具。教育是什么？教育是教人发明工具，制造工具，运用工具。生活教育教人发明生活工具，制造生活工具，运用生活工具。空谈生活教育是没有用的。真正的生活教育必以生活工具为出发点。没有工具则精神不能发挥，生活无由表现。观察一个国家或一个学校的教育是否合乎实际生活，只须看他有无生活工具。倘使有了，再进一步看他是否充分运用所有的生活工具。教育有无创造力，也只须看他能否发明人生新工具或新人生工具。中国教育已到绝境，千万不要空谈教育，千万不要空谈生活；只有发明工具，制造工具，运用工具是真教育，是真生活。

出自《中国教育改造》上海亚东图书馆 1928 年 4 月版

如何教农民出头[1]

上次，我和杨先生[2]讨论到怎样把国家建设在农业上，如何教农业文明过渡到工业文明，如何使农民得执工商业之牛耳等等问题。现在把我个人近来关于这些问题的心得，约略说一下。

如何教农民出头？我们可举种棉花来做个比方。农民辛辛苦苦，把棉花收获下来之后，他对于棉花就不能自主了。棉花要出头到纱厂里去，纱厂里要他的出头费。纱厂以逸待劳，价格随意而定。农民为经济所迫，不得不低价出售。再进而至于由纺纱厂到织布厂，由织布厂到市场，没有一个关口不是有人要收很重的出头费。到布出卖的时候，农民买进来穿是很贵的棉布衣。棉花出售时是何等的便宜，穿布时却是大大的昂贵起来了。我们现在要想个法子，把纺纱厂、织布厂以及市场打成一贯，使农民能执工商业之牛耳，则棉花可以出头，种棉花的人也跟着棉花出头了。依我想来，这是可以做得到的。比方：以江苏省来说，江苏一省有二千五百万的农民，以五个农民为一家来计算，统共有五百万个农家。如果每家出一元，可以得到五百万元之数。以这五百万元，可以兴办农民纺纱厂，农民自己做股东，把农民自己所产的棉花，送到农民自办的工厂里去。再每家出一元来办织布厂以及商店。如此，二千五百万的农民，不但可以省去出头费，也还可以赚得赢利不少。

从农业国进到工业文明的过程中，必然有多数人要受淘汰而失业。因为机器发达，人工省去。这种现象，是确然不可免的。我们现在既然要把农业、工业打成一片，在农业上因机器而遭失业的人，就可以调进纺纱厂、织布厂、商店去做工度日。这个农民失业的危险，如果是农民执工业的牛耳，就可以避去一大部分。

孙中山先生的实业大计划，也包括上述的事业。他主张利用国家资本与外资来发展国内实业。如果他的计划实行，要想教农民执工业上之牛耳，就得教农民实行把民权操在手中，运用国家权力来出头。国家资本，倘使分别缓急，必定要用来先筑十万里的铁路。因为这是农民出头必由之路。如果工厂里的货物运不出去，则生产过剩，价格低落，实业必归失败，所以筑路是发展实业的第一步。假如国家资本只能先顾筑路，创办纱厂一时不能并举，那么我们运用农民自己的资本与劳力，慢慢儿来开办起来，也是必要的政策。因为政府与农民共同努力，出头当然可以快些。

但如何可以从农民的荷包里掏出一元钱来做股东，以及如何可以使农民执有民权？这两件事须靠我们从事乡村教育诸同志的努力。农民对于这种大规模举动的不明了，与不知民权为何物，固然要靠舆论来鼓吹与启迪，但最要紧的还着重在培植小农民的乡村教师。假如每村有农户百家，五百万家就有五万个农村。假使这五万个乡村教师都受有特殊训练，那么五万个教师联合起来，不啻就是五万个村庄联合起来，也就是农民资本聚集的媒介。这样积少成多，就可以开办纺纱厂、织布厂等等。如此棉花可以出头无阻，农民也就可以出头无阻了。至于如何训练农民执民权，如何教他们运用选举权、罢官权、创制权、复决权，也要靠乡村教师为之教导。这是我一月来对于这些问题考虑的一斑。上月我曾种山芋一次，知道山芋必定要底下可以安根，上面可以出头，才可以活。我们要想中国活起来，就得要在农业上安根，在工商业上出头。这个问题很大，希望诸位注意这问题，细细加以研究。

原载《乡教丛讯》第1卷第16期，1927年8月15日

【注释】

①本篇系演讲记录。记录者：戴邦杰（戴伯韬）。

②杨先生，指晓庄师范乡村教育指导员杨效春。

平等与自由[1]

中山先生解释平等意义，有很大的贡献。他说，世界上有真平等、假平等、不平等。什么是不平等？帝、王、公、侯、伯、子、男、民的地位是一步一步的高上去。我的脚站在你的头上；你的脚又站在他的头上。这是叫做不平等，现在要打倒这种不平等，那是应当的。但是打倒不平等的人，往往要把大家的头一齐压得一样平，变成平头的平等。殊不知头上虽平，立足点却是不能平了。好像拿可以长五尺长的树，和可以长得一丈高的树一齐压得一样平，岂不是大错吗？这种叫做假平等。真平等是要大家的立脚点平等，你的脚站在什么地方，我的脚亦站在什么地方。大家在政治上要站得一样平，经济上也要站得一样平。这是大家的立脚点平等，这才是真平等。

中山先生之解自由，没有他解释平等那样清楚。但他有一点说得很好，他说："中国人不是不知道自由；中国人的自由，实在是太过了。"所以他不用自由做口号，而用民族、民权、民生做标帜，与梁任公[2]先生的维新，以自由为口号，是完全不相同的。外国人说："中国人不知自由。"然而外国人哪里知道他们的自由，远不如中国呢！

按中山先生的意思，说到自由，是要求国家之自由。国民革命成功之后，团体能自由，个人不能自由。中国之所以弄到这个地步，就是因为大家私人的自由太过，不注重国家之自由，团体之自由。私人的自由既然太过，则各人有各人的主张，所以中国人大多数是无政府党。我们中国人骨髓里都含有无政府主义[3]。这种无政府主义的倾向，往往在不知不觉中流露出来。比如蔡元培、吴稚晖[4]总算是忠实的国民党员，但是在不知不觉的时候，难免要流露无政府主义的色彩。共产党是与无政府党绝对不同的，但他的中国首领陈独秀，在不知不觉中，又何尝不是个无政府主义者[5]。我们想到国家危险时，固然是要自抑私人之自由，但在不知不觉中，难免不爱享过分之自由。我们于不知不觉中，都有无政府主义的倾向。现在我们要救中国，亟当抑制个人之自由，切不能火上加油的提倡一盘散沙的自由了。这是革命未成时所不得不采之政策。

但是，革命成功以后个人可以不要自由这句话，我很怀疑。因此我常想着什么地方要自由，什么地方不要自由。我又想到种山芋时所得的感想。我问邵德馨⑥先生山芋如何栽法。他告诉我说："底下可以安根，上面可以出头，山芋乃可活。"因此，我忽然悟到人生"出头处要自由"。如树木有长五尺长的，一丈长的，十丈长的；树的出头处是要自由的。如果我们现在只许树可以长五尺，不许他长一丈与十丈，那世界上不是无成材了吗？因此我们要使他尽他的力量自由长上去。我们人类的智、愚，贤、不肖，也如树木有能长十丈长的，有能长五尺长的，这是天生成的。如果你嫌五尺太矮，要把它拨到一丈，它因为力量的不足，是要死的；如果你嫌一丈太高，要把它压到五尺，它因为受了过分的压制，也是要死的。倘若不死，必是他的内力胜过压力，那压力必定是要被撞穿了的。

个人如此，团体、国家之自由解释也是如此。如果国家的力量能够进步到什么程度，就尽她的力量进步到什么程度，谁也不能压迫的。如今列强对中国施行压迫，不许我们尽量出头。我们不愿被压力压死，就得使劲把压力撞破。个人能否得到出头的自由，是在乎个人之反抗与努力；国家能否得到出头的自由，那就非靠民众之努力与奋斗不可了！

近来我替友人书了一联，联道："在立脚点谋平等，于出头处求自由。"上联是本着中山先生之学说；下联就是本着我的自由解释。在沪时，我把这意思与胡适之先生也谈论过的。他说："思想、事业，要受困难与不自由，才能发奋振作。"颇与我们的标语"教师应当运用困难以发展思想及奋斗精神"相同。他用烧肉来比，他说："烧肉要把锅盖盖得紧，才能熟。你要出头自由，我要出头不自由。"当时我反驳他说："（一）锅里的肉，是死的，出头不出头没有多大关系。（二）我们愿肉受压力是为肉的幸福呢？还是为我们口腹之欲呢？"凭借困难，培养人才，当然是最好的教育法。但是困难是否要在出头处压下去，是一问题。现在我仍旧坚信出头处要自由，但为使诸位同学明了各方面意见，并将胡适之先生的意思举出来，希望大家加以研究。

原载《乡教丛讯》第1卷第17期，1927年9月1日

【注释】

①本篇系演讲记录。记录者：戴邦杰（戴伯韬）、陈昌嵩（陈志中）。

②梁任公即梁启超（1873—1929），字卓如，号任公，广东新会人。早期资产阶级改良主义者，与康有为一起发动领导了戊戌维新。

③无政府主义，一种否定一切国家政权和阶级斗争的小资产阶级反动思潮。十九世纪上叶出现于欧洲，主要代表人物有法国的普鲁东、俄国的巴枯宁和克鲁泡特金。

④蔡元培、吴稚晖，蔡元培（1868—1940），字鹤卿，浙江绍兴人。反清革命组织“光复会”的创始人之一，后加入孙中山领导的同盟会。民国政府成立后，曾任教育总长、北京大学校长等职。吴稚晖（1865—1953），江苏武进人。当时任国民党中央监察委员。

⑤此文收入《中国教育改造》时，删去了从“比如蔡元培、吴稚晖……”至此八十余字。

⑥邵德馨即邵仲香，金陵大学教授，当时兼任晓庄师范农艺指导员。

教学做合一[1]

教学做合一是本校[2]的校训，我们学校的基础就是立在这五个字上，再也没有一件事比明了这五个字还重要了。说来倒很奇怪，我在本校从来没有演讲过这个题目，同志们也从没有一个人对这五个字发生过疑问。大家都好像觉得这是我们晓庄的家常便饭，用不着多嘴饶舌了。可是我近来遇了两件事，使我觉得同志中实在还有不明了校训的意义的。一是看见一位指导员的教学做草案[3]里面把活动分成三方面，叫做教的方面，学的方面，做的方面。这是教学做分家，不是教学做合一。二是看见一位同学在《乡教丛讯》[4]上发表一篇关于晓庄小学的文章。在这篇文章里，他说："晓庄小学的课外作业就是农事教学做。"在教学做合一的学校的辞典里并没有"课外作业"。课外作业是生活与课程离婚的宣言，也就是教学做离婚的宣言。今年春天洪深先生创办电影演员养成所，招生广告上有采用"教""学""做"办法字样。当时我一见这张广告，就觉得洪先生没有十分了解教学做合一。倘使他真正了解，他必定要写"教学做"办法，决不会写作"教""学""做"办法。他的误解和我上述的两个误解是相类的。我接连受了这两次刺激，觉得非彻底的、原原本本的和大家讨论明白，怕要闹出绝大的误解。思想上发生误解则实行上必定要引起矛盾，所以把这个题目来演讲一次是万不可少的。我自回国之后，看见国内学校里先生只管教，学生只管受教的情形，就认定有改革之必要。这种情形以大学为最坏。导师叫做教授，大家以被称教授为荣。他的方法叫做教授法，他好像拿知识来赈济人的。我当时主张以教学法来代替教授法，在南京高等师范学校校务会议席上辩论两小时，不能通过，我也因此不接受教育专修科主任名义。八年，应《时报·教育新思潮》[5]主干蒋梦麟先生之征，撰《教学合一》一文，主张教的方法要根据学的方法。此时苏州师范学校首先赞成采用教学法。继而"五四"事起，南京高等师范同事无暇坚持，我就把全部课程中之教授法一律改为教学法。这是实现教学合一的起源。后来新学制[6]颁布，我进一步主张：事怎样做就怎样学，怎样学就怎样教；教的法子要根据学的法子，学的法子要根据做的法子。这是民国十一年的事，教学做合一的理论已经成立了，但是教学做合一之名尚未出现。前年在南开大学演讲时，我仍用教学合一之题，张伯苓[7]先生拟改为学做合一，我于是豁然贯通，直称为教学做合一。去年撰《中国师范教育建设论》时，即将教学做合一之原理作有系统之叙述。我现在要把最近的思想组织起来作进一步之叙述。教学做是一件事，不是三件事。我们要在做上教，在做上学。在做上教的是先生；在做上学的是学生。从先生对学生的关系说：做便是教；从学生对先生的关系说：做便是学。先生拿做来教，乃是真教；学生拿做来学，方是实学。不在做上用工夫，教固不成教，学也不成学。从广义的教育观点看，先生与学生并没有严格的分别。实际上，如果破除成见，六十岁的老翁可以跟六岁的儿童学好些事情。会的教人，不会的跟人学，是我们不知不觉中天天有的现象。因此教学做是合一的。因为一个活动对事说是做，对己说是学，对人说是教。比如种田这件事是要在田里做的，便须在田里学，在田里教。游泳也是如此，游水是在水里做的事，便须在水里学，在水里教。再进一步说，关于种稻的讲解，不是为讲解而讲解，乃是为种稻而讲解；关于种稻而看书，不是为看书而看书，乃是为种稻而看书；想把种稻教得好，要讲什么话就讲什么话，要看什么书就看什么书。我们不能说种稻是做，看书是学，讲解是教。为种稻而讲解，讲解也是做；为种稻而看书，看书也是做。这是种稻的教学做合一。一切生活的教学做都要如此，方为一贯。否则教自教，学自学，连做也不是真做了。所以做是学的中心，也就是教的中心。“做”既占如此重要的位置，宝山县立师范学校竟把教学做合一改为做学教合一。这是格外有意思的。

十一月二日

1927 年 11 月 2 日讲

出自《中国教育改造》上海亚东图书馆 1928 年 4 月版

【注释】

①本篇系演讲词。

②本校，指晓庄试验乡村师范学校。

③教学做草案即晓庄师范各科指导员的活动计划，须与学生讨论后共同实施。

④《乡教丛讯》半月刊。中华教育改进社乡村教师同志会会刊。后与

晓庄师范合办。主要内容为宣传乡村教育。

⑤《时报·教育新思潮》即《时报》副刊《教育周刊》上的《世界教育新思潮》栏。由蒋梦麟主编，陶行知为该专栏主要撰稿人之一。

⑥新学制指1922年颁行的《学校系统改革令》(壬戌学制)。

⑦张伯苓，当时南开大学校长，中华教育改进社董事。

在劳力上劳心[1]

昨天我讲《教学做合一》的时候，曾经提及“做”是学之中心，可见做之重要。那么我们必须明白“做”是什么，才能明白教学做合一。盲行盲动是做吗？不是。胡思乱想是做吗？不是。只有手到心到才是真正的做。世界上有四种人：一种是劳心的人；一种是劳力的人；一种是劳心兼劳力的人；一种是在劳力上劳心的人。二元论的哲学把劳力的和劳心的人分成两个阶级：劳心的专门在心上做工夫，劳力的专门在苦力上讨生活。劳力的人只管闷起头来干，劳心的人只管闭起眼睛来想。劳力的人便成了无所用心，受人制裁；劳心的人便成了高等游民，愚弄无知：以致弄成“劳心者治人，劳力者治于人”的现象。不但如此，劳力而不劳心，则一切动作都是囿于故常，不能开创新的途径；劳心而不劳力，则一切思想难免玄之又玄，不能印证于经验。劳力与劳心分家，则一切进步发明都是不可能了。所以单单劳力，单单劳心，都不能算是真正之做。真正之做须是在劳力上劳心。在劳力上劳心是真的一元论。在这里我们应当连带讨论那似是而非的伪一元论。一次我和一位朋友讨论本校主张在劳力上劳心，我的朋友说：“你们是劳力与劳心并重吗？”我说：“我们是主张在劳力上劳心，不是主张劳力与劳心并重。”劳心与劳力并重虽似一元论，实在是以一人之身而分为两段：一段是劳心生活，一段是劳力生活，这种人的心与力都是劳而没有意识的。这种人的劳心或劳力都不能算是真正之做。真正之做只是在劳力上劳心，用心以制力。这样做的人要用心思去指挥力量，使能轻重得宜，以明对象变化的道理。这种人能以人力胜天工。世界上一切发明都是从他那里来的。他能改造世界，叫世界变色。我们中国所讲的科学原理，古时有“致知在格物”一语，朱子[2]用“在即物而穷其理”来解释，似乎是没有毛病的了。但是王阳明[3]跟着朱子的话进行便走入歧途。他叫钱友同格竹，格了三天，病了。他老先生便告奋勇，亲自出马去格竹——即竹而穷竹理，格了七天，格不出什么道理来，也就病了。他不怪他自己格得不对，反而说天下之物本无可格，所能格的，只有自己的身心。他于是从格物跳到格心，中国的科学兴趣的嫩芽便因此枯萎了。假使他老先生起初不是迷信朱子的呆板的即物穷理，而是运用心思指挥力量以求物之变化，那便不致于堕入迷途。在劳力上劳心，是一切发明之母。事事在劳力上劳心，便可得事物之真理。人人在劳力上劳心，便可无废人，便可无阶级。征服天然势力，创造大同社会，是立在同一的哲学基础上的。这个哲学的基础便是“在劳力上劳心”。我们必须把人间的劳心者、劳力者、劳心兼劳力者一齐化为在劳力上劳心的人，然后万物之真理都可一一探获，人间之阶级都可一一化除，而我们理想之极乐世界乃有实现之可能。这个担子是要教师挑的。惟独贯彻在劳力上劳心的教育，才能造就在劳力上劳心的人类；也惟独在劳力上劳心的人类，才能征服自然势力，创造大同社会。最后，我想打一个预防针，以免误解。一次有一位朋友告诉我说：“你们在劳心上劳力的主张，我极端的赞成。”我说：“如果是在劳心上劳力，我便极端不赞成了。我们的主张是‘在劳力上劳心’，不是‘在劳心上劳力’。”

十一月三日

1927年11月3日讲

出自《中国教育改造》上海亚东图书馆1928年4月版

【注释】

①本篇系演讲词。

②朱子即朱熹（1130—1200），字元晦，号晦庵，徽州婺源（今属江西）人，南宋哲学家、教育家。

③王阳明即王守仁（1472—1529），字伯安，世称阳明先生，浙江余姚人，明代哲学家、教育家。倡导“知行合一”“知行并进”，陶行知早年曾受其理论影响。

以教人者教己[1]

“以教人者教己”是本校[2]根本方法之一，我们也必须说得很明白，方知他效用之大。昨天邵先生[3]教纳税计算法就是“以教人者教己”的例证。邵先生因为要教大家计算纳税，所以就去搜集种种材料，并把这些材料融会贯通起来，然后和盘托出，教大家计算。他因为要教大家，所以先教自己。他是用教大家的材料教自己。他年年纳税，但是总没有明白其中的内幕，今年为什么就弄得这样彻底明白呢？因为要教你们，所以他自己便不得不格外明白了，他从教纳税上学得的益处怕比学生要多得多哩。近来韩先生[4]教武术，不是要一位同学发口令吗？这便是以教人者教己。这位同学发口令时便是以同学教同学。因为要他发口令，所以他对于这套武术的步骤就格外明了了，他在发口令上学，便是以教人者教己。第三中心小学潘先生[5]是素来没有学过园艺的。但是第三中心小学有园艺一门功课，他必得教，既然要教园艺，他对于园艺便要格外学得清楚些。他拿园艺教小学生的时候便是拿园艺来教自己。我们从昨天起开始交际教学做。第一次轮到的便是孙从贞[6]女士，今天有客来，便须由她招待。来宾到校必定要问许多问题，孙女士必须一一答复。但她是一位新学生，对于学校的经过历史、现在状况及未来计划都是没有充分明了。因为要答复来宾的问题，她必须预先把这些事情弄得十分明白，才不致给来宾问倒。她答复来宾的问题时，从广义的教育看来，她便是在那儿教，来宾便是在那儿学。为了要答复来宾的问题，她自己就不得不先去弄得十分明白，这便是以教人者教己。我们平常看报，多半是随随便便的。假使我们要教小学生回家报告国家大事，那么，我们看报的时候，便不得不聚精会神了。我们这样看报，比起寻常的效率不知道要大得几多倍哩。这便是借着小孩讲国家大事来教自己明了国家大事。这便是以教人者教己。又比如锄头舞的歌词是我做的，对于这套歌词，诸位总以为我做了之后便是十分明了了，其实不然。我拿这歌词教燕子矶小学生时，方把他弄得十分明白。以前或可以说只有七八分明白，没有十分明白，自己做的歌词还要等到教人之后才能十分明白，由此可见“以教人者教己”的效力之宏。从这些例证上，我们可以归纳出一条最重要的学理，这学理就是“为学而学”不如“为教而学”之亲切。“为教而学”必须设身处地，努力使人明白；既要努力使人明白，自己便自然而然的格外明白了。

十一月五日

1927年11月5日讲

出自《中国教育改造》上海亚东图书馆1928年4月版

【注释】

①本篇系演讲词。

②本校，指晓庄试验乡村学校。

③邵先生即邵仲香，晓庄师范农艺指导员。

④韩先生即韩凌森，晓庄师范拳术指导员。

⑤潘先生即潘一尘，无锡开原第一小学校长兼晓庄小学指导员。

⑥孙从贞，晓庄师范第二期学生。

答操震球[1]之问

问：小孩子在“做”上，我只见他学，却不见他教。此处怕只有学做合一，没有教学做合一，对不对？

答：这孩子如果是鲁滨孙枯路梭[2]，那便只有学做合一，没有教学做合一。实际上却没有这样的孩子。他是个孩中孩，他的一举一动都免不了要影响别的小孩子。关心儿童教育的父母往往对子女说：“你不要和那个孩子玩。别给他带坏了。”这就是小孩教小孩。小孩是怎样教别的小孩呢？他在做上教。他一面做，一面学，一面教。他的教育力量有时比教师大得多。所以好父母、好教师都要为儿童择友，运用小孩教小孩。不但如此，小孩也能教成人。小孩的一举一动也影响到成人。成人无论“石化”到如何程度，除非是进了棺材，都是免不了要受儿童的影响的。最能感受儿童影响的是老年人。老年人常与小孩接近，便要成为“老有童心”。六十岁的小孩，便是这样造成的。小孩不但教小孩，并且可以教成人。不愿拜小孩子做先生的人，不配做小孩子的先生。所以小孩子也是教学做合一。教学做合一是全人类教育历程之真相，无论男女老幼，丝毫没有例外。只有漂流荒岛的鲁滨孙可以跳出教学做合一的法掌。

出自《中国教育改造》上海亚东图书馆 1928 年 4 月版

【注释】

①操震球，晓庄师范第一期学生。

②鲁滨孙枯路梭（Robinson Crusoe），英国作家笛福所著《鲁滨孙漂流记》中的主人公。

如何使幼稚教育普及

教人要从小教起。幼儿比如幼苗，必须培养得宜，方能发荣滋长，否则幼年受了损伤，即不夭折，也难成材。所以小学教育是建国之根本，幼稚教育尤为根本之根本。小学教育应当普及，幼稚教育也应当普及。如何使幼稚教育普及，是我们最关心的一个问题。依我看来，进行幼稚教育之普及要有三个步骤。

（一）改变我们的态度 一般人的态度总以小孩子的教育不关重要，早学一两年，或迟学一两年，没有多大关系。我们很漠视小孩子的需要、能力、兴味、情感。因此，便不知不觉的漠视了他们的教育，把他们付托给老妈子，付托给街上的伙伴。在这种心理之下，幼稚园是不会发达的。我们要想提倡幼稚园，必须根本化除这种漠视小孩子的态度。我们必须唤醒国人明白幼年的生活是最重要的生活，幼年的教育是最重要的教育。

关心幼儿的父母，明白幼稚教育之重要，并且愿意送子女进幼稚园。但是他们有一种牢不可破的成见也是要不得的。这成见就是不愿他们的子女与贫苦人家的子女为伍。他们以为自己的子女是好的，贫苦人家的子女是不好的。他们以为贫苦人家的子女进了幼稚园便要把他们的子女带坏了。因此，幼稚园便成了富贵人家和伪知识阶级的专利品。我们应当知道民国只有人中人，没有人上人，也就没有人下人。人中人是要从孩中孩造就出来的。教育者的使命是要运用好孩子化坏孩子，不应当把好孩子和坏孩子分开，更不应当以为富贵人家的孩子是好孩子，贫苦人家的孩子是坏孩子；尤其不可迁就富贵人家的意见排斥贫苦人家的儿女。富贵人家及伪知识阶级的父母倘不愿把亲生子女做新中国被打倒之候补者，就应当把自己的子女和不幸的人家的子女放在一个幼稚园里去受陶冶。办理幼稚园的先生倘若不愿把幼稚园当作富贵太太们打麻将时用之临时托儿所，便应当把整个的幼稚园献给全社会的儿童。可是这样一来，幼稚园教师便须明白他们的使命：不是随随便便的放任，乃是要运用好孩子化坏孩子，运用坏孩子的好处化好孩子的坏处。

承认幼年生活教育之重要，是普及幼稚园之出发点；承认幼稚园为全社会幼儿的教育场所，是普及正当幼稚园的出发点。我们必须得到这两种态度，幼稚园才有普及的希望。

（二）改变幼稚园的办法 幼稚园的办法是费钱的，不想法节省，必不容易普及。最需要幼稚园的地方是乡村与女工区。女工区的幼稚园，还可由工厂担负经费，纵使用费太多，尚易筹措。乡间是民穷财尽，费钱较少之小学尚且不易普及，何况费钱加倍的幼稚园呢？所以在乡间推行幼稚园好比是牵只骆驼穿针眼。我们必须向着省钱的方针去谋根本改造，幼稚园才有下乡的希望，才有普及的希望。

（三）改变训练教师的制度 普及教育的最大难关是教师的训练。我们要想普及幼稚教育至少需要教师一百五十万人。这是一个最难的问题。因为不但是经费浩大，并且训练不得其法，受了办理幼稚园的训练，不一定去办幼稚园，或者是去办出一个不合国情的幼稚园，那就糟了。幼稚师范是要办的，但幼稚师范必须根本改造，才能培养新幼稚园之师资。纵然如此，我们也不能专靠正式幼稚师范去培养全部的师资。我们现在探得一条新途径，很能使我们乐观。试验乡村师范学校的幼稚师范院在燕子矶设了一所乡村幼稚园，叫做第二中心幼稚园。开办之初便收了三位徒弟，跟着幼稚教师徐先生[①]学办幼稚园，张宗麟先生任指导。前天他和我谈起，幼稚园的徒弟制似可推行到小学里去，并且可以解除乡村小学教员的一个大问题——生活寂寞。我说："这是的的确确的。徒弟制不但能解除生活寂寞，并且能促进普及教育之进行。"普及小学教育及幼稚教育非行徒弟制不可。倘以优良幼稚园为中心，每所每年训练两三位徒弟，那么，多办一所幼稚园，即是多加一所训练师资的地方，这是再好没有的办法。我看三百六十行，行行有徒弟，行行都普及。木匠到处都有，他是怎样办到这个地步的？徒弟制。裁缝匠、泥水匠、石匠、铁匠和三万万四千万种田匠，哪一行不是这样普及的呢？老实说，教学做合一主义便是沥清过的徒弟制。徒弟制的流弊是：劳力而不劳心，师傅不肯完全传授，对于徒弟之虐待。假使我们能采徒弟制之精华而除去它的流弊，必定是很有成效的。若把这种办法应用到幼稚园里来，我是深信他能帮助幼稚教育普及的。我和陈鹤琴先生近来有一次很畅快的谈话。他主张拿鼓楼幼稚园来试一试。鼓楼幼稚园是最富研究性的，现在发了宏愿，要招收徒弟来做推广幼稚师资之试验，是再好没有的了。

以上所说的普及幼稚教育的三个步骤，不过是我个人所见到的，一定有许多遗漏的地方。关心幼儿幸福的同志，倘以别的好方法见教，那就感激不尽了。

出自《中国教育改造》上海亚东图书馆1928年4月版

【注释】

①徐先生，指晓庄师范幼稚教育指导员徐世璧。

“伪知识”阶级

自从俄国革命以来，“知识阶级”（Intelligentsia）这个名词忽然引起了世人之注意。在打倒知识阶级呼声之下，我们不得不问一问：什么是知识阶级？知识阶级是怎样造成的？应当不应当把他打倒？这些问题曾经盘旋于我们心中，继续不断地要求我们解答。近来的方向又转过来了，打倒知识阶级的呼声一变而为拥护知识阶级的呼声。我们又不得不问一问：什么是知识阶级？知识阶级是怎样造成的？应当不应当将他拥护？在这两种相反的呼声里面，我都曾平心静气地把这些问题研究了一番，我所得的答案是一致的。我现在要把我一年来对于这些问题考虑的结果写出来，与有同样兴趣的朋友们交换意见。

我们要想把知识阶级研究得明白，首先便须分别“知识”与“智慧”。智慧是生成的，知识是学来的。孟子[①]说：“由射于百步之外也，其至，尔力也；其中，非尔力也。”会射箭的人能百步穿杨。射到一百步的力量是生成的限度。到了一百步还能穿过杨树的一片叶子，那便是学来的技巧了。这就是智慧与知识的分别。又比如言语：说话的能力是生成的，属于智慧；说中国话、日本话、柏林话、拉萨话，便是学成的，属于知识。人的禀赋各不相同，生成的智慧至为不齐。有的是最聪明的，有的是最愚笨的。但从最愚笨的人到最聪明的人，种种差别都是渐渐的推上去的。假使我们把一千个人按着聪明的大小排列成行，我们就晓得最聪明的是少数，最愚笨的也是少数，而各人和靠近的人比起来都差不了几多。我们只觉得各个不同，并找不出聪明人和愚笨人中间有什么鸿沟。我们可以用一个最浅近的比方把这个道理说出来。人的长矮也是生成的。我们可以把一千个人依着他们的长矮顺序排列：从长子看到矮子，只见各人渐渐的一个比一个矮；从矮子看到长子，只见各人也是渐渐的一个比一个长。在寻常状态之下，我们找不出一大群的长子，叫做长子阶级；也找不出一大群的矮子，叫做矮子阶级。我们在上海的大马路上或是在燕子矶关帝庙会里仔细一望，就可以明白这个道理。从人之长矮推论到人之智愚，我们更可明白生成之智慧只有渐渐的差别，没有对垒的阶级。智慧既无阶级，自然谈不到打倒、拥护的问题。

其次，我们要考察知识的本身。知识有真有伪。思想与行为结合而产生的知识是真知识，真知识的根是安在经验里的。从经验里发芽抽条开花结果的是真知灼见，真知灼见是跟着智慧走的。同处一个环境，同等的智慧可得同等的真知灼见。智慧是渐渐的相差，所以真知灼见也是渐渐相差。智慧既无阶级，真知识也就没有阶级。俗语说："三百六十行，行行出状元。"真知识只有直行的类别，没有横截的阶级。各行的人有绝顶聪明的，也有绝不中用的。但在他们中间的人，智力上的差别和运用智力取得之真知识的差别都是渐渐的，都是没有阶级可言。倘使要把三百六十行的"上智"联合起来，称为知识阶级，再把三百六十行的"下愚"联合起来，称为无知识阶级，那就是一件很勉强很不自然的事了。

照这样说来，世界上不是没有知识阶级了吗？不，伪知识能成阶级！什么是伪知识？不是从经验里发生出来的知识便是伪知识。比如知道冰是冷的，火是热的是知识。小孩儿用手摸着冰便觉得冷，从摸着冰而得到"冰是冷的"的知识是真知识，小孩儿单用耳听见妈妈说冰是冷的而得到"冰是冷的"的知识是伪知识。小孩儿用身靠近火便觉得热，从靠近火而得到"火是热的"的知识是真知识。小孩子单用耳听妈妈说火是热的而得到"火是热的"的知识是伪知识。有人在这里便起疑问："如果样样知识都要从自己经验里得来，岂不是麻烦得很？人生经验有限，若以经验范围知识，那么所谓知识岂不是也很有限了吗？没有到过热带的人，就不能了解热带是热的吗？没有到过北冰洋的人，就不能了解北冰洋是冷的吗？"这些疑问是很重要的，我们必须把它们解答清楚，方能明了真知识与伪知识的分别。我只说真知识的根是要安在经验里，没有说样样知识都要从自己的经验上得来。假使我们抹煞别人经验里所发生的知识而不去运用，那真可算是世界第一个大呆子。我们的问题是要如何运用别人经验里所发生的知识使它成为我们的真知识，而不要成为我们的伪知识。比如接树：一种树枝可以接到别一种树枝上去使它格外发荣滋长，开更美丽之花，结更好吃之果。如果把别人从经验发生之知识接到我们从自己经验发生之知识之上去，那么，我们的知识必可格外扩充，生活必可格外丰富。我们要有自己的经验做根，以这经验所发生的知识做枝，然后别人的知识方才可以接得上去，别人的知识方才成为我们知识的一个有机体部分。这样一来，别人的知识在我们的经验里活着，我们的经验也就生长到别人知识里去开花结果。至此，别人的知识便成了我们的真知识。其实，它已经不是别人的知识而是自己的知识了。倘若对于某种知识，自己的经验上无根可找，那么无论如何勉强，也是接不活的。比如在厨房里烧过火的人，或是在火炉边烤过火的人，或是把手给火烫过的人，便可以懂得热带是热的；在冰房里呆过的人，或是在冰窖里呆过的人，或是做过雪罗汉的人，便可以懂得北冰洋是冷的。对于这些人，“热带是热的，北冰洋是冷的”虽从书本上看来，或别人演讲时听来，也是真知识。倘自己对于冷热的经验丝毫没有，那么，这些知识虽是学而时习之，背得熟透了，也是于他无关的伪知识。

知识的一部分是藏在文字里，我们的问题又成为：“什么文字是真知识？什么文字是伪知识？”经验比如准备金，文字比如钞票。钞票是准备金的代表，好一比文字是经验的代表。银行要想正经生意必须根据准备金去发行钞票。钞票是不可滥发的。学者不愿自欺欺人，必须根据经验去发表文字。文字是不可滥写的，滥发钞票，钞票便不值钱；滥写文字，文字也不值钱。欧战后，德国马克[②]一落千丈，当时有句笑话，说是：“请得一席客，汽车载马克。”这句话的意思是马克纸币价格跌得太低，寻常请一席酒要用汽车装马克去付账。这是德国不根据准备金而滥发纸币之过。滥发钞票，则虽名为钞票，几是假钞票。吾国文人写出了汗牛充栋的文字，青年学子把他们在脑袋子里都装满了，拿出来，换不得一肚饱。这些文字和德国纸马克是一样的不值钱，因为它们是在经验以外滥发的文字，是不值钱的伪知识。

我国先秦诸子如老子、孔子、孟子、庄子、墨子、杨子、荀子等都能凭着自己的经验发表文字，故有独到的议论。他们好比是根据自己的准备金发可靠的钞票。孔子很谦虚，只说“述而不作，信而好古”，自居为根据古人的准备金为古人清理钞票，他只承认删诗书，定礼乐，为取缔滥发钞票的工作。孟子虽是孔家的忠实行员，但心眼稍窄，只许孔家一家银行存在，拼命地要打倒杨家、墨家的钞票。汉朝以后，学者多数靠着孔子的信用，继续不断的滥发钞票，甚至于又以所滥发的钞票做准备库，滥上加滥的发个不已，以至于汗牛充栋。韩文公[③]的脾气有些像孟子，他眼看佛家银行渐渐的兴旺，气愤不过，恨不得要拼命将他封闭，把佛家银行的行员杀得干干净净。他至今享了“文起八代之衰”的盛名。但据我看来，所谓“文起八代之衰”只是把孔家银行历代经理所滥发的钞票换些新票而已，他又乘换印新票的时候顺带滥发了些新钞票。程、朱、陆、王[④]纵有许多贡献及不同的地方，但是他们四个人大部分的工作还是根据孔、孟合办银行的招牌，和从前滥发的钞票去滥发钞票。他们此时正与佛家银行做点汇兑，所以又根据佛家银行的钞票，去滥发了些钞票。颜习斋[⑤]看不过眼，谨慎地守着孔家银行的准备库，一方面大声疾呼的要严格按着准备金额发行钞票，一方面要感化佛家银行行员使他无形解体。他是孔家银行里一位最忠实的行员，可是他所谨守的金库里面有许多金子已经上锈了。等到八股[⑥]发达到极点，朱注的“四书”[⑦]被拥护上天的时候，全国的人乃是以朱子所发的钞票当为准备金而大滥特滥的去发钞票了。至此，中国的知识真正濒于破产了。吴稚晖先生劝胡适之先生不要迷信整理国故，自有道理。但我觉得整理国故如同清理银行账目一样，是有他的位置的。我们希望整理国故的先生们经过很缜密的工作之后，能够给我们一本报告，使我们知道国故银行究有几多准备金，究能发行多少钞票，哪些钞票是滥发的。不过他们要谨慎些，千万不可一踏进银行门，也去滥发钞票。如果这样，那这笔账更要糊涂了。总括一句：只有从经验里发生出来的文字才是真的文字知识，凡不是从经验里发生出来的文字都是伪的文字知识。伪的文字知识比没有准备金的钞票还要害人，还要不值钱。

伪的知识，伪的文字知识既是害人又不值钱，那么，他如何能够存在呢？产生伪知识的人，应当连饭都弄不到吃，他们又如何能成阶级呢？伪知识和伪钞票一样，必须得到特殊势力之保障拥护才能存在。“伪知识”阶级是特殊势力造成的。这特殊势力在中国便是皇帝。

创业的皇帝大都是天才。天才忌天才是很自然的一件事。天下最厉害的无过于天才得了真知识。如果政治的天才从经验上得了关于政治的真知灼见，谁的江山也坐不稳。做皇帝的人，特别是创业之主，是十分明了此中关系的，并且是一百分的不愿意把江山给人夺去。他要把江山当作子孙万世之业，必得要收拾这些天才。收拾的法子是使天才离开真知识去取伪知识。天才如何就他的范围，进他的圈套呢？说来倒很简单。皇帝引诱天才进伪知识的圈套有几个法子。一，照他的意旨在伪知识上用功，便有吃好饭的希望。俗话说：“只有穷秀才，没有穷举人。”伪知识的工夫做得愈高愈深，便愈能解决吃饭问题。二，照他的意旨在伪知识上用功，便有做大官的希望。世上之安富尊荣，尽他享受。中了状元还可以做驸马爷，娶皇帝的女儿为妻。穿破布烂棉花去赴朝考的人，个个都有衣锦回乡的可能。三，照他的意旨在伪知识上用功，便有荣宗耀祖的希望。这样一来，全家全族的人都在那儿拿着鞭子代皇帝使劲赶他进圈套了。倘使他没有旅费，亲族必定要为他凑个会，或是借钱给他去应试。倘使他不去，又必定要用“不长进”一类的话来羞辱他，使他觉得不去应试是可耻的。全家全族的力量都做皇帝的后盾，把天才的儿孙像赶驴子样一个个的赶进皇帝的圈套，天下的天才乃没有能幸免的了。

“伪知识”阶级不是少数人可以组织成功的。有了皇帝做大批的收买，全社会做这大批生意的买办，个人为名利权位所诱而不能抵抗出卖，“伪知识”阶级乃完全告成。依皇帝的目光看来，这便是“天下英雄，尽入我彀中”。雄才大略的帝王个个有此野心，不过唐太宗⑧口快，无意中把他说破罢了。最可叹的是皇帝手段太辣。一方面是积极的推重伪知识，所谓“满朝朱紫贵，尽是读书人”一类的话，连小孩都背熟了；一方面是消极的贱视伪知识以外的人，所谓“万般皆下品，惟有读书高”，又是从娘胎里就受迷的。所以不但政治天才入了彀，七十二行，行行的天才都入了他的圈套了。天才是遗传的，有其父必有其子。老子进了圈套，儿子、孙子都不得不进圈套。只要“书香之家”四个大字，便可把全家世世代代的天才圈入“伪知识”阶级。等到八股取士的制度开始，“伪知识”阶级的形成乃更进一步。以前帝王所收买的知识还夹了几分真，等到八股发明以后，全国士人三更灯火五更鸡去钻取的知识乃是彻底不值钱的伪知识了。这种知识除了帝王别有用意之外，再也没有一人肯用钱买的了；就是帝王买去也是丝毫无用，也是一堆一堆的烧去不要的。帝王是醉翁之意不在酒，他哪里是收买伪知识，他只是用名利、权位的手段引诱全国天才进入“伪知识”的圈套，成为废人，不能与他的儿孙争雄罢了。

这些废人只是为“惜字炉”继续不断的制造燃料，他们对于知识的全体是毫无贡献的。从大的方面看，他们是居于必败之地。但从他们个人方面看，却也有幸而成的与不幸而败的之分别。他们成则为达官贵人，败则为土豪、劣绅、讼棍、刀笔吏、教书先生。最可痛心的，就是这些废人应考不中，只有做土豪、劣绅、讼棍、刀笔吏、教书先生的几条出路。他们没有真本领赚饭吃，只得拿假知识去抢饭吃，骗饭吃。土豪、劣绅、讼棍、刀笔吏之害人，我们是容易知道的；教书先生之害人更广、更深、更切，我们是不知道的。教书先生直接为父兄教子弟，间接就是代帝王训练

“伪知识”阶级。他们的知识，出卖给别人吧，嫌他太假；出卖给皇帝吧，又嫌他假得不彻底。不得已，只好拿来哄骗小孩子。这样一来，非同小可，大书呆子教小书呆子，几几乎把全国中才以上的人都变成书呆子了，都勾引进伪知识阶级了。伪知识阶级的势力于是乎雄厚，于是乎牢不可破，于是乎继长增高，层出无穷。

皇帝与民争，用伪知识来消磨民间的天才，确是一个很妙的计策。等到民间的天才消磨已尽，忽然发生了国与国争，以伪知识的国与真知识的国抗衡，好一比是拿鸡蛋碰石头，哪有不破碎的道理！鸦片之战，英法联军之战，甲午之战，没有一次幸免，皇帝及大臣才明白伪知识靠不住，于是废八股，兴学堂。这未始不是一个转机。但是政权都操在“伪知识”阶级手中，他们哪会培养真知识？他们走不得几步路，就把狐狸尾巴拖出来了。他们自作聪明的把外国的教育制度整个的抄了一个来。他们曾用眼睛、耳朵、笔从外国贩来了些与国情接不上的伪知识。他们把书院变成学堂，把山长改为堂长[9]。“四书”用不着了，一律换为各种科学的教科书。标本、仪器很好看，姑且拣那最好看的买他一套，在玻璃柜里陈列着，可以给客人参观参观。射箭很不时髦，要讲尚武精神，自须学习兵操。好，他们很信他们的木头枪真能捍国卫民咧！这就算是变法！这就算是维新！这就算是自强！一般社会对于这些换汤不换药的学堂却是大惊小怪，称他们为洋学堂，又称学堂里的学生为洋学生。办学的苦于得不到学生，于是除供饭食发零用外，还是依旧的按着学堂等级给功名：小学堂毕业给秀才；中学堂毕业给贡生；高等学堂毕业给举人；大学堂学生给进士；外国留学回来的，赴朝考及第给翰林点状元。社会就称他们为洋秀才、洋贡生、洋举人、洋进士、洋翰林、洋状元。后来废除功名，改称学士、硕士、博士等名目，社会莫名其妙了。得到这些头衔的人还是仍旧用旧功名翻译新功名，说是学士等于秀才，硕士等于举人，博士等于翰林，第一名的博士便是从前的状元。说的人自以为得意，听的人由羡慕而称道不止，其实这还不是穿洋装的老八股吗？穿洋装的老八股就是洋八股。老八股好比是根据本国钞票发行的钞票；洋八股好比是根据外国钞票去发行的钞票。他们都是没有准备金的假钞票。洋八股和老八股虽有新旧之不同，但同不是从经验里发生的真知识，同是不值钱的伪知识。从中国现在的情形看来，科学与玄学[10]之争，只可说是洋八股与老八股之争。书本的科学，陈列的实验，岂能当科学实验之名？他和老八股是同样无用的东西。请看三十年来的科学，发明在哪里？制造在哪里？科学客倒遇见不少，真正的科学家在哪里？青年的学子：书本的科学是洋版的八股，在讲堂上高谈阔论的科学客，与蒙童馆里的冬烘先生[11]是同胞兄弟，别给他们骗走了啊！

所以中国是有“伪知识”阶级。构成中国之伪知识阶级有两种成分：一是老八股派，二是洋八股派。这个阶级既靠伪知识骗饭吃，不靠真本领赚饭吃，便没有存在的理由。

这个阶级在中国现状之下已经是山穷水尽了。收买伪知识的帝王已经消灭，再也找不出第二个特殊势力能养这许多无聊的人。但因为惰性关系，青年们还是整千整万地向着这条死路出发，他们的亲友仍旧是拿着鞭儿在后面使劲地赶。可怜得很，这些青年个个弄得焦头烂额，等到觉悟回来，不能抢饭的便须讨饭。伪知识阶级的末路已经是很明显了，还用得着打倒吗？又值得拥护吗？

但是一班狡猾的“伪知识”者找着一个护身符，这护身符便是“读书”两个字。他们向我们反驳说：“书也不应当读了吗？”社会不明白他们葫芦里卖的是什么药，也就随声附和的说：“是啊！书何能不读呢！”于是“读书不忘救国，救国不忘读书”，便成了保障伪知识阶级的盾牌。所以不把读书这两个字说破，伪知识阶级的微生物[12]便能在里面苟延残喘。我们应当明白，书只是一种工具，和锯子、锄头是一样的性质，都是给人用的。我们与其说“读书”，不如说“用书”。书里有真知识和伪知识，读他一辈子，不能辨别他的真伪；可是用他一下，书的本来面目便显了出来，真的便用得出去，伪的便用不出去，也如同真的锯子才能锯木头，真的锄头才能锄泥土，假的锯子、锄头一用到木头、泥土上去就知道他不行了。所以提到书便应说“用书”，不应说“读书”，那“伪知识”阶级便没得地方躲了。与“读书”联成一气的有“读书人”一个名词。这个名词，更要不得。假使书是应当读的，便应使人人有书读。决不能单使一部分的人有书读，叫做读书人；又一部分的人无书读，叫做不读书人。比如饭是应当吃的，应使人人有饭吃；决不能使一部分的人有饭吃，叫做吃饭的人；又一部分的人无饭吃，叫做不吃饭的人。从另一方面看，只知道吃饭，不成饭桶了吗？只知道读书，不成为有脚可以走路的活书架子了吗？我们为避免堕入伪知识阶级的诡计起见，主张用书不主张读书。农人要用书，工人要用书，商人要用书，兵士要用书，医生要用书，律师要用书，画家要用书，教师要用书，音乐家要用书，戏剧家要用书，三百六十行，行行都要用书。行行都成了用书的人，真知识才愈益普及，愈能发现了。书是三百六十行的公物，不是读书人所能据为私有的。等到三百六十行都是用书人，读书的专利营业便完全打破，读书人除非改行，便不能混饭吃了。这个日子已经来到，大家还不觉悟，只有死路一条。凡受过中国新旧教育的人，都免不了有些“伪知识”的成分和倾向。为今之计，我们应当痛下四个决心：

一、从今以后，我们应当放弃一切固有的伪知识；

二、从今以后，我们应当拒绝承受一切新来的伪知识；

三、从今以后，我们应当制止自己不要再把伪知识传与后辈；

四、从今以后，我们应当陪着后起的青年共同努力去探真知识的泉源。

最后，我要郑重地说：二十世纪以后的世界，属于努力探获真知识的民族。凡是崇拜伪知识的民族，都要渐就衰弱以至于灭亡。三百六十行中决没有教书匠、读书人的地位，东西两半球上面也没有中华书呆国的立足点。我们个人与民族的生存都要以真知识为基础。伪知识是流沙，千万不可在他上面流连忘返。早一点觉悟，便是早一点离开死路，也就是早一点走向生路。这种生死关头，十分显明，绝无徘徊迟疑之余地。起个取真去伪的念头，是走向生路的第一步。明白伪知识的买主已经死了永不复生并且绝了种，是走向生路的第二步。以做“读书”人或“读书”先生为最可耻，是走向生路的第三步。凡事手到心到——在劳力上劳心，便是骑着千里驹在生路上飞跑了。

出自《中国教育改造》上海亚东图书馆 1928 年 4 月版

【注释】

①孟子即孟轲（约前 372—前 289），字子舆，邹（今山东邹县东南）人，战国时思想家、政治家、教育家。

②马克，德国货币名称，德文 Mark 的音译。

③韩文公即韩愈（768—824），字退之，河阳（今河南孟县西）人。唐代文学家、哲学家。卒谥文，世称韩文公。

④程、朱、陆、王，程即程颐（1033—1107），字正叔，学者称伊川先生，洛阳（今属河南）人，北宋哲学家、教育家，与其兄程颢（1032—1085）同为北宋理学的奠基者，世称“二程”。朱即朱熹。陆即陆九渊

(1139—1193)，字子静，学者称象山先生，抚州金溪（今属江西）人。南宋哲学家、教育家。王即王守仁。

⑤颜习斋即颜元（1635—1704)，字易直，又字浑然，号习斋，博野（今属河北）人，清初思想家、教育家。提倡恢复“周孔正学”，批判程朱理学。

⑥八股，通指八股文，也称“时文”“制艺”或“八比”。这种文体规定每篇文字应由破题、承题、起讲、入手、起股、中股、后股、束股八部分组成。这种形式死板的文体是束缚人们思想、维护封建统治的工具。八股文盛行于明清科举考试。

⑦指朱熹所注的《四书章句集注》。“四书”是《大学》《中庸》《论语》《孟子》的合称。朱熹撰《四书章句集注》后，“四书”之名始立。八股文的题目主要摘自“四书”，而且内容要根据《四书章句集注》。

⑧唐太宗即李世民（599—649)，唐高祖李渊的次子，后袭帝位。采用科举取士制度选拔人才，对复兴当时社会经济起到一定的作用。

⑨山长，元代书院设山长，并总理院务。清乾隆时改名院长，清末仍名山长。堂长，清末创设各级各类学堂后，设堂长总理校务、教务。

⑩玄学，原指魏晋时期的一种哲学思想。

⑪冬烘先生，懵懂、浅陋教师的代名词。

⑫微生物，这里指细菌。

艺友制师范教育答客问

——关于南京六校[1]招收艺友之解释

艺友制是什么?

艺是艺术，也可作手艺解。友就是朋友。凡用朋友之道教人学做艺术或手艺便是艺友制。

艺友制如何可以应用到师范教育上来?

师范教育的功用是培养教师。教师的生活是艺术生活。教师的职务也是一种手艺，应当亲自动手去干的。那些高谈阔论，妄自尊大，不屑与三百六十行为伍的都不是真教师。学做教师有两种途径：一是从师，二是访友。跟朋友操练比从师来得格外自然，格外有效力。所以要想做好教师，最好是和好教师做朋友。凡用朋友之道教人学做教师，便是艺友制师范教育。

艺友制是如何发现的?

发现艺友制之起因有二：一是由于感觉现行师范教育之缺憾，二是由于感觉各种行业施行艺徒制之实效。现行师范教育将学理与实习分为二事，简直是以大书呆子教小书呆子，所出的人才和普通中学不相上下。国内少数优良小学全凭天才做台柱，至于师范教育的贡献还是微乎其微。大多数受过师范训练的人，至今办不出一个可以令人佩服的学校，岂不是大可叹息的事吗？我们再看看木匠徒弟所做的桌椅，裁缝徒弟所做的衣服，漆匠徒弟所做的牌匾，不由人要觉得十分惭愧了。艺友制便是这种叹息惭愧的土壤里面发生出来的一根嫩苗。现在中国职业界有一个不好的趋势，这趋势便是以仿效学校为荣。所以有汽车学校、理发学校、洗衣学校，这种学校那种学校，不一而足。谁知道一染上学校气，便是失败之母。我可以断定黎锦晖、黎明晖办的中华歌舞团，比他们办的中华歌舞学校效力要大得多。三百六十行虽然不可跟学堂学，但是学堂实在应当跟着三百六十行学才好。我们这艺友制，便是要跟三百六十行学点乖，好去培植些真人才。

那么，艺友制是否要起而代替师范学校？

不是的。师范学校应当根本改造，不应当废除。现在各省归并师范的潮流，是欠深谋远虑的。不过我们主张的艺友制是要和师范学校相辅而行的，不是拿来替代师范学校的。

徒弟制既行之有效，何不爽爽快快地就称他为艺徒制的师范教育？

艺徒制虽是有效力，但也有缺点。徒是步行的意思，倘若师傅引着徒弟一同步行，当然是很好的。但是有许多师傅坐着汽车要徒弟跟着跑，那就不好了。平常工匠待艺徒如奴仆，秘诀心得又不肯轻传，以致事业不能进步，光阴多耗于没有价值之工作。所以艺徒的名词，最好不再沿用。换一个友字，则艺徒的好处一概吸收，坏处一概避免了。

艺友制究竟是使用什么方法？

艺友制的根本方法是教学做合一。事怎样做便怎样学，怎样学便怎样教。教的法子根据学的法子，学的法子根据做的法子。先行先知的在做上教，后行后知的在做上学。大家共教共学共做才是真正的艺友制，惟独艺友制才是彻底的教学做合一。

什么地方能行艺友制？

凡学校有一艺之长的教师便可招收艺友。从幼稚园以及到研究所，只要这个条件符合，都可试行艺友制。假使中国现有之二十万学校个个有把握，便个个可收艺友，个个可做训练教师之中心。每年训练一位，只要五年便可解决普及四年小学教育所要之师资问题。但是一百个学校当中至少有九十个是没有把握的，我们的责任是要使没有把握的学校变为有把握的学校，使有把握的学校个个都变做训练教师的一个小小的中心。

艺友制的理论，看来似乎是站得住，但是有没有地方实行过，结果好不好？

我们考察乡村学校后，觉得燕子矶小学、尧化门小学、开原小学的办法很可为他校取法，便于前年与这几个学校约设铺位，使远道来校参观的人可以留校作较长时期之研究。这便是艺友制之发端。后来江问渔[②]先生要在板浦创办小学，便派了他的侄儿江君希彭到燕子矶小学过了三个月的生活，很得实益，这是第一个具体的例子。去年秋季燕子矶幼稚园成立，丁夫人[③]和两位女毕业生随着张、徐[④]二指导学办乡村幼稚园，进步也很快。至此我们对于这种办法发生了极大的希望。我们深信这种办法不但是最有效力之教师培植法，并且是解除乡村教师寂寞和推广普及教育师资之重要途径。这时我们还找不到一个更适当的名词，只好迁就称他为徒弟制。但是总觉得徒弟制这个名词不能完全表出我们的真意，所以迟迟的不愿发表，今年一月五日早晨，忽然想出艺友制三字来代表这种办法，大家都欢喜得很。现在南京六校已经联合开始招收艺友。市教育局陈鹤琴⑤课长并拟在市立实验小学及幼稚园中试行。就以往结果观察，我们敢说只要有人负责指导，艺友制是值得一试的。

原载《民国日报》1928年1月9日、11日

【注释】

①六校指晓庄试验乡村师范、市立实验小学、鼓楼幼稚园、燕子矶小学、尧化门小学和燕子矶幼稚园。

②江问渔即江恒源，字问渔，当时江苏省教育厅长。

③丁夫人，燕子矶小学校长丁超的夫人。

④张、徐，指晓庄师范幼稚教育指导员张宗麟、徐世璧。

⑤陈鹤琴（1892—1982），我国著名幼儿教育家，早年留学美国，获硕士学位。回国后历任南京高师、东南大学教授，并担任教育行政职务。创办南京鼓楼幼稚园。致力于普及乡村幼稚教育。

教学做合一讨论集

《教学做合一讨论集》由陶行知编著，上海商务印书馆在 1929 年出版，该文集收录了陶行知 1927 年至 1929 年间共 8 篇论著和讲话，分为《上编·理论之叙述》和《下编·问题之讨论》。因《教学做合一》《在劳力上劳心》《以教人者教己》《答操震球之问》四篇，被收入至陶行知自编文集《中国教育改造》中，见本卷第一部分，故此处只存目录。

行是知之始

阳明先生说："知是行之始；行是知之成。"我以为不对。应该是："行是知之始，知是行之成。"我们先从小孩子说起，他起初必定是烫了手才知道火是热的，冰了手才知道雪是冷的，吃过糖才知道糖是甜的，碰过石头才知道石头是硬的。太阳地里晒过几回，厨房里烧饭时去过几回，夏天的生活尝过几回，才知道抽象的热。雪菩萨做过几次，霜风吹过几次，冰激凌吃过几杯，才知道抽象的冷。白糖、红糖、芝麻糖、甘蔗、甘草吃过几回，才知道抽象的甜。碰着铁、碰着铜，碰着木头，经过好几回，才知道抽象的硬。才烫了手又冰了脸，那么，冷与热更能知道明白了。尝过甘草接着吃了黄连，那么，甜与苦更能知道明白了。碰着石头之后就去拍棉花球，那么，硬与软更能知道明白了。凡此种种，我们都看得清楚"行是知之始，知是行之成"。佛兰克林[①]放了风筝，才知道电气可以由一根线从天空引到地下。瓦特[②]烧水，看见蒸汽推动壶盖，便知道蒸汽也能推动机器。加利里翁[③]在毕撒[④]斜塔上将轻重不同的球落下，便知道不同轻重之球是同时落地的。在这些科学发明上，我们又可以看得出"行是知之始，知是行之成"[㊀]。

《墨辩》[⑤]提出三种知识：一是亲知，二是闻知，三是说知。亲知是亲身得来的，就是从"行"中得来的。闻知是从旁人那儿得来的，或由师友口传，或由书本传达，都可以归为这一类。说知是推想出来的知识。现在一般学校里所注重的知识，只是闻知，几乎以闻知概括一切知识，亲知是几乎完全被挥于门外。说知也被忽略，最多也不过是些从闻知里推想出来的罢了。我们拿"行是知之始"来说明知识之来源，并不是否认闻知和说知，乃是承认亲知为一切知识之根本。闻知与说知必须安根于亲知里面方能发生效力。

试取演讲"三八主义"[⑥]来做个例子。我们对一群毫无机器工厂劳动经验的青年演讲八小时工作的道理，无异耳边风。没有亲知做基础，闻知实在接不上去。假使内中有一位青年曾在上海纱厂做过几整天工作或一整天工作，他对于这八小时工作的运动的意义，便有亲切的了解。有人说："为了要明白八小时工作就要这样费力的去求经验，未免小题大做，太不经济。”我以为天下最经济的事，无过于这种亲知之取得。近代的政治经济问题，便是集中在这种生活上。从过这种生活上得来的亲知，无异于取得近代政治经济问题的钥匙。

“亲知”为了解“闻知”之必要条件已如上述，现再举一例，证明“说知”也是安根在“亲知”里面的。

白鼻福尔摩斯一书⑦里面有一个奇怪的案子。一位放高利贷的人被人打死后，他的房里白墙上有一个血手印，大得奇怪，从手腕到中指尖有二尺八寸长。白鼻福尔摩斯一看这个奇怪手印便断定凶手是没有手掌的，并且与手套铺是有关系的。他依据这个推想，果然找出住在一个手套铺楼上的科尔斯人就是这案的凶手，所用的凶器便是挂在门口做招牌的大铁手。他的推想力不能算小，但是假使他没有铁手招牌的亲知，又如何推想得出来呢？

这可见闻知、说知都是安根在亲知里面，便可见“行是知之始，知是行之成”。

【原注】

㈠ 上一段曾在《乡教丛讯》第二卷第一期发表。

原载《乡教丛讯》第3卷第12期，1929年7月30日

【注释】

①佛兰克林，通译富兰克林（Benjamin Franklin，1706—1790），美国科学家，避雷针的发明者。

②瓦特即詹姆斯·瓦特（James Watt，1736—1819），英国发明家，蒸汽机的改进者。

③加利里翁，通译伽利略（Galileo Galilei，1564—1642），意大利物理学家、天文学家。

④毕撒通译比萨（Pisa）。意大利西部古城，著名的比萨斜塔坐落于此。

⑤《墨辩》指墨家著作总汇《墨子》中的《经》上下和《经说》上下四篇。

⑥“三八主义”，1886年5月1日，美国芝加哥等地工人举行大罢工，提出每天工作八小时，教育八小时，休息八小时的要求。通称为“三八制”。

⑦指英国作家柯南·道尔所著侦探小说《福尔摩斯探案》。

生活即教育[①]

今天我要讲的是“生活即教育”。中国从前有一个很流行的名词，我们也用得很多而且很熟的，就是“教育即生活”（Education of life)。教育即生活这句话，是从杜威（John Dewey）先生那里来的，我们在过去是常常用他，但是，从来没有问过这里边有什么用意。现在，我把他翻了半个筋斗，改为“生活即教育”。在这里，我们就要问：“什么是生活?”有生命的东西，在一个环境里生生不已的就是生活。譬如一粒种子一样，他能在不见不闻的地方而发芽开花。从动的方面看起来，好像晓庄剧社[②]在舞台演戏一样。“生活即教育”这个演讲，从前我已经讲了两套，现在重提我们的老套。

第一套就是：

是生活就是教育，不是生活的就不是教育；

是好生活就是好教育，是坏生活就是坏教育；

是认真的生活就是认真的教育，是马虎的生活就是马虎的教育；

是合理的生活就是合理的教育，是不合理的生活就是不合理的教育；

不是生活，就不是教育；

所谓之生活未必是生活，就未必是教育。

第二套是第二次讲的时候包括进去的，是按着我们此地的五个目标加进去的，就是：

是康健的生活，就是康健的教育；是不康健的生活，就是不康健的教育；

是劳动的生活，就是劳动的教育；是不劳动的生活，就是不劳动的教育；

是科学的生活，就是科学的教育；是不科学的生活，就是不科学的教育；

是艺术的生活，就是艺术的教育；是不艺术的生活，就是不艺术的教育；

是改造社会的生活，就是改造社会的教育；是不改造社会的生活，就是不改造社会的教育。

近来，我们有一个主张，是每一个机关、每一个人在十九年里都要有一个计划。这样，在十九年里我们所过的生活，就是有计划的生活，也就是有计划的教育。于是，又加了这么一套：

是有计划的生活就是有计划的教育；是没有计划的生活，就是没有计划的教育。

我今天要说的就是：我们此地的教育，是生活教育，是供给人生需要的教育，不是作假的教育。人生需要什么，我们就教什么。人生需要面包，我们就得受面包教育；人生需要恋爱，我们就得过恋爱生活，也就是受恋爱教育。准此类推，照加上去：是哪样的生活，就是哪样的教育。

与“教育即生活”有联带关系的就是“学校即社会”。“学校即社会”也就是跟着“教育即生活”而来的，现在我也把他翻了半个筋头，变成“社会即学校”。整个的社会活动，就是我们的教育范围，不消谈什么联络，而他的血脉是自然流通的。不要说“学校社会化”。譬如现在说要某人革命化，就是某人本来不革命，假使某人本来是革命的，还要他“化”什么呢？讲“学校社会化”，也是犯同样的毛病。“社会即学校”，我们的学校就是社会，还要什么“化”呢？现在我还有一个比方：学校即社会，就好像把一只活泼泼的小鸟从天空里捉来关在笼里一样。他要以一个小的学校去把社会上所有的一切东西都吸收进来，所以容易弄假。社会即学校则不然，他是要把笼中的小鸟放到天空中去，使他能任意翱翔，是要把学校的一切伸张到大自然界里去。要先能做到“社会即学校”，然后才能讲“学校即社会”；要先能做到“生活即教育”，然后才能讲到“教育即生活”。要这样的学校才是学校，这样的教育才是教育。

杜威先生在美国为什么要主张教育即生活呢？我最近见着他的著作，他从俄国回来，他的主张又变了，已经不是教育即生活了。美国是一个资本主义的国家，他们是零零碎碎的实验，有好多教育家想达到的目的不能达到，想实现的不能实现。然而在俄国已经有人达到了，实现了。假使杜威先生是在晓庄，我想他也必主张“生活即教育”的。

杜威先生是没有到过晓庄来的。克伯屈先生在是到过晓庄来的。克伯屈先生离了俄国而来中国，他说：“在离莫斯科不远的地方，有一个人名夏弗斯基的，他在那里办了一所学校，主张有许多与晓庄相同的地方。”

我见了杜威先生的书，他说现在俄国的教育，很受这个地方的影响，很注重这个地方。他们也主张生活即教育，社会即学校。克伯屈先生问我们在文字上通过消息没有？我说没有。我又问他："夏弗斯基这个人是不是共产党？"他说不是。我又问他："他不是共产党，又怎么能在共产党政府之下办教育呢？"他说："因为他是要实现一种教育的理想，要想用教育的力量来解决民生问题，所以俄政府许可他试验，他在俄政府之下也能生存。"我又对他说："这一点倒又和我相合，我在国民党政府之下办教育，而我也不是一个国民党党员。"这是克伯屈先生参观晓庄后与我所谈的话。

现在我们这里的主张，已经终于到了实现的时期了，问题是在怎样实现。这一点，可以分作三个时期：

第一个时期，是生活是生活，教育是教育，两者是分离而没有关系的。

第二个时期，是教育即生活，两者沟通了，而学校社会化的议论也产生了。

第三个时期，是生活即教育，就是社会即学校了。这一期也可以说得是开倒车，而且一直开到最古时代去。因为太古的时代，社会就是学校，是无所谓社会自社会学校自学校的。这一期也就是教育进步到最高度的时期。

其次，要讲生活即教育与社会即学校，有几方面是要开仗的，而且，是不痛快，是很烦恼，而与我们有极大的冲突的。

第一，在这个时期，是各种思潮在中国谋实现的时期，中国几千年来的传统教育所支配的许多传统思想都要在此时期谋取得他的地位。第二，是外来的各种文化，如德国以前是以文化为中心的。这种文化，胡适之先生曾说是一种 Jantademin 的文化，是充满着绅士气的。第三是英国的。

现在先说中国遗留下来的旧文化与我们的生活即教育是有冲突的。中国从前的旧文化，是上了脚镣手铐的。分析起来，就是天理与人欲，以天理压迫人欲，做的事无论怎样，总要以天理为第一要件。

他是以天理为一件事，人欲为一件事。人欲是不对的，是没有地位的。在生活即教育的原则之下，人欲是有地位的，我们不主张以天理来压迫人欲的。这里，我们还得与戴东原先生的哲学打通一打通：他说，理不是欲外之理，不是高高的挂在天空的；欲并不是很坏的东西，而是要有条有理的。我们这里主张生活即教育，就是要用教育的力量，来达民之情，顺民之意，把天理与人欲打成一片，并且要和戴东原先生的哲学联合起来。

与此有联带关系的就是“礼教”。现在有许多人唱“礼教吃人”的论调，的确，礼教吃的人，骨可以堆成一个泰山，血可以合成一个鄱阳湖。我们晓得，礼是什么？以前有人说：礼是养生的，那是与生活即教育相通的。这种礼，我们不惟不打倒，并且表示欢迎。假若是害生之礼，那就是要把人加上脚镣手铐，那是与我们有冲突的，我们非打倒不可。因为生活即教育是要解放人类的。

再次，中国从前有一个很不好的观念，就是看不起小孩子。把小孩子看成小大人，以为大人能做的事小孩也能做，所以五六岁的小孩，就要他读《大学》《中庸》。换句话说，就是小孩子没有地位。我们主张生活即教育，要是儿童的生活才是儿童的教育，要从成人的残酷里把儿童解放出来。

还有一点要补充进去的，就是书本教育。从前的书本教育，就是以书本为教育，学生只是读书，教师只是教书。在生活即教育的原则之下，书是有地位的，过什么生活就用什么书，书不过是一种工具罢了。书是不可以死读的，但是不能不用。从前有许多像这样的东西，是非推翻不可的，否则不能实现“生活即教育”。

现在外面传进来的思潮，也有许多与我们是冲突的。以文化做一个例吧！以文化做中心的教育，他的结果是造成洋八股。文化是人类创造出来的，固然是非常的宝贵，但他也不过是一种工具而已，不能拿做我们教育的中心。人为什么要用文化？是要满足我们人生的欲望，满足我们生活的需要。电灯是文化，我们用了它，可以把一切东西看得更明白。无线电是文化，我们用了它，可以更便利。千里镜是文化，我们用了它，可以钻进土星、木星里去。……所以文化是生活的工具，他是有他的地位的。我们不惟不反对，并且表示欢迎。欢迎他来做什么呢？就是满足我们生活的需要。有些人把他弄错了，认他做一种送人的礼物，这是不对的。文化要以参加做基础，有了这参加的最低限度的基础，才能了解，才能加上去。生活即教育与以文化为中心的教育的不同，就是如此。

还有训育与生活即教育的理论怎么样？生活即教育与训育把训与教分家的关系怎样？生活即教育与社会即学校如何实现？小学里如何把他实现出来？假使诸位以为是行得通的，最好是每一个人拟一个方案来交给我，哪一部分可以实现，我们就拿那个地方当一个社会实现出来。

现在我举一个例说：去年因为天干，和平学园因为急于要水吃，就开了一个井。井是学校开的，但是献给全村公用，不久就发现了两个大问题：

（一）每天出水二百担，不敷全村之用。于是大家都起早取水，后到的取不到水。明天又比别人早，甚至于一夜到天亮，都有取夜水的。到天亮时，井里的水已将干了。群聚在井边候水，一勺一勺地取，费尽了气力，才打出一桶水。

（二）大家围着取水，争先恐后，有时甚至用武力解决。

这种现象，假使是学校即社会，就可以用学校的权力来解决，由学校出个命令，叫大家照着执行。社会即学校的办法就不然，他觉得这是与全校人的生活有关系的，要全村的人来设法解决，于是就开了一个村民大会，一共到了六七十个人，共同来做一个吃水问题的教学做。到会的人，有老太婆，也有十二三岁的小孩子，公推了一位十几岁的小学生做主席。我和许多师范生，就组织了一个诸葛亮团，插在群众当中，保护这位阿斗皇帝。老太婆说的话顶多，但同时有许多人说话，大家听不清楚，而阿斗皇帝又对付不下来。这回，诸葛亮用得着了，他就起来指导。结果，共同议决了几件事；

（1）水井每天休息十小时，自下午七时至上午五时不许取水。违者罚洋一元，充修井之用。

（2）每天取水，先到先取，后到后取。违者罚小洋六角，充修井之用。

（3）公推刘君世厚为监察员，负执行处分之责。

（4）公推雷老先生为开井委员长，筹款加开一井，茶馆、豆腐店应多出款，富户劝其多出，于最短期内，由村民团结的力量，将井开成。

这几个议案是由阿斗会议所通过的。这就是社会即学校的办法。由此，我有几个感触：

（一）民众运动，要以对于民众有切身的问题为中心。否则，不能召集。

（二）社会运动，非以社会即学校则不能彻底实行。而社会即学校，是有实现的可能的。

（三）不要以为老太婆、小孩不可训练，只要有法子，只要能从他们切迫的问题着手。

（四）公众的力量比学校发生的大，假使由学校发命令解决，则社会上了解的人少，而且感情将由此分离。

（五）阿斗离了诸葛亮是不行的，和平门吃水问题，倘无相当指导，可以再过四五千年也不会解决。

（六）做民众运动是要陪着民众干，不要替民众干。训政工作要想训练中华国民，非此不可。

这就是以小学所在地做学校的一个例，其余的例很多，不必多举。社会即学校要如何的实现，请大家一样一样的做个方案，二次开会的时候再谈。

这是证明“生活即教育”与“社会即学校”，是相联的，是一个学理。

关于“生活即教育”，我现在再来补充一套。我们是现代的人，要过现代的生活，就是要受现代的教育。不要过从前的生活。也不要过未来的生活。若是过从前的生活，就是落伍；若要过未来的生活，就要与人群隔离。以前有一部书叫做《明日之学校》，大家以为很时髦的，讲得很熟的。我希望乡村教师，要办今日之学校，不要办明日之学校。办今日之学校，使小学生过今日之生活，受今日之教育。

原载《乡村教师》第 9 期，1930 年 3 月 29 日

【注释】

①本篇系在晓庄学校主办的乡村教师讨论会上的演讲记录。记录者：戴自俺、孙铭勋。本文在收入《教学做合一之系统研究》一书时，作了增删改动。本次收入，以原发表件为准。

②晓庄剧社，晓庄师范师生组织的戏剧团体，成立于 1929 年初，陶行知任团长。

湘湖教学做讨论会记——罗谦笔记①

问："道尔顿制"②与教学做合一之异同如何？ ——唐文粹

答：按"道尔顿制"，学生有一个时间的预算，依着进程表工作，不过它太看重了书本！它每门功课，都有实验室，其实只是图书室。在里面，学生根据先生做好的问题，各人按照各人程度去找答案。它的好处，便是能够按照各人的程度工作——聪明一点的可以做得快些，愚笨一点的可以做得慢些。所以在这制度下的学生比较旧式学校要自由得多。可惜它太看重了书本，而且须初中以上的程度才能行。

"教学做合一"是以生活为中心——怎样做，就怎样学；怎样学，就怎样教。所有的问题，都是从生活中发生出来的。从生活中发生出来的困难和疑问，才是实际的问题；用这种实际的问题来求解决，才是实际的学问。它的实验室是大自然和大社会，不像"道尔顿制"那样专在书本上做工夫了。虽然书中也有一部分可以解决生活问题，不过书仅能用为生活的工具罢了。

问：什么是"教学做合一"？ ——叶纶恕

答：教学做合一有两种涵义：一是方法，二是生活的说明。

在方法方面，它主张教的法子根据学的法子；学的法子根据做的法子。不然，便要学非所用，用非所学了。

在又一方面，它是生活的说明。在做上教的是先生；在做上学的是学生。从先生对学生的关系说，做便是教；从学生对先生的关系说，做便是学。先生拿做来教，乃是真教；学生拿做来学，乃是实学。不在做上用工夫，教不成教，学也不成学。一个活动对事说是做，对己说是学，对人说是教。我们不能说种稻是做，看书是学，讲解是教。为种稻而讲解，讲解也是做；为种稻而看书，看书也是做。

例如烧饭是做，烧了一次饭得到一种经验而进步便是学；你的进步影响到别人，使得别人也进步，便是教。

又例如孙中山先生革命，也是教学做合一的。先生领导同志革命是做；愈革愈进步，像组织兴中会[③]，改组同盟会[④]，民国成立，改组国民党，后又改为中华革命党，以至于十三年改组的中国国民党，这便是学；他一面革命，一面人家受了他的影响，也同起而参加革命，这不是教吗？

西洋教育最好的是“研究所”，其余的大学都不大好。我有一次在美国参观一所研究所，觉得它的办法的确是教学做合一。一个六七十岁的老先生，带着几位助理，就是徒弟，在那儿共同研究。他自己研究蚊虫——看它是怎样产生，什么方法才能灭它，这便是做。他愈研究愈进步便是学。徒弟在旁边有研究蛇的，也有研究苍蝇的，都受他的影响而进步便是教了。

连上海的绑匪，也是教学做合一。不然，一定利市没有发，包管被人捉了！冯玉祥练兵也是教学做合一的。他的军队之好连张作霖也承认。所以最好的教育，要想它有效，须是教学做合一；最坏的训练，要想它有效，也要教学做合一。教学做合一，是最有效力的法子。不过教学做合一，有死的教学做，有活的教学做。比方从前用嘴舌为教，用耳目为学，用手为做，那便是机械了，把教学做三个字都看死了。我们的耳、目、口、舌，四肢百体，统统是脑筋发号施令的器官。做一事，用得着什么器官，便用什么器官，这才是把做字看活呢！

有有意义的做与无意义的做。

人家怎样做，我也怎样做，而不求其所以然，便是无意义的做。在劳力上劳心，手到心到才是有意义的做。比方烧饭，便要用心想：“如何使饭烧得好？”“如何用烧饭的书，用别人烧饭的经验，使自己所烧的饭，既合口味，又合卫生？”这样烧饭才算是有意义的。

做有意义，即学有意义，教有意义。

做什么事，便看什么书，问什么人，用什么工具，那么才做得好，学得好，教得好。不然，“饱食终日，无所用心，难矣哉”！

问：教学做的目的是什么？ ——翁衍桢

答：教育的目的要先看所教的是什么人。各校有各校特殊的目的。像我们乡村师范学校，总目标是：培养乡村人民儿童所敬爱的导师。从总的目标又析为五个分目标，如下图：

培养乡村人民儿童所敬爱的导师
- 康健的体魄
- 农人的身手
- 科学的头脑
- 艺术的兴味
- 改造社会的精神

问：社会改造教学做宜如何去干？

——翁衍桢

答：我们是培养小学教员，便以小学教员对于社会改造来做例子。大凡小学教员，没有改造社会的精神，便是很枯燥无味的。乡村教师与未来的乡村教师，心里都应当有一个“理想的社会”。比方这里定山已是一个社会，我们要把这个原有社会的恶习惯、坏事情统统把它革除，把我们心中理想的新社会实现出来。虽然时间不许我立刻完全成功，但是我们干一段去了，可以把未完工作交给第二届同学，以至于第三届、第四届、第十届……同学去干。不过这里建设好了，对于你们将来出去做教员有什么关系呢？因为“以一知万”或“一隅三反”——定山会改造了，别处也就可以推想了。

教员的天职是变化，自化化人。虽然不容易学孙悟空的七十二变，但是至少要看重变化。普通许多做教员的，都是不得已而为之，这种心思我们应该着实革除！无论什么人，一说到当教员，必得有个理想的社会悬在心中。国民党员做教员的时候自然抱着三民主义的理想社会，去努力做下层建设的工作。假使他是个无政府党员，他便以一种无政府社会理想做根据，想以教育的力量来替代政府。我们对于自然的环境和人为的环境，都该要有理想的安排。教育是实现理想社会的历程，假使理想社会里有不好的东西，我们就要运用教育力量去变化它。至于优良的，虽在这社会之外，也要把它吸进来。

问：小学教员一个人单枪匹马，哪里有闲工夫去干社会工作？

——项采林

答：小学教员是不是一个人？学校中许多小学生都是我们的小同志；而且来往的成人，个个都能受我们的同化。比方叫孙中山先生来做小学教员，那他一定把许多小学生都变成小革命党了。小学生中大的能教小的，智的能教愚的。成人的朋友们也可一面感化一面协力去干的。穷乡僻壤的小学教师，决不是唱独角戏。

问：赵叔愚先生对于农民的训练：（一）基本的训练，（二）生产的训

练，（三）政治的训练，应否同时并进，或哪一步先干？ ——徐耀士

答：这个问题要看社会的情形而转移。或先干基本训练，或先干政治或生产，或同时并进都可。总之：要看地方情形哪一种容易着手，就先干哪一种。

我们干民众训练，一时不能达到，万不可性急！性急了，非但精神上感觉很大的痛苦，而且事实上要发生障碍。要把我们理想的社会，慢慢一步步地进行。赵叔愚先生的农民训练，是整个的；要想训练整个的国民，就非整个的训练不可！（方与严补充）

问：照先生的《“伪知识”阶级》一篇看，或许是不要文章了？其于发表理论何？ ——罗谦

答：要发表理论，便要文章来做工具。你们的日记，便是学做文章的一个最好方法！日记是我们一天心灵的写真——每天不同的生活，要我们写出来，我们要应付这种要求，便自然的产生出活的文章。我们做小学教员的人，将来是要做些儿童文学给儿童看，做些民众文学给民众看，都是要此时练习成功的。所以每天日记，要把亲耳所听，亲目所见，亲手所做的发表出来。每天的生活不同，就能够使每天的文字不同。要有活的日记，就要有活的文字记载。进步一定比以前死的“作文”当然好得多。

问：“书本”是人生工具的一种，我们生在世上，就随时随地要用工具。我们要工作就要有工具的准备。要有好的工作，就要有好的工具，所谓：“工欲善其事，必先利其器。”那么书是准备做的利器，何等重要啦！为什么又有人说读书的人叫“书呆子”？这样势必使人都不读书而后快，到底如何？请陶先生释疑。 ——徐耀士

答：书呆子就是读书没有目的的人。我平时尽力劝人不要做书呆子。书是一种工具，只能用，不可读。比如筷子是吃饭的工具。假使我们对于筷子，不晓得拿来用，却对着它“筷子，筷子”的念，那不是筷呆子了吗？从前有二句诗说：

“万般皆下品，惟有读书高。”

又说：“满朝朱紫贵，尽是读书人。”

假使书是应当读的，便应使人人有书读；决不能单使一部分的人有书读，叫做“读书人”，又一部分的人无书读，叫做“不读书人”。比如饭是应当吃的，便应使人人有饭吃；决不能使一部分的人有饭吃叫做吃饭的人，又一部分的人无饭吃叫做不吃饭的人。只知读书不会做别的事，便是

书呆子，书呆子和只会吃饭的饭桶一个样子。

问：何谓真知识，何谓伪知识？ ——黄上青

答：真知识是思想与行为结合而产生的知识，真知识是安根在经验里的。从经验里发芽长叶、开花结实的是真知灼见。

伪知识可分二种：

一、根本上错误的，不符事实。

二、强不知以为知，实在不知。人家告诉他，可是他自己一点经验没有，对于别人所说的话并不了解，这也是虚伪的知识。

可是真知识还有可以同接树枝一样接上的。人家的真知识，接在我们素有的经验上，也可变为自己的真知识。若自己一些经验没有，就是他人有真的知识也接不上去。

书本上的知识有一部分是真的，有一部分是伪的。文字好像是钞票，没有经验而发表的文字，好比是没有准备金的钞票。伪钞票不值一文钱。从前的八股文百分之九十九是伪的，现代的“洋八股”也是伪的！

问：教学做合一与设计教学法[⑤]之异同如何？ ——毛守诚

答：设计教学法比“道尔顿制”好些。就精神说：它与教学做合一的道理也很相近。但既称为教学，往往把做字忘掉，便与教学做合一不符。行这个方法的学校，往往从先生脑袋里设出计划来，也有时与学生的生活渺不相关。教学做合一乃是生活法。有意义的生活自必有计划。但是，教的计划是根据学的计划，学的计划是根据做的计划。设计是为生活。设计教学做是生活法的一部分。

问：为什么天天要自己干扫地、抹桌、烧饭等工作？ ——黄上青

答：烧饭是一种美术的生活。做一桩事情，画幅图画，写一张字，如能自慰慰人就叫做美。一餐饭烧得好，能使自家吃得愉快舒服，也能够使人家愉快舒服，岂不是一种艺术吗？今夏冯玉祥氏，曾来我们晓庄学校参观，他看了我们那校里烧饭都是同学和指导员自己一起烧的，他马上打电报给总司令部官兵一律自己烧饭，不用伙夫。后来他说：“第二集团军从此每月可省好多万元，而于战斗力，也无损失！”

扫地抹桌，是养成扫除肮脏的习惯。我们还可以把扫地抹桌的魄力，推出去扫除全国的、全世界上的、一切的肮脏东西！我们要能随时随地，见肮脏就除，见污秽就扫，必使家庭无肮脏，社会无肮脏，国家无肮脏，世界无肮脏而后已。

问：教学做合一：是要做什么事，才去看什么书，请教什么人。似此则事实与时间上，往往发生因应付不能裕如的困境，而绝端犯了“临渴掘井”“临时抱佛脚”的弊病！未稔何以教之？

——徐德春

答：“临时抱佛脚”是可耻的；临渴而能掘井，才算那人还不致去讨水或偷水喝，尚不无创造的精神！但是我们凡做一事，须要立定先后缓急的计划，准备充分可用的工具，才能应付裕如；倘使我们按照需要的生活历程去预定计划，自然没有“临渴掘井”的弊病了。

1929 年 11 月 10—11 日讲

出自陶行知著《教学做合一讨论集》，上海儿童书店 1932 年 10 月版

【注释】

①本篇系答问记录。记录者：罗谦。

湘湖，即湘湖师范，全称浙江省立乡村师范学校，校址设在萧山县湘湖中的定山。由陶行知筹创，并先后派多名晓庄师范毕业生到该校担任领导及教学工作。本篇是陶行知在 1929 年 10 月 10、11 日，对该校全体师生参加的教学做讨论会上提出的问题的回答。

②道尔顿制，一种教学制度。1920 年，由美国著名教育家柏克赫司特（Helen Parkhurst）创立于马萨诸塞州道尔顿中学。该教学制度强调发展儿童个性，注重自由研究。不采用传统的班级授课制，代之以作业室制。作业时间由学生按计划各自分配，以利于养成儿童独立自重的习惯。

③兴中会，孙中山早期创建的中国资产阶级革命团体，1894 年成立于檀香山。

④同盟会，全称“中国革命同盟会”。孙中山创立的中国资产阶级革命政党，1905 年 8 月在日本东京成立。

⑤设计教学法，美国教育家克伯屈等人所创。主张打破班级授课制和学科界限，由学生自己决定学习目的，自己设计方案和自己实行，在单元活动中获得有关的知识和解决问题的能力。

答朱端琰之问

端琰先生：

第二次手书，业已拜读，只因晓庄冬防吃紧，无暇执笔，以致迟迟未复，实在是十分抱歉。

一 什么是做？

先生垂问的几个问题都是很有意思的。我把这些问题仔细看了一下，觉得先生的疑问都是集中在一个“做”字上面。这是当然的，因为教学做合一的理论也是集中在“做”之一字。所以必先要把“做”字彻底的说明一番，然后其余的问题便可迎刃而解了。

“做”字在晓庄有个特别定义。这定义便是在劳力上劳心。单纯的劳力，只是蛮干，不能算做；单纯的劳心，只是空想，也不能算做；真正的做只是在劳力上劳心。我们做一件事便要想如何可以把这件事做好，如何运用书本，如何运用别人的经验，如何改造用得着的一切工具，使这件事做得最好。我们还要想到这事和别事的关系，想到这事和别事的相互影响。我们要从具体想到抽象，从我相想到共相，从片段想到系统。这都是在劳力上劳心的工夫。不如此，便不是在劳力上劳心，便不是做。

做必须用器官。做什么事便用什么器官。耳、目、口、鼻、四肢百体都是要活用的。所以有的事要用耳做；有的事要用眼做；有的事要用嘴做；有的事要用脚做；有的事要用手做；有的事用它们合起来做。中国教育的一个普通的误解是以为：用嘴讲便是教，用耳听便是学，用手干便是做。这样不但是误解了做，也误解了学与教了。我们主张教学做是一件事的三方面：对事说是做，对自己之进步说是学，对别人的影响说是教。做要用手，即学要用手、教要用手；做要用耳，即学要用耳、教要用耳；做要用眼，即学要用眼、教要用眼。做要用什么器官，即学要用什么器官、教要用什么器官。

做不但要用身上的器官，并且要用身外的工具。我们的主张是：做什么事便用什么工具。望远镜、显微镜、锄头、斧头、笔杆、枪杆、书本子都是工具，也都是要活用的。中国教育的第二个普通的误解，便是一提到教育就联想到笔杆和书本，以为教育便是读书、写字，除了读书、写字之外，便不是教育。我们既以做为中心，那么，做要用锄头，即学要用锄头、教要用锄头；做要用斧头，即学要用斧头、教要用斧头；做要用书本，即学要用书本、教要用书本。吃面要用筷子，喝汤要用匙子，这是谁也知道的。倘使有人用筷子喝汤，用匙子吃面，大家必定要说他是个大呆子。我们现在的教育，何尝不是普遍的犯了这个错用工具的毛病。中国的教员、学生，实在太迷信书本了。他们以为书本可以耕田、织布、治国、平天下；他们以为要想耕田、织布、治国、平天下，只要读读书就会了。书本是个重要的工具，但书本以外的工具还多着呢。因为学校专重书本，所以讲书便成为教，读书便成为学，而那用锄头、斧头的便算为做了。这是教学做分家。他们忘记了书本也是“做”事所用的工具，与锄头、斧头是一类的东西。做一件事要想做得好，须用锄头便用锄头，须用斧头便用斧头，须用书本便用书本，须合用数样、数十样工具，便合用数样、数十样工具。我们不排斥书本，但决不许书本做狄克推多[①]，更不许它与“做”脱离关系，而成为所谓“教学”之神秘物。

有了上面补充的总说明，再去解答先生的疑问似乎容易得多。我现在就顺着先生质问的次序逐一答复，然后再归纳起来，答复先生总结的三问题。

二 以实际生活为中心的教育是否能够顾到人生的全部?

教学做有一个公共的中心，这“中心”就是事，就是实际生活。实际生活，说得明白些便是日常生活。积日为年，积年为终身，实际生活便是人生的一切。分析开来，战胜实际的困难，解决实际的问题，生实际的利，格实际的物，爱实际的人，求实际的衣、食、住、行，回溯实际的既往，改造实际的现在，探测实际的未来：这些事总结起来，虽不敢概括全部人生，但人生除了这些事还有什么？在做这些事上去学、去教，虽不敢说有十分收成，但是教成的与学得的必是真本领。实行这种教育的社会，虽不敢必其进步一日千里，但是脚踏实地的帮助人类天演历程向上向前运行而无一步落空，那是可以断言的。

三　教学做合一是否能够传递全社会的经验？

“教育是传递社会的经验”，这句话不能概括一切教育。倘若教育是仅仅把社会的经验传递下去，那就缺少进步的动力。所以与其说“教育是社会经验之传递”，不如说“教育是社会经验之改造”。教育上之所谓经验，原有两种意思：一种是个人的；一种是人类全体的。但是经验无论属于个人或人类全体，决无超时间空间的可能。我们最多只可说有些社会经验是不限于一时代一地域的。经验又有直接间接的分别，这当然是不可否认的。我在《“伪知识”阶级》里面，曾经说明“接知如接枝”的道理。我们必须有从自己经验里发生出来的知识做根，然后别人的相类的经验才能接得上去。倘使自己对于某事毫无经验，我们决不能了解或运用别人关于此事之经验。人类全体的经验虽和个人经验有些分别，但是我们必须有个人经验做基础，然后才能了解或运用人类全体的经验。

我们必须以个人的经验来吸收人类全体的经验。孔子说：“举一隅，不以三隅反，则不复也。”荀子说：“以一知万。”无论他是一隅三反，或是以一知万，那个“一”必定是安根在自己的经验里。自己经验里的“一”是一切知识的起点。有了这个“一”，才能收“三反”“知万”之效。《墨辩》分知识为闻、说、亲三种。“说曰：‘知：传受之，闻也；方不㢓，说也；身观焉，亲也。’”闻知是别人传授进来的；说知是自己推想出来的；亲知是自己经验出来的。依教学做合一的理论说来，亲知是一切知识的基础。没有亲知做基础，闻知和说知皆为不可能。看了下面的图，便可格外明白：

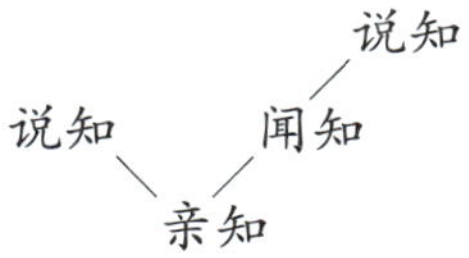

四　如何可以了解哥仑布探获新大陆的故事？

现在可以具体的答复哥仑布发现新大陆一事了。如果我们要正确的知道哥仑布发现新大陆的经过，恐怕是要请国民政府效法西班牙王拨下一只大帆船横渡大西洋才行。即使这样办，我们也不能得到完全与哥仑布相同的经验，因为现在的情形和我们的同伴决不能与他的一样。我们何尝要这样正确的知道他发现新大陆的经过？即使是探险家也不须复演这种经验，他们有更好的海船和工具，决不致发呆气去模仿哥仑布。教学做合一的理论，并不曾主张普通人去模仿特殊人物之特殊事业，也不曾主张现代人去复演前代人物之过去事业。那么，我们所要知道的是哥仑布发现新大陆的大概情形和影响。可是使人知道这件事上，便有两种根本不同的办法。一种是迷信书本演讲，及所有代表经验的储藏库，以为只要读哥仑布的书，听讲哥仑布的事，便能十分明白，再也用不着任何直接经验了。一种是确信直接经验为了解一切事实的基础，所以要想大略了解哥仑布之发现新大陆，也必得要些个人的直接经验做基础，才能了解别人所写、所讲的哥仑布故事，才能推想哥仑布当年航海的情形，想象发现新大陆以后之影响。他运用书籍、演讲不亚于第一派，但他要进一步审查那用以了解书本上，演讲中之哥仑布之个人直接经验是否充分。如不充分，他便认为他的第一责任是使学生在做上补充这种经验，然后再去看书、听讲、推论。否则，他认为是耳边风，或是走马看花，无论说得天花乱坠，或是写得满纸锦绣，都是不能接受进去的。

用以了解哥仑布发现新大陆所需的直接经验是什么？这可不能一一数出，只好提要列举数种：坐过海帆船，渡过海，在海里遇过大风暴雨，受过同事阴谋加害，看过野人，在大陆上住过……诸如此类都是了解哥仑布故事的直接经验。如果没有渡过海，不得已而求其次也要渡过湖，再其次也要渡过江，再其次也要渡过河，万不得已也要看过池塘。倘使没有坐过海帆船，不得已而求其次也要坐过鄱阳湖[②]里的民船，再其次也要坐过秦淮河[③]里的花船，再其次也要看过下雨时堂前积水上之竹头、木屑。倘使这些经验毫无，我不知道他如何能懂哥仑布之探险。

五　要明白火星是否要到火星里去？

火星里的生活，必须到火星里面去过才能知道清楚；至少也必须有人到火星里去过，回来把火星里的生活告诉我，我又有足以了解这生活之基本经验，才能间接知道清楚。但是如今还没有人到过火星，那么，火星里的生活是决没有人知道清楚的。关于火星的事，现在知道最正确的，也不过是用望远镜所能看得到、用数学所能推得出的。最大的天文学家也只能承认他对于火星只知道一点皮毛。虽然只知道这点皮毛，但教学做合一的天文学者，必定要在天文台上，用望远镜及高等数学在做上去求得关于火星的知识。万一得不到望远镜，他至少要用肉眼对着火星去考究。关于火星的书，他是要看的；关于火星的演讲，他是要听的；但他必定要得到最好的望远镜看它一看，才算甘心。不，他一有办法，必定要到火星里去，与火星人共同生活，才能满足他的求知欲。

六　分子运动等如何可以明白？

分子运动、原子运动、电子运动，都是科学家从研究物质上推想出来的理论，以解释种种物质的现象。我们要想真正了解这些理论，必须从研究物质的现象入手。在研究物质现象上教学做，是了解这些理论最有效力的方法。倘使真要拿分子运动里的生活来说明教学做合一，我们便可举空气为例。分子运动速率增加，便觉热；速率减少，便觉冷。我们要想明白分子运动的速率，这气候的冷热却是一个眼面前最显明的例子。

七　如何可以得到飞机、无线电的知识？

飞机和无线电的知识，可分为两级。第一级是制造的知识。制造飞机与无线电的知识，都要从制造上得来，方为有效。他要在造上学，在造上教，才能一举而成。若单在书上学，在书上教，等到造的时候势必重新学过，则以前所学的等于耗费了。第二级是了解的知识。这级知识可从别人那里或书本上得来，但学的人必须有些基本的直接知识，才能接得上去。这些基本的直接知识，都是从“做”上得来。倘使没有从“做”上得来的基本的直接知识，那么，书上所写的飞机，嘴里所讲的无线电，都与学的人漠不相关。

八　做不完的就不要学不要教了吗？

有了上面的解释，我们可以说，教一切、学一切都要以“做”为基础。事实上当然做不完，学不完，教不完的。我们遇此困难只有估量价值，拣那对于人生最有贡献的事，最合乎自己之才能需要的去做、去学、去教。那不能参加的，只好不参加；不能做的，只好不做。除此以外，还有什么办法呢？

九　科学家的发明、哲学家的理论、宗教家的教义都是从“做”上得来的吗？

牛顿看见一个苹果落下便发了一问：“为什么这苹果不向上飞去呢？”

从苹果下坠推到一切，于是想出万有引力的理论以解释这些现象。牛顿看见苹果下坠，便是用眼做；他从苹果下坠，推到一切，以至想出万有引力的理论，乃是用脑做了。

阳明先生虽倡知行合一，但是不知不觉中仍旧脱不了传统的知识论的影响，又误于良知之说，所以一再发表“知是行之始，行是知之成”的言论。我现在愈研究愈觉得这种见解不对。一年前我写了一篇文字证明：“行是知之始，知是行之成”。恰与阳明先生相反。古今中外所发现第一流的真知灼见，就我所知，无一不是从做中得来。哲学家之发明学说，宗教家之创立教义，何尝有一例外？我姑举一二人作为例证，以资说明。孔子少贱，故多能鄙事。他入太庙，每事问。晨门称他是知其不可而为之者。多能鄙“事”，每“事”问，知其不可而“为”之，便是孔子发明他的哲学的根源。达尔文和瓦雷士之天择学说，不是从天上凭空掉下来的，也不是从书本里抄下来的，也不是从脑筋里空想出来的，乃是在动植物中经年累月的一面干，一面想，干透了，想通了，然后才有这样惊人的发现。耶稣基督、释迦牟尼之创立教义，也不是凭空冥想出来的。试把佛教经典及基督教新约翻开一看，便知道他们所阐明的教义并不是整套的同时宣布出来。他们是在众生中随行随明，随明随传的。哲学起于怀疑，宗教起于信仰。怀疑与信仰都是应生活需要而来的。

十　小孩子也是教学做合一吗？

初生的小孩子便是教学做合一。做的意义，比平常用法要广得多，这是对的。但是，“学也是做”“教也是做”“教育就是做”的三句结论，殊有语病。我们可以说：“做是学的中心，也是教的中心。”我们也可以说：“教学做合一便是生活。”倘若我们赞成“生活即教育”的主张，那么，生活教育必是教学做合一的；生活教育内之教与学，必是以做为中心。

十一　教学做合一不忽视了精神活动吗？

我们既以在劳力上劳心算为“做”的定义，当然不能承认身体与精神分家。自动的涵义便同时具有力与心之作用，即同时要求身体与精神之合作。

十二　贴标语游行可算是革命的教学做吗？

教学做合一既是人生之说明，所以人人都在做，都在学，都在教。但是做错了，学与教都跟着错。怎样会做错呢？错用目的，错用器官，错用工具，错用方法，错用路线，错用力量，都会叫人做错，即会叫人学错教错。教学做合一的要求是：事怎样做便怎样学，怎样学便怎样教。革命这件事要怎样做才能成功？这是我们首先要考察的。比如分析起来，觉得要想革命成功，须有种种条件：（一）适应现代中国需要之主义；（二）忠勇、廉洁、爱民的领袖；（三）纪律严明、器械精良之武力；（四）独立发明之学术；（五）开源节流之财政；（六）训练自立爱国民众之教育；（七）联合世界上以平等待我之民族；（八）贴标语；（九）游行……假使革命要满足这些条件才能成功，那么革命教学做，便是整个的在这些事上做，在这些事上学，在这些事上教。倘若把头几项撇开，只以贴标语、游行为能事，做虽是做，却是做错了，至少也是没有效力的做了。

十三　晓庄因实行教学做合一不就忽略了看书吗？

晓庄看书的时间是有规定的，所看的书也是有指定的。但比别的学校是自由得多。我们对于书籍有一条方针：做什么事用什么书。我们很反对为读书而读书。我们从去年就想依据生活编辑一个最低限度的用书目录，现在还未编成，将来编成之后，就容易上轨道了。只要谨守“在劳力上劳心”的原则，自然会从具体归向理论，从片段走向系统。但是造诣深浅，有属于禀赋的，我们固难以为力；有属于勤惰的，生活部实负有考核勉励指导之责。

十四　教学做合一不太偏重技能而忽略知识吗？

技能与知识是分不开的。把大家教成铁匠、木匠一样，实未足以尽教育之能事。一因为中国的一般铁匠、木匠实在是有一部分教错了。因为他们劳力而不劳心，所以技能与知识都不能充分发达。二因为他们除了呆板的职业训练以外，其余关于人生需要的教育都被漠视了。假使中国的铁匠、木匠都做得不错，学得不错，教得不错；在劳力上劳心，各方面生活需要都顾到，那么，铁匠、木匠所应受的教育，便是人人应受的教育了。王木匠要有技能和知识，也如同达尔文要有技能与知识。达尔文没有辨别物种变异的技能，便不能发现天择的学说。王木匠若没有尤克雷地[④]的几何知识，便要做出七斜八歪的桌子来。可是达尔文与王木匠有个不同之点：王木匠把知识化成技能，达尔文则用技能产生知识。不过，王木匠倘使能用知识所变成的技能进一步去产生新知识，那么，王木匠亦成为达尔文一流的人物了。倘使达尔文停止在观察生物的技能上，而不能用它去发现天择学说，那么，终达尔文之身，也不过是王木匠的兄弟罢了。

十五 教学做合一究竟是什么？它的效用如何？

现在归纳起来总答如下：

（一）要想获得人类全体的经验，必须教学做合一方为最有效力；

（二）生活教育就是教学做合一；

（三）教学做合一不但不忽视精神上的自动，而且因为有了在劳力上劳心、脚踏实地的“做”为它的中心，精神便随“做”而愈加奋发。

1929 年 1 月 15 日

原载《乡教丛讯》第 3 卷第 1 期

【注释】

①狄克推多，音译自英文 Dictator，即独裁官，古罗马共和国时期非常任长官。当国家处于紧急状态时，经元老院提名，由执政官担任，其权力凌驾于一切之上，包揽行政、军事、立法、司法、文教等一切大权。

②鄱阳湖，中国最大的淡水湖，在江西省北部，湖水北泄长江。

③秦淮河，发源于江苏溧水县东北，向西流经南京市入长江。河道传为秦始皇时开掘，以疏淮水，故名秦淮。

④尤克雷地，通译欧几里得。

【附录】

“教学做合一”之商榷

朱端琰

知行先生：

前到晓庄参观，多蒙指教，拜读大作，得益尤多，感甚，感甚。先生的精神，真令人佩服，不愧为中国的杜威。如果有十个如先生的人，中国的教育，就有希望了。

我国新教育的失败，谁都不能否认。学校成为游民的制造厂，顶好的学校，尽量地恭维，也不过是发行知识的“先施公司”。教师是掌柜的老板，学生是买货的客人。好教师在能多卖知识，好学生在能多买知识。读了几年书，把知识的罐头装满了（?），便算毕业。其可买来的知识，对于社会上实际的情形，相去不知数千万里。

我记得一段很有趣的故事：有一位采矿工程师，从外国回来，坐着四人大轿，到矿山去视察工程，他手指脚画，像背书一样，讲了许多方法与原理，叫工人们动手。工人们叫怪笨，只是动手不来，要求采矿工程师，演试给他们看。这位先生回答说：“书上这样讲的，地上太脏了，我哪能下来动手?”其实那位先生何曾亲自动过手，不过徒晓高谈阔论罢了。

现在我国的教育界，都是不肯下轿动手的工程师，所以每年只见一批一批的游民，从贩卖知识的“先施公司”走出来，没有几个能够卷起袖子，做实际工作的人。

乡村教育，是国家命脉的关键，但从没有人注意到，尤没有人做到。先生看透了我国教育致命伤的所在，大声疾呼，边倡乡村教育，以身作则，披荆斩棘，不顾艰难，这种精神，真令人景仰。先生为矫正时弊起见，更本乎学理，有“教学做合一”之创见。但我对于先生所主张，有数疑点，谨抒鄙见，请教先生。

“教学做合一，是教的法子，根据学的法子，学的法子，根据做的法子。事怎样做，就怎样学；怎样学，就怎样教。比如种田这件事，要在田里做，就要在田里学，也要在田里教。教学做有一个共同的中心，这个中心就是事，就是实际生活。教学做要在‘必有其事’上用功”。（见《中国教育改造》，第 139 页）

以上就是先生对于教学做合一的解释。照先生的结论，教和学都要在做上出发，且要在实际生活中做。但我们的实际生活有多少？仅在实际生活中去做去学去教，能有多少收获？社会能否有继续的，扩大的进步？粪蛆滚来滚去，也滚不出毛厕井；蛙看来看去，也见不着大天呵！

教育是经验之继续改造，是传递社会的经验。教育上之所谓经验，是超时间空间的，非仅阅历之义，是指人类全部经验而言；包含物质与精神，玄想与实际生活，价值与事实，推理与观察实验，宗教道德与自然科学。苟取其一，而弃其二，则经验必偏而不全。吾人必着眼于全体的宇宙，千古的历史，方能得全部的经验。此全部的经验，可分为直接经验与间接经验二种（Direct experience and vicarious experience）。科仑布发现新大陆，我们虽然不能有直接经验，也要在代表（间接）经验中得之。此代表经验是什么？就是书籍上所载的事实。假如先生所说，要在做上才有学有教，恐怕要请国民政府，效法西班牙王，拨下一只大洋船，横渡太平洋去学去教了。

“种田在田里做，便须在田里学，田里教。”是则讲火星的事，也要在火星中教，火星中学么？讲分子的运动，也要在分子运动中去教去学么？教关于飞机的知识，学关于飞机的知识，也要在做飞机中去教去学么？……教一切，学一切，都要在做一切中得来，事实上也可以做得到么？有许多事，实际生活不能参与的，不能做的，无机会做的，又怎样教，怎样学呢？牛顿之发明地心吸力，当初不过看见一个苹果坠下，其时亦曾做乎？哲学家之发明学说，宗教家之创立教义，也曾做乎？照先生讲来，小孩也有教学做的作用（《答操震球之问》）。是做的意义很广，学也是做，教也是做，直截了当说，教育就是做好了，学生教员等名词，也不能存在。我这样说法，先生又以为如何？

先生的教育精神，是在自动，然仅以身体的活动，才算自动，岂能涵自动的全义？精神的活动，又何尝不是自动？彼缄静密思，探原索理者，又非自动乎？如果说教育上最重要的是在做，则试问哪一个人，不是天天都在做？现在青年学子，因为革命潮流、激荡，奔走工作，终日高呼打倒拥护，也可能达到教育的效能么？在晓庄的情形论，每天没有规定看书的时间和所应看的书，在我想来，不自爱的学生，知识上的获得，一定要差一点；就自爱的人，其所得的知识，也恐不能调和，而没有系统。

技能，知识，究竟是不是可以分开的东西？要求应用的技能，而不求所以应用技能的知识，如铁匠、木匠一样，是否尽了教育的能事？

信手写来，说得太长了，归纳起来，不过下列数点：

（1）教学做合一不能得人类全部的经验。

（2）教学做合一有轻视读书的流弊。

（3）教学做合一忽视精神上的活动。

（4）教育就是做，先生以为如何？

以上的问题，也许是问得太幼稚了，如果先生能提示我的疑点，给我以指教，那我是万分的感激。

原载《乡教丛讯》第3卷第1期，1929年1月15日

普及教育

《普及教育》为陶行知编著，由上海儿童书局于1934年10月出版。全书包含理论文章31篇、诗歌5篇、书信2篇，共38篇。其中，《小先生》和《生活教育》后被并入长文《普及生活教育之路》（见《普及教育续编》一书），前篇改为“小孩子能做小先生吗”，作为文章最后一节的标题，后篇改为“什么是生活教育”作为文章第一节。

普及教育运动小史

这十几年来，我有时提倡平民教育，有时提倡乡村教育，有时提倡劳苦大众的教育，不知道的人以为我见异思迁，欢喜翻新花样；其实我心中只有一个中心问题，这问题便是如何使教育普及，如何使没有机会受教育的人可以得到他们所需要的教育。民国十九年春天，我曾一度草成一个二十年内完成的普及教育计划。这计划曾由教育部提出全国教育会议通过。与这计划同时提出的有一个成人补习教育初步计划。成人补习教育初步计划之所以不能实行，是因为被一不懂事的官剪去一段重要的办法，成了一个残废的计划，所以失了效用。那二十年内完成的普及教育计划之所以失败，却是我自己的错误。我写那计划的时候，以为中国既系从农业文明渡到工业文明，便误认每年工业之进展，足以应济教育普及率逐渐增高之需要。我们的幼稚的工业在帝国主义高压未曾铲除以前，决不许我们存这奢望。那时我对于儿童大众的力量还没有正确的估定，对于学校式的传统教育还没有彻底的看破，这些都是构成那个普及教育计划根本失败的重要因子。现在我们所发起的普及教育，是建筑在极困难的农业经济的基础上。它是一个农业国的普及教育方案。假使工业文明暂时没有多大的进展，教育仍有普及的可能。在儿童大众的力量的新估计之下，如果大家把传统学校彻底的看破，则普及中国教育不但是有可能性，并且是可以一举而成，万世不灭。

出自陶行知著《普及教育》上海儿童书局1934年10月版

从穷人教育想到穷国教育

假使一个农家有四个小孩，只能给长子上学，余下三个孩子，一个要守牛，一个要耙狗屎，一个要在家里打杂。那个读书的儿子，渐渐的手也懒了，脚也懒了，看不起务农了。种田的爸爸，养蚕的妈妈，打杂、守牛、耙狗屎的弟弟妹妹，都不放在眼睛里了。他把知识装满一脑袋，一点也不肯分给亲人。大家也不以为奇，因为做先生是要得了师范毕业文凭才有资格。他初小毕业，欠人的债已把老子的背脊骨压得驼起来了。等他高小毕业，老子又卖了一匹老牛。他从小学考进初中、高中、师范的时候，他的老子是从自耕农跌到佃农、雇农的队伍里去了。弟弟们有的短命死了，有的长得像茅草一样了。他自己是学了师范弄不到教员做，毕业不啻是失业，老起面皮做“守知奴”，吃着没知识的人的饭，还嫌不卫生，受人栽培还骂人愚笨。这一家是难免家破人亡。

假使这个长子进的不是消费的传统学校，而是富有意义的工学团。日里从工学团里学了生活所需的知识技能，晚上便和盘托出献与父母，教导弟弟妹妹。他对于学问是贩来就卖，用不着的便不要。他认得一个字便有资格教这个字，便认定他的责任是把这个字教与别人知道。如果弟弟守牛没有回家，他便到草地上去施教。倘使父亲是个种棉花的农人，他一定想法子把种棉学术和他父亲沟通起来。他与其浪费时间学跳舞，宁可去请教人家如何选种条播。他学得几样不费钱的卫生法必定是当天传给家里的人。他是一个社会人，只是从家里出发。他其实是要把他做得到的学问立时贡献给社会。他是与社会、家庭共同长进。学问没有止境，他的进步，他的家庭的进步，社会的进步，都没有止境。他是活到老，做到老，学到老，教到老，一直到进了棺材才算毕业。一样的穷人，走的道路不同，结果是一个天一个地。

上面所说的是穷人所走的两条路，即是穷国所走的两条路。第一条是灭亡之路，以前的中国便是马上加鞭在这条路上飞跑；第二条是生命之路，从今以后，中国必须悬崖勒马，朝着这条路上走来，才能起死回生。其实说破不值半文钱，只要转过头来，即是康庄大道！

原载《生活教育》第1卷第2期，1934年3月1日

从救水想到小孩的力量

我们的黄河是时常有决堤的危险。每次决堤的时候是什么人的力量都要号召来救水。这时候连一个六岁小孩搬一块小石头来，也是用得着的。当这小孩起劲搬了一块小石头来到的时候，假使有人说："你这小孩没有在河海工程学校毕业，不配救水。"我们听了这番话，一定要讲那个人胡说。现在中国受着帝国主义的压迫，正是大难当头，好一比黄河之水天上来，已经把河堤冲了许多大洞。这时候是一刻也不能游移，对于一切的力量都要下总动员令，把他们号召来与帝国主义决一雌雄。办教育便是以教育的力量来参战。这时候教育是与亡国赛跑，连一个六岁的小孩搬一两个小字，一两样小知识，一两点小觉悟，一两斤小力量加在这个空前的教育战上，也是用得着的。但是出人意外，这千千万万的小孩子是关在模范监牢里，只许他们做自私的守知奴，不许他们把知识传给人，也不许他们把力量发挥出来干一点小创造。大家是异口同声地说："小孩子没有用！愚民没有用！没有文凭，不配教人。"士大夫与教育官都在打算：中国教育要靠师范生普及，师范学校要官办！醒醒吧！不要再说梦话了。大水已经冲到你的家门口。要立刻号召全村的小孩一齐出动才能堵住决口啊！

原载《生活教育》第1卷第2期，1934年3月1日

从守财奴想到守知奴

社会里有一种人叫做守财奴。这种人的惟一的嗜好是把金子、银子弄到自己的腰包里来。腰包装满了，藏到皮箱里去。皮箱藏满了，埋到地下去。他惟一的遗憾是棺材太小。虽然小，还是要拼命的装。带得多少便带多少去，是他不得已的苦衷。当他活着的时候，肚子总是大大的。他的肚子比人大，固然因为是平日保养得好，其实另一原因是那腰包点水不漏。纵然看见一个人冻得要命，饿得要死，他是一个钱也不肯花。

这个大肚的怪物，只要提起他的名字，人都知道，而且看不起他，不屑跟他学。有志的青年谁愿做守财奴呀？但是要留神，还有大头鬼在那儿等着您呢！

这些大头鬼会用一种漆黑的东西灌在您的脑袋里去，不给他流出来，久而久之，您的头就渐渐的大了。这种漆黑的东西据说是乌金——一字值千金。灌头礼是在所谓之学校里举行。因此，您一进小学，头就觉得大了一些；进了中学，更大一些；进了大学，更大一些。如果您还嫌不够大，可以出洋，再给外洋大头鬼灌一会儿回来，那么您在中国的大头鬼中可算是一个大王了。那时，您看大家的头都比您小，好不开心！可是，您要知道，开心虽是开心，鬼终是一个鬼。那漆黑的东西只进不出，把您的心肝都染黑了。在小头人的群众中做一个黑心的大头鬼，是真的开心吗？

这种大头鬼，我给他取了一个新名字，叫做守知奴。守知奴的名词虽然出炉不久，但是守知奴这种怪物是从人类发现知识的第一天就出世了。他把知识占为私有。他把知识当做传家宝。他把知识当做古董藏着。他把知识当做商品卖。他把知识变成神秘的符而自做教主。他把知识变成愚民的工具而自做国王或军师。于是您要想得到知识，必得做他的儿子（女儿还不行），做他的信徒，做他的学生，做他的主顾，做他的王！做儿子不能由您作主。做王便要问您有没有这本领。做信徒、学生、主顾都得拿钱来！没有钱休想得知识！现在的留学生，是大众花钱给他出风头的。当他风头出得起劲的时候，劝他每天花几分钟教几个不能上学的大众的苦孩子，他会回你一个“没有工夫”！真的没有工夫吗？给他三百块钱薪水，就会有工夫了。

守知奴是个怪物而大家不以为怪，那才是一件可怪的事咧。这种怪物本是害人的。大家不想收服他们，反而恭敬他们，羡慕他们，不惜费尽大众血汗钱，大批的一群一群地栽培他们，那是更加奇怪了。我们培养人才的经费，连家庭供给算在内，每年不下十万万。所造就的是什么？是一千多万不肯教人的守知奴！

我也曾经在守知奴的队伍里站过班，骂人是连自己一起骂。我既觉悟到做守知奴是一件可耻的事，便该老实不客气的说出来。中国人愚，大概是不能否认的事实。因为士大夫的新代表胡适之先生已经把这个“愚”字列为五鬼之一[①]，那大概是没有人反对了。可是我要向大家建议：愚人便是守知奴一手造成的，我们应该认清。所以要叫中国人聪明起来，非收伏守知奴不可。我有四条办法：

（一）大众要自取知识，一取得便立刻教人，不再借重守知奴；

（二）凡有知识的都要教人，不做守知奴；

（三）学生要学教人，不再做守知奴；

（四）教师要教学生教人，不再做守知奴的妈妈。

原载《生活教育》第 1 卷第 3 期，1934 年 3 月 16 日

【注释】

① 指胡适在《我们走那条路》一文中将中国积弱不振归结为：贫（贫穷）、病（疾病）、愚（愚昧）、贪（贪污）、乱（扰乱）五字，即“五鬼”。陶行知曾撰文批评他：捉住五个小鬼，放跑一个大妖精：帝国主义和多生主义。

普及什么教育

这些年来教育是给镇江醋浸透了。一提起教育两个字就觉得酸溜溜的，谁也不愿把它普及。的确，教育是成了少爷、小姐、政客、书呆子的专有品。它是少爷的手杖，小姐的钻戒，政客升官的梯子，书呆子的轮回麻醉的乌烟[①]。如果把这种教育普及出去，中华民国简直要成为一个中华少爷国，中华小姐国，中华政客国，中华书呆国。更加确切些，简直要成为一个中华少爷小姐政客书呆共和国，真要不打而自倒了。所以我们开始必得声明，我们所要普及的，不是少爷教育，不是小姐教育，不是政客教育，不是书呆子教育。我们所要普及的是：自动工学团。什么叫做自动？自动是大众自己干，小孩自己干。自动教育是教大众自己干，教小孩自己干，不是替代大众、小孩干。

什么叫做工学团？工是工作，学是科学，团是团体。说得清楚些是，工以养生，学以明生，团以保生。说得更清楚些是，以大众的工作，养活大众的生命；以大众的科学，明了大众的生命；以大众的团体的力量，保护大众的生命。工学团是一个小工场，一个小学校，一个小社会。在这里面是包含着生产的意义，长进的意义，平等互助、自卫卫人的意义。它是将工场、学校、社会打成一片，产生一个富有生活力的新细胞。

工学团可大可小，从几个人的家庭、店铺，几十个人的学校、庙宇，几百个人的村庄、监狱，几千人的工厂，几万人的军队，都可造成一个富有意义的工学团。

团不是一个机关，不是一个工学的机关。假使它只是一个工学的机关，那便成了一个半工半读的改良学校而不是工学团。团是团体，是力的凝结，力的组织，力的集中，力的共同发挥。

原载《生活教育》第1卷第1期，1934年2月16日

【注释】

①乌烟即鸦片。

大众的力量伟大①

大众的事要大众出力大众干。大众的教育要大众自己教自己。我们只须承认大众能够自己教自己，则普及大众的教育，只是举手之劳便成功了。大众真能自己教自己吗？请看事实的铁证。

罗马帝国军队，每到一个地方，一律要做两件事：一是就地立刻开一口井；二是造一条大路通到罗马。这两件事却是我们乡村教育同志所可取法的。所以开办和平学园②的时候，第一件事就是开井。西方有句俗语说：文明的高下，可以用水来量。这句话包含了不少的真理。我们站在教育立场说：生活教育也可以用水来量。即以我们的五大目标而论，没有水便不能实现。一九二九年南京大旱，格外觉得水为生活所必需，亦即教育所必需。没有充分的水，那康健的体魄，劳动的身手，科学的头脑，艺术的兴趣，改造社会的精神，都不大好培养，所以我主张乡村学校第一件事是提倡开井，有井的，提倡修井。和平门的井是学校开的，但是献给全村公用。不久发现了两个大问题。

(1) 每天出水二百担，不敷全村之用，于是大家都起早取水，明日又比今日起得早，甚至一夜取到天亮，没有取夜水的到了日里来，井已将干了。群众聚在井边，一杓一杓的取，费尽气力才打出一桶水。

(2) 大家围着取水，争先恐后，有时甚至以武力解决。这样过去了几星期，后来连所谓学校的先生也没有水吃了。我们考察缘故，才知道有这么大的困难。有的主张由学校限制各户取水数量，要学校取完了水有余的才许开放。我们要知道这样想法，是与本校的“社会即学校”“生活即教育”的主张冲突的。我们唯一的办法是开一个村民大会，由大家共同来解决这个问题，共同来做一个解决吃水问题教学做。这个村民大会是在民国十八年十月廿九日下午五时开的。每家来一位代表，男子在家男子来；不在家的，女子来；男子不在家，女子在家看门，就派十岁以上的孩子来。有人要问教育没有普及，这个会议是可能的吗？和平门的事实告诉我们，只要有指导，可以办到。那天证明，这是训政最有效力的办法。敲钟五下，全村代表准时入座。会中以老太婆发言最多、最扼要。我和几位师范生组织了一个顾问团，坐在群众中间，帮助贤明的农民做皇帝。主席未推之前，我便建议如何推举并说明我和教师都没有被推为主席之资格。我们是农民的顾问。主席是要农民做的。结果会众推了一位十二岁的小朋友做主席。这位小朋友便是在做主席的时候学做主席。主席推定后，我又说明如何议事及表决，例如同时不能有两个人发言等等。最有趣的一幕是一位老太太站起来说话的时候，还有一位老太太急急的也要站起来发表意见，旁边另一位老太太扯她的衣服说，让那位说完了您再说吧。我们这天共同议决的事情如下：

（一）水井每天休息十小时，自下午七时至上午五时，不许取水，违者罚银一元充修井之用。

（二）每次取水，先到先取，后到后取，违者罚小洋六角充修井之用。

（三）公推刘君世厚[③]为监察委员，负执行处分之责。

（四）公推雷老先生[④]为开井委员长，筹款加开一井。茶馆、豆腐店应多出款。富户劝其多出。于最短期间内由村民团结的力量将此井开成。

这几个议案由农民会议通过。上项首三案当晚实行，没有一个人违背。可见民众力量的伟大。次日取水秩序井然，也无争先者。这事证明六点：

（一）民众运动，要以对于民众有切身关系的问题为中心；

（二）社会运动教学做，非以社会为学校则不能彻底实行；

（三）乡村民众是容易培养的，不要以为老太婆、小孩子不可培养，只要有信仰，有办法，是没有办不成的事；

（四）公众的力量，比学校或任何少数人的团体的力量要大得多。假使单由学校发号施令，则社会了解的人少，而且感情将由此分离；

（五）培养乡村民众必须有指导。和平门的吃水问题，倘无相当指导，可以再过四五十年还没有解决；

（六）做民众运动，是要陪着民众一起干。不要替民众干。我们要想培养中华国民，非如此办理，小则误事，大则误国。

出自陶行知著《普及教育》上海儿童书局1934年10月版

【注释】

①本篇原载《乡教通讯》1929年11月15日第3卷第19期，题为

《和平门的村民大会——解决吃水问题的教学做》，作者于1934年将此文编入本文集时，补充了内容并改用现题。

②和平学园，原名晓庄师范和平门中心小学，后改名和平学院，再改为和平学园。

③刘世厚，又名刘大作，晓庄师范学生。

④雷老先生，全名雷万元，当地农民。

小 先 生

普及生活教育所要树立的第一个信念，便是小孩能做先生。自古以来，小孩是在教人。但正式承认小孩为小先生是一件最摩登的事。这正式的承认，到现在，还只是限于少数的实验学校。我们必须使大家承认小孩能做教师，然后教育才能普及。小孩的本领是无可怀疑。我们有铁打的证据保举他们做先生。

一、小孩能教小孩之铁证

（甲）南京晓庄佘儿岗的农人自己办了一个农村小学。这个小学里面的校长、教师、工人都是小孩自己担任。因为他们是自己教自己，所以又称为自动学校。这是我为他们写的一幅小照：

有个学校真奇怪，
小孩自动教小孩。
七十二行皆先生，
先生不在学如在。

（乙）淮安有个新安小学[①]，里面有七个小学生，组织了一个儿童旅行团，跑到上海来。他们没有教师领导，也没有父母照应，只是运用团体的力量制裁个人的行动。他们靠卖书卖讲过活。到上海的那一天，袋里只有十块钱；告别上海的时候，却有六十块钱了。该校校长汪达之[②]先生写信来，要我为这些小光棍的价值估一估，我便写了两首诗答复他：

（一）

一群小光棍[㊀]，
数数是七根。
小的十二岁，
大的未结婚[㊁]。

（二）

没有父母带，
先生也不在。
谁说小孩小？
划分新时代！

在这些小孩子的铁锥之下，时代是分成了两个。那个瞧不起穷光蛋和小孩子的时代是永远的过去了。这一边是开始了一个新时代，穷光蛋和小孩子是有不可轻视的力量。

（丙）无锡和宜兴交界处有个地方叫漕桥，漕桥有位青年叫承国英[3]。他要在西桥地方创办一个儿童工学团，要我代他找人帮忙。经验告诉我们，儿童工学团只有儿童会办。我便找了一位不满十三岁的侣朋[4]前去助他。侣朋到那儿去的使命有二：一是发现当地有能力的儿童，把他们找出来，领导全体儿童共同创造这个儿童工学团；二是对当地的农民表现儿童的力量，使他们相信小孩子是有很大的本领。侣朋到西桥的第二天正是元旦，他被邀出席三百多人的一个农民大会，立时把儿童工学团成立。据国英来信说，侣朋是有惊人之成功。的确，他在我们当中，是表现了超越的天才。他教小孩子比我们任何大人教得好。

（丁）非战的马莱[5]先生到山海工学团来参观的时候，随便找了一个孩子，问了几十个问题。这孩子不但是对答如流，并且与马莱先生舌战一小时之久，卒使马莱先生得一深刻之印象而去。这孩子便是社健[6]，他现在只有十三岁，在萧场帮助他的哥哥创办儿童工学团。他正在领导四十几个能上学的小孩把教育送到一百多位不能上学的小孩的门上去。他已经是个“人的小渔翁”，正撒下生活教育的网儿要捞小孩子。他要一网打尽，不使一个逃掉。

二、小孩能教大人之铁证

依传统的观念说来，只有大人教小孩，哪有小孩教大人？传统的教育学，没有一本不承认教育只是成人对于小孩之行动。这些洋八股的教育学是闭起眼睛胡说，他们忽略了一半的事实。事实告诉我们，大人能教小孩，小孩也能教大人。如不相信，请看我们的证据：

（甲）我们开始提倡平民教育的时候，家母是五十七岁。她当时就发了一个宏愿，要读《平民千字课》。舍妹和我都忙于推广工作，没有空闲教她。那时小桃[7]才六岁，读完第一册，我们就请他做小先生，教祖母读书。这大胆的尝试是成功了。祖孙二人一面玩一面读，兴高采烈，一个月就把第一册读完。读了十六天，我依据《千字课》上的生字写了一封信，从张家口寄给家母，她随嘴读起来，耳朵便听懂了。今年回想这事觉得很有意义，便在当年所拍的祖孙读书图上，题了八首诗如下：

（一）

吾母五十七，发奋读书籍，
十年到于今，工学无虚日。

（二）

小桃方六岁，略识的和之，
不曾进师范，已会为人师。

（三）

祖母做学生，孙儿做先生，
天翻地覆了，不复辨师生。

（四）

三桃[8]凑热闹，两眼呆望着，
望得很高兴，祖孙竟同学。

（五）

上课十六天，儿子来一信，
老人看得懂，欢乐宁有尽。

（六）

匆匆六个月，毕业无文凭，
日新又日新，苦口作新民。

（七）

发病前一夜，母对高妈[9]说：

你比我年青，求学心要决。

（八）

子孙须牢记：即知即传人！
若作守知奴，不知陶家人。

（乙）中华教育改进社十年前在清华学校[⑩]开年会，要教全体社员唱赵元任[⑪]先生制的《尽力中华歌》。教导员是请了晏阳初[⑫]先生担任。这首歌是用简谱写的，临时才知道晏先生不认识简谱。恰巧小桃是方才学会这首歌，我心急计生，便叫小桃把这首歌教晏先生唱了几遍，晏先生一学会，就登台引导全体会众唱起来。会众只知道教导员是晏先生，哪里晓得他们的太上先生是一个六岁的小孩呢？

（丙）我为自动学校所写的小诗，原稿的第二句是“大孩自动教小孩”。自动学校的小朋友接到这首诗，就写了一封信来谢我，但是提议把那个“大”字改为“小”字。他们反问我：“大孩能自动，小孩就不能自动吗？大孩能教小孩，小孩就不能教大孩吗？”我是被他们问倒了。从此，这首诗的第二句便改成“小孩自动教小孩”。所以自动学校的小朋友，不是我的学生，乃是我的先生，我的一字师。

（丁）新安儿童旅行团来沪，不但在中小学演讲，而且在大夏、光华、沪江各大学演讲。我向一位大学教授问：“小孩们讲得如何？”他说：“几乎把我们的饭碗打破！”小孩能教大学生，甚至于几乎把传统教授的饭碗弄得有些不稳，虽然是千古奇闻，但确是铁打的事实。

【原注】

㈠ 汪校长来信给他们的绰号。
㈡ 乡间十六七岁即结婚。

原载《生活教育》第1卷第1期，1934年2月16日

【注释】

①新安小学，江苏省淮安县的一所乡镇小学。创办于1929年6月6日，校舍原为新安会馆，由陶行知筹创并短期兼任过校长。闻名中外的“新安旅行团”即是由该校师生组成。抗战期间一度停办，解放后恢复。

②汪达之，晓庄师范的第三期学生。1930年初，陶行知派他去新安小

学接任校长职。后曾组织领导“新安旅行团”。解放后，负责恢复晓庄师范，复校后任该校校长。

③承国英，后改名为承继行，江苏宜兴人，曾在陶行知的帮助下创办西桥工学团（1934—1937）。

④侣朋，山海工学团学生、小先生。

⑤马莱，英国前陆军大臣。是当时共产国际领导的“世界人民反战大同盟”成员。1933年9月率代表团来中国了解日本侵华情况。1933年10月1日（山海工学团成立一周年纪念日），他率代表团参观山海工学团。

⑥社健即张健。当时是山海工学团的学生、小先生。

⑦小桃，陶行知的次子陶晓光。

⑧三桃，陶行知的三子陶刚。

⑨高妈，陶行知家的保姆。

⑩清华学校，清华大学前身。

⑪赵元任，中国现代语言学家、作曲家。曾为陶行知创作的多首诗歌谱曲。

⑫晏阳初，四川巴中县人，早期曾留学美国，后在法国组织华工识字。回国后，曾任中华平民教育促进会总干事，在中国农村推行过多种乡村教育实验。

怎样指导小先生

小先生是负着普及教育之使命。穷社会除了重用小先生之外，是没有别的办法可以使教育普及。但是小先生所遇着的阻碍实在是屈指难数。如何指导小先生扫除阻碍以完成他们的使命，是我们当前最迫切的大问题。

一、我们一提起先生就联想到班级。依着传统的路线是把一班小学生交给一个小先生去领导。那少数出类拔萃的小先生固然可以胜任愉快，但是大多数的小先生，如果接受一班小学生之领导重任，必致一败涂地。我们原来的意思，只要每个小先生担任两三人的教育，不要他们担任整个班级的教育。倘使自作聪明，勉强寻常小先生做起传统先生来，对着三四十个小学生手指脚划、高谈阔论，那便是违反生活教育，摧残小先生。所以，第一条成功之路是镇压贪多的野心，把小先生所担任的人数减少到两三个。您看，一个六七岁的小先生，日里学得“青菜”两个字和青菜煮黄了就不养人这一件事，晚上就把它一五一十地教给嫂嫂和姊姊，那是和踢毽子一样的有趣，拍皮球一般的容易！他教了一个字便有一个字的成功，教了一件事便有一件事的成功，又有什么失败呢？

二、小先生是很容易的关起门来教人。他们是在指导小同学。这只做到蓝卡斯突耳的班长制[①]——大同学教小同学，英国人老早就干过了，与我们这次所发起的运动是毫不相干的。这样干法只是把一个个独身守知奴变做一群合作守知奴，没有一点普及的力量。我们的意思是要把整个学校的学生或整个工学团的团员都变成小先生。小先生所要找的学生是不能上学的人或不能常到团本部来工作的人，换句话说，他是要到传统学校外或团本部周围去找他的学生。很自然的，不识字的奶奶、妈妈、嫂嫂、姊姊、妹妹、爸爸、哥哥、弟弟，和隔壁邻居的守牛、砍柴、拾煤球、耙狗屎的穷同胞都是他应当找的学生。一个识字的人教导两个不识字的人，一个会做的人教导两个不会做的人，这里面才包含着普及的力量。这样去干，一千万学生便可算是三千万学生。否则，关起门来互相切磋，教来教去，还只是一千万人，毫无我们所说的意义。所以，我们必须指导小先生开起大门找学生。把一个不会的人教会了，便算是多生了一个人，这样才算是小先生真正的成绩，才算是表现了小先生真正的力量。

三、“即知即传人”的原则是要一贯的实行下去。因此，小先生的职务不但是教人，说得更切些，他的职务是教人去教人。等到他的学生也在教人了，他那小先生的封号才有丰富的意义咧。所以小先生之成绩，不在直接所教学生之多，而在间接所传代数之多。设有两位小先生，第一位自己教了四人，第二位教了两人，又教这两位去教两人。依我们的目光看来，第二位小先生的工作是更有意义。因为他是有了两代学生，他至少有两位学生是能即知即传人，而第一位小先生的工作是缺乏这种更进一步的意义。因此，我们指导小先生是加了一条原则：指导小先生教人，不如指导小先生教人去教人。

四、文字只是生活的符号，要与生活连在一起教。例如丈夫来了一封信，妻子是急于要知道信里所写的话。倘使信到的时候，正在吃午饭，她可以立刻丢下饭碗要您读信给她听。我们这些笨人老是把大好机会错过，照例读它一遍。她只是听到消息，连一个字也没有学会。我们总是替人读信，替人读信，何如教人自己读？教人自己读，起初是要多费一些时间，但是照我的话干干看，您的学生会有出人意外的成绩。您想，一个女子第一次会读她的丈夫写来的信，那种趣味实不亚于初恋之一吻。又例如儿子害病，请医生开好药方，若有人将这药方教给他的妈妈知道，她是终生不会忘记的，山海工学团从四月一日起要实现电化教育。电影说明书、无线电播音节目都要重新编过，成为活动教科书。会读入场券的可以半价入座，那么入场券也就成了“教科书”。这种例子随手拈来都可证明符号与生活可以很自然的联系起来。我们并且要使小先生知道，他的使命不但是普及文字教育，凡是他所过的有意义的生活都是负了责任要传布出去。

五、普及教育运动应该做成学校规定的正课和工学团规定的工作。因此，小先生不是一种自由的职务。小先生不能随便地高兴就干，不高兴就停。他必得天天拿成绩来交给负责的导师考核。寻常学校有所谓家庭功课，往往是要学生在家里写一张大字，第二天带来给先生看。小先生所要交来的不是自己写的字，乃是他的学生所干的成绩。他若找不着学生，导师须指导他如何去找；他若碰了钉子，导师须辅助他求得一个解决；他若没有恒心，导师须鼓励他向前努力；他若不明了他的职务之重要，导师须将普及教育与中华民族生死存亡关系说给他听。第一天就须把守知奴不配受教育的大道理向大家开导。总之，导师必须把普及教育运动当作规定的正课或工作，才有成功的希望。

六、小先生所遇到的最大的困难是大人对小孩不信任的心理。“小孩子懂得什么！怎能做小先生！”社会上不懂事的人是异口同声地这样说。但这是毫无根据的侮辱。我们一开始便须化除这种障碍。普及教育发动的第一天便须开一个娱乐大会，把小先生的家属一起吸引了来。在这个大会里面，导师须将普及教育与中华民族存亡关系尽量发挥，并将小孩子的能力充分证明。他可以将别处老年好学的人和小先生的成绩作一个生动的报告。他并须让本地有能干的小孩在会场中表现出真的力量，使大家从会场里带回家去的礼物是：（一）人人必须求学；（二）小孩能做先生。

导师须是一个火把两头烧。他一方面要把小孩的热心烧滚，使个个小孩都愿做小先生，不再做守知奴。这件事是很容易成功，大概只须一次演讲就行。另一方面，他要把大人的热心烧滚，使个个大人都愿拜小孩子做先生，不再轻视小朋友。这是一件比较难办的事，但热心、智慧与不断的努力总会使您成功。有一位小先生的妈妈不肯学，他请示于我，我告诉他说：“你的妈妈不肯接受你奉送她的学问，你也不要吃她所烧出来的饭。你如果有挨饿一两餐的决心，我包你不致失望。”这一类的方略，遇必要时，可以一试。穷国普及教育最重要的钥匙是小先生。这把钥匙多半是操在导师（包括校长）手里。导师袖手旁观，则普及教育运动变成儿戏；导师以身作则，则儿戏变成普及教育运动。因此，导师必须加入小先生的队伍里一起去干，才有成功的希望。倘若导师自己目光不远，懒惰不长进，平日让小先生自生自灭，等到打了败仗，还说漂亮话：“我早就预料到，小孩哪能做先生?”这种人才是普及教育之罪人咧！老实说，在热心的导师的指导之下的小先生都有了相当的成绩；小先生一无成绩，只是证明了导师冷血不努力。

原载《生活教育》第1卷第4期，1934年4月1日

【注释】

①蓝卡斯突耳班长制，通译兰卡斯特（Lancaster）制。该制亦称导生制。此制由教师先选择年龄较大的优秀学生进行传授，然后令其转教其他学生。此制由贝尔和兰卡斯特分别于印度和英国创立，故亦称贝尔-兰卡斯特制。

怎样培养普及教育的人才

工学团之指导员称为工师，不再称为教员。大县每县须有一个培养工师之机关，小县可由数县合立一所，以为培养工师之大本营。这种工师养成所的目的有下列四种：

（甲）培养新工师以创立新的工学团；

（乙）化固有之教员为工师，将学校改为工学团；

（丙）化固有之工人农人为工师，将一般社会组成工学团；

（丁）继续不断地培养在职之工师使与社会学术共进于无疆。

教师可以化为工师吗？工人农人也可以化为工师吗？山海工学团在开办的时候就下了一个决心——教小团员自己做凳自己坐。当初的教师多半是书呆子，当然不会做凳子。木匠司务会做凳子，但是不会教人做凳子。我们便把教师与木匠联合起来，做一个木匠先生。木匠司务起初只是闷起头来自己做凳子，小孩会做不会做他不管。我们对他说："我们不是请您来做凳子，乃是请您来教人做凳子。您教了一个人会做凳子便得一份工钱，教了两个人会做凳子便得两份工钱；如果您对于别人一个也没有教会，纵然一切凳子都由你包办成功，也得不着工钱。"木匠司务听了这番话，转了一个念头，加上教师的帮忙，两个星期之内就教会了好几位小朋友。久而久之，木匠司务可以独立教人做凳子了；教师也能教人做凳子了；甚而至于有几位小朋友也能教人做凳子了。如再不信，请听我唱吧：

他是木匠，
我是先生。
先生学木匠，
木匠学先生。
哼，哼，哼，
他哼成了先生木匠；
我哼成了木匠先生。

这个工师养成所不像传统的师范学校，它不把学生关在模范监狱里读死书。工师养成所之学生都称为艺友。大略得了几个知识的锁匙之后，艺友立刻分散，每组两人同到一个小社会里去，把它造成一个工学团。一到目的地，每组便要开始和大众与小孩做朋友。他们要在大众与小孩的队伍里找新同志，也用艺友制的方法把他们培养起来，一找到几位本地的艺友与小艺友，就可以发动儿童工学团及青年工学团之组织。这一步叫做个别指导，又叫做基本培养——以实际工作做培养人才之中心。第二步是巡回指导，由工师养成所之指导员或特约指导员在一定期内轮流到各工学团帮助艺友征服困难，解决问题。第三步为集合指导，每星期举行一日，讨论共同方针，制定进行计划，补充应用学术，讨论困难问题，指示必用图书，鼓励团体精神。在可能范围内须运用无线电收音机及活动电影，俾在最短时间内收最大之效果。

例如这个工师养成所有艺友二百名，指导员十名，依我们的办法，是首先举行十天或至多一个月的集合指导，然后立刻分成一百队散在一百个村庄里去。这一百个村庄，要前后左右互相隔开四里光景，因此每队工作的区域大约是四里见方，即十六方里。人口稠密或稀少的地方，这限度就该酌量伸缩。一百队的工作总面积大约是一千六百方里，在没有公路的地方，这区域大概是四十里见方。集合指导处设在中心，最远的艺友，两小时可以步行到会。有一条公路可通汽车的地方，可以把它沿着汽车路划成一个一百里长十六里宽的区域，汽车路两边各宽八里。若集合指导处设在汽车路中心，两端离中心各为五十里，连步行之八里，亦两小时可到。

假使每个村庄有十个或五个小村，合计有人口五百，一百个村庄约计是五万人。每两个艺友担任八十人之指导，比如是四十个小孩和四十个成人。这八十人每人又指导三人，总共便是三百二十人，五百人之村庄之教育便一举而普及了。

照平常师范的办法，这所十位教员二百位师范生之师范学校，只能造成二百位吃白饭不做事拿文凭的书呆子。若采用上述的办法，十位指导员便能指导二百位艺友，陪着四百位小艺友，四千位小先生，四千位土先生，去创办一百个工学团，普及一千六百方里五万人的生活教育。再运用细胞分裂的方法，全县的生活教育，少则二三年，多则五六年便可以普及了。以此类推，一省、全国的生活教育，少则三四年，多则六七年也就普及了。

原载《生活教育》第1卷第2期，1934年3月1日

经　　费

已设的学校，改为工学团，如果以各地固有之工做根据，只须节省浪费已可发展。这种工学团要规定一条办法，即每人须拿自己的书在校外教两个人读写，并拿二人所写的回团报告，便可叫文字教育普及。这是不必费多少钱就能成功的。

没有学校的地方，最好是由工师养成所的艺友来干他一个填空运动，创造新的工学团来补充。每个工学团充分运用空房屋及固有家具，只需五十元到一百元的开办费便能设立。而这种经费与工师养成所的经费打成一片，实为举一而得二。谁出三百元一年，便能普及十六方里之教育，即以此名誉鼓励之。

这是过渡的办法。永久之计还在生产上做工夫。例如宝山一县种棉二十万亩。我们提议组织二百个棉花工学团以策进全县植棉之改良，使种棉农人团结起来，自谋幸福而除痛苦。只须改撒种为条播，每年每亩收入已可增加三元，全县棉农遍用此法即可每年增加收入六十万元。倘若加以选种及合作出卖，每年全县增加一百多万收入并不甚难。预计六年内可以达到全县棉业整个的改进。那么，六年之后，只需棉花一项之增加收入，已足维持我们所要普及的教育了。

出自陶行知著《普及教育》上海儿童书局 1934 年 10 月版

连环的义务

我们留学生出洋的钱哪里来的？大众纳的税。有的回国多年，荷包快满，该是我们还债的日子到了！这笔债该是怎样的还啊？还给大众！还给大众的孩子！该还债的联合起来，三个五个跑到一县去，找一二十个受过特殊教育的青年作艺友，不收束脩，只要他们一面求学，一面即负起教人的义务。于是这一县的工师养成所便可创立。这些艺友便是工师养成所之指导员。同样招收本县有志青年一二百人做第二代的艺友散在各村，各收农人小孩数人做第三代的艺友，领导全村农人与小孩创立工学团，使生活之普及得以急成而永存。这样大众尽义务教我，我尽义务教你，你又尽义务教他，教他的孩子，教他的孩子又教别人，就是我所说的连环的义务。这连环的义务其实是交相利。各人有此认识，则教育普及只要一举手之劳便能成功。

出自陶行知著《普及教育》上海儿童书局 1934 年 10 月版

山海与萧场之实验

山海与萧场工学团在所谓寒假期内，开始了一个令人兴奋的普及教育的实验。构成山海工学团的分子是十四个村庄，构成萧场工学团的分子是十二个村庄。工学团是抱着“来者不拒，不能来送上门去”的信条进行。以前山海与萧场对于本地团员之加入，只做到一个“来者不拒”。新近才开始做那“不来者送上门去”的工作。我们将已经加入儿童工学团之团员变做小先生，分散在二十六个村庄里面，要成立二十六个儿童自动工学团，并各自推举团长。这些小先生每天除自修外，每人要教两个人。他们是拿着自己的书本教人。铅笔与抄写簿由新团员在消费合作社自购，无力自购者赠送。小先生的成绩是凭着他们的学生，即新团员所写的字考核。他们是负着把教育送上门去的责任，这责任他们是勇敢而慷慨的尽了。他们已经把教育送到牧场，送到池塘，送到菜园，送到摇篮边，送到煤屑堆，送到祖母的膝前。每星期有指导员轮流到每个村庄指导两次，每月总集合一次，成绩以教会一个人读写一册书为一分，教会两个人读写一册书为两分，教会一个人读写两册书亦为两分，余可类推。每位小先生自开始之日起，即是参加教人比赛，为着打破狭义家庭主义起见，每逢教会家外一人读写四册书，可加一分。每团员均挂绿布团员证。小先生的团员证上加一金星。如果小先生的学生又教了人，他便是小先生的小先生，团员证上加两个金星。仿此，有三代学生的便加上三个金星，有四代学生的便加上四个金星，余可类推。此外各村还有团体比赛。每村团体比赛有八种标准：一、生产教育的普及标准；二、科学教育的普及标准；三、自卫教育的普及标准；四、交通教育的普及标准；五、艺术教育的普及标准；六、康健教育的普及标准；七、共济教育之普及标准；八、文字教育之普及标准。八项之中以文字教育最易普及，今年年底二十六个村庄里面六岁以上的人民百分之九十要达到读写四册《老少通千字课》的标准，百分之九十五要达到能签写自己姓名的标准。生产教育标准最难透达，预计大概要六年才能达到最低限度之标准。任何一村达到任何一种普及标准时，即得工学团联合会之普及旗。例如文字教育普及旗，今年年底即希望多数村庄可以领得，而宣告各该村文字教育之普及。他种教育普及程度当随时考核，一达普及标准即行授旗。

出自陶行知著《普及教育》上海儿童书局 1934 年 10 月版

生活教育

生活教育这个名词是被误解了。它所以被误解的缘故，是因为有一种似是而非的理论混在里面，令人看不清楚。这理论告诉我们说：学校里的教育太枯燥了，必得把社会里的生活搬一些进来，才有意思。随着这个理论而来的几个口号是："学校社会化""教育生活化""学校即社会""教育即生活"。这好比一个笼子里面囚着几只小鸟，养鸟者顾念鸟儿寂寞，搬一两丫树枝进笼，以便鸟儿跳得好玩，或者再捉几只生物来，给鸟儿做陪伴。小鸟是比较的舒服了。然而鸟笼毕竟还是鸟笼，决不是鸟的世界。所可怪的是养鸟者偏偏爱说鸟笼是鸟世界，而对于真正的鸟世界的树林反而一概抹煞，不加承认。假使笼里的鸟，习惯成自然，也随声附和的说，这笼便是我的世界；又假使笼外的鸟，都鄙弃树林，而羡慕笼中生活，甚至以不得其门而入为憾，那么，这些鸟才算是和人一样的荒唐了。

我们现在要肃清这种误解。生活教育是生活所原有，生活所自营，生活所必需的教育（Life education means an education of life，by life and for life)。教育的根本意义是生活之变化。生活无时不变即生活无时不含有教育的意义。因此，我们可以说："生活即教育。"到处是生活，即到处是教育；整个的社会是生活的场所，亦即教育之场所。因此，我们又可以说："社会即学校。"在这个理论指导之下，我们承认：过什么生活，便是受什么教育；过好的生活，便是受好的教育；过坏的生活，便是受坏的教育；过有目的的生活，便是受有目的的教育；过糊里糊涂的生活，便是受糊里糊涂的教育；过有组织的生活，便是受有组织的教育；过一盘散沙的生活，便是受一盘散沙的教育；过有计划的生活，便是受有计划的教育；过乱七八糟的生活，便是受乱七八糟的教育。换个说法，过的是少爷生活，虽天天读劳动的书籍，不算是受着劳动教育；过的是迷信生活，虽天天听科学的演讲，不算是受着科学教育；过的是随地吐痰的生活，虽天天写卫生的笔记，不算是受着卫生的教育；过的是开倒车的生活，虽天天谈革命的行动，不算是受着革命的教育。我们要想受什么教育，便须过什么生活。

生活教育与生俱来，与生同去。出世便是破蒙，进棺材才算毕业。在社会的伟大学校里，人人可以做我们的先生，人人可以做我们的同学，人人可以做我们的学生。随手抓来都是活书，都是学问，都是本领。

自有人类以来，社会即是学校，生活即是教育。士大夫之所以不承认他，是因为他们有特殊的学校给他们的子弟受特殊的教育。从大众的立场上看，社会是大众惟一的学校，生活是大众惟一的教育。大众必须正式承认它，并且运用它来增加自己的知识，增加自己的力量，增加自己的信仰。

生活教育是下层建筑。何以呢？我们有吃饭的生活，便有吃饭的教育；有穿衣的生活，便有穿衣的教育；有男女的生活，便有男女的教育。它与装饰品之传统教育根本不同。它不是摩登女郎之金刚钻戒指，而是冰天雪地下的穷人的窝窝头和破棉袄。

生活与生活摩擦才能起教育的作用。我们把自己放在社会的生活里，即社会的磁力线里转动，便能通出教育的电流，射出光，放出热，发出力。

原载《生活教育》第1卷第1期，1934年2月16日

从学军到工学军

邹平县的小先生组织学军的消息传来了。这是多么可贺的一件大事啊！周文山[①]君新从邹平来，对我说："邹平已经开始组织学军。每位小先生找到四位不能进学校的小孩做他的学生，便成立一学排。这位小先生就被任为学排长。故一学排是五个人。五学排为一学连，是二五人。五学连为一学营，是一二五人。五学营为一学团，是六二五人。五学团为一学师，是三一二五人。五学师为一学军，是一五六二五人。全县拟组织两学军，梁漱溟先生为第一学军长，杨效春[②]先生为第二学军长。这个办法预备先在县城试验，俟试验有效，再向乡村推行。"这是周君的口头报告，细节方面也许有遗漏或错误，但就我记忆所及，大体就是如此。这是普及教育的急先锋。学军下之小先生是成了学兵，必可以一当十的向前进攻。信仰武装起来，自能冲锋陷敌百战百胜，这是可以预祝的了。

邹平的办法已经是切实得很，但我希望大家还要作进一步的追求。我所要提出的几条修正的意见是：

（一）学军缺乏工的意义。没有工的意义只能扫除文盲。扫除文盲不能算是一件小事，但在扫除文盲之外同时再干一点工，这是更有意思了。因此我提议把"学军"改为"工学军"。工学军便是工学团之联合体。为着任何危急的工作而需要广大的组织的时候，工学团得联合而成工学军。平时仍回到工学团的本位，少一些陆军色彩，多一些自由创造。

（二）从工学军长一直到工学排长都由小孩或民众担任。知识分子只做顾问或参谋。这样，才能培养自动的民众与小孩。

（三）小先生能力大的固然能够教四个人，但是能力小的只能教两个人。我以为大多数的小先生只能教二人。因此，我提议最下层的组织是三个人，称它为工学排。力能教四人的小先生连自己算在内是五个人，称为一个工学队。工学队的普及力恰是工学排的两倍。工学队的队长教四个人，工学排的排长教两个人，就普及的力量说，两排是等于一队。队与排不相统属。排之上级是连，队之上级也是连。于是十排为连，五队为连，三队四排也为连。……从总人数一方面说是不整齐，因为五队是二五人为一连，十排就是三十人为一连。但是普及力是整齐的，五队是有二十个不能入校的学生，十排也是有二十个不能入校的学生。

（四）乡村组织仍当以工学团为基本组织。大村独立一团，小村可以数村联立一团。系统略示如下：

工学团——工学营——工学连——{工学队 / 工学排}

在乡村中，每团的营数，每营的连数，等等，都应稍有变通，不可强同。

（五）小先生的学生不限定是小孩。社会里有许多成人是等候着小先生的教导。他的婆婆，他的妈妈，他的姊姊，他的嫂嫂，甚至于他的公公，他的爸爸都不是平常民众学校所能招得来的。只有小先生能把教育送到他们面前。小先生不但是普及儿童教育的生力军，而且是普及成人教育的急先锋。在小先生的手里，儿童教育与成人教育是打成了一片，学校教育与社会教育是搓成了一团。

（六）普及教育是要城里与乡下同时并进。家常便饭的教育才值得普及。我们所要普及的既是家常便饭的教育，就不能叫乡下人等到城里人吃饱之后才去吃。我现在对于风行一时的试验是怀疑了。试验二字到了中国来是变成了延缓的口实。

我自从得了邹平的学军的消息，是快乐得连觉也睡不着。现在把我的意见写出来，请求邹平和全国普及教育同志的指教。我深信用工学团，或工学团的联合体——工学军——来普及生活教育，不但是可以两年之内把文盲一扫而空，并且可以继续不断地把一个合理的社会创造起来。

原载《生活教育》第 1 卷第 6 期，1934 年 5 月 1 日

【注释】

①周文山，晓庄师范第三期学生。

②杨效春，又名兴春，浙江义务人。曾在晓庄学校协助陶行知处理校务，后离开晓庄，前往山东邹平协助梁漱溟推进乡村建社运动。

从今年的儿童节到明年的儿童节

今年的儿童节[1]是在微风细雨中过去了。这微风细雨确是象征着现在中国的儿童运动。传统儿童运动之柔软与今年四月四日的天气是相映成趣，而新兴儿童运动之种子也正好在它所润泽的土壤中发生嫩芽。但不久，这嫩芽需要太阳光来暖化，那笼罩天空的阴沉沉的密云是必须让开。

这几天报纸上是充满了都市儿童的消息：纪念会，招待会，免费游览，减价卖货物，童子军检阅，送儿童玩具，给儿童糖果面包吃。这些是多多益善，谁都高兴。但中国儿童现在最需要的东西是什么？是动的机会！是自动的机会！是联合自动的机会！这“联合自动”是一件最可宝贵的礼物，应该用红纸包起来，送给每一个小孩子。我们今年如果把这礼物忘了，还得补送，从今天补送起，送到每一个儿童都得到这个礼物，才算尽了前辈的责任。这笔账最迟是一年一结。我们期待着明年儿童节的清算。

今年上海市儿童节纪念会中可喜的一件事是劳工儿童代表、五区卷烟业工会伊明望的演说。他要求提倡劳工儿童教育。他说，儿童节要打破成人轻视儿童之心理。这不是一个小孩子的私见，他所说的是全国的苦孩子所想说而没得机会说的公意。这是我们亏欠苦孩子的一笔大债，到明年儿童节是预备还掉多少，我们应当通盘计划一下子。

但是在同一会场上另一小朋友的演说，却使我们有些失望。他要小朋友实行非礼勿视，非礼勿动。礼是什么？朱子注解说礼是天理之节文。天理又是什么？我是虚度了四十几岁，却没有把这个问题弄清楚，更不敢向大家宣传。因为我自己不懂的东西，拿来随嘴乱说，我不是变了一个喇叭吗？当时孔子提倡这种学问的时候，就拿不出证据来。他曾经说过：

> 夏礼，吾能言之，杞不足征也。殷礼，吾能言之，宋不足征也。文献不足故也。足，则吾能征之矣。[2]

连孔子自己都拿不出证据来，何能取信于人呢？若说我们现在所提倡的不是古礼而是今礼，那么，今礼是哪几条？您若打破砂锅问（纹）到底，便知道“礼”这个字在现在是几乎等于代数学上的“X”——是一个未知数。礼既是一个X，小孩子便无所适从。弄到后来，非礼勿视会变成一个光棍的“勿视”，非礼勿动会变成一个光棍的“勿动”。勿视与勿动只是大人的乱命。小孩不视便是瞎孩子。小孩不动便是死孩子。非礼勿视，非礼勿言，非礼勿听，非礼勿动，是民族自杀的口号。我们要想创造新民族，只能提倡科学的看，科学的说，科学的听，科学的动！在这一方面的努力，明年的儿童节要看我们的成绩。

大人们异口同声地说：“儿童是未来的主人翁。”这句话是反映着一个传统的态度。表面上看去好像是一种期望，其实是一种变形的抹煞，抹煞了儿童的现在的资格。儿童是现在的小主人！明年的儿童节，我希望大家都承认这小主人的封号，并且不阻挠儿童实行主人的职权。

这次新闻界是抹煞了乡村的儿童。除了《申报画报》有一张乡下小孩放风筝的图画外，简直找不着一点乡村消息。独有《时代》记者叶浅予③先生冒雨下乡，采访乡下儿童节新闻。明年儿童节，我希望多有几位新闻记者能蹈着浅予先生的脚步到乡下来，打听乡村儿童的苦况，使他们的啼声能达到国人的耳鼓。

最后我有一点小希望要向大家陈述。“小先生”“儿童工学团”和“劳工幼儿团”④都是今年儿童节的新礼物。我希望：这些种子能遍撒人间，会和明年的黄金色的菜花一齐开放，开得一样的茂盛。到那时，儿童们当是多么的欢喜啊！

原载《生活教育》第1卷第5期，1934年4月16日

【注释】

①当时的儿童节是定为每年的四月四日。

②语出《论语·八佾》。

③叶浅予，《时代》画报撰稿人。《时代》画报刊有“妇女专号”“儿童专号”等，半月刊。

④劳工幼儿团是陶行知指导创办的一所实验性的工厂区的幼儿团。该团全部招收工人的子弟，是一种具有托儿所和幼儿园性质的学前教育组织。团址设在沪西女工集中区域的劳勃生路。经办人：孙铭勋、戴自俺。

暑期普及教育运动

大学生，
中学生，
抓住你们的机会，
负起你们的责任。

暑假差不多到了。想一想！有什么事是青年学生们能够干而又值得干的？

在普及教育运动旗帜之下，小学生是变了小先生了。连六岁的小孩都在那里教他的妈妈嫂子了。大学生和中学生对于这普及教育运动有什么特殊的贡献？平时，你们是为功课所困，没有工夫参加。现在，暑假快来了，我们必得抓住这个机会，为我们那些站在学校外的不幸的同胞负起教育的责任。

沪江大学校长刘湛恩先生在五月一日向全体师生建议运用整个的暑假来提倡普及教育，要将生活教育的种子遍撒全国。全体五百余人一致接受刘校长的建议。要成立一个沪江大学暑期普及教育急成会，作一个有计划有系统地进行。这是多么可贺的一件事啊！如果全国的大学校和中学校一起赞成这个办法，今年暑假中国便有二十五万人将普及教育的礼物送到大众的门上去，这力量是何等的伟大！倘若这二十五万人间接的又推动了一千万的小学生个个都做成教导两个人的小先生，那力量更是何等的伟大！文盲是可以一扫而空。两年之内，中国便可以宣布文字教育普及。文字教育既已普及，大众是得了知识宝库的总钥匙。如果继续努力，从此对于那“工以养生，学以明生，团以保生”的生活教育便能取之无尽，用之无穷，以造成中华民族之新生命。

我想暑期普及教育急成会的会员回到本乡，有三件事可以做：

（一）您回到家里，就可把本村的识字的成人和小孩联合起来，实行每人教二人的办法。如果进一步，引导成人组织青年工学团，并引导小孩组织儿童工学团，那他们便可以继续不断的长进。即使您一旦离开，他们仍可自动地进行，您还可以通讯指导。您最好是带几十本小孩、成人欢喜看的儿童画报、小小说、儿童科学丛书之类去创办一个小小流通图书馆，那么，小先生们一定会干得格外起劲了。

（二）将附近的教师约来，向他们陈述小先生之效能，请他们在秋季开学后一起引导小先生将生活教育普及出去。

（三）向县长、教育局长、教育会长及本县热心教育之领袖陈述普及教育与创造中华民族之关系和小先生之效能，请他们组织全县普及教育急成会以推动全县的普及教育。最低限度是要他们承认小先生教人是学校规定工作之一种，由教师指导考核。

每个学校的普及教育急成会对于每个会员都要要求工作之书面报告，于秋季开学时交卷。这样，我们便能知道全体工作之总成绩。我还希望每个学校的普及教育急成会的活动系从暑期开始，并不随暑假结束而止，到了寒假还要干，平时可以通信干。每个会员既经在本乡开始工作，便须继续不断的引导本乡的青年儿童干到底，要叫本乡的青年儿童随着您继续不断的长进，不，倘使您不长进了，他们还是长进着，那才是真正的普及教育咧。

原载《生活教育》第1卷第7期，1934年5月16日

妨害进步无罪?

婆婆不许媳妇上学。老板不许伙计读书。司务不许徒弟看报。工厂经理不许工人求知识。士大夫不许儿子教穷孩子。这是小先生所碰到的五个大钉子。

这些钉子连在所谓文明之上海都可以随地碰着，别处可想而知。有些人是享着特权，不许别人进步，不许别人引导别人进步。

从这些享有特权的人的目光看来，他们所控制的人们要想进步是有些讨厌，是不怀好意，是别有作用。马克斯[①]的书不许看，孔子的书不许看，甚至于连《三民主义》也不许看。奇怪吧？我若不是亲眼看见，连我自己也不相信中国会有这种怪事发生，更不相信所谓文明的上海会有这种怪事发生。

证据多着咧。有许多不幸的小孩、成人是因为“好学”而受警告，因为“好学”而驮巴掌，因为“好学”而饭碗被人敲破，因为引导别人“好学”而坐牢吃官司。

创造新中国之先决条件在培养好学的民众，继续不断地向新知识追求。阻碍民众求学的人是新中国之罪人。中华民国的法律里面所遗漏掉的一条是：

“妨害进步罪。”

原载《生活教育》第1卷第8期，1934年6月1日

【注释】

①马克斯，通译马克思。

杀人的会考与创造的考成

自从会考[①]的号令下了之后，中国传统教育界是展开了许多幕的滑稽的悲剧。

学生是学会考。教员是教人会考。学校是变了会考筹备处。会考所要的必须教。会考所不要的，不必教，甚而至于必不教。于是唱歌不教了，图画不教了，体操不教了，家事不教了，农艺不教了，工艺不教了，科学的实验不教了，所谓课内课外的活动都不教了，所要教的只是书，只是考的书，只是《会考指南》！教育等于读书；读书等于赶考。好玩吧，中国之传统教育！

拼命地赶啊！熄灯是从十时延到十一时了。你要想看压台戏当然是必须等到十一时以后。那时你可以在黄金世界里看到卓别麟[②]的化身正在排演他们的拿手好戏。茅厕里开夜车是会把你的肚子笑痛。可是会考呆子会告诉你说："不闻臭中臭，难为人上人。"

赶了一考又一考。毕业考过了接着就是会考。会考过了接着就是升学考。一连三个考赶下来，是会把肉儿赶跑了，把血色赶跑了，甚至有些是把性命赶跑了。

不但如此，在学生们赶考的时候，同时是把家里的老牛赶跑了，把所要收复的东北赶跑了，把有意义的人生赶跑了，把一千万民众的教育赶跑了[㊀]。换句话说，是把中华民族的前途赶跑了。

奇怪得很！这样大规模的消灭民族生存力的教育行政不是出于信仰而是出于敷衍，不是出于理性而是出于武断。我所接谈过的主考官没有一个相信会考。他们是不信会考而举行会考。

就表面的成绩看，广东会考是几乎全体及格，广西会考是几乎全体不及格。广东对呢？广西对呢？谁知道？浙江会考，绍兴中学第一次是背榜，到了第二次竟一跳而为第一。绍兴中学第一次的整个成绩果真坏吗？第二次的整个成绩果真好吗？真成绩之好坏是这样的容易调换吗？谁敢说？

这把会考的大刀是不可以糊里糊涂的乱舞了。考官们所自毁毁人的生活力已经是太多了。我们现在的要求是：

停止那毁灭生活力之文字的会考；

发动那培养生活力之创造的考成。

创造的考成所要考成的是生活的实质，不是纸上的空谈。在下面所举的几个例子当中，我们可以知道创造的考成是一个什么东西。

（一）校内师生及周围人民的身体强健了多少？有何证据？

（二）校内师生及周围人民对于手脑并用已经达到什么程度？有多少是获得了继续不断的求知欲？有何证据？

（三）校内师生及周围人民对于改造物质及社会环境已经达到什么程度？有何证据？

（甲）荒山栽了多少树？

（乙）水井开了几口？

（丙）公路造了几丈？

（丁）种植改良了多少？

（戊）副业增加了多少？

（己）生活符号普及了多少？文盲扫除了多少？

（庚）少爷小姐书呆子有多少是成了为大众服务的人？

（辛）团结抵抗强暴的力量增加了多少？

【原注】

㈠ 中学生赶考旅费，可供普及一千万民众教育之用。

原载《生活教育》第1卷第8期，1934年6月1日

【注释】

①会考制施行于1932年。会考制规定：中学毕业考试合格的学生，还须经过省、市统一命题的会考。会考合格后，方能获得中学毕业证书。

②卓别麟，通译卓别林。

上海公共租界之小先生

上海公共租界工部局华人教育处[①]，最近定了《小学生社会服务试行办法十五条》，主要的意思是教小学生从事普及教育。教人的小学生称为小先生，小先生所教之人称为校外学生。每位小先生至少须找二人受他指导，指导时间少则十分钟多则半小时。小先生的工作，从现在开始，但不因放暑假而停顿。每校须规定小先生暑假教人工作，分量比平日加重。暑假前，举行一次总指导；暑假后，还要有一次总考核。这些办法都与我们原来的提议一致，很可庆幸。但美中不足是第十四条："本办法先试行四、五、六年级，俟有成效，再行推广。"这固然是出于慎重之意，但这轻描淡写的一笔，便勾销了至少三分之二的小先生。一年级的小学生能做小先生，已经是铁打的事实，无可怀疑。萧场、红庙、沈家楼、赵泾巷[②]各工学团，多数开办不到一年，小先生多数是一年级学生。西桥小学[③]在开办的第一个月就用小先生。如果限定四、五、六年级的小学生才能做小先生，那么这些地方连一个小先生也无法去找。"即知即传人"的解释是，当时学会一件事，当时就可以拿这件事去教人。有人问我有什么程度才能做小先生，我的回答是：破蒙的第一天，便有做小先生的资格。怕小孩子不胜任，和怕下海学游水有点相类。事实告诉我们，在海里学游水比在塘里容易成功。干普及教育的人，要鼓起勇气，跳进一年级的大海里去活动，才能有伟大的收获。

原载《生活教育》第1卷第9期，1934年6月16日

【注释】

①工部局华人教育处，由外国领事机构在租界内设立的行政机构叫工部局。工部局下设管理华人教育的机构称"华人教育处"。当时，陈鹤琴任该处处长。

②萧场、红庙、沈家楼、赵泾巷均为上海市与宝山县交界处村庄。在陶行知的指导下，这些地方先后创建了工学团。

③西桥小学，又名西桥工学团，在江苏省宜兴县。1933年冬，陶行知派陆静山和小先生侣朋协助当地知识青年承国英创办。

文言白话又一战

最近一个月来，出现了好几篇文言白话之争论。一篇是汪懋祖[1]先生所写，题为《禁习文言与强令读经》，主张小学高级必参用文言文，初中必读《孟子》。吴研因[2]先生出来反驳，写了一篇《辟小学参用文言初中必读孟子及指斥语体文诸说》。汪先生又写了一篇《中小学文言运动》，除了回驳吴先生言论之外，并指斥新国语教本不健全。接着就是吴先生发表的《读中小学文言运动后声明》。后来又有柳诒徵[3]先生响应汪先生所写的《小学国语教材之疑问》对现行国语教科书大施攻击。最后又读到文学社未发表之《大众语文学运动宣言草案》，这宣言说：我们现在的问题已经不是离开社会意识，空空洞洞的争论文白的问题。读了这几篇文章之后，我也想说几句话。我的主张是：一切公立学校，都应该教白话文，不应该教文言文；凡合乎现在社会需要的文言文，都应该翻成白话文。

中国现在几个大问题之一，便是普及教育：普及大众教育，普及儿童教育。负了这个重大使命而能完成这个重大使命的，便是一千万有资格做小先生的中小学生。小先生必须学白话文，因为白话文容易学，容易教。如果改用文言文，小先生失了效用，中国教育再等一百年也不得普及。故为小先生普及教育运动着想，我们反对中小学校采用文言文。

从前中学以上学校采用文言文，是根据一种似是而非的人才教育论，以为士大夫便是人才，能读古书便是人才。殊不知人才的新解释，是抱有学术为大众除痛苦谋幸福的人。这种人才所说的话，是大众能懂的话；所写之文，是大众能懂之文。故培养学术人才的学校所应该注重的，也是大众能懂的白话文，非大众不能懂的文言文。今日之学校名为造就人才，是在造就三种人：一是少爷，二是小姐，三是蛀书虫。少爷小姐，有的是空闲，学文言文也好，学白话文也妙。文言文可以当做绣花鞋穿，白话文可以当做高跟皮鞋套。绣花鞋也好，高跟皮鞋也妙，他们爱穿什么就穿什么，用不着我们多嘴。只有那蛀书虫，倒非文言文不可。因为文言文汗牛充栋，可以给他们大蛀特蛀。白话文可蛀的太少，不够味，徒子徒孙不多，很寂寞。这些人提倡文言文，自有不得已的苦衷。少爷、小姐、蛀书虫要想繁殖，可以用他们的私款创办几所私立学校提倡文言文。大众血汗钱所办的公立学校，不该偏重少爷小姐蛀书虫之所好，这里面只该教大众所需要的东西！其中之一件，便是白话文。大众的要求，儿童的要求，新人才的要求，都是逼着白话文进展，而不让文言文复辟。

原载《生活教育》第1卷第9期，1934年6月16日

【注释】

①汪懋祖，今江苏苏州人，祖籍安徽徽州。曾创办苏州中学，并任校长，提倡中小学文言运动。

②吴研因，今江苏江阴人。曾任上海商务印书馆、中华书局编辑，江苏省立第一师范学校教员兼附属小学主任，省公学校校长。其自编小学低年级学生教材，开小学使用白话文教科书之先河。

③柳诒徵，江苏丹徒人，历任南京高等师范学校、东南大学、中央大学等校教授。1922年参与创办《学衡》杂志，致力于复兴儒学等中国传统文化。

大众语文运动之路

胡愈之[1]先生所下之大众语之解释很好，我想提出两个字的修正。大众语是代表大众前进意识的话语，大众文是代表大众前进意识的文字。

大众语与大众文必须合一：在程度上合一，在需要上合一，在意识上合一。

大众语文适合大众的程度、需要和意识时，在大众本身所起的反应是高兴。所以大众语文是大众高兴说、高兴听、高兴写、高兴看的语言文字。这高兴的境界便是艺术的境界。

一个月前，我从一家电影公司里，借得一卷电影片子，送到乡下去公映。我们想在公映前几天教农人读说明书。这说明书虽是用白话文写的，但是乡下小先生不会教，农人也读不来。我只好重新写一篇说明书来教大家。这工作是不容易，我一连换了几次稿才勉强写成。据小先生说，我最后写成的说明书，还嫌太深，但比了电影公司的原稿是浅了十倍也不止。这个例子说明现在通行的白话文只是把文言文的“之乎者也”换了“的吗啊呀”，夹了一些外国文法和一些少爷小姐，新士大夫的意识造成的。这种白话文，写起来大众看不懂，读起来大众听不懂。我们可以看出在中国文学运动里是有一个大黑幕：白话文不与大众语合一。

大众是过着符号贫穷的生活。但是他们需要符号是铁打的事实。老太婆用绳结账，农夫刻树皮抒情，野孩子写王八蛋骂人，民众学校学生用注音字母代替他所不会写的字。这种需要更可以用故事来说明。从前有一位妇人寄了一封信给她的丈夫，丈夫打开一看，纸上画的是：

○　○○　○　◌　○○○○○○○○○○

丈夫看不懂。一位聪明人把他妻子所画的圈中秘密指点他说：

“欲寄相思无从寄，画几个圈儿替。单圈儿是我，双圈儿是你。圆圈儿是团圆，破圈儿是别离。还有说不尽的心思，把一路的圈儿圈到底。”

这些例子指示出大众的生活中是有一个大缺憾。大众没有取得够用的思想的符号，情感的符号，行动的符号，总而言之，没有取得充分的生活的符号。大众的符号是和大饼一样的贫乏。剥削大众的大饼的人是同时独占了大众生活所需要的符号。

照这样看来，大众语文运动是有两条大路可走：

（一）知识分子参加大众生活，在大众语演进的基础上努力写作语文合一的大众文；

（二）将生活符号普及于大众，使大众自己创造出语文合一的大众文。

知识分子要想写大众文必须先学大众语。他必须拜大众做老师。不够！他必须钻进大众生活里去与大众共生活，共甘苦。他必须是大众队伍里的一位战士。等到自己的生活与大众的生活打成一片，然后他才能领略大众生活之酸甜苦辣，然后他写大众便是写自己，写自己便是写大众。如果他不屑拜大众做老师，不屑在大众的队伍里做一个小兵，他决写不出好的大众文。

拿什么符号来向大众普及？汉字呢？注音字母呢？拼音文呢？我的建议是三管齐下：汉字要教；注音字母要教；用注音字母拼成大众文更要教。

汉字是士大夫的法宝。大众必须认得这法宝，才能看破士大夫的神秘。能教汉字的人有八千万。汉字的本身虽难学，但是能教这符号的人如此之多，是推广运动的一个大便利。我以为汉字只要认得就够了。帮助大众认识汉字的一个方法，便是注音字母。有了注音字母，大众可以自动去用字典，认生字，追求新知识。但是我们不能停顿在这里。我们必须立刻教导大众运用注音字母记录自己的思想、情感、行动。我们必须立刻教导大众运用字母写大众文。我们教汉字的目的在使大众认识那被汉字包围的中国。我们教字母的目的，小而言之在帮助多识汉字，大而言之在用秋蝉脱壳之方法创造拼音字来代替汉字，以产生拼音的大众文。

我们做普及文字符号的工作时，应当连带提倡俗写简笔汉字，印写字体合一，国音字母正草合一，以节省学习之时间、精力。

中小学校及民众学校之学生，都该做起小先生来，每人至少教两个不识字的人。这样一来，我们便有一千多万有组织的分子来负起普及符号之重任。再加上八千万识字民众之进一步之培养及总动员，数年之间，必可使大众取得他们生活所必需的符号。

大众得到符号，便能将自己的生活深刻的描写出来。大众的队伍里自有文艺的天才。他们自然而然的会产生出第一流的大众文。

我们把文字符号传给大众的时候，要做一番“滤清”的工作。我们要把时代落伍的意识滤掉，要把麻醉的毒质滤掉，要把古典滤掉，要把洋文法滤掉。我们献给大众的符号，是要和没有微生物的清水一样。大众得了这种清水的符号，便能自由的、毫无成见的写出真正的大众文。

原载《生活教育》第1卷第10期，1934年7月1日

【注释】

①胡愈之，原名学愚，字子如，笔名胡芋之、化鲁、沙平、伏生等，浙江上虞人，他于1934年6月23日在《申报》发表《关于大众语文》一文，文中指出“大众语文”应解释作“代表大众意识的语言”。

普及教育研究院组织大纲①

第一章 宗　　旨

第一条 本院宗旨在发现最经济、最迅速、最能持久，最能令人进步之方法，力谋普及大众儿童向上生活所需要之教育，以助成中华民国与大同世界之创造。

第二章 院　　务

第二条 本院院务分下列六项：

（甲）调查生活需要；

（乙）拟制教育方案；

（丙）特约中心试验；

（丁）编辑新创材料；

（戊）培养专门人才；

（己）辅导普及工作。

第三章 研究问题

第三条 本院研究问题有下列二十二种，上述六项院务，均以下列问题为根据：

（一）长江流域需要何种教育并如何普及？（江南、江北须分别研究）

（二）黄河流域需要何种教育并如何普及？

（三）珠江流域需要何种教育并如何普及？

（四）边省需要何种教育并如何普及？

（五）蒙古需要何种教育并如何普及？

（六）西藏需要何种教育并如何普及？

（七）国内特殊民族需要何种教育并如何普及？（苗族、瑶族等，须分别研究）

（八）华侨需要何种教育并如何普及？（各国华侨须分别研究）

（九）世界被压迫民族需要何种教育并如何普及？

（十）康健教育如何普及？

（十一）劳动教育如何普及？

（十二）科学教育如何普及？（无线电活动电影等如何可以用作普及教育之工具须特别研究）

（十三）艺术教育如何普及？

（十四）交通教育如何普及？

（十五）自卫教育如何普及？

（十六）社会改造教育如何普及？

（十七）都市教育如何普及？

（十八）乡村教育如何普及？

（十九）成人教育如何普及？（男子、妇女、工人、农人、商人，须分别研究）

（二十）儿童教育如何普及？（幼儿与学龄儿童须分别研究）

（二十一）民族改造教育如何普及？（优生与人口统制须分别研究）

（二十二）工学团如何创造，如何普及？（流浪者、监狱里、军队里、工厂里、家庭里、学校里、寺庙里、商店里手工艺的小铺里，如何普及工学团，须分别研究）

第四条 上述问题依据本院经费、人才限度，分别缓急，决定研究顺序，倘有遗漏，得依规定手续补入。

第四章 董 事 会

第五条 本院设董事会为全院之总枢，由创办人推举董事十五人组织之。

第六条 董事会之职权如下：

（甲）规定本院方针；

（乙）任免院长；

（丙）核定进行计划；

（丁）核定预算决算；

（戊）核准研究员之任免；

（已）筹划经费。

第七条 董事任期五年，惟第一任董事任期一年二年三年四年五年者各二人。于第一次开董事会时签定之。董事每年自行改选五分之一。连选者得连任。

第八条 董事会设董事长、副董事长、书记、司库各一人。监察员二人，由董事互选任之。

第五章 院 长

第九条 本院设院长一人，总理本院一切事宜，由董事会聘任之。

第十条 院长之职权如下：

（甲）提议本院进行计划；

（乙）提议本院预算；

（丙）推荐各主任及研究员于董事会核准后聘请之，辞退手续同；

（丁）任免艺友及其他职员；

（戊）支配并监督一切工作；

（己）向董事会报告院务及决算；

（庚）核准各项细则。

第六章 分部组织

第十一条 本院为处理院务便利起见，设下列五部：

（甲）总务部 司文书会计庶务之职；

（乙）调查部 司调查统计之职；

（丙）试验部 司特约试验之职；

（丁）辅导部 司制定方案培养人才及辅导各地普及教育之职；

（戊）编辑部 司编辑研究报告定期刊物及辅导资料之职。

第十二条 本院设职员如下：

（甲）研究员 每人以一个问题为研究中心，从事调查，试验，辅导，编辑。

（乙）各部主任 每人主持一部之行政。

（丙）艺友 每位研究员或每部主任可收受过高等教育或有特殊才能之艺友几位，依据实际工作以谋其学术之上进。

第八章 院务会议

第十三条 本院设院务会议会商有关共同进行之一切事项。

第十四条 院务会议议员为研究员、各部主任、艺友代表，每种研究一人。

第十五条 院务会议以院长为主席，并由院长召集。院长缺席时，由研究员依序担任，记录由主席指定。

第九章 经 费

第十六条 本院经费来源如下：

（甲）创办人所出基本金；

（乙）纪念金；

（丙）特别捐；

（丁）补助费；

（戊）出版物版税；

（己）生产余利。

第十章 附 则

第十七条 本大纲如有应行修改之处，须经董事会全体三分之二以上通过方为有效。

原载《生活教育》第1卷第2期，1934年3月1日

【注释】

①本篇原发表时无署名。后收入陶行知的自编论文集《普及教育》。

普及教育助成会简章①

第一章　宗　　旨

第一条　本会宗旨在采取最经济、最迅速、最能持久、最能令人进步之方法，力谋普及大众与儿童向上生活所需要之教育，以助成中华民国与大同世界之创造。

第二章　会　　务

第二条　本会会务分下列六项：

（甲）调查生活需要；

（乙）拟制教育方案；

（丙）补助中心试验；

（丁）编辑新创材料；

（戊）培养专门人材；

（己）辅导普及工作。

第三章　会　　员

第三条　本会会员分下列三种：

（甲）永久会员　赞成本会宗旨，提倡普及生活教育，一次缴纳会费一千元以上者；

（乙）提倡会员　赞成本会宗旨，提倡普及生活教育，年纳会费一百元以上者；

（丙）工作会员　赞成本会宗旨，实际参加普及生活教育之工作，年纳会费一元以上者。

上述三种会员均须填具入会志愿书，经会员二人之介绍并经执行董事之核准，方得发给入会证。

第四章 董 事 会

第四条 本会设董事会为全会之总枢。

第五条 本会董事有下列三种：

（甲）执行董事 五人至九人，由会员互选任之，会员增多时可由通信选举任之。

（乙）省区董事 每省区一人，以该省区内助成会成立五处以上时选举。

（丙）当然董事 捐助纪念金或特别捐在万元以上者为当然董事。

第六条 董事会之职权如下：

（甲）规定本会方针；

（乙）任免干事长；

（丙）核定进行计划；

（丁）核定预算决算；

（戊）核准职员之任免；

（己）筹划经费；

（庚）向会员提名新董事候选人；

（辛）核准新会员入会。

第七条 执行董事任期三年，惟第一任董事任期一年二年三年者各三人。于第一次开董事会时签定之。连选者得连任。

第八条 董事会设董事长、书记、司库各一人。监视员二人，由董事会于执行董事中推选任之。

第五章 干 事 长

第九条 本会设干事长一人，总理本会一切事宜，由董事会聘任之。

第十条 干事长之职权如下：

（甲）提议本会进行计划；

（乙）提议本会预算；

（丙）推荐各部主任于董事会核准后聘请之，辞退手续同；

（丁）任免干事；

（戊）支配并监督一切工作；

（己）向董事会报告会务及决算；

（庚）核准各项细则。

第六章　分部组织

第十一条　本会为处理会务便利起见，得设下列五部：

（甲）总务部　司理文书会计庶务之职；

（乙）调查部　司理调查统计之职；

（丙）试验部　司理特约试验之职；

（丁）辅导部　司理制定方案培养人才及辅导各地普及教育之职；

（戊）编辑部　司理编辑研究报告定期刊物及辅导资料之职。

第七章　职　　员

第十二条　本会职员如下：

（甲）各部主任　每人主持一部之行政；

（乙）干事　每部得设若干人，分任各该部工作。

第八章　会　　议

第十三条　会员大会每年举行一次。

第十四条　董事会每年举行一次由董事长召集。执行董事会每月一次，由董事长召集之。

第十五条　干部会议议员为各部主任，及每部干事代表一人。

第十六条　干部会议以干事长为主席，并由干事长召集。干事长缺席时，由各部主任担任。记录由主席指定。

第九章　经　　费

第十七条　本会经费来源如下：

（甲）会费；

（乙）纪念金；

（丙）特别捐；

（丁）补助费；

（戊）投资利息。

第十章　友　　会

第十八条　凡依据本会宗旨所组织之普及教育助成会皆为本会之友。

宜本互助精神，共谋生活教育之普及。本会得承认之友会，有下列数种：

（甲）乡普及教育助成会；

（乙）县普及教育助成会；

（丙）市普及教育助成会；

（丁）省普及教育助成会；

（戊）边疆普及教育助成会；

（己）各地旅外同乡普及教育助成会；

（庚）各国华侨普及教育助成会；

（辛）各大学中学普及教育助成会；

（壬）教育未普及国之普及教育助成会。

第十一章 附 则

第十九条 本简章如有应行修改之处，须经董事会全体三分之二以上提议，大会出席会员过半数通过方为有效。

出自陶行知著《普及教育》上海儿童书局1934年9月版

【注释】

① 本篇系由陶行知拟订或审定。陶行知是普及教育助成会的发起人，并担任普及教育助成会筹备会的负责人。

宝山县观澜义务教育急成方案[①]

一、原则

（一）宝山人民认定为自己的义务去力谋普及的，不是少爷教育，不是小姐教育，不是书呆子教育，而是自动工学团。自动的意思是引导大众自己干，引导小孩子自己干。工学团的定义是做工、科学、团结三种生活打成一片，它的宗旨是“工以养生，学以明生，团以保生”。说得详细些，它是：用众人的工作养活众人的生命；用众人的科学明了众人的生命；用众人的团结的力量保护众人的生命。

（二）认定社会即学校，将学校与社会打成一片。

（三）认定生活即教育，将生活与教育打成一片。

（四）认定教学做合一为最有效之生活法，亦即最有效之教育法，学与教都以做为中心。

（五）认定在劳力上劳心，才是真正的做。

（六）认定知者有教人的义务，不知者有求学的义务。“即知即传人”是受过教育者之责任，有知识而不愿教人者是“守知奴”，与“守财奴”是同等卑鄙。不愿教人的人不能受教育。

（七）认定中国是个穷国，宝山是个穷县。穷国中的穷县是要用穷的方法去普及穷人所需要的教育。不要用浪费的方法去普及穷人所不需要的教育。

（八）认定中国是到了生死关头，好比黄河将要决口，连小孩搬一块小石头来也是欢迎的。每一个人的力量都要号召来救命。每一个有知识技术的人都要号召来做先生与工师。每一个粗识字义或有一技之长的小孩都要号召来做小先生或小工师。

（九）承认真正的教育，使众人取得一种联合推进的力量。教育最重要的成就在使众人养成一种继续共同求进的决心。如果众人停止在一千字或四个月的学问上那便是失败。我们对众人所要养成的态度是：活到老，做到老，学到老，教到老，团到老。

二、办法

依据上述九项原则，规定办法如下：

（一）设立义务教育学院以敷设义务教育实验网，从事义务教育之研究并为全县培养工师之总枢。

本学院之目的有五：

（甲）从事义务教育之实验；

（乙）培养新工师以创立新的工学团；

（丙）化固有之教师为工师，将学校改为工学团；

（丁）化固有之手艺人与农人为工师，将一般社会组成工学团；

（戊）继续不断培养在职之工师，使与社会学术共进。

本学院招收三级学生培养之：

（甲）第一级为高级小学毕业或同等程度学生；

（乙）第二级为初级中学毕业或同等程度学生；

（丙）第三级为高级中学毕业或同等程度学生。

本学院举行三种指导：

（甲）个别指导；

（乙）巡回指导；

（丙）集合指导。

本学院之集合指导处设在汽车路中心之刘行。

本学院聘请指导员十人，招收上项学生二百人。首先举行一个月之集合指导，然后每二人组成一队，共一百队散在一百个村庄里去工作。

每队工作区域一六方里即四里见方，每队既到工作区即物色当地农人及小孩至少各二人为艺友，共同进行工学团之创造。

这一百队学生在沿着本县汽车路散发出去，大约每四里安置一队，汽车路两边，每边各安置两队。这个区域是一百里长，十六里宽，总面积为一千六百方里。这一千六百方里便成为义务教育实验网，里面包含着一百个工学团。每个工学团五百人，共计是五万人之教育一举而普及。

本学院每队学生两人对于日常工作各任半天，其余半天自修本院指定必需阅览之书籍，由指导员巡回指导，星期日不放假，举行严格的集合指导六小时。学生所受之教育，时间不比同等师范减少，而内容较为切实。故第一级学生工作三年等于初中师范科毕业，第二级学生工作三年等于高中师范科毕业，第三级学生工作三四年等于专科师范或师范大学毕业，如所任工作成绩优良，应予以同等证书。

本学院之组织大纲，课程，简章另订。

（二）颁布成人工学团组织大纲，以便全县人民可以有所依据自动进行。因本县生产以棉花为大宗，故棉花工学团尤宜注重，其组织大纲亦应从速颁布。二十万亩之棉花应有二百个棉花工学团。其次则园艺工学团，亦属重要。

（三）颁布儿童工学团组织大纲，以便各地儿童可以自动进行。

（四）颁布原有学校改办工学团程序，以便有志改办之校长教师可以有所依据自动进行。

（五）通令全县学生有担任小先生之义务，各校校长教师负指导考核之责。现在入学学生每人放学后须在家中或家庭附近至少教导二人读书半小时以上。小先生须将所教之人的姓名简明履历报告校中负责人，并须将所教之人每天文字成绩交他考核。每校日常功课须加入“怎样做小先生”一项。查现有本县学生将近一万人，以每人教二人计算，立刻可以增加二万人，这二万人当中多是寻常民众学校所招不来，而小先生能将教育送上门去。

（六）通令棉花区之学校，每校必须辅助当地棉农成立一个棉花工学团，并继续负起辅导之责。

（七）通令全县识字人民，拿自己所识之字教两个人。教人的义务与纳税的义务同重。教人便是纳知识税。宝山第一第二第三区第四第五区共有十六万二千人。识字的人除现有的小学生外约有三万人。这三万人散在各处，很难号召，但在全县总动员精神激励之下，必有许多人自告奋勇，若得一万人加入工作，每人教二人，又可得二万人。最好是由现有的学校与已经成立之工学团将各该村识字的人聚拢来。在高级民众夜校里一面修业，一面回家教两个人。

（八）筹措最低限度的经费：宝山全县二十二年度教育经费预算总额为九五四九三元。如果宝山是个新县，不受传统教育的障碍，则只需这九五四九三元，已可将教育普及而有余。但是宝山各项教育事业早已开始，这九五四九三元，都有指定的用途，很少能够移动。我们要干这普及义务教育的工作，必须另行加筹最低限度之经费，才能成功。新创之工学团只要乡村原有之空房，故不要建筑费；只要小孩们把自己的桌凳带来，故家具是减到最少。教师只需在方法上指导一下，小孩便可以拿自己读的书去教人，买书费也可以省掉了许多。将来《老少通国语》编成之后，那是更容易办了。小先生教人大概是不必支薪水。

现将那必不可少之经费列举如下：

甲、开办费

(1) 活动电影放映机	三〇〇
(2) 活动电影发电机	七〇〇
(3) 活动电影摄影机	三〇〇
(4) 扩大机	一二〇〇
(5) 无线电收音机及留声机八架	四二〇
(6) 图书费	二〇〇〇
(7) 木工具	二〇〇
(8) 金工具	一〇〇〇
(9) 医药设备	五〇〇
(10) 办公家具费	二〇〇
(11) 搬场大汽车两部（运人开会并代农人运货上市场）	四〇〇〇
(12) 工学团一百个每个开办费五〇元	五〇〇〇
共计	一五八〇〇[②]

乙、经常费

(1) 指导员十人每人每月夫马费五〇元	六〇〇〇
(2) 工资（汽车夫二人机司二人厨司一人）	一〇〇〇
(3) 工学团经费每所每月二〇元	二四〇〇〇
(4) 印刷费	四〇〇
(5) 通信费	一〇〇
(6) 汽油费	五〇〇
(7) 增加图书费	一〇〇〇
(8) 增加工具费	一〇〇〇
(9) 医药费	五〇〇
(10) 预备费	一〇〇〇
共计	三五五〇〇

用了这一万五千八百元的开办费和三万五千五百元的经常费，则义务教育学院可以办成，还能培养二百位新教师，继续培养一九五位在职教师，同时是创办了一百个新的工学团，敷设了一个五万人的义务教育实验网，再加上原有学校小先生和识字成人的努力，则宝山文字教育只消一年便可以宣告普及。

经常费一项以工学团总额所费为最多，其实每所每月二十元为数甚少，一部分可以当地酌收学费充之。倘暂时款项不易筹措，可以将需费较少或不需费者尽先试办。

倘全县教师农人一致努力将二十万亩之棉农组成二百个工学团，从事采用条播选种联合售卖，则每亩增加数元收入已达百万之巨，这几万元之普及教育费，农人可以自任了。

（九）文字教育应预令强迫。预令强迫之功用在提醒一般不识字的民众自动地去请人教，以往的民众教育好像是求人来学。预令既下，民众对于知识的消极的拒绝，可以转变而为积极的追求。

（甲）民国二十三年四月一日下令预告全县民众限二十四年三月三十一日前读毕本县指定之《千字课》，至六月一日下第二次预告令。预告令下后即令小学生与警察到处逢人宣传，劝其早些求学，不要临时抱佛脚；并说明二十四年四月一日即有识字警察，手持指定之《千字课》，站在城门口、车站、码头及交通孔道，临时抽验来往行人，检查他的头脑如同检查行李一样。不会认字者要罚愚民捐铜元一枚，再过半年仍不会认，须每半年递加一枚处罚。

（乙）民国二十三年十二月一日起义务教育实验网所包括之区域实行强迫教育。

（丙）民国二十四年十二月底宣布全县教育普及。暂订普及标准为学龄以上之人民百分之九十会认一千字，百分之九十五会签自己的姓名。

（丁）强迫令下后，家内，店内，工厂内，机关内，如有无故不识字的人，按人数每月每人罚银一元，由家长店主工厂经理机关主持人缴纳。

（戊）强迫令下后，识字成人或学生对其负责而不识字之亲友不肯施教者，罚守知奴捐银一角并公布之。

（十）除普及文字教育外并须普及生产教育、科学教育、自卫教育、交通教育、艺术教育、健康教育，共济教育等，其普及之标准、步骤、期限另订之。

原载《生活教育》第1卷第3期，1934年3月16日

【注释】

①本文原发表时无署名。后收入陶行知自编论文集《普及教育》。

②12项开办费共计应为一五八二〇元。

【附录】

就《宝山义务教育急成方案》谈邹平生活教育之现状

捧读手示，不胜欣悦，每次《生活教育》半月刊到时，春必细细看了，看时往往自头至尾，一字不遗，非以求博，正以求用之也。

《宝山义务教育急成方案》，原则上春全部接受。办法则彼此当有出入，春今日所计议者为邹平生活教育普及方案。春以为今因吾人所要致力者为人生必需之生活教育，不是法令所订之义务教育。教育须得普及，而无须急成，亦不能急成。文字教育可以急成，生活教育不能急成。师意如何？

邹平实验计划（系本梁漱溟先生之理想主张）现订村有村学，乡有乡学，县有县学，凡此组织构造，是为"推动社会组织乡村"，实为引导全社会的人民皆得好好生活而已。春又请又山弟在实验学校中试办幼稚园，其主旨即为要教全城乃至全县的幼儿皆能好好生活；不是要教数名或数十名的公子王孙会唱歌，会跳舞，会识数，会讲话而已。而今而后，我们的教育辞典之中只见有"学众"，不见有"学生"，亦不见有"民众"，生活教育合一，学生民众亦合一。

前天早晨，邹平城关各校学生在南郊柳林之下举行总朝会，他们没有到的时候，春已自先去了，独上高岗，东望日出，青山绿野，鸡犬相闻，乡村景色，固不知高出城市几许也。不久学童们自东西南北各路，一群一群地来了，这里面，不仅为普通的所谓学生，还有他们带来的小朋友（即普通的所谓失学儿童）。我欢喜极了，不觉默默念着："你是一个人，我是一个人，共生需共学，即知即传人。"

现在，邹平境内的学校除照章上课外，还注意两件事：一是给全县儿童种痘，一是要全县妇女放足。大家都是很忙，也都还觉有趣。春在此，亦难得偷懒。

友人曾徵瑞、支旭东、杜勇悔均拟来沪参观，并请教。希予指导为荷。

五月二日

原载《生活教育》第1卷第8期，1934年6月1日

宝山县试办乡村儿童自动工学团组织大纲草案①

一、定名 本工学团定名为某某村儿童自动工学团。

二、宗旨 本工学团宗旨，在使本村儿童联合起来自动的实行工以养生、学以明生、团以保生的教育，以参加新村、新国、新世界之创造。

三、区域 本工学团以某某村、或某某某某某某数村之联合体为工作区域。

四、团员 本工学团团员有下列两种：

（一）常川在团本部工作者称为电核团员；

（二）常川在团本部周围工作而为经济所困，每星期只能到团本部集合一次者，为电子团员。

五、资格 凡加入本工学团之团员，必须手脑并用，具备小工人的资格。不愿动手的儿童，不得为团员。

六、工作 本工学团之工作如下：

（一）调查本村实况以创造自知的村庄；

（二）培养本村体力以创造健康的村庄；

（三）开发本村交通以创造四通八达的村庄；

（四）增进本村生产以创造足衣足食的村庄；

（五）启发本村知识以创造科学的村庄；

（六）改良本村风俗嗜好以创造进步的村庄；

（七）提倡本村艺术以创造美的村庄；

（八）锻炼本村武艺以创造自卫卫人的村庄；

（九）共济本村急难以创造互助的村庄；

（十）报告现代大事以创造与大的世界沟通的村庄。

七、组织 本工学团设小团长一人，小团副一人，掌全团之指挥，由全体团员公举任之；设小工师（小先生）若干人，分司技术或文字指导之职，凡有一技之长或粗识字义者皆可担任。团部会议为工学团最高机关，制定全团共同遵守之规约，及共同进行之计划，并公推考核员二人，以监督全体团员及职员之行为。每团设指导员一人，由导师担任。儿童工学团与成人工学团遇必要时得开联席会议，以谋互助。

八、徽章 凡团员进团在工作上有手脑并用之证据，继续一星期者，得开始挂绿布条徽章，上书某某工学团某某人。凡以一种技术或文字至少教两人者，得在绿色徽章上加一金星；其学生又教学生两人则是有两代学生，得在绿色徽章上加两个金星。余可类推。违背工学团宗旨公约者，得由团部会议撤销其徽章。

九、指导 本工学团电核团员每天在团本部受教学做指导；电子团员每星期举行一次集合指导，时间在一小时以上。电核团员对于各人分任之电子团员，每天须指导至半小时。导师须至各村施行巡回指导。

十、考成 文字以作品为考成之证物。工作以事业之完工为考成之证物。例如小先生教人识字须以电子团员所写的文字按期交给导师考核。凡教成家中一人用毕《老少通千字课》一册得一分，四册得四分；若跳出家庭范围而教邻居，则教一人四册书，可得五分，教两人可得十分。又例如小工师教人造路、种树、养鸡、捕蝇、扫除，打拳等等，都应立具体的考成标准。

十一、繁殖 本工学团办有成绩时，即罗致邻近村庄之有志儿童，加入为小艺友，等到小艺友成熟时，即用细胞分裂法繁殖到他村去。

十二、联盟 将来儿童工学团大同盟成立时，本工学团即加入。

十三、附则 本组织大纲由团部会议通过施行并陈报教育局注册。

原载《生活教育》第1卷第1期，1934年2月16日

【注释】

①本篇原发表时无署名，后收入陶行知的自编论文集《普及教育》。

儿童工学团之表格

表格的用途在使工作有条理，成绩能考核，责任能分明。儿童工学团要想办得好，必得有几种表格。现在拟了五种，先行试用，再图修正。不久还有几种补充进来。合用与否，还望各地工学团同志指教。

（一）表格之一系每村儿童工学团小团长填写，每周报告一次。儿童工学团最注重的是大家共同干的团体活动。每村每星期总得共同干一件值得报告的事。

（二）表格之二系小先生的履历表，由小先生自填或由导师指导他填。教了什么人一项是预备逐年陆续登记。

（三）表格之三系电核团员履历表，由小先生填写。学了些什么一项是预备每半年登记一次。

（四）表格之四系小先生每周报告单，由小先生填写，交导师收存考核。还学了些什么一项填入识字以外的有价值的知识或技能，要填得具体，如用竹片做苍蝇拍，须完全填入，不可只以卫生二字填写。

（五）表格之五系小先生成绩登记表，由导师根据小先生每周报告单每周填写一次，以资比较。此表须用大纸画好，张挂出来，使小先生知道各人成绩之比较。这表每月用一张。

小团长每周报告单（工学团表格之一）

本周做的团体活动			
共做的人数	大人		
	小孩		
做的工具			
做的材料			
做的钟点数			
做的经费			
做的成绩			
从做上发生的困难			
最出力的是那几个人			

……村儿童工学团小团长签字……

小先生履历表（工学团表格之二）

姓　名	
今年几岁	生于　　年　　月　　日
是男是女	
什么地方人	省　　县　　乡　　村人
家里做什么职业	
在什么学校上过学	从　　年　　月到　　年　　月在　　学校
	从　　年　　月到　　年　　月在　　学校
	从　　年　　月到　　年　　月在　　学校
会教什么	

教了什么人	姓　名	与小先生之关系	教的什么	开始年月日	成　绩
	1				
	2				
	3				
	4				
	5				

电子团员履历表（工学团表格之三）

	学生姓名	张翠英	吴阿大
	学生是小先生的什么人	妈妈	邻居小朋友
	学生年岁	六十	十
	学生的工作	管家	守牛
	学生是男是女	女	男
	住的村庄	夏家宅	夏家宅
	开始求学的年月日	23、3、3	23、3、3
学了些什么	二三年上半年	农民千字课	同
	二三年下半年		
	二四年上半年		
	二四年下半年		
	二五年上半年		
	二五年下半年		

……村工学团小先生签字……

小先生每周报告单（工学团表格之四）

	学生姓名				
	所用的书				
	上到第几课				
	会写几个字				
还学了些什么	1				
	2				
	3				
	4				
	5				
	6				

小先生签字　　年　　月　　日

小先生成绩登记表（工学团表格之五）

小先生	学生	是小先生的什么人	所用的书	上课数																							
				1	2	3	4	5	6	7	8	9	10	11	12	13	14	15	16	17	18	19	20	21	22	23	24
张亮	张翠英	妈妈	《千字课》	…	…	…	…																				
	吴阿大	邻居	同	…	…	…	…	…	…	…	…																
吴阿福	吴自珍	嫂嫂	同	…	…	…	…	…	…																		
	陈小秋	邻居	同	…	…	…	…	…	…	…	…																
陈福保	陈月娥	妈妈	同	…	…	…																					
	陈大年	邻居	同	…	…	…	…	…																			
王阿三	王阿祥	哥哥	同	…	…	…	…	…	…	…	…	…															
	王小二	邻居	同	…	…	…	…	…	…	…	…	…	…	…	…												
徐英	徐珍珠	嫂嫂	同	…	…	…	…	…	…	…	…	…	…	…	…	…	…	…									
	徐阿三	邻居	同	…	…	…	…	…	…	…	…	…	…	…	…	…	…	…	…	…	…	…	…				

续表 1

小先生	学　生	是小先生的什么人	所用的书	上　课　数 1 2 3 4 5 6 7 8 9 10 11 12 13 14 15 16 17 18 19 20 21 22 23 24
徐　玉	徐玉秀	嫂嫂	《千字课》	… … … … … … … … … … … … … … …
	陈玉好	邻居	同	… … … … …
吴阿德	吴月英	嫂嫂	同	… … … … … … … … … … …
	张大荣	邻居	同	… … … … … … … … … … … … … … …
吴双喜	吴世昌	爸爸	同	… … … … … … … … … …
	李　亮	邻居	同	… … … … … … … … … … … … … … … …
吴大祥	吴凤仙	妈妈	同	… … … … … … … … … …
	王秋菊	邻居	同	… … … … … … … … … … … … … … …
王三槐	王大有	伯父	同	… … … … … … … … …
	王玉娇	嫂嫂	同	… … … … … … … … … … … … …

续表 2

小先生	学生	是小先生的什么人	所用的书	上课数																							
				1	2	3	4	5	6	7	8	9	10	11	12	13	14	15	16	17	18	19	20	21	22	23	24
张阿二	张光祖	爸爸	《千字课》	…	…	…	…	…	…	…	…	…	…														
	赵永和	邻居	同	…	…	…	…	…	…	…	…	…	…	…	…	…	…	…	…	…	…	…	…	…			
张自修	张秀英	大姊	同	…	…	…	…	…	…	…	…	…	…	…	…	…	…	…	…	…	…	…					
	张腊梅	妈妈	同	…	…	…	…	…	…	…	…	…	…	…	…	…	…	…	…	…							
陈虎	陈玉梅	妈妈	同	…	…	…	…	…	…	…	…	…	…	…	…	…	…	…	…	…	…	…	…	…	…	…	
	李小冬	邻居	同	…	…	…	…	…	…	…	…	…	…	…													
赵万里	赵大顺	妈妈	同	…	…	…	…	…	…	…	…	…	…	…													
	王春林	邻居	同	…	…	…	…	…	…	…	…																

原载《生活教育》第1卷第3期，1934年3月16日

萧场儿童流通图书馆组织大纲①

一、定名 本馆定名萧场儿童流通图书馆。

二、组织 本馆设馆主任一人，干事二人，由儿童工学团全体团员公举任之。任期以六个月为限，并请工师一人为顾问。

三、职务 馆主任总掌全馆事务。干事二人分任编目出纳两股。顾问负指导之责。

四、来源 本馆图书来源如下：

（1）本团合力购置；

（2）外方捐送。

五、借阅 构成本团各村之儿童、成人，凡经小先生之介绍均可借阅，其细则另订之。

六、流通 本馆图书流通办法如下：

（1）每位小先生于放晚学回家时，得照其所教学生数，按每个学生之程度，代学生借书回家。但每位学生只限一本，并要于教完后代还。

（2）每日放晚学后，由馆主任、干事、小先生顾问等挑着书担巡回送往各村，择一适当地点公开借阅。各村每周至少去一次。

七、附则 本大纲经本儿童工学团全体大会通过后施行，如有未尽事宜，得随时提出大会修正。

原载《生活教育》第1卷第6期，1934年5月1日

【注释】

①本篇原发表时无署名。后收入陶行知的自编论文集《普通教育》。

萧场儿童流通图书馆借书阅书简则①

一、凡构成本团各村之儿童成人，经小先生之介绍者，均可来馆阅书和借书。

二、本馆图书之借阅，馆内不限时间，馆外每天下午四时后巡回送往各村，公开阅览和借出。

三、借书人须亲填借书单。不会填写者得由小先生教其填写，惟第二次必须由本人亲自签名。

四、凡借作初认字用的书，借书者，须照书上字用拍纸簿抄下，由小先生早晨带回，作为成绩。

五、凡借自己能看懂的书，至多不得过一星期就要归还；未看完者可续借，看完后必须要把内容看不懂的地方，向小先生请教，并受本馆口试。

六、来馆阅书应守下面规则：

（一）进出脚步要轻；

（二）不得高声谈笑；

（三）不得高声朗诵；

（四）不作妨害别人举动；

（五）不与人争夺一本书，先来先取；

（六）不识的字和不明白的意思，须低声询问馆干事（小先生）或在馆之工师；

（七）阅后要归还原处；

（八）无故损坏图书须赔偿；

（九）须填写阅书登记簿。

七、凡借书最多、同时又能尽量教人者，本馆得酌赠文具如铅笔、拍纸簿等作为纪念。

八、借者对于借去之书须尽爱护之责，凡有随意损坏须照价赔偿，有特殊情形者例外。

九、本简则经本儿童工学团全体大会通过后施行，如有未尽事宜，得随时提出大会修正。

原载《生活教育》第1卷第6期，1934年5月1日

【注释】

①本篇原发表时无署名。后收入陶行知的自编论文集《普及教育》。

创办竹柯工学团意见书①

一、原则

（子）社会即学校；

（丑）生活即教育；

（寅）劳动即生活；

（卯）教学做合一；

（辰）在劳力上劳心；

（巳）行是知之始；

（午）会的教人，不会的跟人学；

（未）来者不拒，不来者送上门去；

（申）教小孩做小先生；

（酉）教农人联合起来自己干；

（戌）工以养生，学以明生，团以保生；

（亥）活到老，做到老，学到老，教到老，团到老；

二、目标

（子）培养康健的生活；

（丑）培养劳动的生活；

（寅）培养科学的生活；

（卯）培养艺术的生活；

（辰）培养改造社会的生活；

三、生活教育网

团本部设在夏阁镇，以夏阁到竹柯之距离为半径，画一圆圈，大约是一百方里，照巢县人口密度约计（六千方里，四十万人口），是有七千人。这一百方里内的七千人和他们的生活环境便构成了一个生活教育网。普及教育的目的是要把这七千人一网打尽，捞到生路上来。依现状看来，七千人当中约有五百个小孩可以进所谓之学校。照我们说法，是有五百位小孩可以常川在团部工作。其余的都因生活关系不能常来。这五百位小孩便是平常所谓之小学生，在工学团里面，都变成小先生，把生活教育送上门去。这五百位小孩好比是五百根经纬，把生活教育网密密的织成；他们又好比是五百根电线，把团部所发的电力通到每一家的电灯里去，使每盏电灯都发光；又把每家所发的电力通到团部来，使团部的灯也发出光来。

四、组织

团之下，每大村为一大队，小村为一小队，队之下为排，每位小先生找到两位以上不能上学之小友或成人，即可成一排，该位小先生即任为排长。排长由小朋友担任，队长、团长均由靠自己动手吃饭之真农人担任。指导员只是顾问或参谋。

五、指导员

指导员设五位至十位。指导员除能担任普通小学及民众学校功课外，要有一位兼任无线电话机及活动电影机开放与修理指导，一位兼任医药指导，一位兼任农事及合作社指导，一位兼任音乐及戏剧指导，一位兼任自卫指导，一位兼任科学及简单工艺指导。每大村至少须有指导员一人，艺友若干人常川住在那里指导。

六、活动

（一）依据本地生产，应组下列生产工学团：

甲　种稻工学团

乙　植棉工学团

丙　养鱼工学团

丁　菜木工学团

（二）流通图书馆，每大村一处

（三）信用兼营合作社，每种生产一所

（四）诊疗所兼接生所一处

（五）儿童工学团，每大村一大队

七、设备预算

（一）无线电收音机每架五十元，五架	二五〇元
（二）活动电影放映机一架	三〇〇元
（三）活动电影发电机一架	四五〇元
（四）照相镜一架	七五元

（五）图书	一〇〇〇元
（六）医药设备	五〇〇元
（七）木工具	一〇〇元
（八）农具	一〇〇元
（九）科学仪器材料	五〇〇元
（十）家具自制材料	五〇〇元
（十一）房屋，运用旧房、庙宇、祠堂加以修理，约需	五〇〇元
共计	四二七五元

原载《生活教育》第1卷第9期，1934年6月16日

【注释】

①本篇原发表时无署名。后收入陶行知的自编论文集《普及教育》。

各县旅外同乡普及本县教育助成委员会简章①

第一条　宗旨　本委员会宗旨在采取最经济最迅速最能持久最能令人进步之方法，谋普及大众儿童向上生活所需要之教育，以助成本县之创造。

第二条　会务　本委员会会务如下：

甲、举办工学团；

乙、补助优良试验；

丙、介绍新出书报；

丁、培养工作人才；

戊、进行巡回辅导；

己、报告实际状况。

第三条　委员　本委员会设委员九人，由本县旅沪同乡会公推任之，任期两年，连选得连任。

第四条　职员　本委员会设委员长一人、副委员长一人、文书一人、会计一人，由同乡会就委员中公推任之。

第五条　经费　本委员会经费来源如下：

甲、旅沪同乡会补助费；

乙、旅沪同乡特别捐；

丙、纪念金。

第六条　会期　本委员会每月开会一次，由委员长召集之。但遇必要时得由委员长召集临时会处理。

第七条　合作　本委员会必要时，得与邻近各县普及教育助成会合作，以谋生活教育之普及；并得与全国普及教育助成会合作，以谋中国生活教育之普及。

第八条　附则　本简章由本县旅沪同乡会通过施行。以后如须修改亦须经同样手续才能发生效力。

出自陶行知著《普及教育》上海儿童书局1934年9月版

【注释】

①本篇系由陶行知拟订或审定。原载《生活教育》第1卷第11期，1934年7月16日。曾收入陶行知的自编论文集《普及教育》。

小先生歌[①]

（一）

我是小学生，
变做小先生。
粉碎那私有知识，
要把时代儿划分。

（二）

我是小先生，
教书不害耕，
您没有工夫来学，
我教您在牛背上哼。

（三）

我是小先生，
看见鸟笼头昏。
爱把小鸟放出，
飞向森林投奔。

（四）

我是小先生，
这样指导学生：
“学会赶快去教人，
教了又来做学生。”

（五）

我是小先生，

烈焰好比火山喷。
生来不怕碰钉子，
碰了一根化一根。

（六）

我是小先生，
爱与病魔斗争。
肃清苍蝇与疟蚊，
好叫人间不发瘟。

（七）

我是小先生，
填平害人坑。
把帝国主义推倒，
活捉妖怪一口吞。

（八）

我是小先生，
要与众人谋生。
上天无路造条路，
入地无门开扇门。

二十三年三月十六日

原载《生活教育》第1卷第3期，1934年3月16日

【注释】

①本篇原载《生活教育》1934年3月16日第1卷3期。诗中第2节，作者将三、四行的“你”均改为“您”，手书作为《生活教育》第1卷第12期的封面题诗，题名《小先生歌之一》。诗中第5节，作者将第二行的“烈焰”二字改为“热心”，手书作为《生活教育》第1卷第18期的封面题诗，题名《小先生化钉子歌》。

一对妖怪①

自私先生，
自利太太，
生下一对妖怪：
大肚的守财奴可鄙，
大头的守知奴更坏。
传下一代一代又一代，
造成了中华民族的大失败。
开刀打针要赶快：
放出一个个脑袋里的毒汁，
取出一个个肚皮里的痞块！
如果再马虎，
天然淘汰！

二十三年六月一日

【注释】

①本篇原载《生活教育》1934年6月1日第1卷第8期。《生活教育》第1卷第9期上有蔡鹤为此诗配的九幅连续漫画。

教 师 歌[①]

——献与儿童教育社[②]同人

（一）

来，来，来
来到小孩子的队伍里，
发现你的小孩，
你不能教导小孩，
除非是发现了你的小孩。

（二）

来，来，来
来到小孩子的队伍里，
了解你的小孩。
你不能教导小孩。
除非是了解了你的小孩。

（三）

来，来，来，
来到小孩子的队伍里，
解放你的小孩。
你不能教导小孩。
除非是解放了你的小孩。

（四）

来，来，来，
来到小孩子的队伍里，

信仰你的小孩。
你不能教导小孩，
除非是信仰了你的小孩。

（五）

来，来，来，
来到小孩子的队伍里，
变成一个小孩子。
你不能教导小孩，
除非是变成了一个小孩。

二十三年五月十六日

【注释】

①原载《生活教育》1934年5月16日第1卷第7期，为陶行知应陈鹤琴邀请为儿童教育社作的社歌，赵元任谱曲。

②儿童教育社即中华儿童教育社。社长陈鹤琴，东南大学教授，著名幼儿教育家。20年代创办中华儿童教育社，专门从事儿童教育研究，出版《儿童教育月刊》。

三块大洋的结婚[1]

我近年对于贵族式的婚礼，一概拒绝参加，就是好朋友，也毫不通融。我觉得当这民穷财尽的时候，在结婚的喜事上，还要摆出排场，彼此争风，简直是一个罪恶。穷光蛋结婚不自量力，甚至于借恶债来和富人比赛，不但是可笑，而且是可怜，这种婚礼不能使我高兴。但最近我是参加了一次富有意义的婚礼：秋平[2]是与曼雯[3]为着要到潘家桥共同服务便利起见，就提前于废历新年结婚。婚礼是庄严而简易。刘世厚[4]司仪。马侣贤证婚。节目中有敬鸣晓钟十八响，唱《村魂歌》新人相对行敬礼，新人向来宾行礼，婚书用印，新人报告，来宾致祝词，唱《锄头歌》，礼成，摄影。新人只备茶点敬客，不设酒席，费了三块大洋，夫妻各出一半。他们也没有钱做新衣，各人只穿了旧的便服行礼，以致特来观礼的乡下姑娘认不清谁是新人谁是客人。这事初看很小，仔细想来，实在是一件破天荒的大事。秋平与曼雯两位青年是抱着绝大信念，下着绝大决心，鼓着绝大勇气，忍受数千年传下来的狠毒讥诮，突出重围，来创造他们的幸福的世界。他们所开的路线，在不知不觉之中，是引导着许多穷青年解除烦恼，避免破产，追取简单的幸福。这是多么可贺的一件事啊！

(一)

三块大洋钱，
结婚过新年，
每人出一半，
开创新纪元。

(二)

香姑[5]斗新装，
搽得喷喷香：
赶来看新郎！

赶来看新娘！

（三）

新郎在哪里？
哪里是新娘？
怎么寻不着？
一定房里藏。

（四）

也是茅草屋，
不大像新房。
一桌两板凳，
还有床一张。

（五）

新娘却不见，
也不见新郎。
眼皮挤一挤，
香姑心里慌。

（六）

不要慌！不要忙！
听我说端详：
“新娘住这里！
那就是新郎！”

（七）

好一个新郎，
依旧学生装。
纽扣缺一个，
对客献茶汤。

（八）

新娘没凤冠，
也没新衣裳。
她不坐花轿，
不哭不心伤。

（九）

不点红蜡烛，
也没有拜堂。
晓钟十八下[6]，
新人已成双。

（十）

人人拍巴掌，
个个耳朵痒。
新人请上台，
恋爱讲一讲。

（十一）

玎玲玎玲珰，
走到讲台上。
疑是挂环珮；
钥匙一串响。

（十二）

“我非嫁老公，
他非讨老婆。
平等结夫妻，
意思好得多。”

（十三）

“本想迟结婚，

于今不得已。
同去造新村，
中心正可喜。”

（十四）

没有过三朝，
去到潘家桥，
看见先生到，
小手群相招。

（十五）

庙小活佛多⑦，
事忙吃不消。
幸是双双到，
担子两人挑。

（十六）

农人讨老婆，
高利把债驼。
利钱付不起，
赔牛卖老婆。

（十七）

我写这首歌，
脸上起笑窝，
但愿穷男女，
不再唤奈何！

二十三年五月一日

【注释】

①原载《生活教育》1934年5月1日第1卷第6期，作者手书第1节与第15节，作为封面题诗，题为《贺秋平曼雯结婚后合办夫妻工学团》。

②秋平即汪秋平。

③曼雯即汪丽云。

④刘世厚即刘大作，晓庄师范学生。

⑤香姑即乡姑。

⑥十八下，晓庄学生成婚，鸣钟十八响，以示新夫妇在十八信条之下结合起来为农民服务之意。十八信条，指1926年11月21日陶行知在中华教育改进社特约乡村教师研究会上的演讲词《我们的信条》共18条。

⑦庙小活佛多，庙指学校，活佛指上学的儿童。

五块大洋的棺材歌[①]

农村破产无日：破于帝国主义，破于贪官污吏，破于苛捐杂税，破于鸦片烟，破于婚丧不易。秋平、曼雯二人花三元大洋结婚，曾给农友以有力的感动。我曾作歌数首，宣扬这空前的美事。日前小先生沈××之叔父去世，驼债治丧，几致倾家荡产。沈禹生团长与我谈及此事，乃知治丧新法之提倡，不容再缓，特托王振乾君为我创造五元的寿材一具，陈列在山海工学团[②]，志在唤起农友们之觉悟。我写这首歌的宗旨，也只是要宣扬养生重于送死的要义。

（一）

来也赤裸裸；
去也赤裸裸：
自由复自在，
不想求什么？

（二）

棺材是囚笼；
寿衣是镣锁：
犯了什么法，
虽死也难躲。

（三）

寂寂兮肉葬。
熊熊兮火化，
顺受兮自然，
如归兮不怕。

（四）

我虽不怕死，
只怕出孝子。
孝子厚葬我，
全家要饿死。

（五）

出丧给人看，
无钱怎么办？
驼债办丧事，
办了已讨饭。

（六）

我今心已决，
难免有妥协。
未死先筹备，
遗嘱不可缺：

（七）

“几块薄皮板，
凑个薄皮材。
省钱而轻便，
亲友可自抬。”

（八）

“穿我旧时衣！
放进新棺材！
当时葬下去！
十元够哀哉！”

（九）

寿材已做成，

不管好和歹。
谁比我早死，
可以先来买。

（十）

中华四万万，
年死一千万。
每人省百元，
便省十万万。

（十一）

要想活得好，
便须死得对。
如果死要脸，
难免活受罪。

二十三年六月十六日

【注释】

①原载《生活教育》第1卷第9期，作者手书第5节作为封面题诗，题为《薄殓歌之一》。

②山海工学团，1932年10月1日孟家木桥儿童工学团最先成立，以后就以这一天为山海工学团诞生纪念日，陶行知派马侣贤为团长。当时命名山海工学团，一是因校址处在上海市与江苏宝山县之间；二是该团成立在山海关失陷后。定名山海，寓意唤醒全国人民收复山海关外之东北失地。

划分时代之新安小学儿童自动旅行团

——给汪达之君的信

达之同志：

儿童旅行团来，大家都欢喜。我以小工人之礼待之。在这里，他们决无冻饿之忧。我所虑的是汽车老虎，曾嘱他们特别留神。您要我估一估儿童旅行团的价值，这是新时代之无价宝，姑且定它万万万万万金元吧。这样伟大的宝藏，世界上谁也没有，却为新安所得，使福特[①]、摩尔根[②]辈见着未免要生小巫见大巫之感。而新安不敢私为己有，愿公诸天下后世，这又是富翁们舍不得的了。好，如果您讨厌黄金，那么请听我唱吧！

题儿童旅行团

没有父母带；
先生也不在。
谁说小孩小？
划分新时代。

这首诗只是十几首中之一，其余的后来再抄。昨天寄上五十元，一个先生对着一群冷得发抖的小学生上公民课，在生活教育者的眼光看来，简直是罪恶。您那伟大的同情心是值得发挥的，给他们赶快做几件衣服吧。老太太的款一定要每月寄去，不能断。铭勋劝小孩们在十二月初回淮安。我想劝他们不取得生产工具决不回，您以为如何？我近来不大写信，但不写信决非不关心。这完全是两回事。如果我整年没有信来，决不要以为我忘了你们。事情该办的我总情愿尽我的能力帮忙。

敬祝康健！

——知行二二年二月一四

【注释】

①福特即亨利·福特，美国福特汽车公司的建立者。

②摩尔根，通译摩根，即J.P.摩根，他在其父J.S.摩根财产的基础上，于1871年与人合办德雷克塞尔-摩根公司，从事投资与信贷等业务，1895年改名为J.P.摩根公司，逐步扩张为垄断财团。

【附录一】

汪达之致陶行知（一）

行师：

七个小光棍，拼命要南征。

旗帜一打好，择期就启程。

小光棍的旅行团，是已九分的决定要到上海去观光了。我们不能筹出多少旅费，是准备着讨吃。我告诉他们："饿肚子行乞，不是一件容易的事。"但他们笑着回答："只要眼睛饱了，管不得肚子暂时的饿了。"他们这种气概，我觉得是中华民族的新生命，也就不顾一切地来规划这件事了。

旅费、船费去的不成问题，来的也另有办法。车费已去函交涉全免，万一不成，四等车儿童团体票，也很有限。伙食费，预算每天每人二角。从淮安直到上海的费用，大约不成问题，到了上海，又将怎办呢？真要学伍子胥吹箫的办法吗？我想时代差得很远了，当不至于到此地步。我已以学校名义，给黄警顽[①]先生写了信去，一则要参观商务印书馆；二则也希望他为儿童幸福的缘故予给一点援助。天厨味精厂吴蕴初[②]先生处，我也去了信，要求参观他的工厂，因为吴先生是个贫寒力学出身，可以给孩子们一个鼓励的榜样。时事新报馆也去了信，一则他颇有言论界的地位，让孩子们去参观一下，认识认识；再则希望他们借此传个信号出去，给中国的被牢狱封锁着一般的儿童们，一个新鲜的刺激。

我想这就是“社会即学校”的一个步骤。但是，行师，是不是这样简单呢？

他们的旅行生活计划是：寅会，晚会，写日记，照在学校一般的排列。每天有轮流的主席，有两个固定的记录。此外的事务，分成四部：一，是交际；二，是账务；三，是行李；四，是医药。约定每天要有一份报告信寄回来。事实上恐怕时间不够支配，做不上来，但规定着待做到如何程度再说。参观目的，工厂、学校、其他文化机关，当再拟一个参观日程，到沪后，留待吾师斟酌。

行师，您将怎样招待这个小光棍团呢？

正是我们没有钱吃饭的时候，幸好本年收的玉蜀黍面，救了我们的驾。平常三餐吃两顿，现在三顿都是玉蜀米面！

昨天纯才兄寄来了二十元。

双十节，过得很好，居然能演九幕剧，来观光的把屋子挤得满满的，这分明是暴露着没有娱乐机会的恐慌，现象如是。我在广众之前，将吾师允我迟则半年之久为置一架电影机的好消息，坦坦白白地告诉了他们。也好让他们都有一个“望梅止渴”的机会。

教局长已调换朱文升，中大教育系学生，现尚未视事。

民夜班事，房子虽借好，但坏蛋仍在捣乱。拟俟旅行团回校后，即进行开学。匆上。敬祝康乐！

达 之

1933，10，17，夜。

旅行团行期本月二十二日（星期日）乘镇淮班轮南下，二十四五日可到沪，在何处访您呢？

出自汪达之著《生活的书》

【注释】

①黄警顽，上海人，14岁参加商务印书馆第一届学徒考试，由张元济主考并面试，被录用后调到发行所专做服务工作。

②吴蕴初，上海嘉定人，曾创办中国第一个味精厂、氯碱厂，他心系教育，资助清寒学生，培养了一批高级科技人才。

【附录二】

汪达之致陶行知（二）

行师：

这里的另一封信，是在二十日挂号寄地丰路地丰里六号梧影先生收，今天退回来，批明没有此人，这很使我惊疑莫解。

旅行团二十日出发，今天才接着他们由镇江寄来的一大堆信，此时想早已到沪。

因要将此信赶今日邮班寄出，不及多述。

建培兄寄来三十元，拟以十元寄给我的母亲，十元完工账，十元作伙食和其他费用。此次儿童旅行团旅费，是另筹出一笔，和前次二十元中划出一部分，再有捐助一部分，合三四十元。匆草。敬祝康乐！

1933，10，28，午。

出自汪达之著《生活的书》

儿童节标语[1]

儿童是新时代之创造者！

儿童不是旧时代之继承者！

从前世界属大人，今后世界属儿童！

儿童园里无老翁；老翁个个变儿童！

小学生都做小先生！

即知即传人！

不再做小小守知奴！

儿童是改造社会的小工人！

少爷小姐是废物，贪图享福必送终！

不把苦孩子的奶夺来吃！

让小孩子先上车！

把座位让给小孩子坐！

儿童不再做书呆子！

手脑双挥来做工！

谁要欺负弱与小，拿起小拳向他攻！

取消工厂里的童工！

儿童是民国的小主人！

小孩子联合起来！

把儿童自动工学团组织起来！

不对小孩说鬼！

打小孩的人是小孩的公敌！

大家联合起来防拐子！

禁止童养媳！

原载《生活教育》第1卷第4期，1934年4月1日

【注释】

①本篇原发表时无署名，后收入 1934 年 10 月出版的《普及教育》一书。该书为陶行知自编集，所收入的文论、诗歌和书信，共计 38 篇；其他 37 篇，经考订，均为陶行知自撰；因此，本篇理不当外。再则，分析本篇的内容可知，各条标语均符合陶行知的基本思想，甚至在陶的其他文论和诗歌中，可见到完全一致的表述。

给国英的信[1]

国英同志：

关于西桥小学[2]的三封信都收到了。头两封信到的时候，正当家母弃养，所以来不及答复。我看见这些信，心中十分高兴。最好的办法是您自己做朱先生[3]，找几位小同志做钟儿[4]。乡村教育要不会办教育的人办。这样的人，才能不受传统的影响。您只须认定下列几项原则，就可以不致走入歧路：

一、社会即学校；

二、生活即教育；

三、劳动即生活；

四、教学做合一；

五、在劳力上劳心才是真正的做；

六、行是知之始；

七、教小孩子自己教自己；

八、教小孩子做小先生；

九、教劳苦大众自己教自己；

十、会的教人，不会的跟人学；

十一、不愿教人的人，不配受教育；

十二、工以养生，学以明生，团以保生。

我们除人力以外，都愿帮你的忙。要想教育普及，必须就地取材，你以为如何？祝您

康健！

陶知行

二二．一二．一五

【注释】

①本篇原载《生活教育》1934 年 4 月 16 日第 1 卷第 5 期，原题为《给国英的信（二）》。

②西桥小学，地址在江苏宜兴县，承国英为该校小先生。

③朱先生，陶行知的教育小说《古庙敲钟录》中的人物。

④钟儿为《古庙敲钟录》中的人物。

普及教育续编

《普及教育续编》为陶行知编著，由上海儿童书局于1935年6月出版。全书包含理论部分12篇、实施办法26篇、表格4篇、诗歌2篇。本次编写收入理论部分12篇、实施办法1篇、表格4篇、诗歌2篇，共19篇，其中实施办法1篇与表格4篇作为附录。

普及现代生活教育之路

什么是生活教育？

生活教育这个名词是被误解了。它所以被误解的缘故，是因为有一种似是而非的理论混在里面，令人看不清楚。这理论告诉我们说：学校里的教育太枯燥了，必得把社会里的生活搬一些进来，才有意思。随着这个理论而来的几个口号是："学校社会化""教育生活化""学校即社会""教育即生活"。这好比一个笼子里面囚着几只小鸟，养鸟者顾念鸟儿寂寞，搬一两丫树枝进笼，以便鸟儿跳得好玩，或者再捉几只生物来，给鸟儿做陪伴。小鸟是比较的舒服了，然而鸟笼毕竟还是鸟笼，决不是鸟的世界。所可怪的是养鸟者偏偏爱说鸟笼是鸟世界，而对于真正的鸟世界的树林反而一概抹煞，不加承认。假使笼里的鸟，习惯成自然，也随声附和的说，这笼便是我的世界；又假使笼外的鸟，都鄙弃树林，而羡慕笼中生活，甚至以不得其门而入为憾，那么，这些鸟才算是和人一样的荒唐了。

我们现在要肃清这种误解。生活教育是生活所原有，生活所自营，生活所必需的教育（Life education means an education of life，by life and for life）。教育的根本意义是生活之变化。生活无时不变，即生活无时不含有教育的意义。因此，我们可以说："生活即教育。"到处是生活，即到处是教育；整个的社会是生活的场所，亦即教育之场所。因此，我们又可以说："社会即学校。"在这个理论指导之下，我们承认过什么生活便是受什么教育：过好的生活，便是受好的教育；过坏的生活，便是受坏的教育；过有目的的生活，便是受有目的的教育；过糊里糊涂的生活，便是受糊里糊涂的教育；过有组织的生活，便是受有组织的教育；过一盘散沙的生活，便是受一盘散沙的教育；过有计划的生活，便是受有计划的教育；过乱七八糟的生活，便是受乱七八糟的教育。换个说法，过的是少爷生活，虽天天读劳动的书籍，不算是受着劳动教育；过的是迷信生活，虽天天听科学的演讲，不算是受着科学教育；过的是随地吐痰的生活，虽天天写卫生的笔记，不算是受着卫生的教育；过的是开倒车的生活，虽天天谈革命的行动，不算是受着革命的教育。我们要想受什么教育，便须过什么生活。

生活教育与生俱来，与生同去。出世便是破蒙，进棺材才算毕业。在社会的伟大学校里，人人可以做我们的先生，人人可以做我们的同学，人人可以做我们的学生。随手抓来都是活书，都是学问，都是本领。

自有人类以来，社会即是学校，生活即是教育。士大夫之所以不承认它，是因为他们有特殊的学校给他们的子弟受特殊的教育。从大众的立场上看，社会是大众惟一的学校，生活是大众惟一的教育。大众必须正式承认它，并且运用它来增加自己的知识，增加自己的力量，增加自己的信仰。

生活教育是下层建筑。何以呢？我们有吃饭的生活，便有吃饭的教育；有穿衣的生活，便有穿衣的教育；有男女的生活，便有男女的教育。它与装饰品之传统教育根本不同。它不是摩登女郎之金刚钻戒指，而是冰天雪地下的穷人的窝窝头和破棉袄。

生活与生活摩擦才能起教育的作用。我们把自己放在社会的生活里，即社会的磁力线里转动，便能通出教育的电流，射出光，放出热，发出力。

生活教育现代化

生活教育是早已普及了。自有人类以来，便是人人过生活，人人受教育。自然而然的，生活是普及在人间，即是教育普及在人间。但有些人是超时代，有些人是时代落伍。有些人到了现代还是过着几百年前的生活，便是受着几百年前的教育。教时代落伍的人一起赶上时代的前线来，是普及教育运动的目标。做一个现代人必须取得现代的知识，学会现代的技能，感觉现代的问题，并以现代的方法发挥我们的力量。时代是继续不断地前进，我们必得参加在现代生活里面，与时代俱进，才能做一个长久的现代人。否则，再过几年又要成为时代落伍者了。因此，我们必须拿着现代文明的钥匙，才能继续不断地去开发现代文明的宝库，保证川流不息的现代化。这个钥匙便是活用的文字符号和求进的科学方法。普及教育运动之最大使命，便是把这个钥匙从少数人的手里拿出来交给大众。

老法子的普及教育

白君动生[①]从杭州来，给我看了一两条最有趣味的教育报告。这报告说：依照最近四年来浙江所用的方法来扫除文盲，全省要四百年才能完成；依照最近六年来杭州所用的方法来扫除文盲，全市要一百五十年才能完成。这种自觉的教育报告，我还是第一次看见。现在从一省一市推论到全国，呆板的守着老法，要多少年才能普及呢？依据教育部最近统计，各省市民众及职业补习学校学生数，民国十八年为一百零三万六千一百六十人，十九年为一百一十万四千一百八十七人。在这一年之中是增加了六万八千零二十七人。中国全国之失学成人估计有二万万人。假使中国人口不再增加，民众学校学生万岁，长生不死，学生增加率能年年不减，也要三百年才能将文盲扫除干净。再拿小学的统计来看。民国元年小学生数为二，七九五，四七五人，民国十九年为一〇，九四八，九七九人，十九年之间小学生是增加了八，一五三，五〇四人，每年平均增加率为四十三万人。用四年义务教育估计，假定人口不再增加，小学生长生不死，学生数照平常比例增加，还要七十年才能普及。但是人口趋势，若无统制，必是有加无减。小学生总数每年要夭折三十万，每年平均所增加之四十三万人之中每年也要夭折一万三千人，学校增加率如无新创办法也得逐年减少。故依我估计，用传统方法，学龄儿童的教育要过一百年才能普及，失学成人之教育要再过四百年才能普及。

教育是必须普及。但是老法子决办不到，只好想新的法子来解决。老法子有什么困难？能解决那老法子所不能解决的困难的方法便是新方法。

攻破先生关

据教育部统计，全国学龄儿童总数为四千九百十一万。又据十九年统计，全国有一千零九十四万小学生，共需五十六万八千教职员。平均每教师教导小学生二十人。四千九百十一万小孩子共需小学教师二百四十五万人。有些教育官主张普及教育要靠师范生，办师范学校要靠官办。好，我们只须看一看十九年度师范学校的毕业生数就知道这些教育官是在做梦。这一年的高中师范、乡村师范、短期师范的毕业生合起来算只有二万三千四百零二人。师范毕业生万岁，长生不死，要费一百年的培养，才够普及小学教育之用。即使每人担任小学生数增加到四十人，也要五十年才能培养得了，还要求求老天爷保佑他们一个不死才行。还有那二万万的失学成人怎么办？假使每位教师教四十个人，就得培养五百万位民众教师。每人每天教两组，也要二百五十万。这二百五十万乃至五百万人又要多少年去培养？培养师范生每年每人要费公家一百零一元，至少三年就要三百零三元，私人的费用还不在内。二百四十五万的小学教师和二百五十万的民众教师的培养费，就得要十五万万元。他们就职之后，就要领薪水，少说些，每人每年一百元，就要五万万元。如果中国的普及教育一定要这样办，那便是癞蛤蟆想吃天鹅肉。我们要冲破这个难关，必先对教师的观念起一个根本的改变。师范生乃至整个知识阶级不是教师惟一的泉源。小孩子最好的先生是前进的小孩。大众最好的先生是前进的大众。知识分子的使命在帮助前进的孩子和前进的大众取得现代知识以同化他们的伙伴。知识分子最多只可做小孩与大众的顾问。超过顾问的范围，就要损害他们的自动精神。即使做个顾问，知识分子也得跳进小孩与大众的队伍里去，与他们共患难同休戚，才够得上顾问的资格。这样一来，我们的先生就很够用了。全国小学里是有现成的一千一百万小孩可以做小先生。私塾改良一下，也有一千万合格的小先生。识字大众是有八千万，都有担任传递先生[②]的资格。这一万万小先生与传递先生总动员，每人教两人便是三万万。这些先生不要薪水，又不必多化金钱培养，只须我们承认他们配做先生，那教师的难关，便可不冲而自破了。

攻破娘子关

全国成年女子中粗识字义者估计顶多只有一千万人，以女子总数算起来，一百位女子当中只有五位受过文字教育。学龄女孩二千四百五十五万多人当中，只有一百六十五万在学校里上学，占初等学生总数百分之十五点二四。所以中国的普及教育问题大半是女子教育问题。如果不能解决女子教育问题，无论什么方法，都是枉费心血。女子教育是普及教育运动中最大的难关。男先生能解决女子教育问题吗？

二三十岁的男先生教几位十七八岁的大姑娘能顺利地进行吗？过不得几天，意外的事情会教你干不下去。谣言闲话会从几十里外的婆家飞来。

未婚夫会约几个顽皮的青年装鬼在路上吓得小姑娘们不敢来上学。男先生要解决女子教育问题是难于上青天。女先生来，那是天字第一号。可是女先生根本就少。全国初等学校女先生只有三万四千一百三十九人，女师范生也不过二万人，那是差得太远咧。女先生下乡有三怕：怕蛇，怕鬼，怕贼。要来，是三个两个一起来。破产的乡村，哪里请得起！一个男校长请一个女教员，也要引人说闲话。最好、最经济的是夫妻学校。但是好的东西偏偏少。经过七八年的提倡，还是寥寥无几。女先生也是难以解决女子教育问题。要想攻破娘子关，还要把小将军请出来。小先生脚迹所到的地方，男女教育机会立刻均等。广东百侯[③]小先生初教校外学生二千人，其中有一千五百人都是女子。在小先生面前，失学的女子是一点也不害羞，有什么不懂都大胆地问。小先生连新娘房里都能钻进去上一课。

攻破买卖关

知识是成了商品，非钱不卖，非钱买不来。当您劝一位留学生教教他的包车夫或老妈子的时候，他会回您："没有工夫。"但是如果一个大学给他三百元一月的薪水，请他去做少爷小姐的高等听差，他会连夜写飞机快信去应聘。他怎么又有工夫了？缘故是因为他的知识是用钱买来的，他的车夫老妈没有钱给他，所以没有工夫；那个大学有三百元薪水给他，就会有工夫了。在这个关口上把门的有两个妖怪：一个是大肚的守财奴，一个是大头的守知奴。他们俩把关口守得密不通风，使得无钱的人一点知识也得不着。但是知识应当是社会所公有，把买卖的商品化的知识变做自由送人的礼物，是普及教育运动的一个大目标。能攻破买卖关，肃清守知奴、守财奴，以透达这个大目标的便是小先生。在小先生的手里，知识是变成空气，人人得而呼吸；知识是变成甘霖，处处得其润泽；知识是变成太阳，照着广大的群众向前进行。

攻破衰老关

中国人老了！这是我们时常听见的批评。不错，有两种重大原因使中国人容易衰老，其中的一种便是传统教育。传统教育是教人学老。六岁的小孩子跟着老头子学老规矩，就好像长了两撇胡子，变成一个小老翁。小先生一来可就不同了，六七十岁的老公公和老太婆加入在小孩的队伍里来追求现代知识，是必然沾染着赤子精神，变成了老少年。

攻破饭碗关

“吃饭不读书，像只老母猪!”这个口号有时是可以鼓励一些懒人发奋求学。但是，有些人是做得太过分了。他们居然诱惑甚而强迫人家丢掉饭碗去读书。结果是饭碗打破好几只，书还是读不成，造成许多悲剧。总之，传统民众教育是办得太呆板，使吃饭与读书往往不能两全。例如，晚上规定七点钟上课，夜饭没有吃完的不能来；饭虽吃完了而锅碗没有洗的不能来；小孩子哭着要奶吃不能来；婆婆正喊着要水烟袋儿抽烟不能来；丈夫辛苦，挑菜上街才回家有许多事要侍候不能来；做生意的正有主顾光临不能来；守牛的，牛儿不适意不能来。因此，一般民众学校，开始的时候都是济济一堂，不久，便七零八落的少了下去，到最后，只剩了几个人。小先生的时间好像是橡皮做的，可以伸缩。“大嫂子！我来给你上课了。”“阿毛！我正抱小孩吃奶，请你等我一忽儿。”“我到门口去玩玩，小孩奶吃完，喊我一声。”……“阿毛！奶吃好了，快点来。”小先生便是这样从容不迫地攻破这很难跳过的饭碗关。

攻破孤鸦关

一个乡下先生住在一个破庙里教死书，就好比是一只孤鸦。他无意也无暇与农人交接。他教他的书，对农人的一切是不能过问。他所办的学校是与社会隔离。学校不能运用社会的力量以谋进步，社会也没法吸收学校的力量以图改造，双方都失掉互济的效用。这种孤僻的学校，普及了也没有意思。现在假使一切都不改，只把小学生变作小先生，这没有意义的学校便变成一个很有意义的学校，这位孤零零的赘疣的寒酸先生，便立刻变成一位村庄中所不可少的有作有为的先生了。比方这个学校原来有三十个学生都变成小先生，便好像是三十根电线接到各村去和他们通起电流来。在这些电线上所通的电流有来也有往。一个个小先生可以把各村的问题、困难带来和先生讨论，又可以把学校里从外面得来的知识与力量带去和农人与不能进学校之小孩讨论。有时大家来他一个总集合，在各村的问题上求他一个总解决。例如总动员救旱灾，除蝗虫，打倒土豪劣绅、贪官污吏、帝国主义。你仔细想想，这个学校是变了样子，它的围墙是拆掉了。

那些村庄合起来是构成了整个的学校，它不但是大了几倍几十倍几百倍，而且精神是根本不同了。

攻破瓜分关

中国教育官欢喜把教育切得一块块的，每人给他一块去办，不，每人给他一块去吃。对，吃教，吃教育。最好的一个例子是所谓义务教育与民众教育的分家。不但是多费许多钱，而且是一样也办不好，连吃也不好吃。教育就像一碗八宝饭，分开来吃，每人只能尝着一两宝，你必须把它搅拌起来才好吃。我们的建议是把儿童的教育与成人的教育搅拌一下，使它们打成一片。你有时要用小孩教成人，有时要用成人教小孩，有时要用小孩教小孩，有时要用成人教成人，若呆板的分起来，是一样也不会普及。冲破这个关口的急先锋便是小先生。小先生一来，这瓜分关的守将必得插白旗投降。

攻破课本关

读书一定要一种课本，并且要从头一本头一课教起，这也是一种成见。新学究还一定要用教科书，没有教科书便坐在那儿等待教科书寄到，边远的地方一等便是几个月。先生是活的，书本到处有，只要活用他就有办法。《三字经》活用起来，也能做普及现代教育的工具。路路通长安，大路断了走小路。一张发票，一张签诗，也可以当作教科书读。上海把旧的杂志旧的书报包东西，揩屁股，真是作孽。这都是我们内地求之不得的教科书呀！来他一个新的惜字运动，我们可以得到几万万不费钱的教科书。如果大家一定要教科书，我还有一个法子介绍。教小学生抄教科书给不能进学校的学生读。利用习字的纸、习字的笔、习字的墨、习字的时间来抄。纸当然要改良一下，格子要适合抄书的需要。平常初级课本的字是写得比“多宝塔”还合用，学生照着临，也能进步。先生也用批字的时间审订，免去圈叉麻烦。先生只须看学生抄得对不对，好不好。不对不好须重抄，抄到对了好了为止。平常先生批字，真是无聊：用王羲之、颜鲁公[④]的标准批吗，要批死人；不批吧，校长要怪，家长要怪；不得已，闷起头来瞎批。骗人吗？是的。不骗，就得翘辫子。如果改习字为抄课本，一切都有意义了。不要看轻这样一个小改革。不久以前，日本小学生总动员拾取香烟盒里的锡包，积起来，买得一只飞机。小学、私塾总动员改习字为抄课本，每年可得一万万部不费钱的教科书。

攻破纸笔关

读书必得写字，写字必用笔墨纸，也是一种成见。顶少似乎要有铅笔和纸，我当然赞成。但是在乡下万一买不着纸笔，也有别的办法。椅子揩得干净些，用筷子沾水也能练字。柳条为笔，泥地为纸，也可写文，只是不易考核罢了。

攻破灯油关

四万万人，八千万家，家家读书，这可算是文字教育普及了。但是究竟要怎样才无流弊，我们必须绞脑筋，打破砂锅问（纹）到底。这是每一位普及教育者的责任。我曾经拜托几位熟悉家务的穷朋友代我做了一些估计。点菜油灯，每天多点一小时，每盏灯每年要点一块钱的油，八千万盏灯每年就要多费八千万元。用洋油呢？每盏灯要四元一年，每年要费掉三万二千万元！美孚洋行的买办要高兴了。煤油大王要晓得这个消息，也要笑得说不出话来。他可以打算再拔一根毛，到中国南方来办一个协和医院。这票买卖是被太阳夺去了。太阳老牌也会到地球上来争夺市场的，奇怪！普及教育者主张日光下施教育。还是《老少通》里的老调儿："起得早，睡得早，省油省灯草。"早点起床，稻草窠里少睡一刻，午饭少抽一袋烟，就省下这每年的三万二千万元，好不好？

攻破调查关

传统的教育官还有一套偷懒的把戏。他说，做一件事必得预先调查清楚才能进行；要普及教育，先得调查学龄儿童和失学成人。谁能说他的话没道理？于是筹备调查，实行调查，调查后统计，统计后拟计划，计划拟定后呈报，等候批准，先试办几处。这样一来，官儿已经换了几任，新的学校还没有开门。调查是已经成为一种延宕的手段。这个纸做的盾牌必得戳破。中国满地是失学的人，随手捞来都是。如果要调查一个大概，几天就够了。再要多费精力也不能更加正确。传统教育官没有熟练而靠得住的人代他调查，他的调查多是敷衍的官样文章。普及教育不是不要调查，我们要一面干一面调查，不是先调查完全了再干。一面干，一面培养调查的人，再从事精密的调查，那调查的结果才靠得住。小先生才会干这种正确的调查咧。没有小先生，这种大调查，除非费大款，决不可能。先把网儿撒下去，把鱼儿捞了上岸再去数吧。

攻破短命关

士大夫赐给大众的孩子的教育寿命只有四年，赐给大众自己的教育寿命只有四个月[⑤]。最近大学教授们有所谓之学制改革案提出，其中的第一个特点便是把穷孩子的教育寿命从四年减短为一年。当然，穷孩子的教育寿命现在连一年都没有，给他一年，使他跑进教育的王国里来玩玩，如果不是空头支票，还可算是很大的恩德。但是大学教授们办学校有寒假、暑假、星期假、星期六下午假，许许多多的这样假那样假，何不减少一些，把中学、大学毕业年限缩短一两年，倒在国民教育的空头支票上开刀，实在令人莫解。高等教育经费二十年当中已经从三百九十万增加到三千三百六十万，而学生数只从四万加到四万四千。高等教育不可以节省一点钱来延长国民教育的寿命吗？总之，这种短命的教育在我们看来是不可思议，也不值得普及。我们所要求的是整个寿命的教育：活到老，干到老，学到老，团到老，教到老。有了小先生和传递先生，大众的教育寿命可以延到和各人身体寿命一样长，终身是一个继续不断的现代人。

攻破学校关

一提到普及教育，大家就联想到开学校：圈校址，造洋楼，请教员，买家具，招学生，考学生，收学费，行开学礼。这样的一个东西是不易普及，即使普及也是害多益少。这种办法，一起手便是蚀本交易。并且要把所有的学龄儿童和失学成人都关在学校里去，只有叫农人卖老牛，给洋人发财。我们找一个很简单的东西来替代学校，这个东西便是自动工学团。

什么叫做自动？自动是大众自己干，小孩自己干。自动教育是教大众自己干，小孩自己干，不是替代大众小孩干。

什么叫做工学团？工是工作，学是科学，团是团体。说得清楚些是：工以养生，学以明生，团以保生。说得更清楚些是：以大众的工作养活大众的生命，以大众的科学明了大众的生命，以大众的团体的力量保护大众的生命。工学团是一个小工场，一个小学校，一个小社会。在这里面是包含着生产的意义，长进的意义，平等互助，自卫卫人的意义。它是将工场、学校、社会打成一片，产生一个富有生活力的新细胞。

工学团可大可小，从几个人的家庭、店铺，几十个人的学校、庙宇，几百个人的村庄、监狱，几千人的工厂，几万人几十万人的军队、建设工程队（例如导淮、筑路的大队民夫），都可造成一个富有意义的工学团。

团不是一个机关，不是一个工学的机关。假使它只是一个工学的机关，那便成了一个半工半读的改良学校，而不是工学团。团是团体，是力的凝结，力的集中，力的共同发挥。

攻破文字关

有两种极端的人：一是看重文字，把文字误看做教育的全体；二是藐视文字教育，如一般生产教育论者以为大众不需要文字，以为他们所需要的只是生计之改良。这两种观念都是错误的。人与禽兽的大分别，就在人有语言文字，禽兽没有。文明人与野蛮人的大分别，就在野蛮人只有语言，而文明人是语言文字都能灵便的运用。文字符号之妙，是妙在这个符字。道士画符未必灵，士大夫画的符才真灵。他不种田，只须把符一画，好米就有得吃了。他又想，拿一身汗去换一担米还是不上算，再画一张符，叫种米的人挑米来给我吃。农人不会画符，劳而不获，种的米都给人家画符画去了。他眼看这个把戏很便当，也想画一画，自己老了，让儿子去学吧，束脩加上吃饭，每年至少四十元，忍痛把儿子送入私塾学画符。私塾先生就靠着会画几张蹩脚符吃饭，轻轻的传给人，饭碗不要敲破吗？孔夫子是早已警告了他，“后生可畏”的遗嘱是常常背的，不会忘记。一时计上心来，只教学生念咒，不教学生画符。念了几年咒，一张符也不会画，农人知难而退，只得把儿子叫回去，依旧赶着老牛种田。但是取得面包的符号、保护面包的符号，即等于面包，有谁能否认呢？但是文字虽然重要，不可离开生活去教。生活的符号要与生活打成一片去追求，否则便是书呆子的教育。文字在普及教育上的地位既是这样确定，那么还是教汉字呢，教音符呢？二者都教呢？在这过渡时期，我主张汉字与音符和拼音文三管齐下一起教。会教汉字的先生多至一万万，这是一个顶大的便利。如果根据大众语用活的方法教，汉字也不像一般人所说的那样难。但汉文最好是拼起音来同时学，这样，中国的拼音大众文会自然而然地脱壳而出。

攻破残废关

中国教育是教用脑的人不用手，不教用手的人用脑。用脑者因为不用手，脑也不能精细，变成一个呆脑。用手者因为不用脑，手也不能精细，变成一双粗手。因此，读书人是成了书呆子：读死书，死读书，读书死；劳苦大众是成了工呆子：做死工，死做工，做工死。这两种人之外，在教育圈里圈外，还有所谓之少爷小姐。他们是脑也不用，手也不用：享死福，死享福，享福死。这些人都是残废教育理论所造成的。我们换一条路走，是要使手脑联盟：叫用脑的人用手，教用手的人用脑，教一切人都把双手和脑拿出来用。“人生两个宝，双手与大脑。用脑不用手，快要被打倒。用手不用脑，饭也吃不饱。手脑都会用，才算是开天辟地的大好佬。”

攻破拉夫关

“听得督学今天到，先生拉我如拉夫。”这是传统教育最有趣的一幕。学生多就算成绩好，这是一件很可怀疑的事。我虽赞成强迫教育，但绝对反对拉夫教育。你若把牧童从牛背上拉来，把摘茶女从茶山上拉来，把采棉姑从棉场里拉来，把养蚕妇从蚕室里拉来，把织布娘子从布机上拉来，把种菜的小二哥从菜园里拉来，所得能偿所失吗？减少经济力的强迫，是不可施行。假使我是督学，到了采棉时节，看见校长把能采棉的孩子关在学校里，我一定要记他一大过。为什么不把帮助家人采棉当作正课？为什么要叫学校妨害农务？我个人做事是风雨无阻，但办乡村学校，下雨时节是不劝学生来。如果不信，请听我唱吧：

小宝宝！小宝宝！
今天天气不好，
你们回家要早。
雨来变成水鸡，
事情有些不妙。
明天下雨不要来，
不下雨好来。

破袜破布鞋，
弄坏没钱买。
受了潮湿，
还要把病害。
倒不如留在家里教奶奶，
没有奶奶教乖乖。

下雨就教小孩在家里教人，岂不很好？一定要把小孩变成水鸡，拉来上学，我真不懂得这是什么教育！当然，我的主张遇着戴雨帽、穿雨衣、套雨鞋，没得事做的少爷小姐又当别论了。

攻破大菜关

假如你问一位老成的教育官说：为何不把教育普及出去？你有时会遇到这样一个回答：我们只求质量之改进，不求数量之加多。这原来就是那“贵精不贵多”的滥调。我曾经写过一首小诗，想把他们的迷梦唤醒：“只为阔佬烧大菜，哪管穷人吃糟糠。说起理由他充足，声声重质不重量。”在这种冷酷的态度之下，大众的教育是被牺牲了。我们要求大众都能享受粗菜淡饭的教育权。质量与数量是分不开的。我们站在大众的立场上说话，是要在数量上谋质量之纯粹，不在数量外求质量之改进。我们在要求人人都能享受粗菜淡饭的教育的时候，立刻必得要求这粗菜淡饭里没有一粒的泥沙，而有丰富的糠精和维他命。

攻破实验关

“实验”这两个字于今是时髦极了。实验县、实验乡、实验区都应时出现。普及教育是一个时髦的东西，一到了所谓“科学的教育家”之手，也得来它一个实验。他们把普及教育分成两半：义务教育和民众教育。于是东来一个普及义务教育实验区，西来一个普及民众教育实验区。他们的意思是：教育不可轻易普及，你必得在一个小的地方先行实验，有了成效，才好推广。比如现在最时髦的营养学是研究“维他命”。这些教育家好像是对大众说：“你们慢一点吃，连那粗菜淡饭都不可随便吃，必得让我把那里的‘维他命’研究好了，你们才好吃午饭，不然，肚子是会吃坏的。”如果大众听从这位卫生家的话，慢慢地等他把“青菜豆腐”里的“维他命”研究好才有勇气吃午饭，那么，午饭上桌，大众是早已进棺材了。实验，实验，我们如不戳破它，普及教育运动是必得被它耽误。“实验”即“迟延”，我们必得留心这个冒充的科学鬼。

攻破城乡关

一般热心普及教育的人们都不假思索地说，我们先从城里做起，渐渐的推广到乡下去。他们好像是说：“乡下人！你们不要急。等我们城里人吃好了，渐渐的会送饭来给你们吃。”中国乡下人的教育便是这样耽误了几十年。我们不能再忍耐。戳穿这种空头支票，城里、乡下的普及教育运动要同时一齐干。

攻破划一关

中国教育官欢喜划一，因为划一很便当。但是事实上不许他这样办。不许他这样办而他偏要这样办，相持好久，渐渐觉悟过来，又悔当初白费心血。心血白费事小，民族的青春被他耽误了。当初连南方与北方的寒暑假都是划一的，岂不可笑。现在还有人在那里做梦：全国教育一定要用汉字去普及，甚而至于蒙古教育要用汉字去普及，西藏教育要用汉字去普及。这真是俟河之清，人寿几何。醒醒吧！运用各民族自有的大众语及文字符号去普及现代生活教育是最快的方法。因为教师现成的多，要省掉许多麻烦。这样一来，也能免除民族间的成见猜疑，更能鼓舞各民族自动普及教育的兴趣，进步自可敏捷。

攻破会考关

自从会考的号令下了之后，中国传统教育界是展开了许多幕的滑稽的悲剧。

学生是学会考，教员是教人会考，学校是变了会考筹备处。会考所要的，必须教。会考所不要的，不必教，必不教。于是唱歌不教了，图画不教了，体操不教了，家事不教了，农艺不教了，工艺不教了，科学试验不教了，所谓课内课外的活动都不教了。所要教的只是书，只是考的书，只是会考指南！教育等于读书，读书等于赶考。

拼命地赶啊！赶到茅厕里去开夜车。会考的书呆子会告诉你说：“不闻臭中臭，难为人上人。”

赶了一考又一考。毕业考过了，接着就是会考，会考过了，接着就是升学考。一连三个考赶下来，是会把肉儿赶跑了，把血色赶跑了，有些是把性命赶跑了。最可痛恨的是把小先生赶跑了，把大众的教育赶跑了。

四川卢作孚先生在北碚用八百青年天天干新知识广播，这是值得称赞的一件事。我说这八百青年有民生公司的工作，故可顺带干这教育工作；别处似乎难以普遍仿效，何不用小先生？卢先生告诉我，四川小学生要会考，想做小先生而不可能。如要提倡小先生，必得打倒会考。我们要停止这毁灭生活力之文字会考，发动一个培养生活力之创造的考成。创造的考成所要考的是生活的实质，不是纸上的空谈。荒山种了多少树？水井开了几口？公路造了几丈？种植改良了多少？副业增加了多少？病苦减少了多少？体力增加了多少？即知即传人的小先生、传递先生有多少？少爷、小姐、书呆子有多少是成了为大众服务的人？团结抵抗强暴的力量增加了多少？有多少人是得了追求现代知识的钥匙？

攻破偏枯关

有钱、有闲、有面子，才有书念。中国的教育雨不落在劳苦人的田园里。中国的教育雨专落在大都会的游泳池里给少爷小姐游水玩。中国的教育雨不肯落到乡下去，灌溉农人所种的五谷。中国的教育雨不肯落到边远的地带去，滋长时代落伍的人民的文化。即使偶然顺着风势落它一阵，也是小雨，不能止渴。要救这偏枯是在损有余以补不足。中央要补助边疆及穷省，省要补助穷县，县要补助穷乡、穷村。遗产税与庚子赔款是这种补助最好的来源。补助也不限于金钱，人才与材料计划是要同时并进。

攻破多生关

中国人生得多死得多。根据乔启明君四省十一乡村二万余人之调查，平均人口生产为千分之四二·二，死亡率为千分之二七·九。依通俗之四万万总数计算，每年要生一千六百八十万，要死去一千一百五十万，两抵增加人口五百三十万⑥。以全国论，灾荒淘汰、互相残杀是在大批的进行，实际的增加数怕是没有这许多。依照老法子，每年只增加几十万学生，而人口之增加倒超过十倍之数，那是一万年教育也不会普及。就是用我们提议的新法去普及教育，这过分的人口增加也得要统制。一、民族须有一永久人口升降委员会之组织，随时调查耕地面积之消长，生产技术之效能，生活程度之高下，容纳人口出路之多少，以改定人口升降之比例公布全国，共同遵守。二、研究一个铜板的避妊法，使全民族都够得上实行。三、教男子满二十五岁，女子满二十岁始可结婚，结婚后服务五年可生第一子，俟第一子入小学可生第二子，以二子为限（子为男子、女子之通称）。一胎生二子或三子者以一胎为限。人口稀少之地带，由人口升降委员会颁布特殊条例。

攻破守旧关

守旧的头脑，是一切进步的大障碍。这旧的里面有许多是骗人的迷信，尤其害人。黑漆一团的头脑要用科学之光来轰动他，叫他起一种变化，向进步方向去思想。电影、无线电话是两种最重要的工具，我们要普遍的运用它们来改造我们的头脑。

攻破自由关

我有我的自由，谁能干涉？我高兴就读书，不高兴就不读。我高兴就教教人，不高兴就不教。这种过分的个人自由是必得统制。中华民国要个个国民学成一个现代人，任何人拒绝现代化便是危害民国，必须受法律的处分。有知识的人必须纳知识税，拿自己已得的知识去教人，不肯教人的人不配受教育。既受教育而不肯教人的，以抗税论罪。

攻破不平关

纳税的人得不到教育，拿穷人的血汗钱培养富人的少爷小姐，这是多么不平的一件事啊！婆婆不许媳妇上学，老板不许伙计读书，司务不许徒弟看报，工厂经理不许工人求知识，这又是多么不平的现象啊！攻破这个难关要三路包围：一是用小先生把知识输送到不能进学校的穷孩子的队伍里去；二是立定妨害进步罪，使一切妨害别人求学的人都受法律的制裁；三是一致奋斗，要求教育经费之确定与教育权利享受之普及，以实现教育机会之平等。

攻破天命关

中国人是听天由命的，算命先生是整个中华民国之军师。蝗虫飞来，都说是神虫，捕灭的人要受天罚。大水来到，都说是天公发洪水收人，不想法子治河。因此，大难临头，是没有自信心与它抵抗，连抵抗的念头都不敢起。普及教育者必须攻破天命，唤起人工胜天的自信力。我们所要普及的是创造的人生观。教育界里的人是一样的信天命，他们说：这样穷的国家，教育怎能普及？大众也是只怪自己没有福气读书，命里注定是目不识丁。只要存着这样一个念头，教育就永远不会普及。我们也只须把念头一转，抱定一个人定胜天的人生观，向前创造，现代教育就自然而然地普及出去了。

小孩子能做小先生吗？

上面所说的二十七个关口之中至少有十二个重要关口都要靠小先生去攻破。小孩子能不能做小先生，是成了严重的问题。自古以来，小孩是在教人。但正式承认小孩为小先生是一件最摩登的事。这正式的承认，到现在，还只是限于少数的实验学校。我们必须使大家承认小孩能做教师，然后教育才能普及。小孩的本领是无可怀疑。我们有铁打的证据保举他们做先生。

（一）小孩能教小孩之铁证

（甲）南京晓庄佘儿岗的农人自己办了一个农村小学。这个小学里面的校长、教师、工人都是小孩自己担任。因为他们是自己教自己，所以又称为自动学校。这是我为他们写的一幅小照：

> 有个学校真奇怪，
> 小孩自动教小孩。
> 七十二行皆先生，
> 先生不在学如在。

（乙）淮安有个新安小学[7]，里面有七个小学生，组织了一个儿童旅行团，跑到上海来。他们没有教师领导，也没有父母照应，只是运用团体的力量制裁个人的行动。他们靠卖书卖讲过活，到上海的那一天，袋里只有十块钱；告别上海的时候，却有六十块钱了。该校校长汪达之先生写信来，要我为这些小光棍的价值估一估，我便写了两首诗答复他：

（一）

一群小光棍，（汪校长来信给他们的绰号）
数数是七根。
小的十二岁，
大的未结婚。（乡间十六七岁即结婚）

（二）

没有父母带，
先生也不在。
谁说小孩小？
划分新时代！

在这些小孩子的铁证之下，时代是分成了两个。那个瞧不起穷光蛋和小孩子的时代是永远的过去了。这一边是开始了一个新时代，穷光蛋和小孩子是有不可轻视的力量。

（丙）无锡和宜兴交界处有个地方叫漕桥，漕桥有位青年叫承国英。他要在西桥地方创办一个儿童工学团，要我代他找人帮忙。经验告诉我们，儿童工学团只有儿童会办。我便找了一位不满十三岁的侣朋前去助他。侣朋到那儿去的使命有二：一是发现当地有能力的儿童，把他们找出来，领导全体儿童共同创造这个儿童工学团；二是对当地的农民表现儿童的力量，使他们相信小孩子是有很大的本领。侣朋到西桥的第二天正是元旦，他被邀出席三百多人的一个农民大会，立时把儿童工学团成立。据国英来信说，侣朋是有惊人之成功。的确，他在我们当中，是表现了超越的天才。他教小孩子比我们任何大人教得好。

（丁）非战的马莱先生到山海工学团来参观的时候，随便找了一个孩子，问了几十个问题。这孩子不但是对答如流，并且与马莱先生舌战一小时之久，卒使马莱先生得一深刻之印象而去。这孩子便是社健[8]，他现在只有十三岁，在萧场帮助他的哥哥创办儿童工学团。他正在领导四十几个能上学的小孩把教育送到一百多位不能上学的小孩的门上去。他已经是个“人的小渔翁”，正撒下生活教育的网儿要捞小孩子。他要一网打尽，不使一个逃掉。

（二）小孩能教大人之铁证

依传统的观念说来，只有大人教小孩，哪有小孩教大人？传统的教育学，没有一本不承认教育只是成人对于小孩之行动。这些洋八股的教育学是闭起眼睛胡说，他们忽略了一半的事实。事实告诉我们，大人能教小孩，小孩也能教大人。如不相信，请看我们的证据：

（甲）我们开始提倡平民教育的时候，家母是五十七岁。她当时就发了一个宏愿，要读《平民千字课》。舍妹和我都忙于推广工作，没有空闲教她。那时小桃才六岁，读完第一册，我们就请他做小先生，教祖母读书。这大胆的尝试是成功了。祖孙二人一面玩一面读，兴高采烈，一个月就把第一册读完。读了十六天，我依据《千字课》上的生字写了一封信，从张家口寄给家母，她随嘴读起来，耳朵便听懂了。今年回想这事很有意义，便在当年所拍的祖孙读书图上，题了八首诗如下：

（一）

吾母五十七，发奋读书籍，
十年到于今，工学无虚日。

（二）

小桃方六岁，略识的和之，
不曾进师范，已会为人师。

（三）

祖母做学生，孙儿做先生，
天翻地覆了，不复辨师生。

（四）

三桃凑热闹，两眼呆望着，
望得很高兴，祖孙竟同学。

（五）

上课十六天，儿子来一信，
老人看得懂，欢乐宁有尽。

（六）

匆匆六个月，毕业无文凭，
日新又日新，苦口作新民。

（七）

发病前一夜，母对高妈说：
你比我年青，求学心要决。

（八）

子孙须牢记：即知即传人！
若作守知奴，不算陶家人。

（乙）中华教育改进社十年前在清华学校开年会，要教全体社员唱赵元任先生制的《尽力中华歌》。教导员是请了晏阳初先生担任。这首歌是用简谱写的，临时才知道晏先生不认识简谱。恰巧小桃是方才学会这首歌，我心急计生，便叫小桃把这首歌教晏先生唱了几遍，晏先生一学会，就登台引导全体会众唱起来。会众只知道教导员是晏先生，哪里晓得他们的太上先生是一个六岁的小孩呢。

（丙）我为自动学校所写的小诗，原稿的第二句是"大孩自动教小孩"。自动学校的小朋友接到这首诗，就写了一封信来谢我，但是提议把那个"大"字改为"小"字。他们反问我："大孩能自动，小孩就不能自动吗？大孩能教小孩，小孩就不能教大孩吗？"我是被他们问倒了。从此，这首诗的第二句便改成“小孩自动教小孩”。所以自动学校的小朋友，不是我的学生，乃是我的先生，我的一字师。

（丁）新安儿童旅行团来沪，不但在中小学演讲，而且在大夏、光华、沪江各大学演讲。我向一位大学教授问：“小孩们讲得如何?”他说：“几乎把我们的饭碗打破!”小孩能教大学生，甚至于几乎把传统教授的饭碗弄得有些不稳，虽然是千古奇闻，但确是铁打的事实。

小先生之怀胎是在十一年前。难产啊！到了二十三年一月二十八日才出世。奇怪得很，他一出世便是一个英勇的战士。在这十一个月当中，他已经攻进了二十三省市。现在全县已经开始普遍采用小先生的有湖北的江陵，浙江的鄞县。安徽教育厅长首先承认小先生为全省普及教育之要图。大上海一带包括特别市、俞塘、高桥、公共租界、法租界、山海工学团已有小先生万余人。上海特别市教育局在二十四年春天要总动员从事普及教育运动。宜兴之西桥最进步，没有一个小学生不做小先生。别的地方，如晓庄之佘儿岗，无锡之河埒口，淮安之新安，歙县之王充，山东之邹平、泰山，洞北之南开、定县，山西之舜帝庙，广东之百侯，河南之百泉、洛阳、开封，都已有了昭著的成效。现在是分三路进行：一、由人民自动组织全国普及教育助成会及普及教育五人团，辅助各地推动普及教育。二、起草全国普及生活教育方案，向中央政府建议，以推进全国普及教育运动。三、起草妨害进步罪，向立法院建议列入刑法，以扫除普及教育之障碍。若这三件事能于三个月内完成，则中国普及教育可以在二年之内树立一坚强之基础，以助成中华民国与大同世界之创造。

原载《中华教育界》第22卷第7期，1934年12月

【注释】

①白动生，又名白启祥，时任杭州翁家山小学校长。

②传递先生，成人做“即知即传”的工作即被称为传递先生。

③广东百侯，全称广东百侯中学，有效运用“小先生制”推行普及教育。

④颜鲁公，即颜真卿。

⑤当时国民政府教育部颁布法令对儿童实施四年普及教育，对大众进

行四个月民众教育。

⑥依据文中所提之人口生产率及死亡率，与四万万总数相乘可得出生人口1688万，死亡人口1116万，两抵增加572万，与此处所得数目不同。

⑦新安小学，位于江苏淮安，由陶行知筹办并兼任校长。

⑧社健，即张健，山海工学团学生。

中国普及教育方案商讨

一、原　　则

（一）普及教育之要义

甲、整个民族现代化　不仅是学龄儿童及失学成人之普遍入学。

乙、整个生活现代化　不仅是普遍识字或文盲之普遍消除。

丙、整个寿命现代化　不仅是四个月、一年、二年、四年之义务教育。教育最重要的成就在使众人养成一种继续不断的共同求进的决心。我们要对众人养成的态度是：活到老，做到老，学到老。

（二）普及什么教育

普及工以养生、学以明生、团以保生之生活教育。工是做工，学是科学，团是集团。这三种生活缺少一样，便是残废的教育。

（三）认定中国是个穷国，必得用穷的方法去普及穷人所需要的粗菜淡饭的教育，不用浪费的方法去普及穷人所不需要的少爷、小姐、书呆子的教育。

（四）社会即学校　社会与学校打成一片。社会教育与学校教育打成一片。

（五）即知即传人　会的教人，不会的跟人学。不愿教人的不配受教育。

（六）小孩的力量伟大　信仰小孩子能做小先生。信仰小孩最好的先生是前进的小孩。认定中国是到了生死关头，好比黄河将要决口，小孩搬一块小石头来也是欢迎的。每一个人的力量都要号召来救命。每一个粗识字义或有一技之长的小孩都要号召来做小先生。小先生经过十个月的试验有如下的优点：

甲、能解决女子初步教育问题；

乙、成人跟着小孩追求现代知识是变成老少年；

丙、知识不再当作商品买卖，知识为公是成了实现天下为公之坚固基础；

丁、小先生好比是电线，将社会与学校通起电流，又好比是血管，将学校与社会通起血脉，于是社会变成学校了；

戊、小先生普及教育运动，增加了大先生事业上不少的兴趣。

（七）大众的力量伟大　大众最好的先生是前导的大众。所谓传递先生便是大众自己队伍里跑出来的老师。

（八）来者不拒；不能来者送上门去。

（九）化无用为有用。

（十）损有余以补不足。

（十一）勉求缴纳教育税与享受教育权之接近。

（十二）城乡同进。

（十三）劝导与强迫并行。

（十四）劝人抓住饭碗求进；不逼人丢掉饭碗上学。

（十五）强迫兴学，强迫教人，强迫求知，三管齐下。

（十六）不能同者不强其同。

（十七）抓住现成的集团生活，如家庭、店铺、工厂、机关、寺庙、民团、军队及现有学校做下层之教育场所。

（十八）运用最新的交通工具输送文化，使文化落后之地带一齐赶上时代前线来。

二、办　　法

（一）全国小学生总动员做小先生

甲、全国公私立小学校中之小学生据教育部最近统计有一千一百余万人。每位小学生在校外找到两位不能上学之小孩或成人做他的学生，向小学校长登记后即可称为小先生。在校外学生之所在地，负起他的“即知即传人”之使命。假使有三分之二之小学生做了小先生，我们便可增加一千五百万校外学生。

乙、依据凡有私塾统计之市县推算，全国至少有一千万私塾学生。私塾改造后，假使有二分之一之私塾学生都成了小先生，每人教导两位，便可增加一千万校外学生。

丙、店铺里之有知识的学徒估计至少有一千五百万人。假使有一半做了小先生，每人在店铺中教导两个人，便可增加一千五百万位店铺学生。

丁、依据“即知即传人”之原则，小先生的学生立刻又可教导至少一人。甲乙丙三项小先生的学生总数可以达到四千万。假使这四千万之一半立刻做了小先生，每人至少教导一人，又是增加了二千万。

故全国小先生普及教育总动员令一下，便有六千万人可以向着现代化开步走。

（二）全国识字成人总动员做传递先生

甲、全国民众学校学生总数为九四四，二八九人。假使民众学校学生都成了传递先生，每人再教两位不能上学之人，便可增加二百万人受教育。

乙、家庭、店铺、工厂、工会、庙宇、教堂、会馆、公所、合作社、衙门、机关、民团、军队里的识字成人约计为八千万人。假使有半数每人教导二人，便有力量再去普及八千万人之教育。

丙、再依据“即知即传人”之原则，甲乙两项八千二百万识字成人之半数，每人再去教导一人，又可增加四千一百万人。

故全国识字成人总动员令一下，便有一万二千三百万人可以向着现代化开步走。

（三）全国知识分子总动员，辅导普及现代生活教育之推进

甲、研究所研究员、专门大学教授副教授七千人，每人每年必须在假期中抽出至少十日出席全省普及教育辅导会议、全省教育行政人员讲习会及农村改造会议，并各就专长，依据普及现代生活教育之需要，准备最新材料向教育局长、督学及农村改造运动人员贡献。

乙、专门大学学生及中学教师共十万人，每人每年必须在假期中抽出至少十日出席县市普及教育辅导会议及小学教师讲习会，并各就专长，依据普及现代生活教育之需要，准备新材料向前进大众及教师贡献。

丙、中学学生及小学教师共一百万人，每人每年必须在假期中抽出至少十日出席乡区普及教育辅导会议，私塾改造会及小先生联合会，并各就特殊兴趣，依据普及现代生活教育之需要，准备材料向塾师及小先生贡献。

丁、全国不在学界服务之留学生，每人每年必须抽出五日为普及现代

生活教育努力。

（四）全国学校总改造

甲、全国学校采用工学团制。工是做工；学是科学；团是集团。工以养生，学以明生，团以保生。没有工做，没有科学，没有集团的力量以制裁个人的行动，都不能算是一个现代的学校。采取工学团制便能使全国学校现代化。

乙、依据本地生产性质，学校负有扶助生产大众普及生产工学团之责任。

丙、小学校改造，除采取工学团制外，全国小学应至少有下列之改革：

（子）每所小学将小学生教导校外学生之工作，列入正课，作为社会服务；

（丑）小学教师在各门功课中，宜随时加入小先生应用材料，并以指导考核小先生为职务之一；

（寅）写字一课改为抄课本，发给校外学生读。小学教师对于大字小字之批改，多半是敷衍了事，改为抄写普及教育所用之课本，则写者与批改者都觉得更有意义，同时是解决了缺少课本一部分之困难。

丁、私塾改造：

（子）从前改造私塾，多半是招集塾师加以短期讲习会之训练，并加以偶然之视察。因为塾师旧习太深，很难改变，故单招塾师训练，不易见效。现在主张每塾师随带能力较大之私塾学生二人，共同参加私塾改造讲习会，依据最近试验结果推测，收效谅能较大。

（丑）私塾最缺少者是公用之图书教具。若想从事改造，必须在这些事上加以补助。

（寅）私塾改造讲习会或每星期一二小时，连续数年，或在假期中集中训练，或二法并用，可看各地情形决定。

（五）文化荒岛总开辟

甲、中学校总动员下乡。中国中等学校大多数是挤在城里凑热闹。依据我们估计，全国五五四所中学，1,320 所初级中学，至少有五分之四即大约 1,400 所是应当移下乡去。把城里的地皮、房子高价卖掉，在乡下买荒地（但不许圈农民生产之地），造房子，还有余钱干一区的普及教育运动。每中学可在乡下划一百方里为普及教育区。在区内每村办民众学校、小学校各一所。各村民众学校、小学校由中学生分组负责进行。每组若干人依需要而定。民众学校以每日一小时为标准。小学校或全日，或半日，或二小时，或一小时，依据各地情形而定，不拘一法。民众学校及小学校之学生仍依“即知即传人”之原则分布出去，教导不能上学之人。

乙、全国有师范学校八四六所。十分之九，即七百五十所是应该迁移下乡。每所师范学校应划一千六百方里为普及教育区。这块区域是东西南北各四十里，师范学校在中央，离最远之工作地不过二十余里。依照师范生人数分成几十几百队，每队二人同到一个村庄里去创办一个民众学校和一个小学校。这叫做基本培养。另外还有集中指导，巡回指导，在培养师资一段中再详细说明。

丙、中学、师范的脚迹所很少达到的地方，如西康、青海、宁夏、新疆、蒙古、西藏以及各省内文化落后民族所在地，都应以人民和政府之力量创办中学、师范，并在每五百人聚居地创立小学、民众学校各一所，至少能容四十人，以工学团之组织，依“即知即传人”之原则继续推进。

（六）师资培养

甲、每一所小学都成为小先生养成所。用传统的名词来说，每一所小学便是一所小师范。全国二十五万所小学便是二十五万所小先生养成所，共可造就一千一百万小先生。

乙、每一所私塾必须改造，使它也成为一所小先生养成所。估计全国私塾有五十万所，平均每所培养二十人，共可造就一千万小先生。

丙、每一所民众学校都成为传递先生养成所。全国有五万三千八百七十三所民众学校，共可造就一百万传递先生。

丁、每村或每街或每街之一段，必须设一高级民众学校，招收家中、铺中已有知识之成人，每天或每星期加以一小时之培养，以广播新知识于大众。

戊、师范学校之改造：

（子）师范学校采取培养工师之办法，包括个别、巡回、集合三种指导。比方招收艺友（即通常之师范生）二百人，首先，举行一个月之集合指导，大略得了几个追取知识之钥匙以后，即立刻分散，每两人组成一队，共一百队，放在一百个村庄里去工作。每队工作区域为十六方里即四里见方。这两人既到工作区，即物色当地农人及小孩至少二人为他们的艺友，共同进行工学团之创造。这一百队的工作总面积是一千六百方里，成了一个普及教育网，里面包含着一百个工学团，每个工学团五百人，共计是五万人之教育一举而普及。每队学生二人，对于日常工作各任半天，余半天自修必阅书籍，由指导员巡回指导。星期日不放假，举行严格之集合指导六小时（详细办法请参看《宝山观澜普及义务教育急成方案》）。

（丑）师范学校应加小先生指导法一门功课。

己、招集青年识字民众或农人开办短期农村改造讲习会，教以小先生指导法、工学团原理、合作社组织法、国语、应用算术、乡村卫生、农艺新法、自然、社会等等，使其学成回乡，从事发动乡村改造工作，即为普及现代生活教育之工作。现在国内乡下不安，城里先生不敢下乡，倒不如多多培养本乡青年、识字农人自己负起普及教育之使命。

庚、每市、县须举行小学教师讲习会，每年至少十日；私塾改造讲习会，每年至少四十小时。

辛、每省须举行省普及教育辅导会议、教育行政人员讲习会，均每年一次。

壬、教育部召集全国普及教育辅导会议，每年一次。

癸、各专门大学、研究所分工培养普及现代生活教育所需之高等技术人才。

（七）材料工具之供给

甲、课本　课本用汉文和国语字母拼音文对照写。汉文和拼音文都以大众语为根据。但为适应各民族特殊需要及促进各民族普及教育起见，应编蒙藏苗瑶等民族特用课本，这课本应以各该民族之大众语为根据。运用小学生写大字的纸和时间抄写课本，以每生每年平均写十二册计算，一共可写三部；连私塾学生在内，二千一百万小学生便可写六千三百万部。小学生的学生也可以写，传递先生的学生也可以写，这样普遍的干起来，每年可得免费教科书一万万套也不为奇。

乙、报纸　报纸一律用大众语写，并且必须标点，违者邮局不许代寄。

丙、电影　设立中央科学电影制造局，以巨资研究制造科学影片、发电机，放映机，免费分送全国各县乡村、市镇放映。

丁、无线电收音机　设立中央无线电收音机制造局，以巨资研究制造无线电收音机，免费分送全国各县乡村、市镇教育场所使用，并在适当地点分区建立大播音台，从事广播现代知识。

（八）现成设备之利用

甲、祠堂、庙宇、会馆、公所、散学后之学校，以及其他空闲房屋都运用来做教育场所。

乙、桌椅板凳亦以运用人民自己所有的为原则。

丙、天气温和晴朗的时候，应充分施行露天指导。

丁、充分利用日光指导，不必要时应避免运用灯光。教育普及之后，是有八千万家同时追求知识。八千万盏灯，每晚多点一小时，若用菜油，每年便要耗费八千万元。若用洋油，每年要耗费三万二千万元。可以省的时候，还是省了为是。

（九）流动式的教育

甲、市集、茶馆、码头、车站、戏园、电影院里都有流动的民众。在这些地方，每次我们都遇得着一大群的人，今天的一群不见得就是昨天的一群。也有茶迷戏迷是天天上同一的茶馆，进同一的戏园，而且还有一定的时候。我们也要抓住这些地方施以有意义的教育。车站上的展览，码头上的壁报，电影院的新知识的插片，茶馆里说书的革新，戏园里小丑说白的讽刺，市集上的公共演讲表演，都是流动教育的可以行的例子。

乙、流通图书馆　流通图书馆应普遍设立在学校里，供大众公阅。小先生和传递先生可以代他们的学生借书还书。这样，管理费可以减至最少，又可免除一般民众借书之害羞，而图书借还有人负责，亦不致失落。流通图书馆为大众自学之重要机关，必须努力普及。

丙、修学旅行　旅行为增长知识、扩大眼界的教育法。但现在之团体半价票仍使有志的工人、农人、小孩子望而生畏。有意义、有组织、有计划之修学旅行应该特别提倡，再行设法将国有车船价目减至最少，或竟酌免，以资鼓励。

（十）文化之特别快输送

甲、输送发电机、抽水机及其他农村所需用之机器，火车章程尚有许多不必需的麻烦，应该一扫而空。

乙、边境所需新书，每每要过一年半载才能收到，要人帮忙也非数月不可。我们应该发起购置普及教育飞机数架，专为输送文化及推进普及教育运动之用。

丙、无线电广播新知识。

丁、邮政局对于边疆视同外国，如西藏、新疆寄费之贵，几使现代中国文化不能通过，外国反易与它们接近，是急应革除此弊，使邮费一律，以谋内地与边疆文化之沟通。

（十一）有效之补助

甲、中央对文化落后之穷省、边疆，在人才、经费、材料上应予以实质之补助。

乙、各省对于文化落后之穷县，在人才、经费、材料上应予以实质之补助。

丙、各县对于文化落后之穷乡穷村，在人才、经费、材料上应予以实质之补助。

丁、省市县政府对于普及教育实验特别努力的机关，在人才、经费、材料上应予以实质之补助。

戊、政府应拨的款补助劳苦大众智力较高之子女上进，俾能学尽其才，免为贫穷所埋没。

（十二）人民自动之努力

甲、设立中国普及教育助成会（另订简章）。

乙、设立省市县乡、边疆、华侨等普及教育促成会（另订简章）。

（十三）研究实验

设立中央普及教育研究所。其宗旨在发现最经济、最迅速、最能持久、最能令人进步之方法，以谋普及大众儿童向上生活所需要之教育（另订简章）。本研究所应与卫生、农业、工业、交通、艺术、经济研究机关联合互助，探讨新知，培养最高学术人才，以统制全国智慧而为国计民生谋解决。

（十四）全国财力总动员以谋教育之普及

甲、确定教育税，务使足敷普及教育之用。在教育税未确定之前，各省财政当局不得借口取消苛捐杂税以减少教育经费而陷国民教育于停顿。否则即科以摧残教育动摇国本之罪。在教育费不敷用前，并须节省军政费以充普及教育之用。

乙、征收遗产税以充普及教育之用。后人对于先人之遗产，除教养费外，应将遗产余利公诸社会所有。先人对于子孙也只可负担教养费，若将巨产给后人不劳而获，自必养成他们吃喝嫖赌，弄得家破人亡。纵使政府不征收遗产税，有钱者为爱惜子孙起见，亦当在保留教养费条件之下，悉数捐为普及教育之用。

丙、指拨公有荒地为普及教育之用。

丁、指拨美法比意英各国庚款之一半为普及教育之用。其他一半为发展各研究所之用。

戊、行政专员或县长领导教育局长或督学到各市乡劝导各公所、会馆、祠堂、寺庙以原有财产兴学。没有公产或公产不足之处，则劝导出资兴学，坐候到筹定确实办法才离开。十余年前浙江省有一县长在半年之中兴办一百余校，即是用此办法。

己、劝导人民以婚丧做寿节省之款在普及教育上建立纪念。

庚、劝导人民捐图书文具，或百份，或千份，或万份，或十万份，或百万份。每份盖上捐者姓名以留纪念。

辛、扶助各种生产工学团之普遍的设立。每个生产工学团发展到一个时期，便能以自己的力量担负一部分的普及教育费（参看《宝山观澜普及义务教育急成方案》中之棉花工学团）。

壬、减少中等以上学校假期，并从分量门类上减少向上生活所不需要之功课，缩短中等以上学校毕业年限（医科除外），以节省之经费充普及教育及增加研究所之用。

（十五）妨害进步罪

婆婆不许媳妇读书，老板不许伙计上学，司务不许徒弟看报，工厂经理不许工人求知识，士大夫不许儿子教小孩子，这是小先生碰到的五个大钉子，也是妨害中华民国进步的大障碍。我们必定要扫除这种障碍才能前进。要想扫除这种障碍，下列数条法律实属必要：

甲、凡是中华国民及其子女，每人每天至少须有一小时上学或自修之权利。

乙、凡以特殊地位侵犯别人上学或自修权利者，处以一年以下有期徒刑或一千元以下罚金。

丙、凡对自愿教人的人施以阻止者，处三个月以下有期徒刑或一百元罚金。

（十六）初步文字教育之预令强迫

文字教育应预令强迫。预令强迫之作用在提醒一般不识字的民众自动的去请人教。以往的民众教育好像是求人来学。预令既下，民众对于知识的消极的拒绝，可以转变而为积极的追求。

民国二十四年一月一日下令预告全国民众限二十四年十二月三十一日前读毕教育部指定几种《千字课》之一种。至四月一日、七月一日、十月一日下第二、第三、第四次预告令。第一次预告令下后，即令小学生、茶馆说书人、电影院广告与警察到处逢人宣传，劝其早些求学，不要临时抱佛脚；并说明二十五年一月一日即有识字警察手指《千字课》，站在城门口、车站、码头及交通孔道，临时抽验来往行人，检查他们的头脑如同检查行李一样，不识字的要罚愚民捐铜元一枚。预令里还要说及二十五年一月一日以后，家里、店里、工厂里、任何机关里，如有无故不识字的人，按人数每人每月罚银一元。由家长、店主、工厂经理、机关主持人缴纳。识字成人或学生对其负责，而不识字之亲友不肯施教者，罚守知奴捐银一角并公布之。

（十七）考成

甲、初步文字教育之考成标准为学龄以上之人民百分之九十会读千字课，百分之九十五会用汉字签自己的姓名并会写中华民国。第二步之文字教育及普及其他教育之考成标准另订之。

乙、每所小学，私塾至少要有二分之一的小学生做小先生。超过四分之三的小学生做小先生者传令嘉奖其校长、负责之教师及最出力之小先生。不及二分之一者校长受警告，不及三分之一者校长撤职，负责之教师同。

丙、民众学校之传递先生与学生总数比例之考成与小学同。

丁、省教育厅长、县长、教育局长、乡长、教育委员之考成，亦以各管公私立小学校、私塾、民众学校之学生总数与小先生总数加传递先生总数之比例为根据，其算法亦与小学同。

戊、各省、各特别市、各县、各市、各乡、各校之开始考成日期由上级主管官厅预令发布。但此项预令至迟不得延过民国二十四年六月一日。考核各省成绩之日期由教育部预令颁布。但此项预令须于民国二十四年四月一日前颁布。

己、寻常教师所教学生，以及小先生、传递先生所教学生，均须依部颁表格登记由校长掌管，并作详明统计具报教育局，教育局转报教育厅，教育厅报告教育部，每学期一次。再由上级教育行政长官抽查，以凭考核。

（十八）中央普及教育二十四年度预算

甲、中央文化落后地带普及教育补助费	二〇，〇〇〇，〇〇〇
乙、中央科学电影制造局经费	四，〇〇〇，〇〇〇
丙、中央无线电收音机研究制造局经费	一，〇〇〇，〇〇〇
丁、中央普及教育研究所	五〇〇，〇〇〇
戊、中央普及教育辅导会议	一〇，〇〇〇
总计	二五，五一〇，〇〇〇

原载《生活教育》第2卷第1期，1935年3月1日

小先生解

"小孩子教人，我很赞成，但是小先生这个名字未免有些矛盾。"

"何以见得?"

"先出世的是先生，后出世的是后生，后生跟先生学便是学生。小孩子既是后生，又称他为小先生，怎么说得通?"

"生是生活。先过那一种生活的便是那一种生活的先生，后过那一种生活的便是那一种生活的后生。学生便是学过生活的人。先生的职务是教人过生活。在教育不普及的社会里，前一代的人的教育机会是被忽略了，被抹煞了，被剥削了，到了这一代他们是落伍了，小孩子倒赶在他们前面去，先过了新时代的生活。小孩子先过了这种生活，又肯教导前辈或同辈的人去过同样的生活，是一位名实相符的小先生了。"

原载《生活教育》第1卷第12期，1934年8月1日

女子教育总解决

中国的普及教育问题，多半是女子教育问题。

婆婆不赞成媳妇上学，因为识字的媳妇不易管。丈夫不赞成老婆上学，因为识字的老婆不易管。母亲不赞成女儿上学，因为一来女儿是个赔钱货，犯不着在她身上多赔钱；二来识字不易管的女儿是难以嫁出去。中国的女子教育便被这些人牺牲了。

从另外一方面看，中国女子好学是一件铁打的事实。一般民众夜校起初劝学的时候，少女们是踊跃的表示欢迎。但是上不得几天课，便一个个的溜跑了。民众教育运动者是垂头丧气，灰心得要上吊。真的是少女们没有恒心吗？大问题是在男教员。

一位二三十岁的男子，教一些十七岁的大姑娘或是十八九岁的大嫂子，乡下人是看不惯。谣言来了，放谣言的便是不愿意媳妇上学的婆婆。路上出鬼了，装鬼的便是丈夫们的鬼把戏。一直闹到女学生不敢再上学。

男教员是一败涂地了，换个女教员，如果有，那是天字第一号。但是，因为女子教育不普及，女教员根本就很少。一个破庙里，关了一个男校长，一两个女教员，也有不方便。几个女子同下乡，那是再好没有了。但是没有男子的地方，女教员又怕贼，怕鬼，怕蛇，那鼓起万分勇气毅然下乡的究有几位？最好是夫妻学校。但是好的东西是和金刚钻一样的少。女子教育是几乎无法解决了。

还有那呆板学校，有一定钟点上课，一连就是两个钟头。上课铃响了，晚饭没有吃完怎么办？锅碗没有洗好怎么办？小孩没有睡觉怎么办？男人就要回家，要喝茶水怎么办？婆婆正要人为她洗脚怎么办？

怎么办？有小先生包办！小先生是热烈无比的太阳。他一出来，女子教育便像冰雪一样化掉了。他们连十八岁的大姑娘的房里都钻得进去。他来到，你如果正在做事，他可以等你一刻，或是过一会儿再来。灶前、屋角、新娘房都可以做他的课堂。蔡悟先生说：“小先生比女教师还好。女学生最怕问人，在小先生的面前，最害羞的女子也不怕难为情了。”小先生万岁！

原载《生活教育》第1卷第14期，1934年9月1日

一个新法子

露天演讲不容易，露天对小孩演讲是格外的困难。我新近发现了一个新方法是比较适合。这方法是把讲的大意写成小孩高兴听高兴喊的儿歌。先把每首的意义略为解释，即行朗背，背一句，便叫小孩们跟着背一句。一首背了之后，再一首一首的解释，一首一首的背。我曾在九一八的纪念会上试了一试，影响不错。十月一日为山海工学团的创办纪念日，今年是二周年纪念。这天我恰恰伤风，不便多说话，就照着上面所说的法子再干了一回，结果也很好。我在十月一日领导小孩们露天朗背的四首儿歌如下：

（一）

十月一！
十月一！
但愿大家有饭吃，
吃饭要把汗儿滴。

（二）

十月一！
十月一！
但愿人人有知识，
不求个人考第一。

（三）

十月一！
十月一！

私仇勾销来一笔，
联合起来打公敌。

（四）

十月一！
十月一！
请问公敌是什么？
帝国主义！
帝国主义！

原载《生活教育》第1卷第16期，1934年10月1日

小先生与民众教育[①]

今天贵馆民众教育服务人员训练班举行开学典礼，行知能躬逢其盛，参与大典，心里觉得非常快活。刚才冯先生[②]及两位来宾，已说了许多我心里所要说的意思，现在行知再简单的说几句。

近来我对“民教”两个字有点感想。教育在从前甚至现在是被少数有钱人把它当做私有财产占住了，就如同占取金钱一样，非但把它占有，而且还要存在银行的铁柜里牢牢保护，不轻易传给别人。我以为“民众教育”的根本意义，就是教人把知识广散给人众，不是像占取金钱一样，把它封锁在少数人的脑袋里，把头弄得大大的。干民众教育，便是要把教育、知识变成空气一样，弥漫于宇宙，洗荡于乾坤，普及众生，人人有得呼吸。空气是不要钱买的，人人可以自由呼吸。教育也就不能以金钱做买卖，人人可以自由享受。把教育当作商品做买卖，只被少数有钱人霸占，使大多数人像坐牢一般受限在一个“愚者之群”的圈子里，这绝对不行，我们极力要否认。有了空气人才活，没有空气便活不成。空气是人人需要，人人不可少。教育也是人人需要，人人不可少。新鲜空气是有益于人的，教育也必不能仅是些泥灰污浊气，给人以害生。所以把教育、知识化做新鲜空气，普遍的广及于大众，人人可以按其需要，自由呼吸，因而增加大众以新的生命活力，我以为这便是民众教育最主要的意思。不过挂着民众教育的招牌，不见得就会把知识变成空气，必得要有办法才行。在我看来，这办法便只有运用小先生，小先生便能把知识变成空气。

小先生出世尚未到一年，而它的怀胎，却远在十数年以前。小先生最重要的几位接生婆，除我以外，你们的主任冯先生也是一个，今春“一二八”宝山普及教育动员令，便是冯先生发的（《生活教育》第一期画报，很希望大家一看）。每村小先生发令旗一面，普及教育，把知识变做空气！

小先生为什么能把知识变成空气一样的容易普遍呢？因为小先生便是

小学生，他早上学了两个字，晚上便可以把这两个字拿去教人，此刻学了一件知识或一种技能，彼时即可以把这一件知识或一种技能去教别人，他不像大先生一样要领薪水。所以我们可以不花经费把教育普及出去。

有人说，小先生要有相当程度才行。我敢保证说，六岁小孩便可以做小先生，这是有着铁打的事实。当然，小先生所遇到的困难非常多，我现在正要写《小先生的八十一难》。《西游记》上唐僧取经，要经过九九八十一道难关，幸而有三个徒弟费了很大的力量把它一个个地解除了。有的是猪八戒帮助解除的，有的是沙僧帮助解除的，而帮助唐僧解难关最多的要算孙悟空。现在小先生普及教育，正犹如唐僧向西天去取佛经一样，要经过八十一道难关。我们做个猪八戒也好，做个沙僧也好，做孙悟空更好，总动员去帮助小先生解除一难又一难，把教育变成新鲜空气普及出去，以增加大众的新兴力量。

用小先生普及教育，还有四点比大先生好的地方：

第一，中国最难普及的是女子教育。乡下十七八岁大姑娘，或是二十几岁的大嫂子，一位年青的男先生去教，乡下人是看不惯，不欢迎你去教的。即有较开通，肯受教了，不多时，谣言来了，女学生不敢上学了，甚至把学堂封掉了，男先生失败了，女先生去教固然是很好，可是女先生太少了，而且女先生大都是些少奶奶、小姐，肯下乡的真是难得。有勇气下乡的，怕蛇，怕鬼，怕小偷，又吓跑了。如果是男校长请女教员，那又有困难问题。夫妻学校最好，可是又太凤毛麟角，少之又少了。现在小先生来了，女子教育就如雪团见太阳，一见冰消，问题一笔解决。广东百侯中学有三百小先生，教二千多民众，其中女人就有一千五百人之多，由此可见小先生对普及女子教育问题解决之一斑。

第二，有人说，中华民族现在是衰老了。我推究其原因虽多，但有一个原因，便是被人教老了。六岁小孩子，大人就教他要“少年老成”，而这小孩子也就无形中涂上两个八字胡须，做个小老夫子了。我有一个大学毕业的学生，他到一个女子中学去当教员，可是年纪太轻了，很不为人敬重。后来教员不当，找了一件别的事做，便养起一嘴胡子来。本来是个美少年，一变而为美髯公，因此很受人敬重而做了许多年的事。所以中华民族衰老，便是社会教人变老，教小孩子做小老翁。用小先生教人便不同了，大人跟小孩学，无形中得到一种少年精神，个个变为老少年。本来，大人者，不失其赤子之心者也。这样一来，朝气必格外勃勃。前天在上海西区小学开小先生会，有一位小先生教一个八十三岁老太婆。又有一位孩子，教其德国母亲认中国字。写的故事均非常生动有趣。南京有一个丁广生小先生，教他父亲。他父亲有一天用笔画一个乌龟，画一角菱角。小先生不懂，问他父亲什么缘故。他父亲告诉他说："我画着玩的，这意思是说：菱角怕乌龟，乌龟爱菱角。"后来丁广生便把这几个字写出来教他，父亲读得非常有趣。前天下午两点半钟，我未吃午饭，正想出去买两块烧饼充饥时，忽接西桥小先生来的信，我便坐在门外一个竹椅上拆开来看。有一位小先生教他六十二岁的祖母。他的祖母能读能认，不能写字，小先生便代祖母口里说的意思写信给我，精神非常好，我看得饭也忘记吃了。在这许多故事中，可以看出中华民族可以因小先生而转老还童，而得一种新兴的少年精神。

第三，刚才我已说过，过去甚至现在，教育是被少数有钱人把它当为私有财产占住。小先生一出来，"即知即传人"，立刻把这种观念撕得粉碎，要知识公有，不再私占。要把教育化为"春风风人，夏雨雨人"一样，人人有得到沾施的机会。"天下为公"的基础，第一步便要知识公有。这一点，小先生是可以帮助我们，一个钱也不要花的做到。

第四，一般乡村小学要和学生家庭联络。很多困难，教师感觉孤立，学校感觉单调，利用小先生那便好了。小先生是一根根流动的电线，这一根根电线四方八面伸展到社会底层，构成一幅生活教育网、文化网，把学校与家庭构成一体，彼此可以来往，可以交通。它把社会所发生的问题，所遇到的困难，带回学校，再把学校里的知识技能带回社会去。这样一来，如有一位教师，三十位小学生，而这三十位小学生便是三十位小同志，教师不再孤立，学校也不再和社会隔膜，而能真实地通出教育的电流，碰出教育的火花，发出教育的力量。训练班诸位同学，现在最要紧的一件事，便是"怎样把小先生的办法得到？""怎样把学校教育与社会教育打成一片？"将来到一处办民众教育馆，最要紧的，便是要和当地的小学校联络，私塾联络，店铺里的能看报的掌柜联络，要发动他们都负起教人责任，即知即传人，共同普及教育。还有一点，办民众夜校，开学后学生只见少而不见多。我们也得要教学生去做先生教人。譬如有四十位学生，我们教他们每人回去教二个人，这样便一共有一百廿位学生了。这样成人做先生，我们不叫他“小先生”，叫他做“连环先生”或“传递先生”。因为他是要继续不断地循环着，学后去教人。最后，我还有几句话要向诸位贡献。

我们现在办民众教育必得要承认：

农人最好的先生，不是我，也不是你，是农人自己队伍里最进步的农人！

工人最好的先生，不是我，也不是你，是工人自己队伍里最进步的工人！

小孩子最好的先生，不是我，也不是你，是小孩子自己队伍里最进步的小孩子！

我们现在最要紧的工作便是在：

帮助进步的农人格外进步，由他们“联合自动”，领导全体农人一同进步！

帮助进步的工人格外进步，由他们“联合自动”，领导全体工人一同进步！

帮助进步的小孩子格外进步，由他们“联合自动”，领导全体小孩子及时代落伍的成人一同进步！

原载《生活教育》第1卷第20期，1934年12月1日

【注释】

①本篇系陶行知在宝山县民众教育馆所主办的民众教育服务人员训练班开学典礼上的演讲记录。记录者：张新夫、朱学兴。

②冯先生，指宝山县教育局长冯国华，当时兼任宝山县民众教育馆主任。

从孔德成的教育说到孔子的故乡与祖国①

这几个月来，有些人是忙着为孔子及四配②的嫡系子孙打算。教育部已经决定要为他们办一个独立的小学。进中学的每人补助四百元；进大学的每人补助八百元。这样打算的人，大概是没有到过曲阜。如果到过了，大概也只在衍圣公府及孔陵打了一个转，没有看见那村前巷尾冻得要死、饿得要命的衍圣公的穷本家和穷本家的苦孩子。我们要知道，孔子的故乡到现在还是一个文化的荒岛。在这文化的荒岛上，只有少数人得着一种残废的教育，而多数人还是划于化外，在生存线上挣扎着。说了孔子的故乡，再看孔子的祖国，多数人的文化是一样的落后，一样的偏枯，一样的短命。一谈到太阳，有些人就想叫太阳光照到自己的头上；一谈到雨点，有些人就想叫雨点先落在自己的园里；一谈到教育，有些人就想叫教育先藏在自己的小孩的脑袋中。这种自私自利的打算是徒费心机！孔子的门徒至少要努力将现代生活教育普及于全国，其次也得将曲阜的现代生活教育普及起来。这样孔家和四配的子孙的教育是自然包括在内了。若只在三五个人的教育上注意，从自己的腰包里拿钱出来干，尚说得过去。倘使要化众人血汗换来的公款，恐怕受者心里也有些不安吧？

原载《生活教育》第1卷第24期，1935年2月1日

【注释】

①1935年初，国民党政府由内政部和教育部共同核议了《孔圣后裔教育办法》，后呈国民党中央批准颁行。该办法规定：凡孔子及其四配之嫡系子孙，皆可在教育上享受特殊待遇。孔德成是孔子后裔。

②四配，孔子庙以颜子、子思、曾子、孟子配祀，谓之四配。

贺客与吊客

中国现行之会考制度，是对自己所委任之校长、教职员表示总不信任，把活泼的青年一起变成书呆子，一群一群的赶进牛角筒里去。它的影响之坏是无以复加。几个月前，我曾写了一篇《杀人的会考与创造的考成》警告教育行政当局。但是积重难返，这自杀杀人的制度，还是普遍的在那儿毁灭中华民族的生活力。

我这次被邀到南开大学去演讲，中学部里几位朋友和我详谈河北会考故事。在会考的六十九个学校之中，南开中学男校是考列第十八名，女校是考列第三十七名。南开学校在一般学校中是办理得最认真而有精神。它之所以有这种精神，就是因为它在教课之外，还相当的注意到学生整个的生活，不肯把学生完全当作书呆子教。它这次会考成绩之低，也是因为牺牲学生们宝贵的生活以迁就这机械的毁灭生活力的会考制度不肯过分。更有趣的是育才学校只有三个学生来考，居然名列第七；还有四个学校的考卷内容完全相同，这些都证明会考之荒唐。既设学校就该废科举，既要推行变相的科举，又何必费钱办学校？我们对这个问题谈了好久。晚上，张伯苓先生从华北运动会回来。我一见他的面，便向他道喜。他说：喜从何来？我说：贺南开会考成绩。他说：成绩不好。我说：我所贺的就是因为不好。如果好，我倒要来吊香呢。正是：

什么学校最出色？
当推南开为巨擘。
会考几乎不及格，
三千里路来贺客。
请问贺客贺什么？
贺您几乎不及格。
倘使会考得第一，
贺客就要变吊客。

原载《生活教育》第1卷第19期，1934年11月16日

怎样指导小朋友明白时事

我们要想做个现代人，必须天天看报。报是有时说谎，有时讲真话。你得教你的小朋友像只花猫一样，一见老鼠就把它捉住。新近所举行的二十架飞机比赛是一个最好的例子。我和子云[①]帮助法华[②]过。山海工学团的小孩们抓住了这个机会，丝毫不放松。每天把中西文报纸剪下，贴在一本簿上。地图是放在手边，一遇到地名就查，并把飞行的路线画起来。中国地理书的名词不统一，很给了小孩子一些困难。例如报上登的报达，在寻常地图上只在亚拉伯[③]之北，以拉克[④]境内，查着一个巴格达。报达就是巴格达，我们是费了好多力，并且查了英文报才知道确实。我们把飞行路线画准以后，就查看英国沿途之殖民地。从此，我们就追求英国空军对于维持殖民地之关系。我们将来还要进一步查出世界各国及中国空军力量之比较，以及世界第二次大战空军所占的地位。这次飞机比赛还给了我们一个做算学的机会。从伦敦到墨尔钵[⑤]有多少哩？等于中国里多少里？史考梯[⑥]每时平均飞多少里？倘使一个人要从伦敦走到墨尔钵（假使他也能在水面上走），每天走一百里，要多少日子走到？我们还预备做些简单的实验，看些书，追求飞机构造的原理及发明之史略。总之，我们拿了这次比赛做中心，把历史、地理、科学、算术、社会打成一片去干。我们不要忘记，它也给了我们一个充分活用图书的动机。我们也把国语和飞机比赛联了起来。下面就是我写的一首儿歌：

白拉克，
史考梯，
坐飞机，
上天嬉。
一日一万里，
白云在脚底，
人群像蚂蚁。

打破莫理逊[7]的纪录，
三天飞过查尔斐。
黄金五万到手，
还得一个娇妻。
痴人看了别发痴，
半生辛苦你须知。
告尔曼[8]，一失手，
骨头粉碎肉成泥。
这不过是本领儿小试试，
等到世界大战开火，
再分高低！

我这首歌是像一条蚯蚓，可以一段一段的截下来，还是活着的。例如，很小的小孩，你只须教他唱“坐飞机，上天嬉”就够了。年纪大一点，再加两三句。再大一点，便可以全篇教他。如果不愿断章取义，我方才还哼了一首短的，请大家指教：

小朋友！
别发痴！
看做戏啥稀奇？
自己造飞机，
上天去嬉嬉。
等你长大了，
赶上史考梯。

关于飞机比赛的事实，我们搜集了一些，摘要附在后面，给大家做参考。

英澳飞机比赛[9]事实摘要

（一）飞机二十架：英国六机，美国三机，荷兰二机，澳洲二机，新西兰二机，新几内亚一机，丹麦一机等。

（二）每机以相隔四十五秒之时间，一个一个的飞出，于十月二十日六时三十分起飞，最后一架于六时四十七分飞出，故在十七分钟内，二十架飞机完全飞出。

（三）从英国伦敦（London）之密尔登霍尔[10]飞机场出发向澳洲之墨尔钵（Melbourne）飞去。从伦敦到报达（Baghdad，巴格达）为二五五三哩，从报达到阿拉哈巴（Allahabad）[11]为二三〇〇哩，从阿拉哈巴到新嘉坡[12]（Singapore）为二二一〇哩，从新嘉坡到达尔文[13]（Darwin）为二〇八四哩，从达尔文到查尔斐[14]（Charlville）为一三八九哩，从查尔镇[15]到墨尔钵（Melbourne，新金山）终点是七八七哩，共长一一三二三哩。

（四）哩为英里，每英里等于中国二·六八市里。一一三二三哩等于中国市里三〇三四六里。

（五）参加比赛的人当中，最有名的是莫理逊夫妇。未出发之前，大家都以为他们会得锦标。但是结果呢，两个不大著名的人，史考梯与白拉克是得到第一，打破从前一切飞行纪录。飞行竞赛委员会宣布他们落地之正式时间为上午五时三十四分又四十八秒（格林威治[16]时），他们的正式出发时间为上午六时三十四分又三十秒，以七十一小时十八分造成伦敦到墨尔钵全程新纪录。他们用了这时间是飞了三万零三百四十六华里，每小时平均飞多少里？一个人走路每天走一百里，从伦敦到墨尔钵要多少天？

（六）参加比赛的二十架飞机当中，在史考梯飞到墨尔钵时，只剩了十四架在空中比赛了。那六架当中有五架是因为出了毛病中途退出。莫理逊夫妇也退出去了。还有一架是由英国一位航空军官名叫告尔曼的和他的同伴斐恩士所驾驶，在意大利坠地烧死。另外有一只英国空军大飞机，载着监察员沿路做稽核的工作，在新嘉坡北方失事，驾驶员和监察员当场死掉。

（七）英澳飞行纪录四年前为十九日，二年前为八日二十小时四十九分，这次史考梯所造之纪录是三天还用不了。

（八）请把英国的殖民地看一看，再想想飞机速率对于统治保护这些殖民地的关系。

（九）这次比赛中有两段有趣的故事：一、开始比赛时，英国皇帝和皇后亲来送行，莫理逊对皇帝说："陛下愿意跟我到热带去尝一尝热味么？只要二十小时啊。"二、史考梯的助手白拉克于出发前向一女戏子名叫台斯芒的求婚，台斯芒说："等您夺到锦标后我再回答您。"她送了一个火柴金匣给白拉克，上面刻着吉利语，又给他三张照片，白拉克把照片挂在飞机里。

（十）第一名，英国飞机，名彗星号，由史考梯和白拉克驾驶，于二十三日早五时四十三分（格林威治时）飞到墨尔钵。第二名，荷兰飞机，名陶格拉斯号，由派门蒂曷与摩尔驾驶，于二十四日早十时五十二分飞到。第三名，美国飞机，由唐纳与潘邦驾驶，于二十四日午后一时三十六分飞到。第一名得速度飞行锦标五万元美金。

原载《生活教育》第1卷第19期，1934年11月16日

【注释】

①子云，曹子云，晓庄师范毕业生，陶行知表弟。

②法华，即法华工学团，创办于上海法华寺。

③亚拉伯，通译阿拉伯。

④以拉克，通译伊拉克。

⑤墨尔钵，通译墨尔本。

⑥史考梯，与白拉克合作获“英澳飞行比赛”冠军，打破英国至澳大利亚之间的飞行时间记录，后同。

⑦莫理逊，参与“英澳飞行比赛”，但中途退出。

⑧告尔曼，参与“英澳飞行比赛”，中途失事。

⑨英澳飞行比赛，1934年下旬英国航空部举行英澳国际飞行比赛。

⑩密尔登霍尔，通译米尔登霍尔，现为米尔登霍尔皇家空军基地所在地。

⑪阿拉哈巴，现印度北方邦城市阿拉哈巴德。

⑫新嘉坡，通译新加坡。

⑬达尔文，现澳大利亚北部地区首府达尔文市。

⑭查尔斐，通译查尔维尔，澳大利亚昆士兰州的一座城镇。

⑮查尔镇，通译查尔维尔，澳大利亚昆士兰州的一座城镇。

⑯格林威治，又译格林尼治，英国伦敦小镇，1884年在华盛顿召开的国际经度会议，决定以经过格林尼治的经线为本初子午线作为世界计算时间与地球经度的起点。

五千万匹马力的普及教育机器

普及教育运动好比是一部蒸汽机。蒸汽机的构造，必须把每个螺旋钉转得紧紧的，使它密不通风，只放一条出路，叫全锅的蒸汽都集中起来，向着活塞推动，才有力量。如果有一个小孔漏气，力量就要消耗掉，何能推动火车轮船？

中国普及教育的研究已经到了一个阶段，这样有力量的机器是可以动手制造了。

一条原理 这部机器之所以有制造成功之可能，就是因为有“即知即传”一条原理。“即知即传”有两种应用的方式：

（甲）大人教大人
　　　　　　　小孩

（乙）小孩教小孩
　　　　　　　大人

大人教小孩是没有问题。大人教大人虽没有人能否认，但没有充分实现。前进的小孩不但能教小孩，而且能教大人。虽有人将信将疑，但必是普及中国教育的一支生力军。

三种力 怎样做到即知即传？这要靠三种力量：一是运用教育的力量，叫人高兴教人，高兴求学。二是运用经济的力量，叫人可以教人，可以求学。三是运用政治的力量，叫人不得不教人，不得不求学。

六面压迫 政治力与教育力要在六个地方施行压迫。我们有两个集团：一个较小，是识字的集团；一个大得多，是不识字的集团。识字的集团有教师、学生和一般识字的人。这里有六方面的压迫可以施行。

（甲）每教师、校长所教学生有半数以上教人者方为达到标准，超过三分之二者嘉奖，不到三分之一者撤职解约。

（乙）学生不教两人，教而没有成绩者不得升级毕业。

（丙）家庭、店铺、工厂、任何集团中之识字分子对不识字分子不肯教导者罚“守知奴捐”。

不识字的集团也有三方面的压迫可施。

（丁）订立妨害进步罚款，使一般长辈或有权者对于不识字的幼辈、雇佣之求学不能阻止。

（戊）城门、车站、码头及其他交通孔道设立识字警察，检查行人脑袋里随带的违禁品——愚。识字警察手持《千字课》抽试行人，能讲解一课者放行，否则罚“愚民捐”铜元一枚，并追究其负责人。

（已）调查户口加入教育程度调查一项，使居留的人民，不能逃避。

这六方面压力同时施行，老幼病废者免，则全国一万万识字者不得不教人，二万万不识字者不得不求学，再加以经济力之配合，教育力之开导，使教者与学者都认清教育普及之真义，抓住饭碗，起劲的向前干去。这三万万人继续不断的教学相长，便是普及教育之总力量。六个人力等于一匹马力，我们这部五千万匹马力的普及教育机器一经发动之后，其对中华民族前途影响之广大深远，可想而知了。南京市人口总数已达九十四万，除老幼病废，约有二十四万识字者，四十七万不识字者。教学相长之总力量为七十一万人力，即十二万匹马力，这种伟大的力量是现成的。我们只须把机件凑拢，螺旋转紧，架起火来不断地烧，便成了一部伟大的普及教育机器，为南京造出一个新生命。再运用首都特殊的“诱导力”来影响全国①，则五千万匹马力的更伟大的普及教育机器指日可以发动，整个中华民族的新生命也可以创造出来了。

原载《生活教育》第 2 卷第 4 期，1935 年 4 月 16 日

【注释】

①此段文字在收入《普及教育续编》时，将“我们这部五千万匹马力的普及教育机器……‘诱导力’来影响全国”等句，改为：“故我们这部普及教育机器是有五千万匹马力。这种伟大的力量是现成的，我们只须把机件凑拢，螺旋转紧，架起火来不断地烧。”

文化细胞①

一般人只要一提到教育便联想到学校，一提到普及教育便联想到普设学校。他们好像觉得学校是惟一的教育场所，如果要想普及教育便非普设学校不可。倘使没有钱普及四年的学校教育，他们便退一步主张普及一年的学校教育，甚至于退到四个月、两个月、一个月的学校教育。万一不能普及全天的教育，他们想半天、二小时、一小时也是好的，但必须在学校里办。仔细把它考虑一下，这种意见只是一种守旧的迷信。我们若不跳出学校的圈套，则普及现代教育在中国是不可能。我不说学校没有用，但学校之外，我们必须创造一种下层文化的组织，适合大多数人的生活，便利大多数人继续不断的长进，才是有了永久的基础。

我建议要创造一种文化细胞。每一家，每一店铺，每一工厂，每一机关，每一集团组成一个文化细胞。这种细胞里的分子有两种：一是识字的，一是不识字的。我们叫每一个细胞里的识字分子教导不识字分子，说得正确些，我们要叫识字分子取得现代知识精神，连文字一同教给不识字的分子。这样一来，每个文化细胞里的分子都能继续不断的长进。任何文化细胞里倘若识字分子过剩，可以分几个出去，帮助缺少识字分子的细胞。这种文化细胞在山海工学团范围以内叫做工学队，为工学团最下层之组织单位。俞塘②称它为生活教育团，安徽省会称它为普及教育团。有人建议称它为自学团或共学团。名字不同，无关重要，但他们有一点相同，便是感到专靠学校来普及教育在中国是很勉强，不易做到。即使做到了，也是一种短命教育，没有久远的长进。所以要在学校之外创出一种较为自然之组织来救济，不但要谋教育之普及，并要谋所普及之教育得以继长增高。他们用得着学校的地方，不妨先开一个学校。铺中、家中连一个识字的人也没有的地方，不妨叫每家每铺先派一人每天来校学半小时或一小时，再依即知即传之原则，把各个文化细胞成立起来。

普及教育动员令一下，有暇进学校的，尽可进学校；无暇进学校的，在自己家里、店里、工厂里及任何集团里创起文化细胞来共谋长进。文化细胞成立后，必须向负责学校或教育行政机关注册。凡在文化细胞里自谋长进的，可以不进学校；凡在学校里求学的，必须常常回到他的文化细胞里来尽义务教人。

学校是文化的旅馆，只能暂住而不可以久留。自学团、共学团、普及教育团、生活教育团或工学团下之工学队，才是文化之活细胞。

原载《生活教育》第2卷第5期，1935年5月1日

【注释】

①本篇在《晨报·普及教育周刊》上发表时，题为《文化细胞之创造》。

②俞塘，即“俞塘民众教育馆”，建于1929年，1934年7月由私立改为公立，同时兼理沪郊各地民众教育工作。

文 化 网

文化细胞虽是最下层的组织，但是光棍的细胞是没有多大用处，我们必须把一个个的“文化细胞”联合起来，结成一个文化网。

在都市里，每一铺户里的识字者与不识字者组织一个生活教育团，不断地共同教学做，便成了一个“文化细胞”。有了这个“文化细胞”的组织，这一铺户里的人便可以活到老做到老，教到老学到老。如果一条街上之“文化细胞”都联了起来，成了一街的文化组织，再进一步，一区的街文化组织都联了起来，成了一区的文化组织，以至全市的文化组织，那便是有了文化网的作用了。我们可以称它为街文化网、区文化网、市文化网。乡下的可以称为村文化网、乡文化网等等。

“文化网”的目的，无论在乡下或是在城里，都是要把单个的“文化细胞”联合一气，把它范围里面的人一齐捞到时代的岸上来，不使一个漏掉。

“文化网”对于“文化细胞”负有两种使命。一是培养新的“文化使者”去创造新的“文化细胞”。例如这一条街上或这一个村里，有一半的人家家里没有识字的人，我们就可以叫每一家派一个人来，一面学，一面回到家里去创造新的“文化细胞”。二是从外界吸收新血液，向着范围内的每一个“文化细胞”不断地灌注进去，使它们可以继续不断的生长。例如某街某村之“文化网”，必得运用说书、摊簧①、留声机等等，把“文化细胞”的分子，每星期号召来开一次会，以摩擦出来新的精神。范围较大的区域，更可运用演戏、电影、无线电话来号召。我们要寓教育于娱乐，才能发挥这“文化网”的作用。如果到会的人觉得是单单来受测验或是受训练，不久将要变成一桩枯燥无味的事情，大家都要望而生畏了。

文化细胞是基本的组织；文化网是有提纲挈领的作用。从事普及教育者必须兼筹并顾，方能发生广大深刻的效力。

原载《生活教育》第2卷第6期，1935年5月16日

【注释】

①摊簧，流行于江浙一带的一种地方曲艺。

广明小学校歌①

（一）

广明！
广明！
好鸟枝头唱天晴。
大家来做小太阳，
放出一线小光明，
照着广大的群众，
向前进行。

（二）

广明！
广明！
河底朝天望天阴。
大家来做小雨点，
半天落下成甘霖，
洒在广大的地上，
万象清新。

（三）

广明！
广明！
不管天晴与天阴。
拿起头脑和双手，
干它几个小发明，
攻进广大的自然，

毫不调停。

（四）

广明！
广明！
天阴过了又天晴。
帝国主义倒不倒？
联合起来自分明。
收回广大的东北，
万众齐心。

原载《生活教育》第1卷第20期，1934年12月1日

【注释】

①本篇原载《生活教育》1934年12月1日第1卷第20期。作者手书其中第一节作为同期封面题词，题名“广明小学二周年纪念”。广明小学，中国女子中学所办小学，十一月十一日为该校二周年纪念，校长王孝英先生请陶行知代拟校歌，即为此文。

西桥工学团一周纪念①

西桥！西桥！
你是大公无私的太阳，
要把光芒普照。
你是天干已久的好雨，
要滋润每一丘田的禾苗。
你是饥民队的大饼油条。
你是穷人过冬的破棉袄。
你的小孩都做小先生，
先生虽小志不小。
你的老人都做老学生，
学生虽老心不老。
西桥好！
西桥好！
没有一个地方再比西桥好。
谁要丢掉这个小宝宝，
好比是丢掉太阳好雨，
好比是丢掉大饼油条，
好比是丢掉过冬的破棉袄，
哪能活得了！

【注释】

①本篇原载《生活教育》1935 年 5 月 16 日第 2 卷第 6 期。作者手书全文作为《生活教育》第 2 卷第 13 期的封面题词。题末署“陶行知祝”。西桥，江苏宜兴的一个村庄。1933 年冬，陶行知派陆静山与小先生侣朋协助当地苦学生承国英及几位农友在西桥小学创办了工学团。

【附录一】

小先生履历成绩表

年　　月　　日

<table>
<tr><td>姓名</td><td></td><td>男女</td><td></td><td>年岁</td><td></td><td>家庭职业</td><td></td></tr>
<tr><td colspan="2">籍　　贯</td><td colspan="6">省　　市　　县　　人</td></tr>
<tr><td colspan="2">现在本地住址</td><td colspan="6"></td></tr>
<tr><td rowspan="4">曾在那里上过学</td><td colspan="5">从　年　月到　年　月在</td><td>读过这几本书</td><td></td></tr>
<tr><td colspan="5">从　年　月到　年　月在</td><td>读过这几本书</td><td></td></tr>
<tr><td colspan="5">从　年　月到　年　月在</td><td>读过这几本书</td><td></td></tr>
<tr><td colspan="5">从　年　月到　年　月在</td><td>读过这几本书</td><td></td></tr>
</table>

<table>
<tr><td colspan="19">所　教　的　学　生</td></tr>
<tr><td colspan="2" rowspan="3">姓　名</td><td rowspan="3">是小先生的什么人</td><td colspan="10">教的什么与成绩</td><td colspan="3">开始</td><td colspan="3">停止</td></tr>
<tr><td colspan="2">24年</td><td colspan="2">25年</td><td colspan="2">26年</td><td colspan="2">27年</td><td colspan="2">28年</td><td rowspan="2">年</td><td rowspan="2">月</td><td rowspan="2">日</td><td rowspan="2">年</td><td rowspan="2">月</td><td rowspan="2">日</td></tr>
<tr><td>上半年</td><td>下半年</td><td>上半年</td><td>下半年</td><td>上半年</td><td>下半年</td><td>上半年</td><td>下半年</td><td>上半年</td><td>下半年</td></tr>
<tr><td>1</td><td></td><td></td><td></td><td></td><td></td><td></td><td></td><td></td><td></td><td></td><td></td><td></td><td></td><td></td><td></td><td></td><td></td><td></td></tr>
<tr><td>2</td><td></td><td></td><td></td><td></td><td></td><td></td><td></td><td></td><td></td><td></td><td></td><td></td><td></td><td></td><td></td><td></td><td></td><td></td></tr>
<tr><td>3</td><td></td><td></td><td></td><td></td><td></td><td></td><td></td><td></td><td></td><td></td><td></td><td></td><td></td><td></td><td></td><td></td><td></td><td></td></tr>
<tr><td>4</td><td></td><td></td><td></td><td></td><td></td><td></td><td></td><td></td><td></td><td></td><td></td><td></td><td></td><td></td><td></td><td></td><td></td><td></td></tr>
<tr><td>5</td><td></td><td></td><td></td><td></td><td></td><td></td><td></td><td></td><td></td><td></td><td></td><td></td><td></td><td></td><td></td><td></td><td></td><td></td></tr>
<tr><td>6</td><td></td><td></td><td></td><td></td><td></td><td></td><td></td><td></td><td></td><td></td><td></td><td></td><td></td><td></td><td></td><td></td><td></td><td></td></tr>
<tr><td>7</td><td></td><td></td><td></td><td></td><td></td><td></td><td></td><td></td><td></td><td></td><td></td><td></td><td></td><td></td><td></td><td></td><td></td><td></td></tr>
<tr><td>8</td><td></td><td></td><td></td><td></td><td></td><td></td><td></td><td></td><td></td><td></td><td></td><td></td><td></td><td></td><td></td><td></td><td></td><td></td></tr>
<tr><td>9</td><td></td><td></td><td></td><td></td><td></td><td></td><td></td><td></td><td></td><td></td><td></td><td></td><td></td><td></td><td></td><td></td><td></td><td></td></tr>
<tr><td>10</td><td></td><td></td><td></td><td></td><td></td><td></td><td></td><td></td><td></td><td></td><td></td><td></td><td></td><td></td><td></td><td></td><td></td><td></td></tr>
<tr><td colspan="2">备注</td><td colspan="17">家庭职业不得以农工商学政笼统字填写，一定要写具体，如教师、塾师、官吏、绅士、自耕农、佃农、雇农、徒弟、司务、老板、伙计、无业等。</td></tr>
</table>

【附录二】

小先生所教学生履历成绩表

年 月 日

姓名		男女		年岁		家庭职业		本人职业	
籍贯	省 市 县 人								

现在本地住址		从前上过学没有	
曾在那里上过学	从 年 月到 年 月在	读过什么书	
	从 年 月到 年 月在	读过什么书	

年份		跟谁学	学的什么	成绩	你也教了什么人
24 年	上半年				
	下半年				
25 年	上半年				
	下半年				
26 年	上半年				
	下半年				
27 年	上半年				
	下半年				
28 年	上半年				
	下半年				
29 年	上半年				
	下半年				
30 年	上半年				
	下半年				
31 年	上半年				
	下半年				
32 年	上半年				
	下半年				
备注	家庭与本人职业不得以农、工、商、学、政笼统字填写，一定要写得具体，如教师、塾师、官吏、绅士、自耕农、佃农、雇农、徒弟、司务、老板、伙计、无业等。				

【附录三】

生活教育团登记表

(户口调查之文化部分)

户名　　　　　　　　地址　　　　　　　　编号　　　　　　　　字第　　号

负责人姓名　　　　　全户有几人　　　　　小先生几人　　　　　传递先生几人

全户姓名	关系	男女	年岁		职业	读过什么书	读了多少	正读什么书			小先生或传递先生	教人地点	求学地点
			岁	月				二四年	二五年	二六年			

(注一)户名填家长姓名，负责人填本户之教育主持者姓名。

(注二)全户姓名一栏填全户老幼姓名连乳儿都要填入。

(注三)关系一栏填祖父、祖母、父母、兄弟、姐妹、子女、雇工，以负责人为对象。

(注四)年岁一栏填实足年龄，必须填几岁几个月。

(注五)职业一栏填教师、塾师、官吏、绅士、自耕农、佃农、雇农、司务、徒弟、老板、伙计、工人、厂主、小贩、无业等等。

(注六)读过什么书及正读什么书二栏填写宜有简法如《三字经》《千字文》《百家姓》《四书》《五经》《幼学》，便写三、千、百、四、五、幼即行。又如初小一年级的各种国语、算学、社会、自然、只须写初小一便够了。他如初中二、高中三仿此。初读书如用《老少通》第三册便写“老三”，《平民千字课》第四册便写“平四”。

(注七)教人地点一栏填本户或别的户名。

(注八)求学地点一栏填本户或别户名或学校名。

(注九)凡创办生活教育团、普及教育团、普教互助团、自学团、共学团、工学团之工学队以及凡以户为文化基本组织者皆可用此表。

原载《生活教育》第二卷第七期，1935年6月1日

【附录四】

乡村小学比赛表㊀

项目	满点
一、导师	（一五〇）
（1）能领导健康的生活	二五
（2）能领导劳动的生活	二五
（3）能领导科学的生活	二五
（4）能领导艺术的生活	二五
（5）能领导改造社会的生活	二五
（6）能领导小先生即知即传人	二五
二、学生	（九〇）
（1）即知即传人	二五
（2）肯做事	二〇
（3）身体好	一五
（4）有礼节	一五
（5）容貌服饰整洁	一五
三、切合乡村生活的课程	（二二〇）
（1）全国四分之三人民能懂之国语	一〇
（2）日常应用之文字、算术	二五
（3）明白中国民族活动、文化发展之历史	一五
（4）明白中国富力、生产、分配之地理	一五
（5）制御自然势力之科学	一五
（6）陶冶性情、发表心灵之音乐、图画	一〇
（7）自卫之武艺	一〇
（8）自食其力的园艺、畜牧、养蚕、养蜂、养鱼及农艺竞进团	二五
（9）己立立人、己达达人之儿童自动工学团	二五
（10）高尚娱乐之游戏、运动	一〇
（11）操练基本技能之土木、缝纫、洒扫	一〇
（12）处世待人之应对进退	五

(13) 免去天花、沙眼、钩虫之医药、治防	一〇
(14) 培养身心健康之卫生、体育	一五
(15) 日曜日充分利用	一〇
(16) 家庭作业充分联络	一〇
四、指导法	(七〇)
(1) 事怎样做就怎样学怎样教	三五
(2) 发展个性	二五
(3) 学业成绩有正确之测验	一〇
五、教具	(七〇)
(1) 各门功课皆有师生用参考书	一〇
(2) 敷用之农具	四
(3) 敷用之土木工具	一〇
(4) 自制理科仪器	五
(5) 自制标本	五
(6) 日报一份	六
(7) 杂志三份	五
(8) 烹饪器具	五
(9) 茶杯每生一具	五
(10) 体育器具	五
(11) 医药器具	一〇
六、校地	(三〇)
(1) 校园每生分半地(家庭有地可替代)	一五
(2) 游戏运动场每生一〇〇方呎[①]	五
(3) 布景雅致	一〇
七、校舍	(一〇〇)
甲、一般情形	
(1) 合用	五
(2) 卫生	五
(3) 坚固	三
(4) 美观	二
(5) 省钱	五
乙、各别状况	

（1）教室适当	
A. 每生九方呎	五
B. 东南向	三
C. 一面采光，玻璃窗占地板面积六分之一	五
D. 通气	三
E. 地面平净	三
F. 墙壁雅洁	三
G. 黑板有十六方呎以上之面积	五
H. 桌凳高低合度	五
（2）厨房卫生清洁，并为学生练习烹饪之用	五
（3）厕所敷用，卫生清洁	五
（4）图书馆敷用	五
（5）陈列室敷用	五
（6）手工室	八
（7）幼儿团	一〇
（8）教员住宅俭朴而有条理，并合卫生，可资乡人参考	一〇
八、改善天然环境之提倡	（六〇）
（1）三里至六里见方以内荒地尽变熟地	一〇
（2）三里至六里见方以内荒山尽变树林	一〇
（3）三里至六里见方以内道路四通八达	一〇
（4）三里至六里见方以内有驱除虫害之组织	五
（5）三里至六里见方以内有预防水旱灾之组织	五
（6）三里至六里见方以内有公共卫生之组织	一〇
（7）三里至六里见方以内有传布科学农业知识之组织	一〇
九、改造社会环境之提倡	（一六〇）
（1）三里至六里见方以内学龄儿童百分之九十五是在求学	一五
（2）三里至六里见方以内入学儿童百分之九十在校或校外做小先生	一五
（3）三里至六里见方以内成人百分之九十五是在继续上进	一五
（4）三里至六里见方以内受过教育之成人百分之五十做传递先生	一五
（5）三里至六里见方以内成人百分之九十自食其力	一五
（6）三里至六里见方以内有村自治	一五

(7) 三里至六里见方以内有自卫团	一〇
(8) 三里至六里见方以内有信用合作社	一五
(9) 三里至六里见方以内有村民同乐会	五
(10) 三里至六里见方以内农忙时有幼儿团	一五
(11) 三里至六里见方以内或本区之学校教师有联合会共谋改进	一〇
(12) 三里至六里见方以内开放学校为村民集会之所	一〇
(13) 三里至六里见方以内教师为村民婚丧及其风俗改良之顾问及指导	五
十、经费	(四〇)
(1) 收支完全公开	一〇
(2) 账目单据手续清楚	一〇
(3) 每生教育费与邻村同等学校相仿	一〇
(4) 在可能范围内就地筹款扩充校务、改善环境	一〇
十一、表册报告	(二〇)
(1) 学校行政系统	一
(2) 学校概况	一
(3) 指导细目	一
(4) 活动纲要	一
(5) 每周上课表	一
(6) 校内学生历年学籍簿	二
(7) 小先生在校外所教学生历年学籍簿	二
(8) 出席缺席表	一
(9) 学生志愿调查表	一
(10) 村民生活状况调查表	二
(11) 村内学龄儿童调查表	一
(12) 校内户口调查表	一
(13) 学校改进日记	一
(14) 改造乡村生活纪实	一
(15) 学校年报	一
(16) 师生合编日刊	二
十二、总点数	(一〇一〇)

【原注】

㊀ 本量表是由我在民国十五年冬起草，经赵叔愚先生修正，发给全国乡村小学同志试用。在这八年之中，乡村教育理论曾有不少之进步，现再加以修正并请酌量试用，不吝指教。

原载《生活教育》第2卷第1期，1935年3月1日

【注释】

① 方呎即英尺之意。

【附录五】

半小时普及教育之试验

（一九三五年）

四月十日起在中西电台广播，每日正午起播音半小时。

普及教育助成会、晨报馆及儿童科学通讯学校为提倡普教起见，特共同创办半小时普及教育，定于本月十日起，每日中午十二时至十二时三十分，在中西药房无线电台播送。三十分钟之支配为：唱歌六分钟，自然科学五分钟，世界大事四分钟，国语十五分钟。唱歌由陶知行作词，赵元任制谱，赵如兰、陈秋子灌音。国语采用商务印书馆出版之《老少通千字课》，聘请陶小桃用北平语讲解。预定四个月完毕，可学二十首诗歌，一百条重要科学常识，一百条世界大事，九十六课国语云。

出自陶行知编著《普及教育续编》上海儿童书局1935年6月版

普及教育三编

《普及教育三编》为陶行知编著，由上海儿童书局于1936年6月印行。全书分理论、实施办法和消息三部分。此次编写收入其中31篇。

强迫教育新义[①]

好教育是人生的必需品，如同饭一样。好饭人人愿吃，吃饭也要强迫吗？强迫教育是成了问题。什么要强迫？怎样强迫？强迫谁？我们必定要弄个明白，才能向前干去。否则一味蛮干，难免走入歧路。

求学是顶有趣的一件事，强迫人求学的时代是已经过去了。强迫教育的意义，到了现在，不再是强迫人受教育了。但有许多人拿的是强迫教育的题目，做的是强迫受教育的文章，而且一点也不怀疑，实在令人不解。

好饭人人愿吃，你说的不错，但是有人偏偏不许人吃饭，或许人吃一点点而不许人吃饱。好书人人愿看，但是有人偏偏不许人看书，或许人看一点点而不许人看饱。有些老夫子会驳我说："有人不愿看书。"但是你能点出一个人连图画书也不愿看吗？八岁的令弟[②]已经给了人家做童养媳。我送她一本图画书，她把它当作宝贝样藏在枕头底。一天，她滴着眼泪告诉我，图画书给婆婆撕掉了。大渡口一位小先生告诉我，他的学生是一个铁匠铺里的徒弟，被司务打得不敢再来了。徐家角有一家工厂里的工人要看书，好，凡看书的工人都辞退，教工人看书的先生都得回老家。安庆有几位小先生的头脑壳给老子敲得好痛啊！"小畜生！你要做小先生就不能做我的儿子！那些穷孩子不卫生，你好把微生物带到家里来了。小畜生，你敢，老子收拾你！"看了这些例子，我们对于中国教育所以没有普及的原因，大概可以了解一些，对于强迫求学之迷梦大概可以清醒一些，对于强迫教育之真义也大概可以明白一些了。

我们要强迫有权者允许人求学。我们要强迫有知识者教人。凡阻碍别人求学、教人者都要罚得重，因为他们是妨害整个民族之进步。不识字者本身如不长进，亦当受点小罚，但是无论不识字者之为小孩或成人，强迫之重心要压在家长、店主、厂长、任何机关团体之负责人的身上，才算公平而有效力。铲除民众儿童上进之阻碍，使民众儿童有自动求学之可能，才是普及教育及教育采用强迫手段之真义。

原载《生活教育》第2卷第6期，1935年5月16日

【注释】

①本篇在《晨报·普教周刊》上发表时，题为《普及教育新义》。

②令弟，《生活教育》载文为“令妹”，收入《普及教育三编》时改为“令弟”。

普及教育之歧路

近年来，政教合一之呼声，高唱入云。随着这呼声而来的有了四种不同的实验：一是邹平的乡学；二是长江一带之保学；三是广西之民团干部学校；四是工学团。除了工学团尚属私人小规模试验外，其余三种都有政权在握，总可算是政教合一之实例。他们的全部结果固然难以预断，但从普及教育的效力看来，已经有些话是不得不说了。

就这几个月来的事实说，有些地方竟用保长兼校长。广西的民团干部学校，原以养成国民基础学校师资及能任乡镇村街长民团干部为宗旨，它的校长便是由各区指挥官兼任。最近连国民基础学校校长也要民团长兼任。这样一来，学校是变成衙门，教育是变成办公，创造是变成维持，循循善诱是变成整齐划一。花园里的园丁都可以卷起包袱被回家，因为花园变成草地，只须轧草夫来把草儿轧得一样整齐就行了。这种教育普及之日，便是中华民族生机完全毁灭之时。

邹平之乡学，如果能够避免乡绅偶像，是比较可以走的一条路。因为在这里，学校是替代了衙门，教育是替代了办公，意义是非常丰富。可惜推崇乡绅太过，效力未能充分发挥。

普及教育必须有政治力来推动它，才能有长足之进步。但是政治力如果用得不当，可以毁灭教育。比如蒸汽机能推动火车，但是它也能把火车头炸掉。我们如果做得太过分，要用小官来做校长，虎头牌再挂起来，那么这部普及教育列车必定被它们炸得粉碎。

最后，我要声明：我承认保学、国民基础学校都是普及教育的好组织，值得提倡。我所认为不可行的是保长、民团长兼校长。保长与民团长对于劝学与兴学都应负责，都可以有贡献，但决不可许其干涉校务，更不可责其兼任校长。

出自陶行知编著《普及教育三编》上海儿童书局 1936 年 6 月版

儿戏与儿教

董任坚[1]先生新近在他的《小学生旅行全国》的短评里说了这样一句话："'没有父母带，先生也不在'，简直是把儿教当作儿戏了。"他所引的话是摘录我送给新安小学儿童旅行团的一首诗。这诗的全文是：

没有父母带，
先生也不在，
结伴到上海，
划分新时代。

我到现在还相信这些小孩，到上海来是划分了一个新时代。他们的行动证明了穷小孩的力量。凡是见过他们的人，都觉得他们的力量是出人意想之外的伟大。他们不是把儿教当作儿戏，乃是把儿戏化为儿教。他们本来是"清风明月无人管"，现在都是自己组织起来管自己。他们本来是出不起学费，请不起先生。但是凭着他们的虚心请教，七十二行都做了他们的老师。我这首诗只是一群前进的穷孩子的缩影，绝不是向少爷小姐宣传。这次他们进一步去筹备十省旅行，也不过是穷孩子想去扩大眼界并为别处穷孩子稍稍服务罢了。我想他们的用意决不是叫少爷小姐脱离父母先生去自由行动。虽然这种办法能把少爷小姐造成更有用的人，但是老爷太太是决不放心，因为在他们的心里是有这样的一个黑影：

没有父母带，
先生也不在，
走出大门口，
拐子拐去卖。

这是多么可怕呀！无论你有多么大的力量，也打不破这样的恐怖。谁要教他们的小孩自由行动，那倒是很像“儿教当作儿戏”了。

原载《生活教育》第2卷第7期，1935年6月1日

【注释】

①董任坚，生卒年待考，翻译家，教育家，东南大学教授。曾任南京鼓楼幼稚园董事，上海外国语学院英语系召集人。

通 不 通

张耀翔[①]先生在《教育杂志》上发表了一篇短评，驳我们的“读死书，死读书，读书死”的言论。他拿了许多证据出来证明这三句话不通。还是我们不通呢？还是他不通呢？这个我们愿意等候读者裁判，用不着我们自辩。但是他的短评里是有好几点引起了我们讨论的兴趣。

（一）

当我们劝告青年不要读死书，死读书，读书死的时候，我们接着就劝告大家要：

“用活书，活用书，用书活。”

我们的指针是“过什么生活，用什么书”。不用功的青年固不能借口而丢掉书本，蛀书虫也不能断章取义说我们把书本抹煞。

（二）

张先生说：“近人提倡劳作，不惜毁谤读书。”我们所提倡的是“在劳力上劳心”，而不是寻常学校里的“劳作”。在我所写的论文里，从来没有“劳作”这个名词。我们是要大家参加社会生活里的劳动，而参加这种劳动的时候是要手脑并用。这种劳动，并不是在学校里设一门劳作功课点缀点缀就算完事。有时这些装饰品的劳作，除了开展览会外，是别无用处。甚至于这种功课是侮辱工具，糟蹋材料，加倍消耗。我们之所以反对读死书，死读书，读书死的动机，绝不是为了要提倡这种与当前社会生存需要无关的劳作。

（三）

字典、辞源、电话簿，我们只承认是用的书而不是读的书。当张先生编《中国识字测验》和校对《善恶字汇》的时候，恐怕也只是用字典而不是读字典。用字典是谁也赞成，读字典便是死读书了。张先生还举了《推背图》《烧饼歌》来证明那句“开卷有益”的老话。按他的意思，世界上是没有“死书”，只要是书，都是有用的。好，医学研究所的解剖室里的死尸何尝没有用！你能教大家都来研究死尸吗？你能因为医学家用得着死尸，就说死尸是活人吗？

（四）

“死读书”，他是承认了一半。他说：“一说反复诵读一本不甚了解的书至烂熟为止，便是死读书。私塾里的儿童有这样的事。”但他一转身，又把承认的话吞了下肚。他以为不能责备这些儿童，“因为他们是被强迫使然的”。谁来责备小孩呢？但强迫小孩这样死读书的人，就能宣告无罪吗？

（五）

他又说：“我以为如承认读书是件好事，正不妨多读。……书不像食物，吸收多了会停滞的；倒很像货财，多多益善。”这是多么精彩的一段读书发财论！我肥天下瘦，我智天下愚，本来是同一个人导演出来的两出悲剧。

（六）

张先生又说：“假若有人无需为目前个人衣食而劳作，致全力于读书，不管他是为求学或为消遣，我们都不应非议他。”请问这位致全力于读书的先生的衣从何来？食从何来？正当大众吃树皮草根的时候，读书人还以“致全力于读书”为消遣，还不许人非议。好，“农夫心内如汤煮，公子王孙把扇摇”。我们看到这两句诗，再看看张先生的言论，当作何感想？

只吃桑叶而不肯吐丝的蚕，谁愿养？

（七）

“书呆子是社会的名称，不是科学上的名称。”

他这样为书呆子辩护。但是我们能够因为科学里没有书呆子的名称，就能否认书呆子的病态吗？张先生赞成读经。好，引一句经来证明吧。孔子说：“乡愿，德之贼也。”请问“德之贼”是个科学的名词吗？乡愿能用科学为盾牌而逃避“德之贼”的社会制裁吗？书呆子是个什么人？我就用张先生的话来答复：书呆子是一个致全力于读书的人。他除读书以外，不做别的工作。爸爸病了他不管，妈妈没有米下锅了他不管，穷孩子不能上学他不管，邻居失火他不管，田里大旱他不管，逃荒的人吃树皮草根他不管，黄河决口他不管，甚至于日本夺了东四省，打到了上海都不管。管是管的，《本草纲目》、《孝经》、《齐民要术》、教育统计、水灾报告、“九一八”和“一二八”的历史，哪一样不是读得熟透了吗？然而麻木不仁！这种麻木不仁的人，还不是和呆子差不多？还不要想个法子来为他们诊治诊治吗？

（八）

读书读得太多，把性命送掉，据张先生说，这就是所谓“读书死”。如果世间真有这种人，他倒愿意顶礼敬拜。现在信教自由，谁都让他去崇拜。但是我们对于“读书死”的认识，决不停止在个人的死活上。拼命读书，始而近视，继而驼背，终而吐血以至于夭折。这种狭义的死，固然令人为他可惜，但是更可惜的是未死之前，整个生活之残废麻醉，失却人生的社会正确意义。只管读书，不管父母死活而父母死；只管读书，不顾民族死活而民族死。这样，小己纵然读书成名，升官发财，而袖手坐看大己枯萎，我们要不称他为读书死也不行了。

（九）

张先生说：“嗜书者好沉默，因为他时刻在思想；不爱参加其他活动，因为他已经得着最高等、最愉快之活动。”这几句话实在是一个有闲的书呆子的小影。除了思想宜改为呆想或空想之外，我想这幅小影是画得不错。书是当作鸦片烟吃上瘾了。躺在烟铺上大抽其大烟，虽有南面王也不愿做了。

（十）

不错，“犁耕是劳动，笔耕也是劳动”。但是“只问耕耘不问收获”的时代是过去了。我们必须问为什么耕？种的什么？不管是犁耕也好，笔耕也好，而种出来的东西都是麻醉人的大烟，那么，虽能愉快一时，前途怎样呢？

（十一）

最后，张先生误认读书与求知为一件事。用书只是追求已经发现的知识的一种方法。用书虽然重要，但是如果以书本为一切知识之泉源，那就难免坐井观天了。法拉第[②]做订书徒弟的时候，对于书是订一本，看一本。一次，他装订一部百科全书，看到电气一章，觉得不够味。他以后关于发电机的发明，与其说是从书中得来，不如说是从书不够味中得来。

原载《生活教育》第2卷第8期，1935年6月16日

【注释】

①张耀翔（1893—1964），湖北汉口人，曾留美获心理学硕士学位，他于1935年3月10日在《教育杂志》发表《“读死书，死读书，读书死”通吗》，驳斥了“毁谤读书”的言论。

②法拉第，迈克尔·法拉第（Michael Faraday，1791—1867），英国物理学家、化学家，提出电磁感应学说，被称为“电学之父”。

读《实施义务教育暂行办法大纲》有感[1]

我对于义务教育这个名词，近来根本起了怀疑。受教育是一种权利而不是一种义务。求学好比吃饭。人生在世，要想生存就必得吃饭，吃饭是人权。从来没听过要人家负吃饭之义务。所以拿这个义务放在人民身上是说不通的。但反过来说，政府倒有这种义务。它既是管理众人之事，就负了义务要使得家家有饭吃，人人有书读。故义务教育之新解是政府应该负起普及教育之义务。

中山先生在第一次全国代表大会时所订政纲内是列有“厉行普及教育”一条，为什么要避掉这个富有意义的名词而采用那不合理的“义务教育”。

据《大纲》观察，这义务教育纯粹是指学龄儿童之教育说。这些年来成人教育与儿童教育各干各的，不能打成一片，以致整个教育界起了半身麻痹之症。这次的义务教育办法大纲依旧是与成人教育分家，不能纠正这种毛病，未免可惜。

照中国的贫困情形说来，要想教育普及，必须动员识字者教导不识字者，有现代知识者教导没有现代知识者。识字者和有现代知识者之中，有成人也有小孩。不识字者和没有现代知识者之中，有小孩也有成人。故必须将成人教育与儿童教育通盘计划，造成一个方案才不至于顾此失彼。有些前进的省、市、县已经看到这种重要关键，先后自动试行，已见成效。若教育部能提出一个更进步的方案，向全国推动，当能事半功倍。而这次所公布之片面的《大纲》，实令人难以满意。

《大纲》第二条说义务教育分三期进行。自民国二十四年八月起至二十九年七月止为第一期。在此期内，一切年长失学及未入学之学龄儿童，至少应受一年义务教育。第八条说，在学校数量已足容收当地学龄儿童之地方，凡身体健全之学龄儿童均应入学。违者政府得采取必要之行政处分，强迫入学。李密[2]、王冕[3]都得丢掉牛来上学，丢掉牛便是等于打破饭碗。建议这《大纲》的人，大概是以为李密、王冕是学了神仙，能够全年不吃饭。岂但是守牛的李密、王冕要被教育官逼死，一切砍柴的、卖花的、卖报的、拾垃圾的、扒狗矢④的、打杂的、看家的学龄儿童都得呜呼。还有卖菜的爱迪生，也得被拉来上学，弄得没法去玩科学把戏。

短期小学采用二部制⑤，至少每日各授课三小时。这是可以减少一半困难。李密、王冕的东家要请二个孩子守一条牛，势必把两个人的饭给一个人吃。不知他们的肚子作何感想？不来上学吧，那可怕的罚金又不是王冕的母亲所能胜任。这都是迷信学校之过。倘使允许自学团或生活教育团存在，每人在家中、店中自己所学，只要测验及格，可以算为成绩，又何至逼人挨饿上学？

《大纲》第一条说它的目的在使全国学龄儿童（指六岁至十二岁之儿童而言）于十年期限内，逐渐由受一年制、二年制达于四年制之义务教育。除非中国经济制度在此十年内起了大变动，或是在学校之外运用即知即传人之原则，另组自学团或生活教育团来补充，这几乎是梦想。据十九年度统计，一千一百万小学生，一年要花八千九百四十万块钱。四年的义务教育该有五千万学生。假使私塾完全改良，有一千万学生可以代替。还有四千万学生，每年须费三万五千七百万元义务教育费。十年之内能筹到这笔经费吗？二年的义务教育，每年要多少款呢？原有的一千一百万人之初等教育费，每年要八千九百四十万元。私塾一千万学生的费用不算。其余三千万人作一千五百万计算，须加上一万三千一百万元。假使完全是二部制，打个对折每年也要加上六千五百万元。课本免费，每人每年以五角计算，又要加上七百五十万元。两项共须在原有初等教育经费之外再加上七千二百万元。在第一期之五年内，只施行一年二部制之义务教育，每年经常费除原有八千九百万外，只须加上三千六百万元。但是临时费第一年至少要有二千万元。每省平均今年几乎要加筹二百万元（一小部分为教育部补助费）。羊毛出在羊身上，天灾人祸压迫下之各省的人民都担负得起吗？

《大纲》没有指示出人民继续求进之路。受了一年每天三小时的义务教育就算毕业，就要把座位让给别人来学，就是想继续也没有法子继续。这短期小学若不想别的法子救济，便要变成短命教育。

我写到这里，忽然接着教育部最近颁布的《实施义务教育暂行办法大纲施行细则》，看到第二章第八条的末尾一段，我高兴极了。“在实施义务教育第一第二两期内，学龄儿童之已在私塾或家庭受有与义务教育程度相当之教育者，经当地普通小学或短期小学考查及格，予以证明书，以曾受义务教育论。”这条小尾巴应该当作狮头看。这与《大纲》的纯粹强迫入学的精神是完全不同。有这一条的规定，我所担忧的李密、王冕的饭碗问题以及经费的难关是解决了许多。各省市拟订办法时，一定是要抓住这一点，丝毫不可放松。否则义务教育推行愈紧，愈要增加人民痛苦，并促进农村破产。最好是进一步在学校之外规定家中、店中、任何集团中自学团之地位，以造成文化细胞，使人民有继续长进之可能。《细则》中关于师资方面，亦宜规定识字者无论成人、小孩都有教人之义务，使自学团可以普遍的办起来。关于处罚方面，司务、老板不许徒弟读书亦宜处罚，使自学团不致横受摧残。

原载《生活教育》第2卷第10期，1935年7月16日

【注释】

①该大纲于1935年由国民政府公布。事实上，该大纲并未施行。

②李密，隋朝末年人，有“牛角挂书”之典故。

③王冕（1310—1359）字元章，号煮石山农，亦号石中翁，浙江绍兴人。元末画家、诗人。他出身贫寒，幼年替人放羊，自学成才。

④扒狗矢即扒狗屎，积肥之意，农人收集粪便用作肥料。

⑤二部制，把学生分为两部轮流上课的教学制度。让两部分学生分上下午来校上课的，称为半日二部制；让两部分学生同时在校，交错使用教室、图书室、自修室或其他设施的，称为同时二部制。

新文字创造之商榷

我们干普及教育的人，遇了一个最大的困难，就是汉字难认、难记、难写。所以每逢有解决这个困难的新方法出现，我们是感到极浓厚的兴趣。新近从内山书店买得一本《中国话写法拉丁化》，仔细把它研究一下，觉得它有几个特点应当指出，也有几个缺点应当修正。我现在想把我研究所得的结果提出来，请大家指教。

该书字母表里面说："拉丁化里头一共有二十八个字母。这些字母可以写出北方话中一切的声音，可以写随便什么话。"让我先把字母表摘录下来，请大家看了之后，再行讨论。

中国话写法拉丁化字母表①

大写	A	B	C	Ch	D	E	F	G	I	J	K	L	M	N
小写	a	b	c	ch	d	e	f	g	i	j	k	l	m	n
读音	啊	白	此	尺	得	厄	非	革	意	意	克	勒	没	内
注音字母	丫	ㄅ	ㄘ	ㄔ	ㄉ	ㄜ	ㄈ	ㄍ	ㄧ	ㄧ	ㄎ	ㄌ	ㄇ	ㄋ
国际音标	a	p	t‘s	t‘ʃ	t	e	f	k	i	i	k‘	l	m	n
大写	Ng	O	P	R	Rh	S	Sh	T	U	W	X	Y	Z	Zh
小写	ng	o	p	r	rh	s	sh	t	u	w	x	y	z	zh
读音		哦	丕	二	日	四	十	特	五	五	黑	雨	子	纸
注音字母		ㄛ	ㄆ	ㄦ	ㄖ	ㄙ	ㄕ	ㄊ	ㄨ	ㄨ	ㄏ	ㄩ	ㄗ	ㄓ
国际音标	η	o	p‘	er	ɜ	s	ʃ	t‘	u	u	x	y	ts	tʃ

中国话写法拉丁化运动比较注音字母及国语罗马字母运动是有下面几个特点：

（一）它要造出新文字来给没有工夫读汉字的人去读，不是用字母来

① 表目系编者所加

为汉字注音；

（二）它要运用连词来打倒“平上去入”四声的符号；

（三）它要根据中国各地的发音来规定各地的标准音；

（四）它要写出大众语来代替文言和半文言的白话。

这些特点都是应该采取的。但在方案里面，我发现了几个缺点，如果能够修正，必于大众求学上有好多便利：

（一）新文字的字母还有正写、草写、大写、小写的分别，这是应当彻底地把它们合一起来。我们知道正草、大小体只是西洋文人玩的把戏，中国不必再去抄袭这个笨重的花样。虽然世界语也不能脱去这种陋习，但我们不应该再跟着它瞎跑。新文字虽然只有二十八个字母，但如果不把正草、大小各体的区别消灭掉，一个初学的人是不啻要学一百个不同的字母。

（二）新文字的字母里有两个不必须的字母——j 和 w。j 与 i 同音，w 与 u 同音。在词儿的开头用 i 用 u，在词儿的第二第三音段用 j 和 w。例如“要不要”是写作 iao—bujao，“舞不舞”是写作 u—buwu。这样一来，第一个要字和第二个要字是不同了，第一个舞字和第二个舞字也不同了。一个初学的人的头脑是要被这种变化弄昏了。其实只要用一个界音的符号，就可把这两个字母省掉了。如是，要不要可以写作 iao—bu'iao；“舞不舞”可以写作 u—bu'u。界音符号，总是要用的，只须把它的用途扩充一下，就省掉了 j 与 w 两个字母。

（三）清浊子音研究的结果没有运用。例如 bp、dt、gk 等，还是用不同的字母来代表。其实，这六个字母只要有三个字母代表就够了，其余三个只要买顶世界语的帽子给它们戴一下就行，例如 pp̂、tt̂、gĝ，这样一来，又不是省了三个字母了吗？

（四）复杂母音中 ai、ei、ie、ia、iao、ua、uai、ui、uo、ye、yo 是合乎拼音原则，ao、iao、iou、ou 是跟着习惯跑，不合乎拼音原则，应当修改。至于怎样修改，我现在还没有研究好。

原载《生活教育》第 2 卷第 12 期，1935 年 8 月 16 日

跟西桥学

村里没有钱，办不起学校，怎么办?

等等等，等到胡子白还没有地方求学，怎么办?

只有一个办法：跟西桥学!

西桥是一个江南的穷苦的农村。去年春天澧桥有一位觉悟的苦学生，名叫承国英[①]的，在这里邀集了几位农友，开办了一个西桥小学。承君除自己尽义务外，还以他的稿费供学校开支，农人也尽力担负。村外朋友看见他们干得起劲，也时常来一点小帮忙。他们干了两个月便加入普及教育运动，小朋友几乎每人都做了小先生，精神十分充足。

不久，旱灾来到，农村几乎破产。出版界的不景气又堵住了稿子的出路。承君忧劳过甚，不得不来沪暂事休养。大家都以为西桥要停顿了。奇怪得很!西桥不但没有停顿，并且干得更有精神。

现在西桥小学是在六位小先生手里，这六位是第一代小先生。他们已经把六十几位小学生统变成第二代小先生。西桥的小学生是没有一个人不做小先生，更有意义的是那六位主持的小先生轮流依时刻来校教人自修，余时仍在田园里或家庭里做工赚饭吃。这里我们所看见的是真正的儿童自动工学团了。它指示了中国普及教育一条正确的路线。

我最近收了西桥小先生几封信，大受感动，特在本期通讯栏介绍给大家一看，想大家也必受同样感动。

原载《生活教育》第2卷第13期，1935年9月1日

【注释】

①承国英，江苏宜兴人，西桥工学团创办者。

大众读书谈

（一）卖报孩子

“你们把报卖给别人看，自己也能看报吗？”

“看不懂。”

“读了书，就会看报，你们愿意读书吗？”

“愿意的，可惜没有人教。”

“我们请一位先生来教你们，好不好？”

“好的。先生哪一天来？”

“说来就来。你们早报什么时候卖完？”

“十点钟。”

“晚报什么时候卖？”

“五点钟就要去贩报来卖。”

“你们要读书，总得要找一个地方。哪家的房子大些，可以去借借看。”

“吕公义[①]家里大些，和他妈妈说说看。”

“读了书，要教人。我们请先生来教你们，你们还要教家里的人和邻居的穷孩子，愿意不愿意？”

“愿意的，不会教人怎么办？”

“读一课，教一课，怎么不会？如果真的不会，请教先生。”

“好的。我教妈妈好不好？……我教小妹妹行吗？”

“行！每个人教两个人。一面温书，一面教人，把别人教会了，自己的功课也温熟了。一弹打中两只鸟，对不对？”

“对！一弹打中两只鸟。”

吕公义得到妈妈的许可，卖报儿童工学团出世了。这里有一张八仙桌，凳子不全，有些小孩子要站着上课。黑板、地图是捐来的。一位青年天天来尽义务，来教他们二小时。他们每人要教别人半小时。他们靠卖报吃饭。卖报就是他们的工。每天求些新知识，就是他们的学。有了这个小小组织，遇事大家商量，就是他们的团。这是一个小小工学团。这是一个文化细胞。他们已经读完四册《老少通》，接着读《高级市民课本》[2]，并学看他们自己所卖的报。

（二）小农人

"你们办的儿童工学团有几个小先生？"

"九个。"

"有几个团员？"

"八十几位。"

"你们遇着最大的困难是什么？"

"我们做了小先生，全天在团里工作，家里少了一个人，事做不了，饭不够吃，父亲埋怨哟。"

"你们父亲怨得很对。你们为什么丢掉饭碗、工作来做小先生啊？"

"那么，怎么办呢？"

"你们素来在家里干什么事？"

"跟父亲种田、种菜、种瓜、守牛……"

"好，种田的仍旧种田；种菜的仍旧种菜；守牛的仍旧守牛。抓住你的饭碗求学，抓住你的饭碗教人。每天学一点钟，教一点钟，试试看。"

"这样，家里的人就高兴了。不过儿童工学团的功课不是减少了吗？"

"那是当然的。如果不减少功课，这个工学团就要变成一个吃人的学校，而不是一个自救救人的工学团了。"

"对！我们九个人轮流来教。"

在这个方针指导之下，杭茂祥[3]小先生来信说："我在农场上种了西瓜，常常要捉虫浇水。我从做上学种西瓜的方法。现在正有很大的西瓜结着。我的试验成功，可以自己安慰自己啊。"杭金洪[4]小先生也来信说："在九个小先生之中，分两班，一班在上午教人，下午回家工作；另一班在下午教人，上午工作。"

"小先生有饭吃了！"这"有饭吃了"四个字是说得太容易，但是抓住工作去求学教人是小农人上进的重要法门，那是无可怀疑了。

（三）女　工

“你为什么要办这个学校？”

“我们厂里十二点钟放工人出厂吃饭，一点钟才许工人进厂做工。我们吃饭只须十分钟，足足有半小时闲着，常常有男人跟着我们盯梢，实在讨厌。因此我向姐妹们提议大家来读书，赞成的有二三十人，我们就开办了。”

“你们怎样借到这个课堂？”

“起初我们是在一个弄堂里露天上课，那些男人还是跟来围着。我们不得已，只好和这里校长商量借一个课堂给我们。本来小学校是十二时放学，一时半上课，课堂是空着，校长又热心，就借给我们，从此我们是能安心了。”

“我看你教得很好，你是在那里读过书？”

“我在民众夜校里读过书，现在还是每天晚上去求学。”

“你为什么要这样吃苦教人？”

“我既得了一点小学问，就应该帮助我们小姊妹。这是我的责任。我很高兴干，并不苦。”

这位热心的女工，早上要走八里路来上工，晚上要走八里路回家。除了做十一点钟工外，午刻要教半小时功课，晚上要求一小时学。她的学校已由二三十人增加到一百人，由一校而分为两校。我十分高兴的提出这位新时代的女子来做我们的表率。我不愿意说出这个学校的地址，因为一说出来，一定有许许多多人要去参观，她们只有半小时，哪有这许多工夫来招待呢？读者如果一定要参观，即请各人自己办它一个，就近参观好了。

（四）识字农人

“你从前在那里读过书？”

“在私塾里读的。”

“读了多少时候？”

“八个月。”

“操先生[⑤]来过后，你跟他学过多少时候？”

"两个月。"

这是一年半前我和孟根根[6]的对话。那时他拿了他亲笔写的五万字的日记给我看，使我得到一个很大的暗示。一位受了八个月私塾死教育的农人是一封信也不会写，经过两个月的新启发，居然能把死字活用，写出生动之农人文学，这不是一件大事吗？在私塾教育的基础上改造农人的头脑与文化是我们今后必须努力的一件工作。改造现存的私塾，使这基础易于接受现代文化，更是农人读书之一大助力。

（五）送花车夫

"你们这样夜深呆等在这个荒野的地方做什么？"

"等农人送花来，拉到上海去。"

"天天在这儿等吗？"

"风雨无阻，天天来的。"

"什么时候等起，等到什么时候？"

"从晚上十时要等到十一时。十二时是必须拉到。"

"一共有几部车？"

"两十部。"

"你贵姓？叫什么名字？"

"我姓王，名字叫兆其。"

"我去请一位先生，天天晚上在桥边教你们读书好不好？"

"欢迎。我们一到这里就读，等到花来就歇，每晚可以读一个钟头咧。"

义务先生已经请好，正在预备开课了。

（六）小车上流动工学团

"你贵姓？"

"我叫老吴。"

"你这部车能推几个人？"

"男人六个，女人十个。"

"你推来这些女人是做什么的？"

“她们是纱厂工人。”

“几个钱推一趟?”

“包月的。每月一元四毛大洋一个人。每天一接一送。”

“每天什么时候送，什么时候接?”

“我早上五点钟推她们去，要到五点三刻才到厂。晚上六点钟我去工厂旁边等她们，要到六点三刻才能把她们送回家。”

“你每天推几个人?”

“有九个人包了我这部车。”

“好，吴大哥，谢谢你！你车上这九个人当中有认得字的吗?”

“那个，我不知道。”

谈了这几句话，在我的脑袋中浮出了一个小车上的流动工学团。在小车上教女工读书是一件极自然而经济的事。我们如果在每部车上找到一两位识字的女工，这件事就会办得成功。叫识字的坐在中间，不识字的坐在两边，拿起书来教，这是多么便当啊。手车是手工艺时代最高之发明。除非是上海交通制度起了根本的变化，这手车是什么东西也打它不倒。有轨电车、无轨电车、公共汽车都不能把它排挤掉。一部车上坐十个人，每人一元四角，车夫再推一些零星客人，就可以糊口。女工每月出一元四毛便可坐六十次车，每次十里只花铜板八个，那是最经济了。现在已经有人自告奋勇，试办手车流动工学团，我们预祝它的降生吧。

原载《读书生活》第2卷第6期，1935年7月25日

【注释】

①吕公义，报童，报童工学团团员。

②高级市民课本，由陶行知主编，世界书局印行的民众教育教材，分为国语和常识两种读本。

③杭茂祥，后改名为杭科中，江苏宜兴人，西桥工学团小先生。

④杭金洪，江苏宜兴人，西桥工学团小先生。

⑤操先生，操震球，晓庄师范的第一期毕业生。

⑥孟根根，山海工学团所在地的青年农民。

普及教育之组织与方法[1]

每一种运动，具备了客观条件之后，必须有适当的组织和有效的方法，才能达到它的目的。普及教育运动要想成功，也必须同时注意它的组织与方法。例如新近提倡之保学（即每一百家所在之处设一学校）、二部制（即一个学校作两个学校用，缩短上课时间，加倍收录学生）是属于组织；即知即传，包括小先生及传递先生是属于方法。组织与方法是有互助作用，如果彼此排斥，结果只是把一部汽车变成一部手车，慢慢慢慢地走，教人看了好不耐烦心急。

这几个月来时常听见有些教育官说出这样的话："我们有了保学，用不着小先生了。""二部制能加倍收学生，不必再采用小先生。"福建有好几县运用小先生干普及教育，成绩干得很好，而省教育厅在他们头上只是浇冷水。当他们请求备案的时候，他们所得到的批语是："可不试办。"这都是看重组织轻视方法的官僚态度的具体表现，结果只是走上"教育不能普及"之路。我也不能拉他们回来，只好喊他几声，如果不愿听，那只好等他们走到"此路不通"再走回来吧，除此还有什么办法呢？

我说他们是走上"教育不能普及"之路，不是没有根据的。即以保学[2]而论，每保设一学校，那是谁都赞成，但要普设保学已不是易事，若排斥"即知即传"，单凭保学来普及全保人民之教育更是困难了。何以见得呢？我们看教育部最近统计全国初等学校是有廿五万八百四十所，岁出经费是八千九百四十万。全国设起保学来，应该是一百万所保学。这增设之七十五万保学要多少钱来办啊？我们只须一看教育部及各省筹划那很少数之义务教育经费之困难，以及当前之水灾，就知道如不运用"即知即传"的原则，连"保学"也不易普设。即使有少数地方运用特殊进款把"保学"全设起来，它若不运用"即知即传"的原则，仍不能普及保学的教育。一个保学教师唱独角戏，最多教他四五十个小学生就要算他能干。但是一保的人口是有五百人啊！若说轮流抽教，那么"东园草除西园长"，这种一曝十寒之文化工作究有多大用处？

况且“即知即传”的目的是要造就“知识为公”之人才。即使学校普遍设立，若所造就的人才不肯即知即传，大家据知识为私有品，那么教育普及之日亦即守知奴繁殖之时，我们的心血可算是白费了。

我们现在可下一结论：保学与二部制都是普及教育的好组织，它们必须同时采取“即知即传”之方法，才能发挥它们的力量。

原载《生活教育》第2卷第11期，1935年8月1日

【注释】

①本编在《晨报·普教周刊》上发表时，题为《组织与方法——普及教育问题之一》。

②保学，以十家为一单位办理的乡村学校。当时曾在长江中下游试行。

再论普及教育之组织与方法[①]

组织与方法应该打成一片，才能发出力量。这个道理，我在上一期的本刊内已经略为说明。同时我指出了主张保学、二部制、短期小学诸位先生排斥“即知即传”和“小先生”之错误。现在觉得还有一些意思没有说完，要借这个机会补充出来。

（一）保学采用“即知即传”便一变而成村学、家学。照中国现在的力量，多数县份只能办到一乡设一小学，或一联保设一小学。教育部新近订定每一千人之地设一短期小学，每五个小学区至十个小学区，即五千人至一万人之地，利用一普通小学为中心小学，这就表示迷信普及学校式教育现在所能达到之限度。所以保学还只是少数地方才能办到。但是如果采用“即知即传”之方法，有了传递先生和小先生之帮助，则乡学或联保学立刻可以分裂而成保学。力量能办保学的，如果采用“即知即传”方法，立刻可以分裂而成村学、家学——一村乃至一家是成了一个文化网或文化细胞。

（二）二部制采用“即知即传”便一变而成多部制。现在所提倡之同时二部制或半日二部制还跳不出学校范围，因此很难超过二部——每教师教两级。倘使运用“即知即传”的道理，每教师教一百人，这一百人每人教二人，统共是教了三百人。这样一来，从人数说它是一变而成了六部制，若从教育场所说是一变而成了几十部乃至一百部了。西桥[②]现在一个大先生也没有，六位小先生教六十几位小学生，这六十几位小学生，同时又做了小先生教导一百余人，总共是有二百人受教育。它是没有大先生也办成了等于四部制的东西。问它怎样能够办到如此地步，只须采用“即知即传”的方法即能办到。

（三）短期小学采用“即知即传”便一变而成为长期学校。短期小学是一个不幸的名字。它给了大众一个“短命文化”和“学问有止境，并且止得很快”的不良的暗示，但我们也不必在名词上去推敲。如果短期小学之提倡者，同时提倡“即知即传”“小先生”“传递先生”，那么这所短期小学在质的方面立刻起了变化，在量的方面立刻加倍又加倍。它无须叫学生学了一年便停学，因为免费教人的先生多了许多倍，大家都可以继续求进了。这样一来，短期教育是一变而成为长期教育。

中国是从半殖民地很快向着殖民地进行。帝国主义之侵略加上了天灾，是不能梦想花许多钱来办教育。在这义务教育开始的时候，教育部努尽了力，从国库里只弄到二百四十万元充义务教育经费，加上边疆教育费五十万，庚款八十万，总共只有三百七十万元，分配全国，如何够用？各省自筹之六百八十万，能否筹足已成问题。即使勉强筹足，也是羊毛出在羊身上，无非是增加老百姓的负担。穷困如此，还不采用穷办法，真是令人不解。即使有钱，也当充分采用"即知即传"的原则，令人民自求长进。那省下的钱可以治河、造林、修路……一定要拿来任性挥霍，也不是老百姓所希望的吧。

原载《生活教育》第 2 卷第 11 期，1935 年 8 月 1 日

【注释】

①本编在《晨报·普教周刊》上发表时题为《再论组织与方法——普及教育问题之二》。

②西桥，指承国英等小先生创办的西桥小学。

大不如小

新近有一位乡村运动者从江西来和我见面，我问南昌社会服务团里学生教人的成绩怎样？他说："大致不错，中学生不及高小学生干得起劲。"他这断语不是根据测验的统计而是根据个人的观察。但从理论方面推测，他的话也是对的。我接着对他说："在即知即传的工作上，大学生还不及中学生咧。你们若大胆的起用了初小学生，将见初小学生比高小学生还要干得起劲咧。"对！根据即知即传的原则去普及教育是大学生不及中学生，中学生不及高小学生，高小学生不及初小学生，可惜现在明白这个道理的还是很少。只有干实际工作的人和看重实际经验的人才能了解。这种现象不是偶然的，它是有内在的原因，也不难说明。

根据我的观察，至少有两种原因说明这个"大不如小"的现象。第一，小学生生活单纯，能专心做即知即传的工作。年纪渐渐的长大，生活便渐渐复杂起来，使他分心不能起劲的干了。不说别的，大一点的学生是有恋爱问题、会考问题、职业问题等来扰乱他，这些问题有的人是会一齐遇着。依我看来，只要有一个问题发生就叫他受不了，就叫他再也没有热情去教人。第二，小学生天真烂漫，知识私有的习惯未成，很愿意把知识拿来送人。年纪越大，中了传统的毒也越深，要他拿出知识免费教人，就觉得有些不自然。有了这两个原因，所以在即知即传的工作上是发生了"大不如小"的奇象。

我今天接到小先生杭茂祥的信，更是得了一个强有力的证据。一位老太太要念经，请一位青年指教，青年不肯；而小学生得到这个差使，就好像得到了一件宝贝似的。这是足以证明小学生肯做大学生所不肯的一件重要的事。即知即传是大不如小，我们要赶快转移我们的信念，普及教育才有长足之发展。

原载《晨报·普教周刊》1935年9月24日

再谈大不如小

在中国民众中做“即知即传”的工作，大学生不如中学生，中学生不如高小学生，高小学生不如初小学生，前次已经举出几件事实来证明，并且在理论方面推究出“大不如小”之原因。现在我还要举出一个重要的铁证来请大家看。

南昌动员高小学生到人家去教人识字，从表面上看来是出于慎重的态度，无可批评。但因为他们忽略了初小学生的力量，就出了很大的岔子。当这些热心的高小学生走进人家去找学生的时候，老太婆们把年青的媳妇和姑娘都藏在房里，不许出来跟这些年青的少爷求学。问起来，老太婆只说是她家里大家都识字，不识字的只有她自己。依内地老太婆的眼光看来，高小学生已经是危险分子，年纪轻轻的娘儿们和年纪轻轻的男子在一块研究，成何体统？她是有些不放心。倒不如痛痛快快的给他们吃闭门羹，可以省点事。假使教育行政当局重用初小学生来推广女子教育，就能势如破竹的得到胜利，决不致于有这样不幸的结果。

原载《晨报·普教周刊》1935年10月1日

亭子间工学团①

——跟华荣根学②

华荣根，父母以卖花为业，租得亭子间一所，同时是工厂、卧室、饭厅。荣根还在里面办了一个小小工学团，教八个穷小孩。他每天还跑五里路去求学，我参观时大受感动，回来写了几首小诗，愿弄堂里的穷孩子都学华荣根和他的小学生。

一

吃饭在这里，
睡觉在这里，
做工教学在这里，
富翁惭愧死。

二

爸爸也卖花，
妈妈也卖花，
字儿认得一担担，
字大像冬瓜。

三

跑五里路来，
跑五里路去。
去是叫人来求学，
风雨无阻。

四

学一两点钟，

教一两点钟，
他有一个大信仰：
知识为公。

出自陶行知编著《普及教育三编》上海儿童书局1936年6月版

【注释】

①亭子间工学团，亭子间原为上海旧式楼房中的小房间。多置于房子后部楼梯中侧，租金较正房便宜很多，常为经济困难者所租用。该工学团因设在上海的亭子间内而得名，其创办者是方友竹，即当时全国教育工会党组书记兼主席方明。

②本篇最早刊载于上海《晨报·普及教育周刊》（1935年10月29日），原题为《亭子间工学团小影——跟华荣根学》。《生活教育》第2卷第18期1935年11月16日刊载时，删去诗歌前文介绍，并易题为《亭子间工学团》，文中诗歌亦有所改动，原诗第二节：“字儿认得一担担，/字像大冬瓜。”改为：“字认得一大担，/大如东瓜。”

是谁不灵

一位朋友告诉我说，有一位要人告诉他说："上海的小先生不灵，失败了!"我安慰我的朋友说："小先生没有失败啊，真正失败的不是小先生。"且听我说来。

一次我把一架干电收音机送给一位好朋友，并写了一张说明书给他保存，指示他如何管理，如何换电，哪里灌电，哪里买干电。起初他用这架简单的收音机，不用接电线和天线就能听见许多好听的音乐，他很高兴。过了一个多月，当我再到他家里会他的时候，他告诉我说，你的收音机不灵！我问他可曾依照说明书办。他说没有。我叫他把说明书找出来，让我再指点他一番。他去找了好久，回来说，找不着了。我去找了一位无线电的小先生来为他的收音机医治一下。收音机复活了！

今年夏天上海有好些学校都叫高年级小学生到家里去教人。大先生好像是对小学生说过这样的话：识字可以救国，你们可以趁暑假去教一两个人，帮助扫除文盲，等到开学，再来报告成绩。说了这几句轻描淡写的话，他的责任就算尽了，以后再也没有过问。开学后一查，没有多大成绩，一口咬定说：小先生不灵！这样的大先生和断定那架收音机不灵的朋友是道同志合。小先生受了这种冤屈到哪里去申？

一个农人要想有些收获不是撒播几把种子就算了。他把种子撒下之后，必须锄草、分栽、施肥、灌溉、除虫、抵抗剥削，从事多方面努力，才能有碗饭吃。只问耕耘，不问收获，固然不对；只想收获，懒得耕耘，何能有成？

所以与其说是小先生不灵，不如说是大先生不灵。若不然，翁家山[①]的小先生又何以灵？南通教导十四万人的保甲小先生又何以灵？

小先生这个办法还没有一个地方好好的给它试行过。人都说安徽是全省推行教生即是全省推行小先生。其实，安徽对于小先生只是像私人劝导的干法，不能算为一个真正的试验。新近广西才预备认真的开始作有系统的进行。小先生的脚迹虽已跑进二十五省市，但惟一的有系统的实验，到现在还只有广西。小先生运动还只有前哨的接触，现在就断它失败，是未免太早一些。

原载《晨报·普教周刊》1935 年 10 月 15 日

【注释】

①翁家山，指白动生领导的杭州翁家山小学。

邹平之共学处

中国单靠短期小学，普及教育是难办得通，我从前已经说过。邹平[①]是把事实揭开了，照山东教育厅颁布的办法，邹平在本年度应添设短期小学二十五处，每处容四十人，约收一千人。失学儿童有一万零六百五十名，要十一年才能教得了。在这十一年当中，我们得记着，邹平的女人所生的孩子还是要一年一年的加入到失学儿童的队伍里来。经费除由上级机关少数补助外，余令由十九年军事垫款及义务教育基金拨充。这种基金，非常年收入，只足一年开支。若短期小学逐年扩充则经费更无法筹。邹平如此，别县可想而知了。

邹平在这种困难包围之中，是想了一个共学处的办法来代替短期小学。这是很值得注意的一件事，因为在那千篇一律的官样文章的案卷里，想要找出像邹平这样的办法简直是如同沙里淘金。

试看共学处的组织。凡设有乡学、村学之村庄，六足岁至十四足岁之失学儿童均须入处就学，称为学友，三人至十人组织一处。每处设导友至少一人。由乡学、村学学生担任。乡村学教职员则担任巡回导师。现规定每乡学、村学至少须设立共学处十处，以乡学十四所，村学四十所计算，到明年上半年，至少就有五百四十个共学处出现。少则可以增加一千六百学生，多则可容五千四百，都是超过短期小学指定名额。但是那个无以为继、令人烦恼的经费问题是烟消云散了。

我对于邹平的共学处是大致赞同，但有几点认为有考虑之必要。一、邹平各村庄已经设有三百二十一个村立小学（这与村学有别），共有一万零四十四名学生。照字面看来这些学生似乎是要等到乡学、村学、共学处风气播动之后方才动员。普及的路程是否一定要由乡学而村学、再由村学而到所谓村立学校？村立学校的师生一定有许多早已同情这个干法，硬要把他们排在最后的一排，似乎是把力量耽误了。每处名额定为自三人至十人，有些呆板。能干的导友担任二三十名学生是余勇可贾，能力小的担任三人吃不消，教一人二人倒能胜任愉快，又何苦一定要他教三人呢？每日授课时间似定为一时、二时两种较有弹性而更合农村情形。有的小孩在家里帮忙做活，又加上两小时功课，恐怕体力不能支持，倒不如延长年限，缩短每天上课时间。

最后，我看邹平的办法与其说是短期义务教育，不如说是长期普及教育。他们之所以称它为短期义务教育还是出于不得已，要应付上司罢了。因为既是共学处，便该继续的向前学。短命的文化有什么用处？

总之，邹平所指示给我们看的是：共学处可以超过短期小学所收的效果而不必费短期小学所要花的那么多的钱。同时，我建议，凡是办了短期小学的地方，充分运用短期小学前进的学生成立共学处一类的组织，必可事半功倍。这样，我们就能从短期小学出发，而走到长命文化的大路上来。

原载《晨报·普教周刊》1935 年 10 月 22 日

流通图书馆与普及教育

流通图书馆的意义，只要看一看它的名字就能明白一个大概。从藏书到看书，从看书到借书出去看，这过程是代表了图书馆发展之三阶段，也就代表了普及教育发展之三步骤。让人借书出去看是流通图书馆的特性。但是借给谁看，怎样借法是成了问题。这些问题如果不弄明白，则流通图书馆不免要做成知识分子及有暇阶级的高等听差，负不起普及教育之使命。

（一）借给谁看？对于这个问题，我毫不迟疑地说："借给大众看。"识字的，借深一点的给他们看。不识字的，借图画书给他们看。图画书不够用，就赶紧的要求作者和书店赶紧的编。流通图书馆的对象是大众，它必须为劳苦大众充分的服务，才算是一个真正的流通图书馆。

（二）怎样借法？现在穷人借书最大的困难有两点：一是没有钱，二是空闲少。我们必须根据这两点来修改借书手续。平常流通图书馆要保证金，少则五毛，多则一元二元。只是这个条件，已经把穷光蛋赶到门外去了。我提议只要介绍人，不要保证金。有些图书馆还要借书人亲自来借。这在有闲的少爷、小姐看来，并没有多大困难，但一天忙到晚的大众就觉得为难。这当然要允许别人代借。干这件事最觉得便利的，那是无过于小先生了。小先生代替学生借书，是一件应当鼓励的事。

现在各省市提倡识字运动，成千成万的大众继续不断地加入到读书的队伍里来。"哪里找书看"是成了一个迫切的问题。若不赶紧提倡流通图书馆，这些人将因没有继续读书的机会而把从前读过的书都荒疏了。我心目中的流通图书馆是小规模的。它在拯救文化饥荒的地位看来是一个小饭馆。这种文化小饭馆要普遍的设起来：一镇一个，一村一个，一街一个，一弄堂一个！当然，一县、一市、一乡设一较大规模之流通图书馆，更能收指导沟通之效。但我所怕的是有了高级的流通图书馆，就忘了低级的流通图书馆。最合理的办法是敷设流通图书网。但与其等待大规模的敷设，不如从小做起。花一二十块钱办一个弄堂或乡村流通图书馆是轻而易举。这是每一位热心提高大众文化水准的人都能做得到的一件事。这样的小小流通图书馆，大众自己就能约几个人凑几块钱办它一个。如果有这样的流通图书馆产生，那是更有意义了。

原载《生活教育》第 2 卷第 18 期，1935 年 11 月 16 日

怎样写大众文

我们要知道怎样写大众文，先要知道白话文的毛病在哪儿。

白话文，
教人聋。
读起来，
听不懂。

谁听不懂？大众听不懂。它写的不是大众的事，所以听不懂。它写的句语不合大众说话的口气，所以听不懂。因为听不懂，也就看不懂。白话文，不但大众听不懂，就是读书人也很难听得懂。

我们知道了白话文失败的原因，就可以明白大众文应该怎样的写法。大众文应该写大众需要知道的事。大众文应当照大众说话的口气写。

我们的眼睛看惯了古文、白话文，容易引我们走错路。比较起来，还是耳朵靠得住。我们的耳朵是和大众接近些。所以写大众文的一个好方法，是请我们的耳朵出来指导我们。凡是耳朵听得懂、高兴听的，才把它写下来。

根据大众语，
来写大众文。
文章和说话，
不能随便分。
一面动笔写，
一面用嘴哼。
好听不好听，
耳朵做先生。

这位先生，人人随身带着，很方便。只要我们肯得虚心问他，他总是愿意指教我们的。大家还要记着，他是一个钱的学费也不要。

从前，有一个人家床上生臭虫，懒得捉，越弄越多。正愁着没得办法，看见报上广告说到一家药材铺有臭虫药出卖，他欢喜极了，连忙去买。花了三个铜板，得了一个白纸包，回家打开一看，没有药，只有一小块纸，上面写着一个字："捉！"

有些人看见商务印书馆的《出版周刊》说我编的《老少通千字课》是根据大众语写的，就来问我大众文是怎样写法。我也学那药材铺的榜样，送他一个纸包，里面写的是："请你的耳朵教你。"

原载《生活教育》第2卷第19期，1935年12月1日

再谈怎样写大众文

我们的耳朵虽是顶方便的先生，但不是顶靠得住的先生。因为我们听得懂的文章，大众有时听不懂。所以顶靠得住的先生是大众的耳朵。工人、农人、车夫、老妈子、小孩子的耳朵都靠得住。你做好一篇文章，读给他们听听。如果他们听不懂，你要努力的修改，改到他们听懂了，才能写成大众文。小众听得懂而大众听不懂的文章，决不能冒充大众文。好的大众文还要大众高兴听。如果小众高兴听而大众不高兴听，决不能算为好的大众文。

文章好不好，
要问老妈子。
老妈高兴听，
可以卖稿子。
老妈听不懂，
就算是废纸。
废纸哪个要？
送给书呆子。

我们要想写大众文，把大众文写得好，必定要请大众的耳朵做我们的先生。上面的两首诗是一位工人学生张妹给我改的。在《耳朵先生》的一篇里，中间一段，原来的稿子写的是：

语文要合一，
不能随便分。
笔儿没有动，
先用嘴儿哼。

我自己的耳朵是给他及格了，但是大众的耳朵听不懂。我得到张妹的帮助才改成：

文章和说话，
不能随便分；
一面动笔写，
一面用嘴哼。

《老妈子先生》一首的末尾两句，原来写的是：

废纸有谁要？
只有书呆子。

也是因为张妹的耳朵的帮助，我才改成：

废纸哪个要？
送给书呆子。

看了上面所举的两个例子，我们对于大众的耳朵纠正我们写文章的力量是无可怀疑了。

当然，一般大众对于新名词也是听不懂。这里我们是要解释明白，使他们能懂，才算是对大众的解释。有些知识分子是越解越叫人糊涂。要教大众前进，新名词是不得不用，但是大众所需要的新名词，是必须努力在可能范围内根据大众语来创造或改造。例如科学上的“草履虫”为什么不改作“草鞋虫”呢？

原载《生活教育》第2卷第18期，1935年11月16日

店员与普及教育①

从前和现在，店铺是一个做买卖的地方，店员是一些做买卖的人。为着要使买卖做得好，店员们也做一点很狭窄的教育工作。例如教导徒弟打算盘、开发票、记流水账、招待主顾等等。不知不觉的，每一个店铺是成了一个小小的职业学校。在这个非正式的职业学校里，有先生，有学生，有毕业。并且学生的缴学费，不一定是银子，平常扫地、抹桌、铺床、叠被、冲烟袋、倒便壶，都可以打在学费里面去。

新时代的店员对于这种狭窄的教育工作必定是觉得不能满意。他自己觉得他不但是一个商人，并且是一个中国人，是一个世界人。他不能丢掉饭碗去进学校，但他觉得必须追求现代知识，才能把自己造成一个现代的中国人和世界人。那么到那儿去追求现代知识呢？想来想去，只有一个法子，就在店铺里，把狭窄的教育工作扩充为广义的文化活动。

店铺里每个店员都要抱着“即知即传人”的精神去共求长进。识字的应该教不识字的，程度高的应该教程度低的。这样一来，每个店铺是成了一个“自学团”或是“文化细胞”；每个店员是成了一个继续长进的学生，同时是一个传递文化的先生。在这里，教人是人人应尽之义务，我受人教就该教人。

接受了上面所说的原则之后，我们就可以具体的进行了。不识字的先教他们读《千字课》，同时找几本图画书给他们轮流看看。识字的大家凑点钱，买一两份报，订几份杂志。加入一个流通图书馆借书出来看。每星期可以举行一次讨论会，学问上遇着自己不能解决的困难，可以通讯问人。有谁可问，这只要在报纸杂志上随时留心就知道了。遇着机会随时向别家店员或朋友谈谈心得，也能发生一些效力。但是有一件事要注意，不要因为求知教人而耽误了店里的工作。我们如果花费时间太多，误了店里的事，老板一出来干涉，饭碗就会敲破。饱着脑子，饿着肚子，哪能长久呢？

原载《民生教育·创刊号》第1卷第1期，1935年11月10日

【注释】

①本篇原载《民生教育·创刊号》1935年11月10日第1卷第1期，题为《店员与普及教育》。后载《安徽教育辅导旬刊》第1卷第20期时易名为《普及教育与店员》。陶行知将其收入《普及教育三编》时，复更名为《店员与普及教育》。

家庭妇女与普及教育

近来有几位前进的家庭妇女关心普及教育，并想对普及教育努力，这是一件可以报告的好消息。她们来和我讨论了好几次，我对于她们的建议有二点，现在写出来请前进的妇女们指教。

（一）开放家庭 中等人家的门户是不肯开放的，如肯开放，只是打麻牌，约外面的人来赌他几天几夜都可以，但是你要他开放出来干点教育文化的工作，那是很难得到许可。他们有的是宽敞的房子，却让它空在那儿不肯借给人用。穷人的家庭就不然。他们所有的只是一个亭子间，或是一个小客堂，或是一个灶披间，都肯借给穷孩子读书。例如卖报小孩吕公义的母亲吕老太太是一位顶好的人。在她的一丈见方的小房里，每天是有十来个小孩读书。华荣根的父母靠卖花过活，他们的唯一的亭子间是做了八个小孩的书房。我所说不过是两个例子，这样慷慨的穷人到处找得着。我们不应该跟他们学吗？家庭妇女大概是子女没有长大，家累重重，不便时常出外为社会服务。但如果肯把家庭每天开放个把钟头，组织一个读书会或是共学团，邀约邻近没有上学机会的妇女或小孩来参加。这不是一件很有意义的工作吗？假使自己不愿主办这种读书会或共学团，也不妨借间房子给别人办。借给别人办是和自己主办一样的有意义。

（二）允许小先生活动 如果你们自己有孩子在学校读书，鼓励他们做小先生，帮助办理读书会或共学团，至少要允许他们教车夫、老妈子或邻居的穷苦小孩。倘使家里没有读书的小孩，可以允许别的小先生到家里来帮助这些人求学。小先生抱着一腔热血来为社会服务，千万不要把冷水浇在他们的头上。如果小先生们有图画、书报，你们还可以鼓励他们合起来办一个小小流通图书馆，让各人可以借书出去看。你们也可以捐点钱，或者代他们捐点钱，来多买些书。

这两件事是很容易办的。现在有许多没有受过学校教育的妇女是已经在那儿办了，而且办得有成绩。受过学校教育的妇女如果肯办，是格外的容易办起来。等得你们办得有成绩的时候，还可以把自己的经验告诉别的朋友，并且鼓励他也试试看。这样你们对于普及教育必定是有很大的贡献。

原载《晨报·普教周刊》1935 年 11 月 19 日

四个先生

——教人写大众文——不取学费

中国大众的肚皮吃不饱，脑袋也饿得要命。会写文章的人是像厨子一样，只为阔佬烧大菜，不顾穷人吃糟糠。

现在有几种杂志，材料很好，写法不对。他们谈的是大众的事情，但是看得懂的只有少数人。识字的大众都看不懂，为了要知道自己的事情，又不得不看。他们只好皱起头皮来，拿着小字典，一面看，一面查生字。生字查不出来，要问人又没有人问。这是多么痛苦啊！给大众受这种痛苦的人是骄傲、懒惰、拥护方块字的文人。

《大众生活》是大众要看的一种杂志。我敢说必定有许多读过《千字课》的劳苦大众会拿《大众生活》来当作他们的高级课本读。我们若不想法子，叫他们容易看得懂，那真是罪过。法子在哪儿？投稿的人要努力学写大众文。大众文怎样写法？我也不敢胡说，但有四个先生可以介绍。只要我们自己虚心向他们请教，他们是愿意免费指导我们的。

（一）耳朵先生 我们平常写文章，只要眼睛看得满意就算是好的了。但是我们的眼睛，看惯了古文，看惯了白话文，最容易叫我们上当。它会教我们写成大众看不懂的文字。我们的耳朵呢，比起眼睛来是和大众接近些。我们听得懂的话，大众多半听得懂。根据我们听得懂的话语写出文章来，识字的大众是比较容易看得懂。写之前，写之时，写之后，都要把自己的耳朵请出来指导一下，读起来，耳朵听得懂，高兴听，就算及格；听不懂，不高兴听，就把它摔到字纸篓里去。这样我们便可以少走一点错路。

（二）大众先生 我们的耳朵虽然比眼睛靠得住，但不是顶靠得住的。顶靠得住的是大众的耳朵，农人、工人、车夫、老妈子、小孩子都是我们必须请教的先生。倘使能够认识几位前进的大众，那是格外的好。写好一篇文章或是一篇诗歌，读起来给他们听听，他们必定能够给我们改得很好。他们听到新名词的时候，有时听不懂，我们必得解释。但是新名词也应当充分的根据大众语来创造或改造。比如，微生物学里的“草履虫”是无疑的应当改作“草鞋虫”。

（三）生活先生 把写好的文章请大众给我们改，还不如钻进大众的生活里面去过大众的生活。过大众的生活才算受大众的教育，才能写大众的文章。我们必须在大众的队伍里做一个队员，与大众打成一片，才能感觉大众的痛苦，发现大众的问题，明了大众的迫切的要求，这时候才有资格来写真正的大众文。所以第一流的大众文，是大众自己写的文章，而不是站在局外的人所能写得好的。

（四）新文字先生 现在有一种拼音的新文字出来。我依着新文字的方法，写过几篇短文。我发现新文字是我们写大众文的最好的先生。有一回我用新文字写好了一段，放在桌子上，过了两三个钟头回来，有一句看不懂了。这真奇怪咧！自己写的东西，自己看不懂。仔细的考查一下，我自己所以看不懂的缘故，是因为读起来听不懂了。若用汉字写，自己以为看得懂，就马马虎虎的让它算做大众文。新文字是丝毫不许我们马虎。我们若不根据耳朵听得懂的话语来写，过不了几多时候，连自己也读不懂了。从根本上说，大众文就得用拼音的新文字来写。因为一种文字必定是要容易认，容易写，才容易普及而成为大众的文字。我们用汉字写大众文，结果是会变成小众文，因为汉字难认、难写、难于普及。用汉字写的文章，就不得不变成有闲的小众的消闲品。

原载《大众生活》第 1 卷第 2 期，1935 年 11 月 23 日

连　环　画

连环画是初级民众教育的重要工具，这是大家所公认的了。为什么民众欢喜看连环画？连环画应该怎样画法？我想对这两个问题说几句话。民众欢喜看连环画和民众欢迎看戏是一样的道理。连环画可以说是最经济的戏。没有钱看戏的人，只须拿一本连环画看看，就好比是过了看戏的瘾儿。因此我们知道，连环画一定要画得像哑巴戏和无声电影一般才容易成功。如果要把文字插在图画里，那么就得跟着“话剧”和“有声电影”学。这样，连环画就成了手上舞台或袖珍电影，一定可以成为普及初步教育之有意义有趣味之工具，而受大众的欢迎。

原载《晨报·普教周刊》1935 年 11 月 26 日

短期小学变成小师范

现任长乐县县长兼专员王伯秋先生写信告诉我说，他很赞成小先生，并且预备运用新设的短期小学来培养一万个小先生去推动普及教育。他说一年之后这一万个小先生就能教十万人。他相信这一个小发明是穷县普及教育之有效办法——并且根据这个信念，已经在那儿进行了。我把他这封信重复读了一遍，觉得这个办法实在是妙极了。他简直是把短期小学变成了一个短期的小小师范学校。这是太有意义了。不过我有两点意见补充。第一，我希望王专员不要等到一年之后再教短期小学生去当小先生。小先生是要在做上学，在做上教。短期小学开办了个把星期，至多一个月，就得让他们每天费半小时去教人。这样一来，今年的一万个小学生就能教二三万人。倘使在这一年之内没有把他们“即知即传”的精神习惯养成，到了毕业之后再希望他们去教人，这就千难万难了。第二，我希望王专员不但是要把短期小学变成小师范，而且要把所有的普通小学一齐变成小师范。小学不但是培养小学生，而且同时是培养小先生。这样的小学才算是现代的前进的小学。如果只教小孩子读死书而不肯教人，那么，它只是一个小小书呆子或是一个小小守知奴的制造厂。我希望全国主办小学的同志把王专员的主张和我补充的这点小意见拿去试一试，还希望大家试过之后，随时给我们一些指教。

原载《晨报·普教周刊》1935 年 12 月 24 日

二论普及什么教育①

——普及教育的四种精神

一次，有一位小先生问我，怎么才算是前进的小先生？我对他说：前进的小先生是要有四种精神：

一、追求真理；

二、即知即传；

三、联合起来；

四、百折不回。

中华民族已经到了生死关头，起死回生的第一个真理是抵抗，第二个真理是抵抗，第三个真理是抵抗，抵抗是我们唯一的生路。不抵抗便要亡国，大家都做亡国奴。我们既然知道了这个真理，便应唤起民众，联合起来，百折不回地去。

保卫中华民国领土、主权的完整。

争取中华民族之自由、平等。

这才是我们所要普及的教育。也惟独这种教育才值得普及。

1936 年春写

出自陶行知编著《普及教育三编》上海儿童书局 1936 年 6 月

【注释】

① 本篇原载《安徽教育辅导旬刊》1936 年 1 月 21 日第 1 卷第 26 期，原题为《普及什么教育——要有四种精神》。为区别于此前所发同题论文，编者在原题前加上“二论”两字。

连环的矛盾

五四以前，中国一般的学生只是读死书，死读书，读书死。那时的前进领袖提出了一个口号，叫做什么“读书不忘救国”。这个口号把学生从课堂里带到社会里来了。虽然它把读书和救国分为两件事，根本是不大合理，但在当时，这个不大合理的口号却也有了一些推进社会运动的力量。喊出这口号的五四元勋，现在大半都是官运亨通，有些是做了教育官，直接负了管理学生的责任。现在中国已经到了生死关头，正是这张支票应该兑现的时候了。学生们受了这许多年的“读书不忘救国”的教训，现在又是实实在在的出来救国了。论理，教育官应当很高兴地说一句：“孺子可教。”比如农夫，种瓜得瓜，种豆得豆，哪能不欢喜？教育官从前教的是“学生救国”，现在得到的是“救国学生”，正应该摸摸胡子喝两三杯喜酒，哪里知道他们是坐也坐不安，睡也睡不安，又造出一个什么“救国不忘读书”的口号，恨不得把一个个学生再关进学校里去读死书，死读书，读书死。可是已经知道救国责任的学生是不容易随便摆布了。他们已经知道救国与读书并不是两件独立的东西。他们已经知道如果要读书是要读可以救国的书，而且是要把这些书里的真理拿出来实行救国。他们并且已经知道还有许许多多救国的真理，在书里找不着，而是要在实际生活里去体验出来。因此，“救国不忘读书”的口号不能安定受虎包围的野牛群。学生回校之后，教育官还不放心，又在疑难中发明了对付学生的新手段。这新手段便是“提前放假”。这明明是对学生说：“你们不必救国了。你们也不必读书了。大家一起去玩玩吧。”但是学校的围墙是已经冲破了。整个的社会是不知不觉地成了一个伟大无比的学校，整个的民族解放运动是无形无影的成了一个伟大无比的课程。若要彻底的放假，似乎是要把整个的社会封锁起来，才能达到目的。这似乎也有些人正在考虑。

原载《生活教育》第 2 卷第 21 期，1936 年 1 月 1 日

民族解放中小先生之使命

新近上海文化界救国会所通过的国难〔教育〕方案里面已经承认小先生对于解决国难的贡献。它很明显的指出前进的小孩、前进的学生、前进的大众，都要总动员来做这非常时期之教师。在过去的普及教育运动中，小先生已经采取了即知即传的原则，很有效的推广了寻常的教育工作。他们今后的任务不能停止在教人识字或是教人一些普通科学了，他们应当集中力量向大众宣传民族的危机和民族解放的路线。良乡的小先生救国会的工作是值得我们钦佩的。这种救国会应该普遍的组织起来。我们的小先生是在参加一个最伟大的学校。在这个学校里有五万万先生，五万万学生，五万万同学，我们只有一门功课，这门功课就是民族解放运动。一切识字教育、科学教育都要以它做中心。等到一个真正的自由平等的中华民国创造成功，一切被压迫劳苦大众都有了好日子过，才算是毕业。全国的小先生！这是每一个小先生应该同负的新的使命。

原载《教育季刊》第12卷第1期，1936年3月

上海文化界救国会国难教育方案①

一 国难教育之目标

甲、推进大众文化。乙、争取中华民族之自由平等。丙、保卫中华民国领土和主权之完整。

二 国难教育之对象

甲、教育大众联合起来解决国难。乙、教育知识分子将民族危机之知识向大众广播。

三 国难教育之教师

甲、前进的大众。乙、前进的小孩。丙、前进的学生。丁、前进的教师。戊、前进的技术人员。

四 国难教育之非常课程

有计划的非常生活便是我们有计划的非常课程。

甲、政治、经济、军事之演讲讨论。乙、防卫作战技术之操练。丙、医药救护之实习。丁、交通工具运用之实习。戊、国防科学之研究。己、大众教育之研究推广。

五 国难教育之组织

甲、成立学生救国会及学生救国联合会以实施学生之国难教育。乙、成立教师救国会及教师救国联合会以实施教授教师之国难教育。丙、成立各界大众救国会及各界大众救国联合会以实施大众之国难教育。

六 国难教育之文字工具

甲、拼音新文字，易认易写易学，应立即采取作为大众普及教育之基本工具。乙、用汉字写作时也须将它写成大众易懂之大众文。

七 国难教育之方法

在行动上取得解决国难真知识，立刻把它传给大众，使它在解决国难上发生力量。甲、推动报纸、杂志、戏剧、电影、说书人、无线电播音积极针对民族解放之宣传。乙、变通各校功课内容，使适合于解决国难之需要。丙、运用县、市、乡现有组织及集会，宣传民族危机及解决国难的路线。丁、推动家庭、店铺组织国难讨论会、读书会。戊、开办或参加识字学校，使此种学校对解决国难发生效力。己、长途旅行，唤起民众组织起来救国。庚、必要时游行示威。

八　从事国难教育同志应有之几点认识

甲、中国已到生死关头，我们要认识只有民族解放的实际行动才是救国的教育。为读书而读书，为教书而教书，乃是亡国的教育。乙、中国已到生死关头，只有武力抵抗才是生路。丙、根据目前的阿比西尼亚[②]抵抗意大利及历史上被压迫民族独立解放运动的经验，中国不但可以抵抗，并且可以久战，获得最后胜利。丁、中国的国难不是少数人可以挽救，我们必须教育大众共同抵抗，中国才能起死回生。戊、我们应该知道孤立不足以图存，必须联合世界弱小民族及世界上以平等待我之民族共同奋斗，才能够翻身。己、我们应该知道东北问题、华北问题，都是整个中国的问题而不是一个地方的问题。庚、我们应该知道集会、结社、言论之自由，为表示民意、认清路线、共同行动之必要条件，我们必须拼命争取才能发挥国难教育。辛、我们应该知道，国难当头，大家都应该加倍努力以求国难之解决，故主张国难不止，决不放假，当然我们是坚决反对提前放假。壬、我们应该知道教师的责任，不仅是指导学生，而且要与学生参加救国运动，同过救国生活，共受救国教育，故我们主张教师要与学生大众共休戚，决不可袖手旁观。

二十五年一月六日经上海文化界救国会通过

原载《大众生活》第1卷第22期，1936年1月11日

【注释】

①本篇曾收入作者自编的《中国大众教育问题》一书，题目改为《大众的国难教育方案》。本方案于1936年1月6日经上海文化界救国会通过。

②阿比西尼亚，国名，今译埃塞俄比亚。

答复庶谦先生

庶谦[1]先生对于《国难教育方案》[2]之意见，已经拜读。有几点我很赞成，有几点不同意。现在提要答复，希望庶谦先生和关心国难教育的同志指教。

一

参加救国运动是国民的本分。“英勇”两个字不敢当。我希望把这两个字保留起来。谁把敌人打退或与敌人战死，我们才能把这个封号送给他。

二

“国难教育”的意思是解决国难，它本来是积极的。“救国教育”这个名词也很好。只须办法有效，我对于这两个名词没有偏爱。

三

争取中华民族之自由平等和保卫民国领土与主权之完整，当然包含着铲除一切汉奸，打倒帝国主义。倘使要把“铲除一切汉奸”列在目标里面，那同时也要把“打倒帝国主义”列进去。为着要叫我们的目标更加明确起见，我很赞成把这两项一同提出来。

四

关于推进大众文化一项，原方案绝不偏重战时的技术。在“非常课程”上第一条就是政治、经济、军事之演讲与讨论。这种演讲讨论，当然是以中华民族解放为中心，凡是妨害中华民族解放之歪曲理论也当然要痛加驳斥，否则这种演讲讨论，便是毫无意义。我们再看方案里从事国难教育同志应有之几点认识，便知道本方案对于造成国难之几条歪曲理论是丝毫没有放松。不过要把“歪曲理论的驳斥”的口号特别提出来列在非常课程内，我也觉得格外醒目。

五

“有计划的非常生活，便是我们有计划的非常课程”，“在行动上取得解决国难的真知识，立刻把它传给大众，使它在解决国难上发生力量”。我觉得这两句理论所指示的并没有错。在这一点上，庶谦先生是有误解或有成见。

五四前后所流行的教育理论是“教育即生活”“学校即社会”。现在我们所主张的“生活即教育”“社会即学校”的理论在那时实在还没有出现，胡适先生一班人也无法拿这些东西去介绍给人。

“即知即行”是王阳明[3]先生的格言，和我现在所奉行的“即行即知”，“行是知之始”是不同的。“行是知之始”和“即行即知”是一方面说明人类与个人的知识的起源，一方面叫行动取得主导的地位。行动产生理论，行动发展理论。行动所产生发展的理论还是为着要指导行动。理论要通过行动才能发生它的力量，丰富它的内容。人类所遗留下来的积极的历史教训是从哪儿来的？是“数千年在生活斗争中”得来的。这历史的教训要通过大众的生活斗争才算是大众意识了这个历史的教训。大众要在民族解放的实际行动上取得这历史的教训。这历史的教训便是解决国难最宝贵的真知识。因此，我们目前所需要的是：大众自己实施的救亡的生活教育。详细点说，争取中华民族劳苦大众之解放的生活，便是我们所要的教育。争取中华民族劳苦大众解放之有计划的行动过程，便是我们所要的课程。整个中华民国和整个世界，便是我们所要的大学校。

争取中华民族劳苦大众解放之教育，必然是生活的、大众的、前进的、战斗的、历史的。

民族解放是我们当前最急切的任务，武力抵抗才有生路是一个真理，用不着实验，也不容实验。本方案也没有一丝一毫拿它来试试看的态度。庶谦先生怎么会给它戴上一顶实验主义的帽子？我真不解。庶谦先生这样的误解，是给了谁的便利呢？

认定中华民族劳苦大众之解放的实践生活，是我们所要的教育，这是“生活教育”在国难时期必然要求的结论；庶谦先生把“有计划的非常生活就是我们有计划的非常课程”，简单化为“生活即课程”，这就等于我们说“白马”，而他偏偏咬定我们说的是“马”，这就等于我们说“救国的人”，而他偏偏咬定我们说的是“人”。这是不是也算做辩证法。

六

这个方案的重心在教育大众联合起来解决国难。有些人还误会它为一个大众救国教育方案。庶谦先生却说它在组织上太把工农轻描淡写了，缘故是因为原案只以大众救国会来概括各界。倘使照庶谦先生的提示，把工人救国会、农人救国会等等分列出来，那是更好了。

七

在《教育方法》那一节里不曾提到工厂和农村，其实戊项便是要在工厂、农村、市街开办识字学校，并且使这种学校与民族解放运动联系起来。工厂和农村，这几个字应该照庶谦先生的意思加上，同时还要加上市街。在宣传民族危机一点上，加入大众自动的集会是更加明显。但是全方案的精神就在大众自动。故教师一项首列前进的大众。所谓运用县市乡现有组织，也是希望大众能去运用的意思。大众救国会也就是大众自动的集会。

八

庶谦先生所提关于方案次序的意见是很对的。不过这一个方案是紧接着上海文化界救国会所发的两次宣言而来的。在那两个宣言里面，对于敌人的侵略和汉奸的出卖已经说得够具体了。

九

我很感谢庶谦先生发动这个讨论，我的答复如有不对的地方，还要请庶谦先生和大家指教。这个方案遗漏的地方还不少，希望大家批评补充。例如大众唱歌、大众戏剧等等、都应该列入非常课程里面。最重要的是各种实施办法都应该赶快的起草。研究所、大学校、专门学校、中学校、师范学校、职业学校、小学校、工人、农人、商人、妇女、士兵、失业群、流浪儿等等都应该有一个国难教育的实施办法。这是必须要集合许多人的心思才能把它完成的。

出自陶行知编著《普及教育三编》上海儿童书局 1936 年 6 月版

【注释】

①庶谦即廖庶谦，又名廖伯华，湖南长沙人，为上海文化界救国会会员。

②《国难教育方案》发表后，庶谦先生写了《对于〈国难教育方案〉的意见》一文，发表在《大众生活》一卷十四期上。庶谦先生提出了七点意见，在本文中陶行知一一作了答复。

③王阳明（1472—1528），字伯安，又名守仁，浙江余姚人。明代哲学家、教育家。曾提出"知行合一""知行并进"的学说。

【附录】

对于《国难教育方案》的意见

庶　谦

陶行知先生所拟的已由上海文化界救国会通过的《国难教育方案》，在本刊第九期上我已经看过了。

在敌人日逼日紧的时候，汉奸们甘心卖国的时候，我们在教育这一方面，应该有一种抗敌除奸的配合，这自然是必要的。然而，领导这一种教育的计划，要当心不要把它弄错，或者把这种教育领到牛角尖里去。

陶先生的参加救国运动是十分英勇的；然而他所拟的这个教育方案，却还有几点不十分够。

我因为认定这一个方案意义的重大，个人对于它感触到有几点应该补充的意见；所以特为提出来，请陶先生以及关心救国教育的先生们指正。

第一，我认为"国难教育"这个名词不妥。因为在"国难"这个词里面，看不出积极的意义。因此，我主张改用"救国教育"这个名词；在"救国"两个字里面，包含抗敌除奸的意义。

第二，在目标那一项里，我认为应该加上"铲除一切汉奸"。因为抗敌和除奸是两件不可分离的任务。

第三，关于"推进大众文化"，不应该偏重战时的技术，在"非常课程"上，我们固然要把战时的技术排进去；然而，一种正确理论的武器，却不应该一个字也不提起。再对于歪曲理论的驳斥，也应该摆到。

第四，在这个方案里，关于理论的指示，有这样的两句："有计划的非常生活，便是我们有计划的非常课程。""在行动上取得解决国难真知识，立刻把它传给大众，使它在解决国难上发生力量。"

在这两句话里，我们若是把第一句化简，那便是说："生活便是课程"；这正是陶先生平日所主张的"生活即教育"。我们若是把第二句化简，那便是说："在行动上取得知识，立刻使它在解决国难上发生力量。"这是陶先生平日所奉行"行以求知"，"即知即行"的态度。

这样的一种理论，在五四的前后，经过胡适一班人的介绍，动摇了中国的封建思想。在那一个时候，我们不能不承认：它起过相当进步的作用。

然而，事到如今，已不是五四的时代了；实验主义的理论，行为派的思想，杜威氏的教育，都已经很明显地替买办们服务了。因此，在目前，我们不仅不要这种理论和教育；并且，我们还应该很坚决地去反对它。

我们目前所需要的是：向大众实施的救亡教育；而不是向任何人实施的生活教育。我们所需要的是人类数千年在生活斗争中所遗下来的积极的历史教训；而不是任何个人乃至任何团体，临时在行动上取得的知识。自然，我们也应该承认：在我们当前的死活斗争中，必然地会使我们已有的理论更加丰富起来；然而，我们决然不应该把临时得来的一些经验单独地去应用。

第五，在组织上，我认为对于学生和教师太强调一些。对于占全国人民大多数的工农却又太轻描淡写了。

第六，在"教育方法"那一节里，提到了"推动家庭店铺"，却不曾提及包含大多数民众的工厂和农村。

在"宣传民族危机"这一点上，只主张"运用县市乡现在组织"，却忘记了大众自动的集会。

第七，这一个方案的次序，首先是从"目标"一项起头。我以为；首先应该叙述敌人的侵略以及汉奸卖国事实。再从事实上决定任务，由任务上再决定方法、工具等等。这虽然好像是一件小事，然而也有理论上的区别吧。

这以上的意见，不见得就完全正确，也不见得就说到十分充分了。因此，我希望继续有人加以讨论。

再，我以为当前的救国教育，除开大众自己的基本训练以外，要和下列的两种教育作殊死战；——第一是封建复古的教育，第二是实验主义的买办教育。关于后一种，我希望每一位（连我自己也在内）曾经受过实验主义影响的人们，一齐醒悟过来，正确地站在进一步的立场，实施大众的救亡教育，去争取抗敌除奸的胜利。

原载《大众生活》第 1 卷第 14 期，1936 年 2 月 15 日

普及民族自救的教育

陈瑜先生写的毕业歌里有两句很能感动人的话："今天是弦歌一堂，明天要掀起民族自救的巨浪。"我每次听人唱到这里的时候，一方面是很兴奋，一方面又觉得有点美中不足。我虽然觉得有点美中不足，但是要叫我指出为什么这两句歌有点美中不足，我又指不出来。这样，过去了好几天。一次，我忽然明白了。房子已经烧了一半，还能等到明天才去救火吗？国家已经一块一块又一块的被人夺去，我们还能等到明天才去救国吗？是了，这毛病就在明天两个字。我立刻把它改成：

"昨天是弦歌一堂，

今天要掀起民族自救的巨浪。"

我很高兴的把这两句修改的歌介绍给当时在座的大小朋友唱起来，联想到我们每一个人当前的责任，精神是十分饱满，再也不感到丝毫的缺憾了。毕业，毕业，我们倘使不能把这重危的中华民族救活了，谁也不配毕业。学生记着，小先生记着，我们千万不要为着一张毕业文凭而忘了救命呀，而忘了救中华民国的命呀！

出自陶行知编著《普及教育三编》上海儿童书局 1936 年 6 月版

赙仪[①]兴学

上海银行经理杨敦甫先生于今年五月四日去世，他的家属和他的朋友都主张节省治丧的用费，并将亲友送来的赙仪统统捐给一个学校作为培养人才之用。结果是有六千余元捐给佘儿岗农村小学，内中提出一千元造了五间茅棚式的纪念堂，并做了一些桌凳，要在12月4日行落成礼。其余五千余元储存银行，生息补助该校经常费用。这是一件很有意义而值得提倡的事情。中国平均每年要死一千二百万人。假使有十万、二十万人家愿意推行这个办法，岂不要比强迫穷苦农人出钱办学来得好些吗？我从来没有为人写过纪念碑，现在为杨先生的人格和他的亲友的义举所感动，破天荒很高兴的写了一篇碑文。以后如有同样有意义的碑文，我还是愿意写的。碑文如后：

敦甫先生，盛德不朽。观人之德，先观其友。
世俗之友，惟肉与酒。你有丧事，彼福其口。
人财两空，开步就走。先生之友，有为有守。
赙仪助学，赠地数亩，树木树人，用脑用手。
农夫农妇，小小朋友，统统成为，先生之友。
公之夫人，治家有谋。公之儿女，后起之秀。
急人之急，忧人之忧。愿承大志，天长地久。

原载《晨报·普教周刊》1935年12月3日

【注释】

①赙仪：向办丧事的人家送的礼。

当当兴学

许俊人[1]先生为全国灾民奔走呼号，好像自己挨了饿一样的迫切。这是大家所知道的，用不着多说。但是他不但要救济老百姓肚皮的饥饿，而且还要救济小孩们脑袋的空虚。新近他对于普及教育发生兴趣，办了一所学校。我们知道他自己是没有余钱。那么这个学校是怎样办起来的呢？说起来，也很有趣。他摸摸身上还有一个金表，就把它送到当铺里去，当了几十元钱充作开办费。学校就因此开成功了。我听见这个消息之后，高兴得很，立刻写了一首儿歌，教小孩们读，并寄去给他，以表示我的敬意。现将我写的儿歌发表，愿全国有金表的人，都跟着许先生一齐起来参加普及教育运动。

当当兴学儿歌

当一个金表，
办一个学堂。
人人学得许秋浦，
民自聪明国自强。

原载《晨报·普教周刊》1935 年 12 月 10 日

【注释】

①许俊人，许世英（1873—1964），字静仁，号俊人，安徽秋浦（今东至县）人。育才学校创办旨趣中说到办育才学校的计划得到了赈灾委员会许俊人先生的同意而实现。

怎样做小先生

《怎样做小先生》中的15篇文章曾在1935年5月14日至8月20日的《晨报·普教周刊》连载，后作者编辑成册时，重新调整文章次序，并为每篇文章拟了标题，于1935年11月由上海生活书店出版。

怎样做小先生

——小先生指导法[①]

一、为什么要做小先生

为什么要做小先生？做小先生有什么意义？这是每一个小学生或识字小孩都应该问的问题。我们为什么得了知识就应该传给别人？

我要问你：你怎么可以进学校？因为有你的父母为你出学费，并且给你饭吃。

你的父母都识字吗？他们都得了你所得到的知识吗？如果他们没有接受现代教育的机会，你也应该尽你的责任分点给他们吗？有些学生受了父母的栽培，连一封信也不写回去。等到放假回家，不是嫌父母无知便是嫌家里不卫生。他从不耐烦把他所得的知识去向父母说明。假使你有几个兄弟姊妹，你可知道为什么只有你一个人上学？钱不够。你的兄弟姊妹就不想长进吗？你既进了学校，若不引导他们共同长进，你觉得心安吗？

再进一步说：你的学堂是谁办的？假如说是政府办的，政府的钱又从哪里来的呢？不消说得，关税哪、盐税哪、田税哪……出口货的关税是每一个生产者都出了钱。进口货的关税是每一个消费者都出了钱。盐是人人都要吃，即是人人都出了钱。田税是地主从地租中划出一部分所纳，地租是出于每一个农人之劳动力。现在开办学校之钱是人人所出，而教育只有很少数的人享受。多数的人只是“出钱给人读死书，自己一个大字也不识”。劳苦大众既然出了钱使你上学的学堂可以开办成功，你就应当负起责任，把你所学得的知识提取精华，教给劳苦大众和他们的小孩。这是每一个小先生所要明白的根本意义。死读书而不肯教人的学生，显然是一个忘恩负义的守知奴。

二、找　学　生

小先生的第一件工作就是找学生。“找学生”便是上第一课。这是你和你的学生初次见面，连说话都不可以随便。因为第一个行动是有力量决定以后的行动的方向。你对于每一句想说的话都应该预先想一想："这句话应该说吗？我为什么要这样说？"我知道你是很心急的，要赶快的找到学生。有时你想用种种方法把你所要找的人说服。但是心急的时候，很容易说错话。当你遇着一群失学的孩子的时候，你会把古时候苦孩子读书的故事讲给他们听。临了，你会引一两句成语劝他说："吃得苦中苦，方为人上人。"你可曾把这两句话的意思想过没有？我是听得太多了。不懂事的大先生老是用这种话来勉励小先生，不用头脑的小先生也是照样画葫芦的拿这种话哄骗别的孩子。我们吃苦的目的，就是要做"人上人"吗？我们用功的目的就是要求个人升官发财吗？为什么要读书？读了书就应该把自己的脚站在别人的头上吗？我有一位朋友，把这两句话改成："吃得苦中苦，不为人上人。"我觉得这位朋友所改的语气有些消极，又把他改成："吃得苦上苦，方为人中人。"公平的世界里只有人中人，不该有"人上人"和"人下人"。无论怎样改法，你都觉得不便拿他来做那劝学的招牌了。其实，你是用不着这种哄人的糖果。如果你所教的是有趣而又有用的书，倘使没有人阻止，谁都愿意学。你可以说："这本书有趣得很，也有用。你若愿意读，我可以教你，试试看吧。""读了书，可以看报，写信，明白事理。"这种平常的话，是比花言巧语好得多。只要你的心是热的，总有一天能感动人。倘若你不择手段，拿虚荣来鼓励人求学，将见他学成之日，便是你的教育完全失败之日，那真是白费心血了。你若嫌我说的那几句话太平凡，而愿意想出更有力的话来代替，我当然高兴。但是，我希望你必须想一想："这句话应该说吗？我为什么要这样说？没有更好的话可说吗？"

三、课本要不要

普及初步教育离不开文字。文字是什么？该怎样教？我们必须弄明白，才不致走入歧路。

文字是生活的符号。它必须与民众的生活打成一片，才能发生效力。我们要想鼓起民众读书的兴趣，必须拿他们生活所需要的文字来教。但这种生活需要有经常的，也有临时的；有共同的，也有个别的。经常共同需要的文字，可以编成课本。个别需要的文字，可以编成补充材料，以适应一地方、一职业或任何之特殊生活。临时需要的文字是要靠教者之灵敏，抓住当前的机会指导民众。

普及文字教育，最好是要采用一种最为适合民众经常共同需要之课本，以便每天求进，否则怕要间断。实际上，失学民众是欢迎课本。没有课本是不易维持继续求进的兴趣。这是当然的啰，你请客吃饭是必须用碗盛呀，课本便是用碗端来的饭，吃起来很便当。否则，一粒粒的散在桌上，是多么的难吃呵。

课本虽是需要，但教人的人不可死靠课本，他必定要运用补充材料及临时材料，以适应特殊及当前生活之需要。

四、识字呢，读文呢

识字运动每每引起人的误解。字是应当识的，但不是为识字而识字，而且字也不是单靠一个个的分开去认识。例如《老少通千字课》内的第二课：

起得早，
睡得早，
省油省灯草。

一共有“起、得、早、睡、省、油、灯、草”八个字。如果只拿这八个字一个个的分开来教，谁也不高兴学。即使认得了，也是不大会用。所以单单教人识字，一定要令人望而生畏，引不起民众自动读书的兴趣。倘若换个法子，先教民众学生把课文读一遍，他耳朵听懂了整课的意义，觉得有趣，你再把一个个生字分开来教他，他就高兴学了。最后再把课文教他读几遍，是文也会读了，字也会认了，那是多么有趣啊。你再教他写，教他用，等到会用这些字，才算真的认识这些字。一课的生字很少，固然不容易教人运用，但是几课、几十课的生字就能千变万化的运用起来。有时一课教了之后，就拿课内有限的字来运用。例如，教他把本课里的字随便凑成一句话。如果他把“早起早睡”四个字联了起来，就是很会运用了。我们必须教他用字写文，才算是真正达到识字的目的。

五、活 动 材 料

小先生起初教人识字读书，必须借重课本，才能引人继续不断的上进。这个道理我在前面已经说了一个大概。但是课本有固定的，有活动的，我们不能把它看呆了。除了固定的课本之外，小先生必须抓住眼前的机会，运用活动的材料教人。什么是活动的材料呢？比如，一个人拿了一张钞票付你妈妈的工钱。这时，你妈妈的心里所急于要知道的有几件事：这钞票当真是五元呢，还是一元；是本地通用的呢，还是本地不通用的；发钞票的银行是有信用的呢，还是将要倒闭的？好，这张钞票便是一张顶好的活动材料，一位灵敏的小先生，决不把这个机会放过。他必定要把钞票上的数目字、地名、银行名指给妈妈看。这样指点一回、两回、三回……妈妈不久就会认识了。这种活动的材料多着咧：发票、收条、门牌号数、来往的信都是顶自然的活动课本。又比如，你的婆婆要到一个陌生的地方去，你给她开一个详细的路线，那路线乃是最能令人注意的活动材料。有时不识字的人自己说了几句很有精彩的话，你把它写出来教他读，他是顶有兴趣了。一次，丁光生小先生教妹妹画画，他的不识字的父亲，也要了一张纸去画了一只菱角和一只乌龟。丁光生问爸爸为什么把这两样东西画在一块儿。他的爸爸说："菱角怕乌龟，乌龟欢喜吃菱角。"这两句话是多么有趣味啊。后来丁光生把这件事告诉我，我向他提议，把这两句话写出来，教他的父亲读，读会了再教他写，写在画上。这张画现在是在我的小小陈列所里，这是小先生抓住当前机会教人的一个好例子。

六、留声机与无线电

小先生还有几个机会要抓住。当你在乡下开留声机的时候，你总是看见一群一群的人跑到你的面前，把个留声机紧紧的包围住。是的，蜜蜂见了蜜园，哪有不拥来的道理？中国的民众是欢喜听曲，不懂也高兴听，如果懂得里面的意思，那就更加高兴听了。你晓得现在的唱片都附有一张美丽的歌词。聪明的小先生必定是抓住这个机会，不肯放手。他要把这张歌词，写在黑板上，或用复写纸写几张，或用油印印起来，或叫各人分头预先传抄，教大家读，读会了再开唱片。这样一来，听众不但是增加了听曲的兴趣，而且多识一些字，并感觉识字之需要了。无线电播音也要同样的把报纸上发表的词曲拿来教人。比如，我们每逢星期三就要换一首歌接连广播一星期，歌词在星期二的《新夜报》[2]上发表，就是希望小先生预先把歌词教人。等到次日播音的时候，听者便能一面温习歌词，一面格外听得高兴，不久就可以把这首歌学会了。这样小先生和留声机或无线电是联合起来做了民众的一位音乐和国语教师了。

七、图画书之功用

民众喜欢看图画，你只要走到街头巷角的书摊旁边看看就知道了。那些连环图画把民众的心灵都吸收去了，连小学生都把这些书租去看，每一个小先生都应当想法子多找一些图画书去指导学生。你要想多得学生，并且教你的学生高兴看书，把书看上瘾，必须借重图画。

一天晚上，我到北孙宅去参观农人开会。我想，应该送点什么礼物去呢？匆匆忙忙的我就把《良友画报》《大众画报》《时代画报》《现代画报》每样买了一本，带去送他们，希望第二天教师指导他们看。哪里晓得几十位农友当晚就要看，一直看到十二点钟也不觉疲倦。可见得图画书吸引力量之伟大。

你必定要用图画来抓住你的学生。假使没有钱买图画书，可以向朋友借。若无处可借，还有一个经济的办法，可以自做图画书。你预备一本白报纸装订的簿子，把每天日报上的好图画剪下来，贴在簿上。有标题的连标题一起剪贴。无标题的可以补写上去。一个月干下来，你就知道这本图画簿是多么得力的一个助手。你若将图画簿照西洋信纸簿一样订，订的一端在上，活叶垂下，图画直贴，你可以将订的一端挂在壁上，把图画一张一张的翻给学生看，更觉便利。不久，你可以教你的学生也干起来。每人得到不同的报，便可造成各种的图画书，那是多么丰富的收获啊！老太太们想把旧报换钱，你请她先让你剪下图画再卖。只这一办法，我们每年就可以得到许许多多民众图画书。

八、知道什么教什么

小先生教的什么？你能教什么就教什么，你知道什么就教什么。有的人以为小先生只会教人识字，这是一个错误。有的小先生虽然也会拿别的重要东西教人，也是单单教人识字，更是可惜。你要明白除了教人认字之外，你还有别的本领。你虽然不会干孙悟空的七十二变，但是七变八变，你是干得来的。

中国人害冤枉病的多着咧。每年死于痨病、天花、霍乱、伤寒、疟疾的总有几百万。小先生能帮助人避免这些病痛。你一学会了预防的方法，就可以告诉别人照样去干。要想避免肺病，必须享有新鲜空气、充分阳光、适当休息、滋养食物，并且不与有肺病者之咳嗽喷嚏接近。已经得了肺病的人，除了上面几点应该注意之外，还要火化痰涕，并不向人咳嗽喷嚏。小学生知道了这些办法之后，不但自己要实行，并且要逢人说明。种了牛痘，三年之内便不致于出天花。打了霍乱伤寒混合防疫针，一年之内便不致于害霍乱伤寒。组织灭蚊队导去死水，肃清痰盂、水缸、阴沟及一切死水里的孑孓和蚊卵，并在池塘里养育专吃孑孓之鱼类，则疟蚊便不能发生。小学生知道了这些道理之后，一方面要自己实行，一方面要向人宣传，一方面应当群策群力的，还要联合大家共同进行。你如果这样做，便成了卫生小先生了。

学过科学的小朋友该晓得月亮自己不会发光，要太阳光照在月亮上才看得见月亮。“月蚀”是地球走到月亮与太阳中间，把太阳光挡住，因此月亮就好像被一个无形的东西吞了下去。等到地球渐渐移开，月亮才渐渐出现，又好像被那个东西吐了出来。无知识的人就说是天狗吃月亮。中国人迷信月亮是保佑他们的。月亮今天遇难，他们必须救月亮；将来他们遇难，月亮也会救他们。所以大家放爆竹，把天狗吓跑。等到月亮重新出来，他们欢喜的了不得，以为是他们放爆竹的功劳。依我的估计，每次“月蚀”，全国至少是要花费二百万块钱。小朋友听了“月蚀”的演讲，还得做一个小实验。你用一支蜡烛当做太阳放在左边，叫一个人站在中间，把他的头当作地球，另叫一个人站在右边，把他的头当作月亮。这两个人的头要摆得一样高低，站在中间的头把烛光遮住，右边的人的头上照不着光，这便代表了“月蚀”的现象。只要中间的人移动，右边的人的头上就有了光。所有蚀前，初蚀、蚀后种种现象都可以一一表演。你这样做给别人看，讲给别人听，便成了一位科学小先生。如果全国的小先生会玩这套把戏，每次月蚀，中国可省去二百万元。

小先生能够干的事多着咧。上面所写的不过是举了几个例子。你能教什么就教什么。你知道什么就教什么。不知道的和不能教的，当然是不应该教。

九、教人的时间

小学生一面求学一面教人，时间够他分配吗？时间若不敷分配，身体不要受害吗？有些人是在怀疑小学生没有功夫做小先生。最可惜的是他们不想法解决问题。笼统的抱了一个时间不够的成见，便把小先生运动耽误了。

这也难怪。有些热心普及教育的人是太热心了，做得过火了。他们恨不得要把不识字的民众一口气教好。他们每天让小先生一连教两三个钟头。这样一来，小先生不但是耽误了自己的功课，而且把身体也弄得精疲力倦。别人看见这种现象，以为做小先生非如此不可，便不敢轻于提倡。甚至于以这种事实为凭，随嘴反对小先生。

其实，做小先生并不要花这么多的时间。我从起初一直到现在，只希望学生们每天费半小时教人。只要天天不间断，连十分钟、二十分钟也是好的。我诚恳的劝告小先生，每天教人不要超过半小时。若费时太多，恐怕难以持久。每天教人半小时，是于人有益无损，于自己也有益无损。这样才能活到老，学到老，教到老，不致半途而废。

十、不要摆架子

你找到了学生，就得把他留住。如果今天找着，明天失掉，那不是白费心血吗？是啊，你得想一想：有什么事情得罪了你的学生？

我知道有些小先生欢喜摆架子，摆成一个先生的架子。这种臭架子会把学生赶跑了。我记得有一个小先生找到了两个学生：一个是他的表姊，另一个是他的父亲。他在头一天上课的时候，就摆起架子来。他对他的父亲说："我叫您念一课的时候，您应该站起来。因为这是学堂里上课的规矩。"

他的父亲居然就站起来念。这是一幕有趣的滑稽把戏，幸而这位父亲脾气好，照着儿子先生的话行。若是遇着第二三个，这位小先生就要讨没趣。还有一位小先生，起初找到了四个学生。他一上课就摆起威风来。他要学生们向他鞠躬。他要学生们服从他的命令。他弄了一根棍子做教鞭，耀武扬威的在学生们头上巡礼。架子十足！结果呢？他的学生都跟了别的小先生跑了，把自己变成一只没人理睬的孤鸦。

其实，我们不能瞎怪这些小先生。他们是有来历。这些臭架子没有一样不是从大先生那里学来的。所以与其怪小先生，还不如怪大先生。

前进的大先生，是没有这些架子了。他们把学生当作朋友看待。在新兴的学校里，我们到处可以听见"小朋友"的称呼。运用朋友的关系，彼此自由交换学识，是比摆架子好得多。你要了解学生的问题，体谅学生的困难，处处都显出你愿意帮助学生求学而没有一丝一毫的不耐烦，这样才够得上做朋友，才够得上做小先生。

十一、虚心求学

小先生必须用功求学，才能教人。自己不长进，决不能做小先生。我所写的《小先生歌》里有一首是注重这个教学相长的关系。

我是小先生，
这样指导学生：
学会赶快去教人，
教了又来做学生。

我们要继续不断的学，才能继续不断的教。孔子说的“学而不厌，诲人不倦”是要连起来看，不可分作两句读。我们要“学而不厌”，才能“诲人不倦”。

其次，因为要教人，就不得不把所教的知识弄明白。一个负责任的小先生是“以教人者教己”。他所学的比一个普通的学生要正确得多。他不但是要明白这一课的意义，并且是要想法把他所明白的也叫别人明白。一个有准备的小先生对于所教的功课是有双层的了解，即对于学得的益处是有双倍的深刻。

最后，你还要跟你的学生学。你要知道你的学生需要什么，才教他什么。这个，你必得虚心请教你的学生，才能知道。你决不可凭着你的主观去教人。你还得明白你所找到的成人学生，白米比你多吃几担，必定有许多东西可以教你。你既虚心的请教他，他也会虚心的请教你。最好的教育是有来有往。老是靠你一方面讲话，你不变成了一个话匣子吗？你不但要忘记他是你的学生，并且要叫他忘记你是他的先生，这样，你才能做到一个进步的小先生。

十二、教你的学生也做小先生

小学生不但要自己做小先生，并且要教别的小孩做小先生，最要紧的是要教自己的学生做小先生。

我们的目的不是要得一个小先生的头衔，乃是要运用“即知即传”的原则，把知识公开给没有机会受教育的人。你既尽了义务教导别的人，如果他没有得着你的“即知即传”的精神，并且把这种精神实行出去，还是空的。他或者是为着升官发财来向你求学。这种自私自利的人是不配受教育。假使小先生所教的学生都是自私自利的人，而不肯再把知识传出去，那么，做小先生又有什么意义呢？古时候，苦读书的人多着咧。车胤[3]把萤火虫装在纱囊里照着读书；孙康[4]把书映在雪上读；朱买臣[5]一面挑柴一面读书；李密把书挂在牛角上，有空便读。这些都是苦读书的例子。但是问他们为什么要这样苦读，就很少不是自私自利的。特别是朱买臣，他苦读书只是想做官，想做人上人。如此小先生所教的学生，都像朱买臣那样自私自利，不是白费心血吗？

因此，小先生上了几天的课之后就得说明白：我尽义务教你们，你们也要尽义务教别人，不肯尽义务教别人的人，是不配受教育。你不久就得开始教你的学生去找学生，还要教他如何克服他所碰着的钉子。总而言之，小先生的责任不单是教学生，而且是教学生做小先生和传递先生。

十三、小先生团

个人的力量小，团体的力量大。一个个的小先生要组织成小先生团，才能发挥充分的力量。小先生团是要拿团体的力量来制裁个人的行动，它是要把每一个人的力量集合起来，使这力量向着共同的目标发挥出去。每一个地方有了二个以上的小先生，就应该成立小先生团，每一个小先生都应该加入小先生团。如果没有现成的小先生团，小先生们就该动手组织一个，以负起你们共同的使命。

每团要立下一个公约，人人必须遵守。全团要公举团长一人，大家都要服从他的指挥。这位团长是一团共戴的领袖，他应该依据公约，分配职务，指挥进行。他若违反公约，大家可以推倒他。但当他执行公约时候，谁都应该服从，不可吊儿郎当，各干各的。团长之外，要有书记员专司记录，监察员专司个人行动之纠正。每团须隔几天开团务会议一次，商议进行计划，解决困难问题，批判本身错误。

这种团体是必要的。一来，我们最缺少的是集团生活。小先生为前进的小孩，必须过一过集团的生活，才能依据即知即传的原则，引导别人去过同样的生活。二来，小先生在社会上活动的时候，必定是会遇着许多问题，碰着许多钉子，有的要共同讨论才能了解，有的要共同行动才会解决。三来，普及教育的工作，根本就不是散漫的个人所能干得好，必须有千千万万的即知即传的集团，才能冲锋陷阵，攻破那愚昧顽固的阵线。因此小先生不要专靠个人的力量干，要联合大家的力量干。小先生必须组织小先生团。

俗语说："一个和尚挑水吃；两个和尚抬水吃；三个和尚没得水吃。"和尚多了一个，水儿反少一桶，这都是个人自由捣的鬼。若有组织，把个人自由镇压下去，人越多力量越大。小先生必得把个人自由献给团体。你必定把领袖欲连根拔掉。你必不可以借团体来出风头。你不可以假公济私，揩公家的油。你若发现人家有错误，当面劝告他，或彼此来它一个自我批判，不可背后说人坏话，抱着大目的前进。闹意气是不长进。这些是每人都得努力修养。否则，小先生团是可以今天成立，明天破裂。那不是一桩最可惜的事吗？我新近写了一首歌谣，愿献给小先生团做参考。

你说他不好。
他说你不好。
地上长茅草。
不打而自倒。

十四、一变二

小先生团结了起来，便可以攻进"愚蠢"的王国，解除"迷信"的武装，发出"真理"的光辉。

但是跑进一个人地生疏的村庄里去干普及教育工作，也不是一桩容易的事。你们虽然说得天花乱坠，若是人家不睬你们这些素不相识的小孩，你们也要觉得没趣吧？你们不可以仗着"团的力量"蛮干。小先生团必得有新武器才能百战百胜，你们若是跑到一个陌生的地方去工作，下面所提的几件东西可以带去试一试：

（一）手提留声机一架与几张民众爱听的唱片；

（二）小药库一个与几种民众急需的药品；

（三）图画书数十册；

（四）小皮球几个。

这些东西可以说是普及教育的"四大法宝"。拿着这四大法宝，小先生团如果认真的干，那么，每到一个地方，必是势如破竹。倘使小先生团里有人会唱歌，会讲故事，留声机就可以不带。如果把这四大法宝运用得好，只须两三天，你们在当地就可以得着许许多多朋友。进一步，再教他们自己组织起来，依着即知即传人的道理教导自己。你们还要运用访问、通信、总集合、巡回辅导、流通图书、互相参观等方式与他们发生不断的关系。这样一来，小先生团就可以一变二、二变四、四变八的繁殖出去，对于普及教育，自有很大的贡献。

十五、盯住你的学生也让你的学生盯住你

最后，做小先生，要有恒心，虎头蛇尾是没有出息。“即知即传”是一个终身的工作。你不能把你的学生教了几天或几个月就把他丢掉。

比如，你在小学里求学的时候找到了两位学生：一位是你的妈妈，另一位是邻居的守牛小孩。天天把小学里学得的重要知识传给他们，他们就好像是和你一起进了小学。你虽然每天只能教他们半小时，但继续学了四年、六年，他们对于文字方面，最少是能看信了，等到你进了中学，你就可以用通信的方法，把你在中学里所学的知识，随时提取精华教给他们。寒假、暑假回家，你还可以当面教导他们。他们对于不懂的事情，也可以随时写信问你。这样，他们就好比是进了中学。当你进了大学，如果继续的和他们通信。那么，他们也就可以算是进了大学，只要你不会忘记他们，他们是和你一同长进。这种终身共同长进的关系，是人类的一种宝贵的关系。在这种宝贵的关系里，我们可以看出小先生应该努力的方针。给人一点儿知识之后就把他丢掉，是一种轻薄的行为。五分钟热心是可耻的。

你要盯住你的学生，也让你的学生盯住你。

出自《怎样做小先生》上海生活书店版 1935 年 11 月

【注释】

①本篇成书之前，曾在《晨报·普教周刊》上连载，从五月十四日至八月二十日分十三次载完。

②《新夜报》是上海《晨报》所附送的晚报。当时陶行知以中国普及教育助成会筹备会名义主办的《普及教育》周刊，一般刊印于《新夜报》。《普及教育》周刊每逢星期二出刊，每期都登载由陶行知主办的“空中学校”（广播学校）所发的《半小时普教消息》。每则消息中都刊有第二天（星期三）所要开始教唱的“每周一歌”。

③车胤，字武子，南平郡江安县（今湖北公安县）人，是典故囊萤映

雪的主人公。

④孙康，晋代京兆（今河南洛阳）人，有孙康映雪的典故。

⑤朱买臣，字翁子，会稽郡吴县（今江苏苏州）人，有买臣负薪的成语典故。

中国大众教育问题

《中国大众教育问题》作为大众文化丛书之一，于1936年8月由上海大众文化社出版，收文12篇，加上序号，通篇接排，形成整体。本次编辑收录其中11篇文章，《大众的国难教育方案》已收入本卷《普及教育三编》，此处便不再收录。

中国大众教育概论①

为什么要大众教育？中国是遇着空前的国难。这严重的国难，小众已经解决不了，大众必得起来担负救国的责任而中国才可以救。我们的“友邦”要取得辽宁的铁、山西的煤、吉林的森林、华北的棉田、福建的根据地以及全国的富源，并不是安分守己的做一个富家翁享享福就算了事。他是要叫我们四万万五千万人做亡国奴——做他的奴隶。做奴隶当然是不会舒服的，除了为他种田做工之外，还得为他当兵，做他进攻别人的肉炮弹。只须大众觉悟起来，不愿做亡国奴，与其拿生命来做敌人的肉炮弹，不如拿生命来争取整个民族的自由平等，我们的国难就必然的解决了。但是中国的大众受了小众的压迫剥削，从来没有时间、金钱、机会去把自己和民族的问题彻底的想通。加上了几千年的麻醉作用，他们遇到灾难，会武断的说是命该如此。我们要一种正确的教育来引导大众去冲破命定的迷信，揭开麻醉的面具，找出灾难的线索，感觉本身力量的伟大，以粉碎敌人之侵略阴谋，把一个垂危的祖国变成一个自由平等的乐土。

大众教育是什么？大众教育是大众自己的教育，是大众自己办的教育，是为大众谋福利除痛苦的教育。这种教育和小众教育固然大不相同，即和小众代大众办的所谓民众教育、平民教育也是根本矛盾。大众教育是要教大众觉悟。只是教大众生产、生产、生产，长得肥一点，好叫小众多多宰割的教育不是大众教育。大众教育是对大众讲真话。专对大众说谎的教育是骗子教育而不是大众教育。大众教育对着麻醉大众的歪曲理论是要迎头驳斥。始而装痴装聋，继而变成哑巴，终之而拜倒在当前势力下，这是帮凶教育而不是大众教育。大众教育是要教大众行动，教大众根据集体意识而行动。只教大众坐而听，不教大众起而行，或是依照小众的意思起而行，都是木头人教育而不是大众教育。大众教育是要教大众以生活为课程，以非常时期的有计划有组织地生活做他们的非常时期的有计划有组织的课程。这非常生活，便是当前的民族解放、大众解放的生活战斗。这是大众教育的中心功课。在这里我们要指出，民族解放与大众解放是一个不可分解的运动。如果大众不起来，民族解放运动决不会成功。但是如果不拼命争取民族解放，中国大众自己也难得到解放。所以大众教育只有一门大功课，这门大功课便是争取中华民族大众之解放。若只教大众关起门来认字读书，那是逃避现实的逃走教育而不是真正的大众教育。

大众教育怎样办？依据教育部的统计，每一个小学生每年要用八元九角钱的教育费，民众学生每年要用一元八角钱的教育费。现在中国有二万万失学成人，七千万失学儿童。这二万万七千万人当然是我们大众教育的对象。照上面的费用算起来就得要十万万元才能普及初步的大众教育。这个数目不但是大众自己办不到，就是教育部，去年费尽九牛二虎之力也只筹到三百多万元的义务教育经费，对于这十万万的大众教育经费也一定是筹不出来的。因此，大众教育在现阶段一定要突破金钱关才能大规模地干出来。下面的两条原则和一个新工具是一方面可以叫大众教育突破金钱关，一方面又叫大众教育进行得更有效力更有意义。

（一）社会即学校 大众教育用不着花几百万几千万来建造武汉大学那皇宫一般的校舍。工厂、农村、店铺、家庭、戏台、茶馆、军营、学校、庙宇、监牢都成了大众大学的数不清的分校。客堂、灶披、晒台、厕所、亭子间里都可以办起读书会、救国会、时事讨论会，连坟墓都可以做我们的课堂。谁能说庙行[②]的无名英雄墓和古北口[③]的“支那”勇士墓不是我们最好的课堂啊！

（二）即知即传 得到真理的人便负有传授真理的义务。不肯教人的人不配受教育。前进的知识分子当然是负着推动大众教育的使命。但是经过很短的时间，前进的大众和前进的小孩都同样的可以做起先生来，我们可以说大家都是学生，都是同学，都是不收学费的先生。在传递先生和小先生的手里，知识私有是被粉碎了，真理为公是成了我们共同的信条。

（三）拼音新文字 拼音新文字是大众的文字。有了新文字，大众只须花一个月半个月的工夫，便能读书、看报、写文。初级新文字教育只须三分钱就能办成，连一个人力车夫也能出得起。大众教育可以不再等待慈善家的赈济。的确，文化赈济是和面包赈济一样悲惨，一样的靠不住。水灾和旱灾的地方是十个人饿死了九个，剩下一个人才等着一块面包，而这块不易得的面包是差不多变成酸溜溜的浆糊了。新文字！新文字！新文字是大众的文字。他要讲大众的真心话，他要写大众的心中事。认也不费事，写也不费事，学也不费事。笔头上刺刀，向前刺刺刺，刺穿平仄声，刺破方块字，要教人人都识字，创造大众的文化，提高大众的位置，完成现代第一件大事。

依据社会即学校，即知即传两条原则，拿了新文字及其他有效工具，引导大众组织起来，争取中华民族大众之解放：这便是中国所需的大众教育。

原载《大众教育》创刊号，1936年5月10日

【注释】

①原题为《大众教育与民族解放运动》，后收录进《中国大众教育问题》文集中改为此题。

②庙行，位于上海市北郊的庙行镇。

③古北口，长城关隘名，位于北京密云区北。

大众的国难教育方案之特质[①]

现在是教育与国难赛跑。我们必须叫教育追上国难，把它解决掉。但是教育这个东西能帮助解决国难，也能加重国难，我们是不可以随便干的。要怎样才算是一个解决国难的教育方案？让我把它的特质指出来，你就可以知道它和别的教育方案是不同了。

一、它是单一的。解决国难的教育方案只有一个目的。这个目的就是保卫中华民国领土主权之完整以争取中华民族之自由平等。一切教育设施都要以这个神圣的使命做中心。教育部新近宣布国难时期教育宗旨，说：教育之生命，即民族之生命。还有人甚而至于说：我们先要救教育之生命，才能救民族之生命。前一说是把生命的源头弄颠倒了，后一说是把一个生命分成两个：一是教育的生命，二是民族的生命。我要郑重的说：教育没有独立的生命，它是以民族的生命为生命。唯有以民族的生命为生命的教育，才算是我们的教育。国难教育是要教人救民族之命，则教育之命自然而然的得救了。

二、它是大众的。民族之命非“小众”所能救。国难教育的任务，在唤醒大众组织起来救国。教育大众是当前的国难教育之第一件大事。《大公报》[②]二月七日的社评乃把它降到第二义，可算是颠倒是非了，北平学联会[③]所通过之非常时期教育草案是很好的，但是《大公报》披露该案的时候，任意的把民众教育三条删掉，也是因为《大公报》是采取了一种要不得的流行的态度，不许大众救国。我们应该知道，不许大众救国的教育，乃是亡国的教育，而不是救国的教育。

三、它是联系的。解决国难的教育方案，应该注重三种联系：一是内容的联系。一切科目活动都以解决国难为中心而取得联系。二是组织的联系。各界各团体都以救亡工作为中心而取得联系。三是历史的联系。把现在中国民族解放运动与历史的教训密切的联系起来。这样整个的中华民国是成了我们的伟大的大学校。中山大学教育研究所所拟之战时教育工作计划，很详细具体，但是单以学校为组织之中心是不够的。至于有些人想把国难教育像只小鸟儿关在课堂的小笼里，那更是自欺欺人了。

四、它是对流的。比如烧水，冷水重而往下沉，热水轻而往上浮，这叫做对流。经过一些时候的对流，水就自然的沸起来了。解决国难教育的方案是必须容许上层下层的对流。领导的人总想由上而下。但是纯粹由上而下的教育，只能造成被动的群众。被动的群众是发挥不出力量来担负救亡的责任。我们必须愿意被群众领导才能领导群众。故群众对于教育必须有由下而上的自动的机会，才能把自己和领导者造成救亡的战士，而完成救亡的使命。我们应当打通领导者与被领导者中间的隔板，使他们可以对流而互相教育。若把教育分成两部分，一部分专门培养领导者，另一部分专门培养被领导者，结果必定是教领导的人脱离群众的要求，致使国难教育变成一个麻木不仁的东西。

五、它是行动的。高谈阔论不能救国。只有实际的救国的行动才能把将亡的国救回来，但不能盲行盲动。我们所需要的是有理论的行动、有组织的行动、有计划的行动、有纪律的行动。所谓理论、组织、计划、纪律，又不是校长、训育主任为行政便利弄出来的那一套，乃是民族解放运动所决定的必要条件。我们要在行动上接受民族解放的理论、组织、计划、纪律。为教育而教育，不许行动的教育，乃是加重国难的教育，而不是解决国难的教育。

原载《生活教育》1936 年 3 月 1 日第 3 卷第 1 期

【注释】

①原题为《国难教育方案之特质》，本篇曾收入作者自编的《中国大众教育问题》一书，题目改为《大众的国难教育方案之特质》。

②《大公报》，1902 年在天津创刊。曾先后增出上海、汉口、重庆、桂林、香港等版。解放后，1949 年由上海移至天津继续出版，1956 年迁至北京，1966 年 9 月 10 日终刊。现存有香港《大公报》。

③北平学联会全称北平学生救国联合会。

新大学——大众的大学[1]

新大学是什么？新大学是大众的学府。

《大学》[2]里面说："大学之道在明明德，在新民，在止于至善。"这是从前的"大学之道"。新的"大学之道"就不同了。依照新的眼光看来，它是变成了"大学之道在明大德，在新大众，在止于大众之幸福"。

什么是"大德"？"大德"是大众之德。大众之德有三：一是觉悟；二是联合；三是争取解放。"明"即明白，要教大众自己明白大众之德是这样。

"新大众"是与大众自新。大众本来是可以明白"大众之德"，但为天命之说和别的迷信所麻醉，把自己弄得糊里糊涂。新大学之任务是要教大众在真理的大海里洗个澡，天天洗，一世洗到老，使得自己的头脑常常是清清楚楚的，认识痛苦之来源和克服痛苦之路线。

"止"是瞄准的意思。新大学的一切课程设施都要对着大众的幸福瞄准。为大众争取幸福所必需的就拿来教人，所不需的就不拿来教人。

从前大学里所造就出来的人才有两种。一种是不肯为大众做事，我曾经为这种人写了一幅小照：

滴大众的汗，
吃大众的饭，
大众的事不肯干，
架子摆成老爷样，
不算是好汉。

第二种人是代替大众做事，但野心勃勃，想要一手包办，甚至不许大众自己动手来干，这样的人我们也是反对的：

大众滴了汗，

大众得吃饭，
大众的事大众干，
若想一个人包办，
不算是好汉。

新大学所要培养的不是这种人。它要培养和大众共同做事的人才。如果它也免不了要培养领导人才的话，它是要培养愿意接受大众领导而又能领导大众的人才。说得正确些，它是要培养大众做大事。

还有一种时髦大学，好像是我所说的新大学，而实在是和我所说的正相反。它们的作风，一动手就是圈它几千亩地皮，化它几百万块钱，盖它几座皇宫式的学院。我参观了珞珈山③武汉大学之后有人问我作何感想，我说如果我有这笔款，我用款的步骤是有一些不同。第一步，这笔款用来开办大众大学，足够培养五百万大众帮助收复东北；第二步，东北收回之后，假如还有这样多的款子，我想用来发展一些适合国民经济的工业；第三步，工业稍有发展，又积下这么多的款子，我还不能建造皇宫的学府，是必须盖些大众住宅，使无家可归的人可以进来避避风、躲躲雨；第四步，等到一切穷苦无告的人都可以安居乐业了，那时大众一定要勉强我盖几座皇宫式的学府，我大概是可以马马虎虎的答应了。

那么，新大学就不要校舍吗？要是要的，没有也无妨。茅草棚虽小，足够办大学。

新大学是大众大学，新大学是茅草棚大学。

原载《生活教育》第3卷第7期，1936年6月1日

【注释】

①原题为《新大学》，本篇曾收入作者自编的《中国大众教育问题》一书，题目改为《新大学——大众的大学》。

②《大学》，儒家经典“四书”之一。原为《礼记》中的一篇。

③珞珈山，位于武昌，为武汉大学所在地。

怎样做大众的教师[①]

现在中华民国已经到了生死关头，我们做大众教师的人应当怎样做才能帮助解决国难而不至加重国难？我常以这个问题问人，现在人也常以这个问题问我了。这里是我的答复：

第一，追求真理。大众是长进得很快，教师必须不断的长进，才能教大众。一个不长进的人是不配教人，不能教人，也不高兴教人。大众快赶上你了！你快要落伍了！“后生可畏”不是一句客气话，而是一位教师受了大众蓬蓬勃勃的长进的压迫之后，对于自己及一切教师所提出来的警告。只有不断的追求真理才能免掉这样的恐怖。也只有免掉这种恐怖才能教大众，否则便要因为怕大众而摧残大众了。我得声明，真理离开行动好一比是交际花手上的金刚钻戒指。我们所要追求的是行动的真理，真理的行动（Truth in Action）。这种真理不是坐在沙发上衔着雪茄烟所能喷得出来的。行动的真理必须在真理的行动中才能追求得到。你不钻进老虎洞，怎能捉得小老虎。

第二，讲真理。让真理赤裸裸的出来和大众见面。不要给它穿上天使的衣服。也不要给它戴上魔鬼的假面具。你不可以为着饭碗、为着美人、为着生命，而把“真理”监禁起来或者把它枪毙掉。教师只能说真话。说假话便是骗子，怎么能做教师呢？

第三，驳假话。说假话的人太多了，教师要有勇气站起来驳假话。真理是太阳，歪曲的理论是黑云。教师要吹一口气把这些黑云吹掉，那真理的太阳就自然而然的给人看见了。

第四，跟学生学。你要教你的学生教你怎样去教他。如果你不肯向你的学生虚心请教，你便不知道他的环境，不知道他的能力，不知道他的需要，那末，你就有天大的本事也不能教导他。他要吃白米饭，你倒老是弄些面条给他吃，事情是会两不讨好。不但为着学生而且为着你自己，你也得跟你的学生学。你只须承认小孩有教你的能力，你不久就会发现小孩能教你的事情多着咧。只须你甘心情愿跟你的学生做学生，他们便能把你的

“思想的青春”留住；他们能为你保险，使你永远不落伍。

第五，教你的学生做先生。你跟学生学，是教学生做你的先生。如果停止在这里，结果怕要弄到师生合做守知奴，于大众毫无关系。你必得进一步教你的学生去教别人。你必须教你的学生把真理公开给大众。你得教你的学生拿着真理的火把指点大众前进。

第六，和学生大众站在一条战线上。教学不和学生站在一条战线上便不成为教师。这是怎样说呢？因为他要到西方去，你却教他往东走；反过来，他要到东方去，你却教他往西走，这种牛头不对马嘴的教育怎能行得通呢？有些教师不惜使用强迫手段要学生朝着教师指定的路线走，结果是造成师生对垒，变成势不两立。在势不两立的局面下还能叫学生接受他的指导吗？不但如此，先生学生虽是打成一片，如果他们联合行动的目标与大众所希望的不符，还只是小众的勾结，将为时代所不容。因此做教师的人必须和学生、大众站在一条战线上为真理作战，才算是前进的教育。现在中国第一件大事是保障中华民国领土主权之完整，与争取中华民族劳苦大众之自由平等。教师和学生大众都要针对着这个大目标，才能站在一条战线上来。教师和学生大众站在这一条战线上来奋斗，才算是实行着真正解决国难的教育。你若把你的生命放在学生的生命里，把你和你的学生的生命放在大众的生命里，这才算是尽了教师的天职。

我们如果能把上面这六点做到，便不愧为现代的教师了。这样的教师，我相信，对于民族解放、大众解放、人类解放是有贡献了。

原载《生活教育》第3卷第3期，1936年4月1日

【注释】

①原题为《儿童节对全国教师谈话》，后收进《中国大众教育问题》一书中改为此题。

怎样才可以做一个前进的青年大众①

什么是前进?

我是今年五月十日到平南。平南是邕江旁边的一个小村庄。村里有一个女学校,学生个个是赤脚大仙。我对于她们的认识是:

一群野姑娘,
好像没规矩;
教她穿袜子,
嘴许心不许。

粉碎烂规矩,
创造新规矩;
无须人干涉,
万事自作主。

有弛也有张,
不是自由乡;
令人留恋处,
仿佛在晓庄。

这里的同学是天真烂漫,对于世界、国家的大事是要打破砂锅问到底。他们围着我,盯着我问东,问西,问个不歇。我说,找一个风凉的地方来畅谈一下更好。

那是现成的。门外就是六七株很大的榕树,像撑着大伞,排起队来,站在江边侍候着。好得很,还有几块古碑睡在地上让我们坐。这样树荫底下简直能坐好几百人。我们将近一百人在两棵树的中间坐了下来,已经是觉得够宽敞了。正是：

大树挡太阳，
清风来邕江；
坐在古碑上，
大事共商量。

这真是别有天地非人间。我们的有意义的讨论就这样的开幕了。

先是有人说了几句介绍词，接着就是我的简短的开场白，忽然间，一位同学像爆蚕豆样爆出一个问题来：

“怎样才可以做成一个前进的青年？”

“跟前进的人做朋友。”

“前进的朋友到哪儿去找呢？他又没有招牌挂在脸上。”

“听他讲的是什么话，看他干的是什么事。”

“在我们近边的人，固然可以这样办。不幸近边的前进的人不可多得又怎样办？幸而有，我们还想多得几位前进的朋友又怎么办？”

“像蚂蚁寻蜜糖一样去找。”

“我们又不是蚂蚁，怎么去找？”

“跟着气味去找，那气味是在前进的文章里。看前进的杂志，要不断的看。”

“这提起我想到一点，就是前进的书也要看。”

“对！前进的书是比较更有系统，更能帮助你前进，可是前进的杂志可以帮助你找到它们的线索。我素来不欢喜看广告，但前进的杂志上新书出版的广告不可不看。”

“前进的朋友也能把前进的书介绍给我们。他们还能介绍我们知道一些没有广告的书。除了找朋友、看杂志、读新书之外还有什么别的办法呢？”

“钻进大众的生活里去。”

“大众拜菩萨，先生也叫我们陪他们烧香读经吗？”

“那可不是呀。那样钻进去，是跟着他们落伍，何能帮助我们前进？你要钻进大众的生活里去是免不了要穿上一套潜水衣。潜水衣能叫你钻进水里去感受水的压力，并在水里做工作而不致给水淹死。你要钻到大众的生活里去感受大众的痛苦，了解大众的问题，明白大众的力量。你不但要避掉他们的迷信和落后思想，并且要帮助他们克服这一切。”

“那件潜水衣是什么?”

“前进的意识钻进大众的生活里去，等你钻出来的时候，你的意识是更前进了。大众的意识也跟着你所接触而一起前进了。”

“有些人从前是前进的，过不得多少时候就会落伍到几千里外去。这是什么道理?最明显的是‘五四’时代所谓前进分子，到如今多数是反动颓废得太厉害，我们眼面前也有些人是如此。有什么法子可以叫我们继续不断的前进?”

“你的意思是要有个保险公司，要保你一世到老的前进吗?”

“是的。怎样可以为前进保险?这个保险公司哪里有?”

“办法就在‘公司’两个字里面。公是公共;司是看管又有司理的意思，例如司机是开机器的人。前进的人联合起来过着前进的生活，大家彼此看管好了，不使一个人落伍，那么前进就得到保证了。个人的前进是最靠不住。他高兴就前进，灰心就落伍，谁也不能为他保险。唯有集体的前进行动才能帮助我们一世到老的前进。”

“这是很对的了。但是加入这个集体的分子是不是需要年龄的区别，是不是一定要整整齐齐的青年。我看有些小孩倒很前进的，似乎也能加入。”

“严格的限制是有害的。有些小孩是的确很前进。这些年来，不但是青年教我前进，小孩也教我前进。有时青年对老师说话要客气些。不便逼人过甚，而小孩倒天真烂漫，心里有什么说什么。我个人的经验是得着小孩的指教多于青年的指教。我并且亲眼看见前进的小孩督促几位落伍的青年简直如同赶驴子一样的认真。如果把小孩子开除，那是一个大损失。我们成年人应该跟青年学，青年人是无疑的应该跟小孩学。集体的行动里面倘若能够加入前进的小孩那是更能保险大家前进了。……我们怎样才可以做成一个前进的青年?我得加重的补说一句：最重要的方法是集体的前进行动，是前进的集体行动，它不但是为‘前进’保证，并且它本身便是培养‘前进’的主要方法。”

讨论到这里，我正想休息一会儿，忽然又来了一个大炮：

“什么是前进?”

“你们大家想想看。这是个根本问题。我们倘使不能明明白白的答复这个问题，前面的讨论就会落空。什么是前进?”

“反日是前进。”

“反封建是前进。”

“反个人主义是前进。”

“为大众谋幸福是前进。”

“教大众觉悟是前进。”

“教大众联合起来是前进。”

“和大众站在一条战线上争取解放是前进。”

“追求真理是前进；固执成见是落伍。”

“行动是前进；空谈是落伍。”

“斗争是前进；妥协是落伍。”

“创造是前进；改良是落伍。”

“把握现实是前进；幻想是落伍。”

“世界观的是前进；狭隘的国家主义是落伍。”

“运用矛盾以发展的是前进；坐待高潮之来到的是落伍。”

“唱《义勇军进行曲》的是前进；唱《妹妹我爱你》是落伍。”

“你们所说的，我大致满意。有几条似应该归并，恐怕也还有遗漏，这个整理的工作，以后再干。今天我们至少对于‘什么是前进’是有了一个比较清楚的系统的了解了。我却有两点意见贡献。比如，反帝这个口号在一年前是无论那一个前进的人都认为无可怀疑。但最近这几个月来，情形是大变了。我们觉得危害中华民族生存的最大敌人是日本帝国主义。我们应当把我们的战线缩短。所以反抗日本帝国主义是成了当前最前进的口号。这口号是与把握现实一条更为符合了。其次，单单行动两个字不限定是前进。开倒车也是行动，反动也是行动。因此，我们是需要修改一下，有真理指导的行动才是前进。我高兴得很，自从经过这次讨论之后，我对于这个问题是更加明了了。我很感激诸位同学的指教。”

“你对于不前进的青年有何感想呢?”

“老了。病了。一个人老了是几乎没有药医。病了，如果他愿意医，还有办法。”

“一个十七八岁的青年会得老吗?”

“他会，他会变成一个十七八岁的老翁。她会，她会变成一个十七八岁的老太婆。”

“他们害什么病呢?”

“爱病！一个不前进的青年是会害爱病，病死在爱里，这些恋爱至上主义者是多么的可怜啊。”

“有什么药医呢?”

“只有一种药。用革命来指挥恋爱，用革命至上论来克服恋爱至上论。这样一来，他是变成了一个前进的青年了。他必须变成一个前进的青年，才能医好这种青年病。”

“前进的青年就不会害病吗?”

“有些也害病。害的是幼稚病。他们把四周围的朋友都造成敌人。他们帮助敌人造成联合战线攻打他们自己，他们像蚕一样，造茧自缚。他们拼命的‘前进’，结果是一步也不得前进，甚而至于退到几千里外去。他们在敌人的面前张挂自己营盘的军用地图，他们把自己造成自己的敌人。前进的青年只怕害这种病。”

“有药可医吗?”

“自我批判。追求真理。”

“哈哈，有了药方，我们不怕生病了。”

“药方不能担保你们不生病。你们要依着药方去配药来打预防针，才不会害病，就是病了，也不致把老命送掉。这种预防针是像种牛痘一样，隔一些时候就要打一次才能保险的。”

“晓得了。”……

太阳下山了，天快黑了。赤脚大仙累了。我也坐着一只小船儿回来了。

原载《生活日报》星期增刊第1卷第5期，1936年7月5日

【注释】

①原题为《树下谈话记——怎样才可以做一个前进的青年》，本篇曾收入作者自编的《中国大众教育问题》一书，题目改为《怎样才可以做一个前进的青年》。

文化解放[1]

一、什么是文化？

文化是什么？初看起来是一个很容易答复的问题，但是仔细想一下，却有些困难。我们看到一本书，大家都可以承认它是属于文化方面的东西，但是遇着一把“石斧”的时候，我们的意见就要分歧了。有的人承认它是古代文化的遗产；有的人就不免要把它划进别的部门里面去。如果我们承认它是文化的遗产，那么一切生产工具都可以包括在文化的范围里面去了。石斧既是属于文化，那么，锄头，乃至机器都可以算为文化了。这样一来，文化范围可就广大了。除了大自然之外，凡是人类所创造的一切都是文化了。凡是可以用来生产、战斗、交通、享乐、治理、思想的工具以及这些工具所引起的变化都可以当作文化看待了。这是一个顶宽的看法，也是一种顶简单的看法。照这样看法，文化是与大自然相对起来。世界上的一切可以分成两大类：一类是没有加上人工的，叫做自然；另一类是人工所创造的，叫做文化。但是在这个广大的定义之下，研究讨论的工作是不易进行。因此我们要从这广大的事物里抽出一部分来，特别叫它为“文化”。这部分便是记录思想、传达思想、发展思想、改变思想的符号、工具和行动。照这样看法，在文化里面是包含了书籍、报纸、戏剧、电影、学校教育、社会教育、民众运动、高深学术研究等等。在本质方面看，文化工作是反映着人类经济政治的思想。这个定义是与一般人普通所想的接近。

二、对谁解放？

大众是文化的创造者。最初连语言文字都是从劳动中产生出来的。从哼呀哼呀的呼声里发现了语言，这是不可否认的事实。在树皮上画游猎的路线是文字起源之一。石斧、石刀、种地、造房子不是什么圣人发明的，乃是许多劳苦大众一点一点的积起来的贡献。近代工人对于发明上千千万万的贡献都给科学家偷了去写在自己的账上。文化是大众所创造的。文化是被小众所独占。现在应该将文化从小众的手里解放出来。创造文化的大众应该享受创造的结果。文化是无疑的要对大众解放，使整个文化成为大众的文化。现在的文化解放运动可以说是大众文化运动。

三、认识上的解放

文化有什么功用，我们必得把它认识清楚，才能谈它的解放。有些人把文化当作装饰品看待，以为大众用不着这个东西。我承认现在所谓“文化”当中有一部分是好比金刚钻戒指。但是有一部分是思想斗争的武器，这武器必定要解放出来，给大众抓住，然后民族大众的解放才有很快的发展。其次，有些人以为大众文化是要等到大众政治实现以后才有可能。我承认大众文化的普及是要等到整个政治变成大众的政治。但是，大众的政治决不是凭空从天上掉下来的，它是要靠着大众继续不断的奋斗才能实现。这奋斗是要运用文化的武器以转变大众的思想才能保证胜利。另外，特别从事文化工作的人，太夸大文化的工作者或把文化看作一个孤立的东西。他们相信文化万能，或者是为文化而文化。这样会叫文化工作脱离了现实而变成一个没有作用的东西。殊不知文化所要记录、传达、发展、改变的思想乃是人类生活中心的思想，即是政治经济的思想。文化脱离了政治经济便成了不可思议。我们认识了文化是政治经济斗争的武器就没有这个毛病了。最后，还有一种人以为文化的工作是纯粹的头脑工作。他们把它看成一个静的东西，可以静坐而得，静坐而传。他们忽略了行动与思想的关系。他们没有认识文化运动的作用。我们如果认识文化是民族大众解放的斗争的武器，这个静止文化的错解也就消灭了。我们对于文化的功用至少要有这点认识，然后才能把它从错误歪曲的观念里解放出来。也唯有把文化从错误歪曲的观念里解放出来，文化才能发生真正的作用。

四、工具的解放

中国的思想符号主要的是汉字。读书人要花一两千块钱，学它十年二十年，才可以读点古书，平常的人花它百把块钱一两年只是一撇一直的像稻草一样吃到肚里去不能消化，俗语叫做不通，读书没有读通。这难写难认的汉字只好留给那少数有钱有闲的少爷小姐去学，无钱无闲的大众和苦孩子必得另找出路。这出路就是近年提倡的易写易认的新文字。大众只须一个月每天费一小时就会写新文字的信，看新文字的报，读新文字的书，那是多么便利啊！大众文字的解放是大众文化的解放的钥匙。

五、方法的解放

传达文化之方法，依我看来，有三点最要解放。第一点，灌注的教授法最要不得。他把接受文化的人当作天津鸭儿填。民族大众解放运动最需要的不是灌注的演讲而是对于时事之讨论。这种相互之自由讨论，如果有前进书籍杂志作参考最能启发人的思想。学生和大众应该普遍的从灌注的教授法里解放出来，跑到这种自由讨论的空场上呼吸些新鲜空气，晒一晒太阳光。第二点，是知识封锁也要不得。从前的观念是学问自己受用，学校变成守知奴的制造厂。我们应该把自己从这知识私有卑鄙习惯里解放出来，我们对于真理应该即知即传，不肯教人的人不配受教育。从前写文章的人，是写得愈深愈觉很得意。现在呢，连白话文都得解放成大众文，使得大众易于了解。这的确对于传播文化是有很大的作用。觉悟的知识分子都得把自己的作风解放出来使很大众易懂。第三点，要不得的是教而不做，学而不做。我们要在行动上来推进大众文化。我们要从静的方法解放出来，使大众加入真理的行动以追求行动的真理。

六、组织上的解放

文化的组织是被小众捏得死死的。学校里的训育管理变成官僚化。学生只是被治而失去了自治。我们要把文化从模范监牢里解放出来，使它跑进大社会里去。社会即学校。文化的场所多着哩。茶馆、酒楼、戏院、破庙、茅棚、灶披、晒台，甚至于茅厕，在今日都成了大众的课堂。整个民族解放运动成了大众的课程。平常的课程如果是和民族解放运动配合起来，就不得不起质的变化。例如算学吧，那是看作一门纯粹的学科，然而把整个中国失掉的领土富源算一算，便立刻从平常的课程跳入非常的课程里面来了。在新的组织里，教师、学生和大众是站在一条民族自救的大路上，从前教师与学生间、学生与大众间的围墙都要打通，这样大众的文化才能充分传达、发展。

七、时间的解放

有些传统的学校，名为认真，实际是再坏无比。他们把无所谓的功课排得满满的，把时间挤得滴水不漏，使得学生对于民族前途和别的大问题一点也不能想，并且周考、月考、学期考、毕业考、会考弄得大家忙个不了，再也没有一点空闲去传达文化唤起大众。说得不客气些，这就是汉奸教育、奴化教育、亡国教育。另一方面，大众一天做十二小时工，甚至于有的要做十六小时的工。他们是没有空闲接受文化。时间是文化战的最大关键。我们必须争取时间来推进大众文化。时间解放是大众文化解放的焦点。

八、新文化创造的解放

新文化之创造是社会进步之特征，同时，也是帮助社会更进一步的一种推动力。新兴的文化多少总是于大众有益的文化。所以新文化的创造是受着前进者之欢呼，同时是遭着落伍者之妒忌。前进的书籍、杂志、戏剧、电影，种种是在热烈的欢迎里遇着最惨酷的虐待。明明是一套最好的电影，他会给你东剪一条，西剪一条，剪得使你失去了原来的生命。好比人家生了一个小孩，假如管户口册的人要批评你这孩子那里生得对，那里生得不对，你一定是要觉得他做得太过分了；又假如他不但是随嘴乱说，并且手里还拿了一把剪子，看到孩子耳朵长得太长，便毫不客气的剪掉一点，看到孩子鼻子长得太高又毫不客气的剪掉一点，你该觉得这是个什么人啊！你能忍心的坐在旁边让他剪吗？这样的刽子手是等在文化界的门口，一看见新的作品出来就给他几剪。从这把剪子的虎口里把新文化解放出来，是整个文化界不可推诿的责任。

九、怎样取得文化解放

中国从前有一样东西叫做裹脚布，把姑娘的脚紧紧的裹，裹得肉烂骨头断，裹成一只三寸金莲，好嫁一个好人家。我想和这裹脚布相配的还有一样东西，叫做裹头布，把中国的小孩、青年、大众的头脑壳，紧紧的裹，裹得呆头呆脑，裹成一个三寸金头，好做一个文化奴隶。这裹头布便是加在大众头上的一切文化的压迫。不愿做文化奴隶的人联合起来，争取大众文化之解放！前进的知识分子在推进大众文化上固然能起重要的作用，但是大众文化运动决不能由少数知识分子代办。大众文化是大众的文化，是大众为自己推动的文化，是大众为自己谋幸福除痛苦而推动的文化。大众文化的解放是要大众运用集体的力量来争取的。它决不是小众可以送来的礼物。并且民族解放、大众解放、文化解放是一个分不开的运动。必得要联起来看，联起来想，联起来干，才会看得清楚，想得透彻，干得成功。

原载《生活日报》星期增刊第1卷第2期，1936年6月14日

【注释】

①本篇曾收入作者自编《中国大众教育问题》一书。

大众歌曲与大众唱歌团[1]

1. 什么是大众歌曲?

大众的歌曲是大众的心灵的呼声。它是用深刻的节奏喊出大众最迫切之内心的要求。少数天才之创作必定是符合了这个条件，才为大众所欢迎而成为大众的音乐和大众的诗歌。大众的歌曲是要唱出大众的心中事，从大众的心里唱出来再唱进大众的心里去。它来，是从大众的心里来；它去，是到大众的心里去。

那少数的音乐和文学天才怎么会知道大众的心事呢？他们如果老是坐在沙发椅上享现成福，那是永久不会知道的。可是，他们也无须学孙悟空要钻进人家肚皮里才知道人家肚皮里的事。他们只须站在大众的战线上来做斗士，便能感觉大众的艰难，了解大众的需要，说大众要说的话语，唱大众要唱的歌曲。一个脱离了大众生活的天才决写不出大众的歌曲来。因此，大众的歌曲可以说是大众运用天才写起来的，简单可以说，是大众共同创造起来的。

2. 民众歌咏团之伟大

刘良模[2]先生所创的民众歌咏团是大众音乐以最正确的形式表现出来的。这种歌咏团现在在中国各大都会里都有了组织。最初在上海我曾经听过一次二三百人的合唱，他们是预备到高桥去唱给乡下人听。近来看《永生》又知道他们一团七百人，于六月七日在上海西门公共体育场合唱给五千人听。会场中曾有警察干涉，但是听啊："中国人连中国歌都不能唱了吗?"这个五千人的吼声使警察不好再说话。最近六月二十日夜里，香港民众歌咏团团员四百人，在青年会体育场上对三千民众合唱，把民族自救的声浪打到每一个听众的心里去。我这次也是听众之一，亲自感觉到这个运动的前途的伟大。

3. 为什么在这个时候产生?

民众歌咏团为什么在这个时候出现？从前为什么没有这样活动？我可

以说像民众歌咏团这种组织，不是偶然可以产生的。比如一种花，它是原来有生命，但是气候未到，它是开不出花来；气候已到，它便自然而然的开出美丽的花了。音乐是大众心灵的呼声。大众欢喜唱歌，那是无可怀疑的。每一个大众的心灵里都潜伏着音乐的种子。但是在那伟大的音乐气候未到以前，他们只能唱几套小调儿过过瘾，表现不出很大的力量。这好比是一种子在地下吸收一些潮湿时所发出的低微的声音。现在是伟大的时代的前夜，大众是预备开口了。春天到了，你能叫桃花不开吗？夏天到了，你能叫荷花不开吗？秋天到了，你能叫菊花不开吗？冬天到了，你能叫梅花不开吗？大众的时代到了，你能叫大众的口不开吗？

因为日本帝国主义不断的侵略，中国是遇了空前的大灾难。中国大众不肯亡国做奴隶。中国大众要追求自由，追求平等，追求生存。中国大众要为自由而战，为平等而战，为生存而战。

世界上最伟大的音乐是战斗的音乐，最伟大的文学是战斗的诗歌。中国是在发动一个空前的民族解放的伟大战斗，在这个时候，是自然而然的会跑出最伟大的战斗的音乐与战斗的诗歌。

战斗的音乐与战斗的诗歌之外，次有力而也含有普遍性的是恋爱的音乐与恋爱的诗歌。恋爱的音乐与恋爱的诗歌在古时与野蛮社会里也是大众的集体活动。在择配结婚的时候，一群一群的青年男女奏着恋爱的乐，唱着恋爱的歌，跳着恋爱的舞。但是在开化的国度里，这种集体的欢会是失掉了，恋爱变作个人的事，恋乐恋歌都变成靡靡之音而为大众集体生活所丢弃。但是仔细考察起来，恋爱是性之战斗也是战斗的一种。恋歌恋乐未尝不可以和战歌战乐相通。假使把革命与恋爱打成一片，使恋爱受着革命的领导，那么武装的恋歌恋乐也可以成为伟大的作品而为大众所欣赏。

其次就是工歌。工歌也是战歌的一种。它是与自然界和剥削者战斗之呼声。武装的工歌当然是有它的伟大，也当然是大众欢喜吃的家常便饭。

受着时代的伟大的感动，音乐的天才自然会创作大众高兴唱高兴听的音乐，文学的天才自然会写出大众高兴听高兴唱的歌词。从前有人写一首歌要找人做个谱很难，有人做一个谱要找人填一首词也很难，勉强配合起来，好比旧式结婚，总难中意。有时，弄出绝大的笑话，开学歌配上出丧的音乐。其实，它们不但是不相配，而且是音乐不成音乐，歌词不成歌词。现在却不同了。一首前进的歌，要一位前进的音乐家做个谱，他的谱就恰到好处。一个前进的谱要一位文学家填一首词，他一填就填到天衣无缝。而且唱起来，大众都兴奋。这是什么缘故呢？因为制谱者、做歌者、唱者、听者都是遇着同一的大灾难，发生同一的大觉悟，参加同一的大战斗，是必然的唱出同一的大和声。

我所说的音乐天才和文学天才并不是超人的天才。有音乐的天才，而实际上不是一个与大众站在一条战线上和大灾难拼命的斗士，他写不出感动大众的乐谱。有文学的天才，而实际上不是与大众站在一条战线上和大灾难拼命的斗土，也写不出感动大众的歌词。现在能写大众的歌词的人是比较的多，能写大众的乐谱的人还很少。聂耳[③]先生之死是中国大众音乐的一个最大的损失，几乎是等于音乐之国里失掉一个东北，东北可以收回，聂耳不能复活，这是一件令人伤心的事啊。中国有音乐天才的人本来也有一些，但多数到现在还是站在大众战线之外，享受个人的自由幸福。这些朋友到现在还写不出一件为大众欢迎的作品，这不是很可惜吗？但是我相信，只要他们一加入大众的队伍和民族的大灾难开始拼命，就不啻是聂耳先生一个又一个的复活了。

然而聂耳先生给我们的音乐遗产已经是很可宝贵了。我们的劳苦大众自己创造的山歌也不错。还有好些前进的文学家所写给大众的词也值得感谢：这些人都是把他自己的生命放在大众的战斗里，才把他们的天才发挥出来，写成大众的音乐，大众的诗歌，使大众有东西唱，兴高采烈的唱了又要唱。

4. 大众唱歌之前途

民众歌咏团以往的成绩是值得赞美，以后的前途是更加伟大。现在就我所想到的提出几点意见，供这运动的同志做参考，同时，希望大家指教：

（一）改个名字　名字要符合大众语。歌咏的咏字不很通俗。我提议把它改为大众唱歌团。

（二）越多越好　从前韩信用兵多多益善，大众唱歌团的团员和大众是越多越好。少则要做到一千人唱，一万人学；多也不妨一万人唱，十万人学。旧世界只有小巧之美。那大量之美是一个新的观念。我希望大众唱歌能给这“大量之美”或“集体之美”一个深刻而具体的印象。

（三）大众开口　大众到会场上来不是听，乃是学；不是学，乃是学唱。我们只有唱众，没有听众；起首虽是听众，当场变做唱众。这样才能更充分的发挥大众的力量。一群哑巴的大众有什么精神呢？

（四）选歌标准　大众唱歌团所选的歌是要有标准。一要意识前进；二要歌谱有精神；三要歌词不违背大众语。香港民众歌咏团所选的歌曲里就有一两首用文言歌的，大众唱着调子而不懂得里面的意思，效用是未免要减少些。

（五）到源头上去找　有些不懂事的人把人家的歌曲乱改或是不小心的抄错印错，所以选歌要在源头上去找材料。比如《锄头歌》的第四段是"革命的成功靠锄头，锄头锄头要奋斗"。香港的选本是根据一个改错的本子成了"肩着了锄头要奋斗"。这歌的原意是以锄头代表农人。它是招呼农人要奋斗，并不是叫农人拿着锄头去奋斗。这个选本又把最重要的一首丢掉。这首歌末尾还有一段："光棍的锄头不中用，联合机器来革命。"《锄头歌》之所以赶得上时代的精神，最要紧的还是后头这一段。这如何可以把它丢掉呢？再者，香港唱的调子是改得与原来的不一样。词不可乱改，谱是多年民众精神的结晶，更不可以乱改。百代公司出了一张小先生唱的《锄头舞歌》唱片，是根据原来的山歌的调子收音的，可以做参考。我的主要的意思只是希望大家要谨慎的去找材料，不要轻易的改人家的作品。如果要改，也得先和作者商量，倘若真正青出于蓝而胜于蓝，那是谁也愿意接受的。

（六）追求歌调的意义　在小组练习的时候，每首歌的意思都要讨论清楚。这种讨论会自然的联系到时事的讨论，并引起人家去看前进杂志报章之兴趣。

（七）引起识字的趣味　因为欢喜唱歌就对于歌里的文字发生趣味。我们如果抓住这种机会运用传递先生或小先生的法子教人识字读书，再使认字读书与民族解放联系起来，也是很有益处的。

（八）继续不断的办　照民众歌咏团的办法，每一工厂，每一店铺，每一家庭，每一学校或每一集团，只要有十人以上就可派人去教。这是一个顶好的办法。这种组织应当成为永久的自求长进的组织。因为新的歌曲是川流不息的出来，我们怎么可以中途而废呢？我们要继续的唱，唱到中国独立、平等、自由了才许它告一段落。

（九）军歌要换　我们二百万军队是需要前进的歌曲。不幸得很，他们还是唱着没有多大意思而很难听的老军歌。一个个的军队都应该成为一个大众唱歌团。至少要采用大众唱歌之集体合唱方法，去唱民族解放之战歌。

（十）大众唱歌团下乡　乡下人是欢喜唱歌。暑假、寒假、星期假，大众唱歌团团员应当下乡训练农民大众唱歌并组织乡村大众唱歌团。乡下的教师如有会音乐的，应当即刻着手提倡乡村大众唱歌团，随时来它一个联村大合唱。

（十一）告音乐天才　有音乐天才的朋友不要把自己的天才在靡靡之音上浪费掉。你们要站在民族的联合战线上来，替大众写乐谱。

（十二）告文学天才　有文学天才的朋友再不要为文学而写文学，也应该加入大众的队伍里来为大众写歌词。

（十三）别抄袭　不要梦想把欧美现成的歌谱拿来填词。我们现在所需要的是半殖民地反抗日本帝国主义的调子，这个调子在欧美的音谱里是没有的。它是要我们大众队伍里的天才在中国的土壤气候里扶养出来。

（十四）防止麻醉　唱歌是最能启发人的心灵也是最厉害的迷魂汤。从前的宗教家和现在的法西斯都用唱歌来麻醉人。那个德国的福井范格勒[④]便是用音乐代替纳粹党[⑤]去麻醉大众的所谓音乐家。美国大众上月听说他要到纽约来做乐队总指挥，大家都起来抵制，不听他所指挥的音乐，乐队里的队员也表示不愿接受他的指挥。一个麻醉人的音乐家是这样受大众的鄙弃，我们看了这件事，是格外明白大众音乐所应该走的路。在我们提倡用大众歌曲来唤起大众的时候，说不定有人也想用假的大众歌曲来叫大众再睡睡，睡到亡国再起来。我们要一致留心这种麻醉的策略，先给它打一支预防针。大众的时代快来到。小众的靡靡之音应该走开，麻醉大众的歌曲是格外应该走开。但空言无济于事。只要真正的大众歌曲，继续不断的创造起来，便如日中天，什么微生物都要消灭了，让我们努力创造吧！

1936 年 6 月写

出自《中国大众教育问题》新北京出版社 1950 年 11 月

【注释】

①本篇系《中国大众教育问题》第八部分，于 1936 年 6 月 28 日在《生活日报》星期增刊第 1 卷第 4 期上曾发表其中的第一、二节和第三节的前半部，题为《从大众歌曲讲到民族歌咏团》。

②刘良模（1909—1988），著名爱国人士，浙江镇海人，1934 年倡导民众歌咏运动。

③聂耳（1912—1935），现代著名作曲家，云南玉溪人，1933 年加入

中国共产党。此后，他积极参加左翼音乐、戏剧、电影等工作，从事创作及艺术评论活动。1935 年 7 月 17 日在日本游泳时溺水逝世，终年 30 岁。

④福井范格勒（1886—1954），别名富特文格勒，德国著名作曲家、指挥家。

⑤纳粹党即“德国国家社会主义工人党”，前身为 1918 年成立的德意志工人党。1919 年希特勒加入后，于 1920 改为此名，并自任党魁。1933 年夺取政权后，对内实行恐怖统治，对外进行武装侵略，最后挑起世界大战。1945 年被宣布为非法组织。

大众的文字[①]

中国已经到了生死关头，我们必须教育大众组织起来解决国难。但是这教育大众的工作，一开始就遇着一个绝大的难关。这个难关就是方块汉字。方块汉字难认难写难学。每一个人必得花费几年工夫几十几百块钱才学得一点皮毛。一个每天做十二三点钟苦工的大众是没有这些空闲时间，也花不起这许多钱来玩这套把戏。手头字、简字是方块汉字的化身，不是根本的解决。注音字母是为方块汉字注音的工具，不过是方块汉字的附属品。国语罗马字崇奉北平话为国语，名为提倡国语统一，实际上是来它一个北平话独裁。在有闲有钱的人看来，学了一口北平话再用罗马字母读读写写，是不费什么事。但是叫一个上海的、福州的或广州的苦人同时学北平话又学罗马字，那几乎是和学外国话一样的难。国语罗马字又注重声调的符号，把初学的人弄得头昏脑黑。简单的说，中国大众所需要的新文字是拼音的新文字，是没有四声符号麻烦的新文字，是解脱一个地方语的独裁的新文字。这种新文字，现在是已经出现了。当初是在海参崴[②]的华侨制造了拉丁化新文字，实验结果很好。他们的经验学理的结晶便是北方话新文字方案。但是我们不要误会，海参崴的华侨也是中国人。所以这个方案虽是在外国产生，但还是中国人的作品，是和别的中国留学生华侨的作品一样的不容歧视。现在上海话新文字方案也已经由上海的专家造成发表出来，征求大家的批评。厦门和客家话方案已经编成正在这儿审查。广州、福州、徽州[③]各处方案也正在编制。这些工作是由中国新文字研究会主持进行。

根据上海话新文字方案实验结果，平常人每天费一小时只须半个月工夫，即可写新文字的信，看新文字的报，读新文字的书。聪明些的人两个星期就行；笨一点的人，只须一个月，成绩也不错了。每人所花的，只要三分钱。义务教育培养一个小孩每年平均要花八块九毛钱。民众教育培养一个成人要花一块八毛钱。上海一带运用小先生教汉字每人也要花三毛钱，三万万人的普及最粗浅的初步汉字教育至少就得九千万元。去年教育部筹款办义务教育，努尽了力只筹得三百多万，相差是太大了。倘若推行新文字，每人三分钱，连黄包车夫也出得起。所以就时间金钱两方面来看，新文字是普及大众教育的最经济的文字工具。

有人怕各地方言新文字起来之后会阻碍中国统一。我们详细的把它考察一下，知道这是一种过虑。第一，中国各地方言之不同，不像我们平常所想的那样厉害。因为国内各地方言是汉话与各处土话互相同化克服的结果。它们的不同是有规律的。我们只须把它们彼此不同的规律指出来，大部分是很容易相通的。第二，汉字在名义上是中国统一的文字，但是认得汉字的只是少数人，而多数人是没有文字的。多数人没有文字，除了谈话之外，便不能彼此相通，也不能与认识汉字的小众相通。如果各区的方言新文字传给了各该区的大众，那末区以内的大众便可以彼此相通；该区的知识分子精通几区新文字，甚至于几国文字的总能找出好几位来，搭一个桥，使各区的大众彼此相通并与全国的知识分子相通，与现代世界文化相通。各区的小事只用本区的新文字记载，至于关系国家的大事都可以由知识分子翻译广播出去。所谓知识分子并不限定是高等华人。大众得了新文字的培养，也必然的会在自己的队伍里产生出知识分子，并且运用各区新文字对照的读物，也可以把自己造成沟通各区文化的铁桥。这样一来，新文字不但不至于阻碍中国的统一，而且有力量促进文化的沟通，帮助中国的统一。第三，我们所需要的统一不是抽象的统一，不是幻想的统一，不是制造的统一，而是从实际生活酝酿出来的统一。我们所要的是各区不同生括的血脉流通，而不是勉强各区过同一的生活，说同一的话语，写同一的文字。同一文字的范围是跟着同一生活需要而扩大，决不可以心急。提倡国语的先生们往往幻想出一个公共的需要来推进北平话。他们说："到了需要的公共场合就自然非学国语不可。"我们知道这个公共场合是幻想起来的。在上海大众的公共场合是要用上海话才来得有效。同样的，福州大众的公共场合要用福州话，广州大众的公共场合要用广州话，否则，你就得请人翻译，或者是听众听不懂，等于没有说。可见这"公共场合"四个字只适用于少数的知识分子，只适用于有钱有闲学它几年北平话的小众。要想把小众的公共场合的需要当作大众的公共场合的需要，勉强的要把它们赶快统一起来，并且把这种统一看成天经地义，这只是提倡者的偏爱的幻想。拥护汉字统一的先生们对于这同样的幻想更是强烈的很。这种幻想，自然用不着新文字来阻碍它，就会叫他们失望。第四，现在中国是遇着空前的国难，只有大家一齐起来抵抗，才有生路。中国文化界现阶段最重要的工作是普及民族自救的教育，我们要动员一切工具来进行这个工作。但是在选择工具的时候，我们是必得指出新文字的特大效力。文字好比是交通媒介。汉字好比是独轮车。国语罗马字好比是火车轮船。新文字好比是飞机。坐上新文字的飞机里传布民族自救的教育的时候，就可以知道新文字是不但不阻碍中国统一，而且确有力量帮助唤起大众挽救我们的垂危的祖国。

照以上观点看来，我们觉得这种新文字是值得向全国介绍了，我们深望大家一齐来研究它，推行它，使它成为大众文化和民族解放运动的重要工具。以下是我们所要建议的具体办法：

（一）每一个方言的新文字方案成立后，我们首先要根据这方案编辑最廉价的课本、指导书。

（二）课文编成后即着手运用各级学校：民众学校、识字学校、夜学校、补习学校、讲习会培养新文字教师，凡学会新文字的人都有教人的义务。

（三）为着要使学过新文字的人继续学习起见，我们要出高级课本、报纸、杂志、小说、诗歌、各科小丛书、新文字连环画、新文字字典、北方话与其他方言对照读物。

（四）根据新文字方案创制新文字速写并创制新文字打字机。

（五）对于用汉字编印的书报，我们主张：

甲、文字大众化。

乙、横排。

丙、采用新文字报头。

丁、新文字汉字对照的读物另辟一栏。

（六）除了现在已经发表的北方话与上海话新文字方案之外，我们要继续进行其他各区及少数民族方言的调查，以着手其他各区及少数民族方案之建立。

【注释】

①原题为《我们对于推行新文字的意见》，后收入《中国大众教育问题》一书时改为此题。

②海参崴也称符拉迪沃斯托克，现俄罗斯太平洋沿岸最大港口城市。

③徽州，现安徽省黄山市、宣城市辖区和江西省上饶市婺源县。

怎样写大众文[①]

我们要知道怎样写大众文，先要知道白话文的毛病在哪儿。

白话文，
教人聋。
读起来，
听不懂。

谁听不懂？大众听不懂。它写的不是大众的事，所以听不懂。它写的语句不合大众说话的口气，所以听不懂。因为听不懂，也就看不懂。白话文，不但大众听不懂，就是读书人也很难听得懂。

我们知道了白话文失败的原因，就可以明白大众文应该怎样的写法。大众文应该写大众需要知道的事。大众文应当照大众说话的口气写。

我们的眼睛看惯了古文、白话文，容易引我们走错路。比较起来，还是耳朵靠得住。我们的耳朵是和大众接近些。所以写大众文的一个好方法，是请我们的耳朵出来指导我们。凡是耳朵听得懂、高兴听的，才把它写下来。

根据大众语，
来写大众文。
文章和说话，
不能随便分。
一面动笔写，
一面用嘴哼。
好听不好听，
耳朵做先生。

这位先生，人人随身带着，很方便。只要我们肯得虚心问他，它总是愿意指教我们的。大家还要记着，它是一个钱学费也不要。

从前，有一个人家床上生臭虫，懒得捉，越弄越多。正愁着没得办法，看见报上广告说到一家药材铺有臭虫药出卖，他欢喜极了，连忙去买。化了三个铜板，得了一个白纸包，回家打开一看，没有药，只有一小块纸，上面写着一个字："捉!"

有些人看见商务印书馆的《出版周刊》说我编的《老少通千字课》是根据大众语写的，就来问我大众文是怎样写法。我也学那药材铺的榜样，送他一个纸包，里面写的是："请你的耳朵教你。"

我们的耳朵虽是顶方便的先生，但不是顶靠得住的先生。因为我们听得懂的文章，大众有时听不懂，所以顶靠得住的先生是大众的耳朵。工人、农人、车夫、老妈子、小孩子的耳朵都是靠得住的。你做好一篇文章，读给他们听听，如果他们听不懂，你要努力的修改，改到他们听懂了，才能写成大众文。小众听得懂，而大众听不懂的文章，决不能冒充大众文。好的大众文还要大众高兴听。如果小众高兴听而大众不高兴听，决不能为好的大众文。

文章好不好，
要问老妈子。
老妈高兴听，
可以卖稿子。
老妈听不懂，
就算是废纸。
废纸哪个要?
送给书呆子。

我们要想写成大众文，把大众文写得好，必定要请大众的耳朵做我们的先生。上面两首诗是一位工人学生张妹给我改的。在耳朵先生的一篇里中间一段，原来的稿子写的是;

语文要合一，
不能随便分。

笔儿没有动，
先用嘴儿哼。

我自己的耳朵是给他及格了，但是大众的耳朵听不懂。我得到张妹的帮助才改成：

文章和说话，
不能随便分；
一面动笔写，
一面用嘴哼。

老妈子一首的末尾两句，原来写的是：

废纸有谁要，
只有书呆子。

也是因为张妹的耳朵的帮助，我才改为：

废纸哪个要？
送给书呆子。

看了上面所举的两个例子，我们对于大众的耳朵纠正我们的地方，是十分重要的。

原载《生活教育》第 2 卷第 18 期，1935 年 11 月 16 日

【注释】

①本文原载《生活教育》第 2 卷第 18 期，1935 年 11 月 16 日，原有《怎样写大众文》《再谈怎样写大众文》两篇。后陶行知将二者合而为一收入《中国大众教育问题》，题为《怎样写大众文》。

大众画报

——一个需要，一个建议

识字运动展开了，普及教育的呼声是得到全国的响应了，读完《千字课》的成人、儿童是一天比一天多了。“我们再读什么?”“我们有什么报可以看?”这是大众时常问的两个问题。第一个问题是比较容易答复，因为几家大书局里都出了高级民众用读本及民众用丛书，尽可选择介绍。但是第二个问题就把我们难倒了，有什么报可以给粗识字义的大众看？大报写的是文言，又无标点符号，依大众看来，真是漆黑一团，除了知识分子及中等以上的商人，谁也不懂。小报，周刊、半月刊多数是用白话文写，也有标点符号，但因西化语法太多，大众也不能看得十分明白。画报是有资格受大众欢迎，但是有些画报，编排复杂，说明难寻，有时也是文绉绉的，使得大众只是看画而不知道画中的意义，并且价值太贵，一般大众决不能把两天的饭钱省下来买一份画报看。大众要看报，而中国现在是没有一种报能给大众看得懂。因此，我想向作家及出版界提出一个建议：

“编辑出版一种真正的大众画报。”

这种大众画报性质采取日报、三日报、周报、半月报、月报，都有需要，但应当符合下列五种条件：

（一）灌输现代知识，培养前进思想；

（二）用大众语写，要趣味胜过正经；

（三）用连环图画写，要图画多于文字；

（四）编排清楚；

（五）价钱便宜。

如果能合上面所说的五种条件，这种画报必可成为普及教育的一种最重要的工具。大众得了它，必是如同大旱得了大雨一样的快乐。我是天天望着这样有意义的画报出现啊!

原载《生活教育》第2卷第19期，1935年12月1日

大众的流通图书馆①

流通图书馆的意义，只要看一看它的名字就能明白一个大概。从藏书到看书，从看书到借书出去看，这过程是代表了图书馆发展之三阶段，也就代表了普及教育发展之三步骤。让人借书出去看是流通图书馆的特性。但是借给谁看，怎样借法是成了问题。这些问题如果不弄明白，则流通图书馆不免要做成知识分子及有暇阶级的高等听差，负不起普及教育之使命。

（一）借给谁看？对于这个问题，我毫不迟疑的说："借给大众看。"识字的，借深一点的给他们看，不识字的，借图画书给他们看。图画书不够用，就赶紧的要求作者和书店赶紧的编。流通图书馆的对象是大众，它必须为劳苦大众充分的服务，才算是一个真正的流通图书馆。

（二）怎样借法？现在穷人借书最大的困难有两点：一是没有钱，二是空闲少。我们必须根据这两点来修改借书手续。平常流通图书馆要保证金，少则五毛，多则一元二元，只是这个条件，已经把穷光蛋赶到门外去了。我提议只要介绍人，不要保证金。有些图书馆还要借书人亲自来借，这在有闲的少爷小姐看来，并没有多大困难，但一天忙到晚的大众就觉得为难。这当然要允许别人代借。干这件事最觉得便利的，那是无过于小先生了。小先生代替学生借书，是一件应当鼓励的事。

现在各省市提倡识字运动，成千成万的大众继续不断的加入到读书的队伍里来。"那里找书看"是成了一个迫切的问题。若不赶紧提倡流通图书馆，这些人将因没有继续读书的机会而把从前读过的书都荒疏了。我心目中的流通图书馆是小规模的。它在拯救文化饥荒的地位看来是一个小饭馆。这种文化小饭馆要普遍的设起来：一镇一个，一村一个，一街一个，一弄堂一个！当然，一县、一市、一乡设一较大规模之流通图书馆，更能收指导沟通之效。但我所怕的是有了高级的流通图书馆，就忘了低级的流通图书馆。最合理的办法是敷设流通图书网。但与其等待大规模的敷设，不如从小做起。化一二十块钱办一个弄堂或乡村流通图书馆是轻而易举。

这是每一位热心提高大众文化水准的人都能做得到的一件事。这样的小小流通图书馆，大众自己就能约几个人凑几块钱办它一个。如果有这样的流通图书馆产生，那是更有意义了。

原载《生活教育》第2卷第19期，1935年12月1日

【注释】

①本篇收录于陶行知自编著作《中国大众教育问题》1936年版中，原题为《大众的流通图书馆》，现以原著标题为准。

育才学校手册

《育才学校手册》由时代印刷出版社1944年1月15日出版，同年5月20日再版。该著作共收入文章和诗歌14篇。

创造宣言

创造主未完成之工作，让我们接过来，继续创造。

宗教家创造出神来供自己崇拜。最高的造出上帝，其次造出英雄之神，再其次造出财神、土地公、土地婆来供自己崇拜，省事者把别人创造现成之神来崇拜。

恋爱无上主义者造出爱人来崇拜。笨人借恋爱之名把爱人造成丑恶无耻的荡妇来糟蹋，糟蹋爱人者不是奉行恋爱无上主义，而是奉行万恶无底主义的魔鬼，因为他把爱人造成魔鬼婆。

美术家如罗丹①，是一面造石像，一面崇拜自己的创造。

教育者不是造神，不是造石像，不是造爱人。他们所要创造的是真善美的活人。真善美的活人是我们的神，是我们的石像，是我们的爱人。教师的成功是创造出值得自己崇拜的人。先生之最大的快乐，是创造出值得自己崇拜的学生。说得正确些，先生创造学生，学生也创造先生，学生先生合作而创造出值得彼此崇拜之活人。倘若创造出丑恶的活人，不但是所塑之像失败，亦是合作塑像者之失败。倘若活人之塑像是由于集体的创造，而不是个人的创造，那么这成功失败也是属于集体而不是仅仅属于个人。在一个集体当中，每一个活人之塑像，是这个人来一刀，那个人来一刀，有时是万刀齐发。倘使刀法不合于交响曲之节奏，那便处处是伤痕，而难以成为真善美之活塑像。在刀法之交响中，投入一丝一毫的杂声，都是中伤整个的和谐。

教育者也要创造值得自己崇拜之创造理论和创造技术。活人的塑像和大理石的塑像有一点不同，刀法如果用得不对，可以万像同毁；刀法如果用得对，则一笔下去，画龙点睛。

有人说，环境太平凡了，不能创造。平凡无过于一张白纸，八大山人②挥毫画他几笔，便成为一幅名贵的杰作。平凡也无过于一块石头，到了飞帝亚斯③，米开朗基④的手里可以成为不朽的塑像。

有人说：生活太单调了，不能创造。单调无过于坐监牢，但是就在监牢中，产生了《易经》之卦辞，产生了《正气歌》[5]，产生了苏联的国歌[6]，产生了《尼赫鲁自传》。单调又无过于沙漠了，而雷塞布（Lesseps）[7]竟能在沙漠中造成苏彝士运河[8]，把地中海与红海贯通起来。单调又无过于开肉包铺子，而竟在这里面，产生了平凡而伟大的平老静[9]。

可见平凡单调，只是懒惰者之遁辞。既已不平凡不单调了，又毋需乎创造。我们是要在平凡上造出不平凡；在单调上造出不单调。

有人说：年纪太小，不能创造。见着幼年研究生之名而哈哈大笑。但是当你把莫扎尔特[10]、爱迪生及冲破父亲数学层层封锁之帕斯加尔(Pascal)[11]的幼年研究生活翻给他看，他又只好哑口无言了。

有人说：我是太无能了，不能创造。但是鲁钝的曾参[12]传了孔子的道统。不识字的慧能[13]，传了黄梅[14]的教义。慧能说："下下人有上上智。"我们岂可以自暴自弃呀！可见无能也是借口。蚕吃桑叶，尚能吐丝，难道我们天天吃白米饭，除造粪之外，便一无贡献吗？

有人说：山穷水尽，走投无路，陷入绝境，等死而已，不能创造。但是遭遇八十一难之玄奘，毕竟取得佛经；粮水断绝，众叛亲离之哥仑布[15]，毕竟发现了美洲；冻饿病三重压迫下之莫扎尔特，毕竟写出了《安魂曲》。绝望是懦夫的幻想。歌德[16]说：没有勇气一切都完。是的，生路是要勇气探出来，走出来，造出来的。这只是一半真理，当英雄无用武之地，他除了大无畏之斧，还得有智慧之剑，金刚之信念与意志，才能开出一条生路。古语说，穷则变，变则通，要有智慧才知道怎样变得通，要有大无畏之精神及金刚之信念与意志才变得过来。

所以：处处是创造之地，天天是创造之时，人人是创造之人，让我们至少走两步退一步，向着创造之路迈进吧。

象屋檐水一样，一点一滴，滴穿阶沿石。点滴的创造固不如整体的创造，但不要轻视点滴的创造而不为，呆望着大创造从天而降。

东山的樵夫把东山的茅草割光了，每上泰山割茅草，泰山给他的第一个印象是：茅草没有东山多，泰山上的"经石硲""无字碑"；"六贤祠""玉皇顶"；大自然雕刻的奇峰、怪石、瀑布，豢养的飞禽、走兽、小虫，和几千年来农人为后代种植的大树，于他无用，都等于没有看见。至于那种登泰山而小天下之境界，也因急于割茅草而看不出来。他每次上山拉一堆屎，下山撒一泡尿，挑一担茅草回家。尿与屎是他对泰山的贡献，茅草是他从泰山上得到的收获。茅草是平凡之草，而泰山所可给他的又只有这平凡之草，而且没有东山多，所以他断定泰山是一座平凡之山，而且从割草的观点看，比东山还平凡，便说了一声："泰山没有东山好。"茅草中有一棵好像是先知先觉的树苗，听他说："泰山没有东山好"，想到自己老是站在寸土之中，终年被茅草包围着，陡然觉得平凡、单调、烦闷、动摇、幻想换换环境。一根树苗如此想，二根树苗如此想，三根树苗如此想，久而久之成趋向，便接二连三的，一天一天的，听到树苗对樵夫说："老人家，你愿意带我到东山去玩一玩么?"樵夫总是随手一拔，把它们一根一根的和茅草捆在一起，挑到东山给他的老太婆烧锅去了。我们只能在樵夫的茅草房的烟囱偶尔看见冒出几缕黑烟，谁能分得出那一缕是树苗的，那一缕是茅草的化身?

割草的也可以一变而成为种树的老农，如果他肯迎接创造之神住在他的心里。我承认就是东山樵夫也有些微的创造作用——为泰山剃头理发，只是我们希望不要把我们的鼻子或眉毛剃掉。

创造之神！你回来呀！你所栽培的树苗是有了幻想，樵夫拿着雪亮的镰刀天天来，甚至常常来到树苗的美梦里。你不能放弃你的责任。只要你肯回来，我们愿意把一切——我们的汗，我们的血，我们的心，我们的生命——都献给你。当你看见满山的树苗在你监护之下，得到我们的汗、血、心，生命的灌溉，一根一根的都长成参天的大树，你不高兴吗?创造之神！你回来呀！只有你回来，才能保证参天大树之长成。

罗丹说："恶是枯干。"汗干了，血干了，热情干了，僵了，死了，死人才无意于创造。只要有一滴汗，一滴血，一滴热情，便是创造之神所爱住的行宫，就能开创造之花，结创造之果，繁殖创造之森林。

1943年10月13日写

出自《育才学校手册》重庆时代印刷出版社1944年1月版

【注释】

①罗丹（1840—1917），法国雕塑家。十四岁开始学画。创作对欧洲雕塑的发展有较大的影响。

①八大山人，朱耷（1626—约1705）的号。清初画家，书法家。擅画水墨花卉禽鸟，笔墨简括，形象夸张。

③飞帝亚斯，通译菲迪亚斯，古希腊雕刻家。

④米开朗基，通译"米开朗琪罗"（1475—1564），意大利文艺复兴盛

时著名雕塑家，画家，建筑师和诗人。

⑤《正气歌》，南宋文天祥抗元失败被俘，在狱中所作，表现了宁死不降的气节，为世所传颂。

⑥苏联的国歌，这里指国际歌。1917—1944 年间，苏联曾以国际歌作为国歌。

⑦雷塞布（Lesseps，1805—1894），法国企业家。1854 年从埃及取得开凿苏伊士运河权。1858 年成立国际苏伊士运河股份有限公司。1859 年起，该公司利用数十万埃及劳动力开凿运河，至 1869 年竣工。

⑧苏彝士运河，通译“苏伊士运河”。著名国际通航运河。流经埃及东北部，为亚洲非洲分界线。所在地区多沙漠。

⑨平老静，河北保定开肉铺的老头。为人诚实，做生意守信用，故买卖兴隆。陶行知曾有诗称赞他。

⑩莫扎尔特（1756—1791），通译为莫扎特，奥地利著名作曲家，维也纳古典乐派代表人物之一。

⑪帕斯加尔（Pascal），通译帕斯卡（1623—1662），法国数学家，物理学家，哲学家和散文家。

⑫曾参（前 505—前 436），春秋末鲁国南武城（今山东平邑）人。孔子弟子。认为“忠恕”是孔子“一以贯之”的思想。后被统治者称为“宗圣”。

⑬慧能（638—713），唐高僧，佛教禅宗的南宗开创者，姓卢。传说原为樵夫，后决心学佛，投禅宗第五祖弘忍门下，继承其衣钵，成为禅宗第六祖。

⑭黄梅，指佛教禅宗五世祖弘忍居黄梅山东禅院，故称黄梅。

⑮可仑布，今译哥伦布（1451—1506），意大利探险家、航海家。1492 年起，几次率船队横渡大西洋，排除种种困难，先后到达西印度群岛和南美洲海岸，开辟了欧洲通向美洲的新航道。

⑯歌德（1749—1832），德国著名诗人，剧家者，青年时为狂飙运动的主要人物，政治上反对封建割据，渴望国家统一，主张自上而下的社会改革。

创造年献诗

荀教[1]："择一而壹焉"[2]，
莫跟鼫鼠学五技[3]。
凿井愈深口愈大，
博学首要在好一。
笼统哥哥要不得，
歧路之上快别离。
大题不可以小做，
小题大做做到底。
书若尽信不如无，
引书皆须注来历。
行以求知知更行，
不知直认为不知，
遍览已知求未知，
以知与人己愈知。
道听途说悬断语，
屡试屡验验还试。
"武断""以为"靠不住，
存在由来定意识。
解剖本体寻条理，
追踪外缘找联系。
矛盾相克复相生，
数量满盈能变质。
源头之上搜证据，
观察发展觅定律。
文化钥匙要活用，
开发天人大神秘。

愿将真理化大利，
润泽苍生乃仁义。
日日月月积成年，
努力创造新天地。

【注释】

①荀教，即荀子的教诲与学问。

②“择一而壹焉”，出自《荀子·解蔽篇》。即专心、专一之意。

③“鼫鼠学五技”，出自《荀子·劝学篇》：“鼫鼠五技而穷。”“五技”是指鼠能飞不能过屋，能缘不能穷木，能游不能渡谷，能穴不能掩身，能走不能先人。言才力小而不适于实用。

育才三方针

（一）**迷**　根据孩子们不断的迷在某种特殊活动的天性，透过特殊的环境、设备和方法，我们培养并引导他们成长，踏进未知之门。

（二）**悟**　根据孩子们一般的智力，透过启发性的普通教育，我们培养和指导他们对特殊活动取得更深的了解，对人生各方面的关系和宇宙人类历史的发展取得更广的认识。

（三）**爱**　根据孩子们愿意帮助别人的倾向，透过集体生活，我们培养和引导他们对民族人类发生更高的自觉的爱。

}**向着创造生活前进**

出自《育才学校手册》时代印刷出版社 1944 年 1 月版

育才十字诀

一次在报上看见一首木偶十字诀，把一个木头菩萨描写得惟妙惟肖，可算是民众或通俗文艺的杰作。记得第一个字写的是“一窍不通”，的确是精彩得很。当时我就想给育才学校之创学旨趣，披上一件“民族形式”之外套，几经修改，完成了这育才十字诀：

一个大脑。	二只壮手。	三圈连环。
四把锁匙。	五路探讨。	六组学习。
七（集）体创造。	八位顾问。	九九难关。
十（誓）必克服。		

因为这个十字诀稍微有点新的内容。又因为措辞不够通俗，还需要简单的解释才可以显出里面的精义。

一个大脑 人类的头脑在动物中并不算最大，但他的脑髓与脊髓之比例是超过一切动物。这是思想之物质基础。三民主义一开始就说：“大凡人类对于一件事，研究当中的道理，最先发生思想，思想贯通以后便起信仰，有了信仰就生出力量。”思想贯通是信仰与力量之泉源，研究又是思想贯通之泉源；都是要顺应这大脑之天然条理进行，才能奏效。

二只壮手 人类自脊梁骨硬了起来，前脚便被解放而成为一双可以自由活动的手。手执行头脑的命令，打猎、捉鱼、务农、做工、战斗而健壮起来，同时是改造着发展着那对它发号施令的头脑，我们要重生原始健壮的双手来向前创造。

三圈连环 这是我们的校徽，圈有三种德性：一是虚心，代表学习；二是不断，代表工作；三是精诚团结，代表最后胜利。第一个圈表示全校一体；第二个圈表示全国一体；第三个圈表示宇宙一体。而且学校、国家、宇宙是互相联系，息息相关，决不可能把它们彼此孤立起来意识。

四把钥匙 文化钥匙要使学生得到最重要的四把：一是国文；二是一

个外国语，三是数学，四是科学方法——治学治事之科学方法。与其把学生当作天津鸭儿填入一些零碎知识，不如给他们几把钥匙，使他们可以自动的去开发文化的金库和宇宙之宝藏。

五路探讨 探讨真理，我们提出五条路：（一）体验；（二）看书；（三）求师；（四）访友；（五）思考。这与《中庸》上所讲的博学、审问，慎思、明辨、笃行可以比起来看。体验相当于笃行；看书、求师、访友相当于博学；思考相当于审问、慎思、明辨。我们的治学次序是依据“行是知之始”及自动的原则排列，可以说是把传统的道理颠倒过来。

六组学习 育才除普遍功课依照通常进行外，用四分之一的时间让学生各依性之所近学习一门特修课。特修课分为下列六组：（一）文学组；（二）音乐组；（三）戏剧组；（四）绘画组；（五）自然组；（六）社会组。

七（集）体创造 我们希望以集体力量纠正个人主义，以创造的工作来纠正空话与幻想。在共同努力创造学校上来学习，共同努力创造新中国、新世界。

八位顾问 吉辅灵有一首小诗题为六个裁缝：即（一）什么事；（二）什么人；（三）什么缘故；（四）什么方法；（五）什么时间；（六）什么地方。我们为着要改造一般书生的笼统的静止的头脑，加了两位，（七）什么数目；（八）什么动向。这八贤是我们治学治事不用报酬的常年顾问。

九九难关 人生是患难与欢乐所织成。追求真理的人以与患难搏斗为乐，唐僧向西天取经，遭遇八十一难，不知者以为他是自寻苦吃，其实他是抱着一个宏愿要完成，看破生死，乐而忘苦。总之，人生与患难有不解之缘。患难给有志者以战斗之情绪与战胜之智慧。

十（誓）必克服 有了战斗之情绪与战胜之智慧，还必须有战斗到底之意志，才能克服大难，以至于成。一个人到了富贵不能淫，贫贱不能移，威武不能屈的境界是永远不会被患难压倒。那时他成亦成，败亦成，而不是世俗所谓之成败了。

1942年12月4日讲

出自《育才学报》教育书店1951年4月版

育才十二要

一、要诚实无欺；
二、要谦和有礼；
三、要自觉纪律；
四、要手脑并用；
五、要整洁卫生；
六，要正确敏捷；
七、要力求进步；
八、要负责做事；
九、要自助助人；
十、要勇于为公；
十一、要坚韧沉着；
十二、要有始有终。

出自《育才学校手册》时代印刷出版社 1944 年 1 月版

育才卫生教育二十九事

一、凉开水漱口；
二、吃饭最多以三碗为限；
三、隔绝蝇蚊，尽可能消灭之；
四、吃水果用过锰酸钾消毒；
五、针刺刀割，两分钟内用碘酒敷伤口；
六、预防疲劳之休息；
七、防备急剧之冷热变化；
八、离开咳嗽者五尺远；
九、各人用各人的手巾、脸盆、碗筷；
十、用公筷分菜；
十一、不要拉手；
十二、不用功或运动过度；
十三、睡眠时腹部要盖着；
十四、游泳不得超过半小时，并不得令水入耳；
十五、黄昏时不得看书、写作；
十六、饭后半小时内不得看书、运动、游泳；
十七、私人脸盆饭碗不得在水缸或公用水中取水；
十八、夏日每天要饮六杯开水为度，其他季候酌减；
十九、每日注意通大便一次；
二十、睡眠时候充足，十六岁以下以九小时为度；
二一、吃水、洗脸水必须过滤；
二二、保持水源之清洁；
二三、菜必须弄熟吃；
二四、不随地吐痰；
二五、一切环境要保持清洁；
二六、肃清米中之谷秕；

二七、睡觉前必须刷牙；

二八、营养之科学分配；

二九、适当的运动。

出自《育才学校手册》时代印刷出版社 1944 年 1 月版

育才学校之礼节与公约

礼 节 之 部

一、敬国旗

依照政府规定，升旗降旗。

二、纪念周

依照政府规定仪式举行。

三、室内见师长

（一）立正；（二）鞠躬；（三）请益，报告；（四）坐下，退出。

四、室外相见

（一）立正；（二）脱帽；（三）鞠躬；（四）随行；（五）避道。

公 约 之 部

一、会场中

（一）依据民权初步，学习运用民权基本原则；

（二）争辩是非正义，不动意气；

（三）一切集会，都要做到迅速、整齐、安静；

（四）集合预备钟响，即把坐凳送到会场摆好；

（五）分队长检查人数后，后来者即算迟到；

（六）集合时，精神集中，注意口令，口令后即不得说话；

（七）让客坐高（前）位；

（八）遇友来，注目点头，无声招呼；

（九）开会前，休息时，邻座可以低声说话；

（十）检点仪容；

（十一）轻步进出；

（十二）会未毕，不退；离开会场，必得值日分队长之允许；

（十三）不大声咳嗽，随地吐痰，瞌睡；

（十四）端正而坐；

（十五）脱帽；

（十六）不看书报；

（十七）有意见发表，先举手，得主席允许而后发言；

（十八）一切要服从主席命令；

（十九）值星中队长干事负责布置会场，维持会场秩序。

二、师生间

（一）规过劝善；

（二）上下课，行室内相见礼；

（三）遇于途，行室外相见礼；

（四）上课不迟到早退；

（五）问答时，须立正；

（六）依教师指定日子交卷；

（七）上课时不看课外之书报，不做别事；

（八）随时随地愿受教师之指导与督促。

三、同学间

（一）互助、互谅、互让、互学；

（二）闻过则喜；

（三）同学有过，则劝他速改；

（四）见同学侵犯风纪，则爱校甚于爱友，劝他自首，如有人不愿自首，则向有关方面报告；

（五）戒相骂、打架、轻佻。

四、师生工友间

（一）以平等之地位相待；

（二）尽可能分工友之劳；

（三）“即知即传”，提高工友文化水准；

（四）朝斯夕斯，学习工友之“双手万能”。

五、穿衣

（一）衣不违时；

（二）整洁；

（三）纽扣扣起；

（四）破烂即补；

（五）衣服洗晾晒干后，即折叠收存。

六、饮食

（一）肃清谷秕，饭中有谷，取米去壳；

（二）预备钟响，即准备碗筷；

（三）盛饭盛汤时，依先后排队，并慎盖饭桶；

（四）公筷取菜，另碗分菜；

（五）打吃饭钟后，由值日分队长叫口令，一齐开动，不得离开座位随便到处吃，并不得无故不到；

（六）吃饭要细嚼，喝汤吃稀饭，不使出声；

（七）需要说话，必须音轻；

（八）每桌每人轮流抹桌；

（九）值日分队长负责维持整个食堂秩序；

（十）不得膳委会允许，不得进厨房；

（十一）水果必须消毒去皮而后吃；

（十二）不抛剩饭粒；

（十三）不得剩菜、剩饭；

（十四）饭后不立即喝开水；

（十五）用规定碗筷吃饭；

（十六）菜碗先用开水洗过，然后盛菜；

（十七）饭后半小时内，不作激烈运动。

七、居住

（一）四度整洁；

（二）不在校内乱跑、乱叫；

（三）按时起床、安眠；

（四）吐痰入盂；

（五）纸屑入篓；

（六）卧室中以安静为主；

（七）肃清臭虫、跳蚤、虱子，尽可能消灭苍蝇、耗子、蚊子；

（八）睡觉时不准吃零食。

八、图书史地馆

（一）肃静；

（二）整洁；

（三）阅书报及摘录笔记自修以外，不做别事；

（四）参考书报，阅后还原；

（五）遇校宾到时，应起立；

（六）阅览公众书报，不折角、不画线、不加批、不唾粘，依照规定手续借还；

（七）退出时，必将坐凳整理还原，放置桌下；

（八）不得损坏、丢失书报。

出自《育才学校手册》时代印刷出版社 1944 年 1 月版

育才学校创造年计划大纲

（一）方针：

甲、以严肃认真态度律己；

乙、以互助合作精神相待；

丙、以科学方法治事治学。

（二）安定教师生活，辅助教师进修，以期收“学而不厌，诲人不倦”之效。

（三）敦请学者轮流来校讲学，以提高学术之气候。

（四）培养幼年研究生，在追求真理上学习追求真理。

（五）培养幼年干事，在科学管理上学习科学管理。

（六）扩充图书馆，以丰富精神粮食。

（七）改善烹饪技术，以增进卫生营养。

（八）实行“寸土运动”，使地尽其利。

（九）开源节流，以奠定经济基础。

（十）运用教育医药，以为地方服务。

（十一）注重出版编辑供给材料方法，以为教育界服务。

（十二）继续创造月工作，发展创造精神，提供创造方案，以为抗战服务。

出自《育才学校手册》时代印刷出版社 1944 年 1 月版

育才手脑相长歌[①]

人生两个宝，
双手与大脑。
用脑不用手，
快要被打倒！
用手不用脑，
饭也吃不饱。
手脑都会用，
才算是开天辟地的大好佬。

原载《教育周刊》第137期，1932年11月28日

【注释】

①20世纪40年代由贺绿汀谱曲作为育才学校校歌。

育才学校校歌

凤凰山上

我们是凤凰山的儿女。
我们是凤凰山的小主人。
凤凰山是我们的家，
　　我们的学校，
　　我们的乐园，
　　我们的世界。
我们是凤凰山的开垦者，
　　要创造出新的凤凰山
　　新的家，
　　新的学校，
　　新的乐园，
　　新的世界。
我们要虚心，虚心，虚心：
　　承认我们一无所知，一无所能。
我们要学习，学习，学习：
　　达到人所不知，人所不能。
我们要贡献，贡献，贡献：
　　实现文化为公，天下为公。
修炼智慧之眼。
磨出金刚之啄。
展飞大无畏之翼。
涵养一心向真之赤心。
观！
静观大千世界。

啄！
啄开未知之门。
飞！
飞入神秘之宇宙。
找！
找出真理之夜明珠，
衔回人间，
饰在每一个人的额前，
照着人类在狂风暴雨的黑夜里，
　　走到天明，
　　迎接东升的太阳！
　　　　得到光，
　　　　得到热，
　　　　得到力：
　　创造幸福的新中国，新世界。
真即善；
真即美；
真善美合一。
让我们歌颂真善美的祖国，
真善美的世界，
真善美的人生，
真善美的创造。

卅二、十一、廿八

育才学校创造奖金办法

（一）育才学校为发挥创造精神，鼓励创造生活，特设创造奖金。

（二）创造奖金，每年由育才之友合筹，至少一万二千元充之。

（三）创造奖金分下列三等：

甲等奖金五名，每名一千元；

乙等奖金五名，每名五百元；

丙等奖金二十名，每名二百元。

（四）创造奖金发与下列有创造意义贡献之集体或个人：

（甲）对自然科学有贡献者；

（乙）对社会科学有贡献者；

（丙）对音乐有贡献者；

（丁）对戏剧有贡献者；

（戊）对绘画有贡献者；

（己）对文学有贡献者；

（庚）对治事有贡献者；

（辛）对生活教育有贡献者；

（壬）对人格修养有贡献者；

（癸）对于集体生活有贡献者。

（五）奖金之发给，纯以创造意义之大小为标准，贡献不足时宁缺毋滥；贡献超过名额，不使向隅。不努力，则全年可以不发奖一次。人人努力，则人人有得奖之机会。

（六）受奖者暂以育才学校师生、工友、育才之友，生活教育同志为限。

（七）得奖之发明权、创作权、著作权，仍归本人所有。其著作是否归本校出版，由双方商定。倘归本校，晓庄研究所或战时教育社，则版税稿费，照章另给。

（八）育才创造奖，由育才学校指导委员会，兼任创造奖金保管委员会，司保管、评判、分配之责，必要时得由该委员会酌请校外专家评判。

（九）创造奖金于每学期之终，依据贡献发给一次。

（十）创造奖金得由个人或集体申请，亦得由委员会主动发给。

（十一）创造奖金保管委员会之组织、大纲、施行细则，由该委员会拟订，提请校务会议核定。

（十二）本办法经指导委员会通过实行，并申请校务会议备案。

出自《育才学校手册》时代印刷出版社 1944 年 1 月版

致育才之友书

育才学校敬爱的朋友赐鉴：

育才学校承诸位朋友指导，加以厚助，用能在艰难中逐渐长大，高谊如云，最为铭感。现为发展起见，特将经过情形、最近计划扼要报告，尚希指正。育才学校之创办，由五种动机结晶而成。

第一，是爱迪生幼年生活。他在十二岁的时候，就开始干科学试验，他常把化学药品带到学校去，而且是欢喜动手。对于先生上的功课，觉得枯燥无味，不大注重，所注重的只是他自己愿意玩的化学把戏。那时美国的教师，也像今日中国教师一样的古板，过不了三个月，便以“坏蛋”之罪名，把爱迪生开除了。爱迪生幸亏有一位好的母亲。她说我的蛋并不坏，指定家中之地下室给爱迪生做实验，只吩咐他不要把毒药放在厨房、饭厅里去。她自己教他英文、历史、地理，化学实验则让爱迪生自习。爱迪生因为得到一位了解自己的贤母，所以仅仅受了三个月的学校教育，也能成为一位现代的大发明家。爱迪生幼年的故事，给了我两个深刻的印象：一是科学要从小孩学起，二是科学的幼苗要像爱迪生的母亲一样的爱护才能保全。

第二，是法拉第①之幼年生活。法拉第是发电机原理的发明者，他幼年是在一个书铺里做徒弟。他订书订得慢，别的徒弟到利波老板那里去告状。利波对众徒弟说：“你们有所不知，法拉第是一面订书，一面吃书。书订好了，头脑也吃饱了。你们当中如果有人像他这样用功，我也就马马虎虎。”当法拉第装订一部《百科全书》，翻到电气一章，只有两面，他看完觉得不够味，说我将来要写一本《电气》②。法拉第的科学生活虽得力于进了皇家学院以后，但当他做徒弟的时候，倘使遇不着利波老板的识拔、宽容，这根科学的幼苗是早已会被人摧残了。没有法拉第，便没有爱迪生，没有普照世界的电光。我们感谢法拉第、爱迪生的时候，不能不想念利波啊。

第三，是法国邮船上之所见。民国二十七年，我从埃及坐了一只法国邮船回国，出了红海，看见一位四岁光景的外国小孩在甲板上跳舞，细看才知道他是配合着所开放的留声机跳舞。他是很快乐的在甲板上活跃，因为留声机是开放着一支快乐的曲。我异想天开，竟要求换一张悲哀的片子，看这孩子表情有何变动。当这悲哀的片子一响，孩子立刻变容，如泣如诉，好像是失掉亲爱的人一般的舞去。我再问有革命的片子否？开留声机的朋友说："《马赛曲》[3]如何？"我说甚佳。《马赛曲》一开，小孩立即拿着拳头冲锋，作种种战斗表演，甚至做出向客人攻击之姿势。我看了之后，下一判断，小孩之音乐天才，四岁便可测验，测验属实，便应及时培养。

第四，是湖北临时保育院之所见。汉口沦陷前二十天光景，我们看见一位害癞痢的小朋友[4]在那儿指挥许多小朋友唱歌。我请了一位音乐家教给他音符和拍子，他三天竟能将一支不曾听过的歌用音符记录下来。一个没有音乐才干的人是三年也不见得能学会。

第五，是在重庆临时保育院所受之感触。二十七年十一月参观临时保育院。院长告诉我，常有达官贵人、大学教授来院选择干儿子，当着难童说：这个秃子不要，这个麻子不要，这个嘴唇缺的不要，那个长得好我要。这些失掉父母的难童于今还要受这难受的刺激，听了令人愤慨。当时我表示：我若来选，只问他有无才干。倘使有才干，虽是秃子、麻子、缺嘴唇都要。我不要他们做干儿子，只是为民族培养人才之幼苗。

这五个印象，当我第二次回到香港的时候，联合起来了。在二十八年一月的一天晚上正一时，我就草拟育才学校创学的计划与预算，次日即持以与赈济委员会许静仁先生协商，承许先生批准，由该会担任全部经费，我则用全部时间办学。三月入川，即物色教师，派遣测验团，用智力及特科测验分赴各地选择难童，为时四月，费钱五千元，用现在物价计算，几乎是用了一百万元来选拔学生，这开始的工作是认真的做了。

全校学生一百五十余人，系从十五省流亡之难童中选拔而来。教育方针除依部章指导其一般功课外，从小便注意发现其特殊才能与兴趣，而加以适当之培养。在这四年半中，普修课已从小学办到初中程度；特修科已建立自然、社会、文学、音乐、绘画、戏剧六组。但自二十九年春季以来，物价逐渐高涨，赈济委员会所任经费虽有增加，但在总数之比例，则从全数降至半数，三之一，现在则降至十四分之一了。到三十年四月初，已到山穷水尽，难以维持。朋友们劝我停办，并且说小学太小，缓不济急，加以经济困难，不如改行。但在四月六日早晨五时，我把这三个问题统统想通了。我第一答案是：小中有大。倘使我们能够保存一个爱迪生，则我们的心血就不算白费了。我第二个答案是：虽缓而急。从秧苗看到黄金谷之收获，虽是迂缓的过程，但秧苗已长，必得分栽，十天不雨，尽成枯槁，岂不是当今之急务么？我第三个答案是：中华民族有的是钱。无论怎样穷，只要认清人才的幼苗，应该从小培养，总是有钱来维持这个学校。那时我脑中有山东武训先生画像出现，我对自己说，武训先生以一个乞丐而创办柳林、临清、馆陶三个义塾。我和我的朋友的社会关系都比他好，连一个学校也不能维持，那何以对得起小朋友，又何以对得起中华民族。当时就下决心要坚持到底。除非我自己、我的朋友、整个中华民族都没有饭吃了，那时也只有大家饿死，而没有自动停办。下了决心之后，就立刻写信给朋友说明这个道理，就有好多朋友热心赞助。连当初劝我停办的，也劝我再干了。特别是菲律宾的朋友，每月差不多接济我们一万元。学校不但能维持，而且还有了一些小发展。我在这里想补说一句：三十年四月六日以后，育才学校是在朋友们的博爱精神下长进着。

但是香港失守以后，继之以新加坡、马尼拉之沦陷，南洋接济完全断绝。经济断绝不是绝望。我们二十几个月以来是在造浮桥，要想渡过难关。现在为要纪念这一可纪念的日子，就又下了决心要建立一个更稳固、更进展的经济基础。

（甲）筹足学校基金	一〇〇〇〇〇〇元
（乙）扩充音乐组增加钢琴二架	三〇〇〇〇〇元
（丙）建立自然科学馆	三〇〇〇〇〇元
（丁）建立图书馆	四〇〇〇〇〇元
总计	二〇〇〇〇〇〇元

我们想从今年兴学节起，于最短期间内筹足这二百万元的款子，奠定育才学校经济基础。我们不预备向社会作广泛的募捐，只希望个人的少数朋友，从了解育才学校的一切，成为育才学校之真心朋友，而给育才学校以大力之赞助。我们所以提出这个请求，一半也是由于武训先生精神在后面推动，一半也是由于小孩们努力向上，可以造就，还有许多埋藏在一般

小孩中之人才幼苗，急待培养，不忍不为他们请命。倘蒙慨允赐助，则我们可以用十年树木之方法，完成百年树人之大计。本校对于民族、人类倘有少许之贡献，实在是诸位友好爱护之赐了。

育才学校校长　陶行知再拜

【注释】

①法拉第（1791—1867），英国物理学家，被称为“电学之父”。

②《电气》，少年法拉第想写之书，后出版《电学实验研究》与此呼应。

③《马赛曲》，法国资产阶级革命时期的歌曲，1879 年定为法国国歌。

④指陈贻鑫。

育才二十三常能

初级十六常能

（一）会当书记 包括写小楷，管卷宗，写社交信，做会议记录等。（在国语课和社交活动时及集体活动中学习）

（二）会说国语 包括会话、讲解、演说等。（在国语课、演说会、讨论会、早会、晚会、一切集会与人接谈时，随时留心细听，学习善国语的先生同学的发音、语调。如需要时，可请善国语者进行集体指导，或个别指导）

（三）会参加开会 包括发言、提议、选举、做主席等。（在公民课或社会课及一切集会中学习）

（四）会应对进退 包括招待宾客——谈话、引导参观、招待茶饭，——送信接洽事情等。（在平时须留心学校情形，熟悉学校行政组织大概，当会宾客时，才能应对合度，彬彬有礼。在任招待前有准备，在别人应对进退时可以观摩，在自己实践时，必须在慎重其事中学习）

（五）会做小先生 包括帮助工友、同学以及学校附近农友等。（在“文化为公”“知识为公”“即知即传”的号召下，自动的以一技一艺之长去帮助人长进中学习）

（六）会管账目 包括个人账目、集体账目，会记账，会报账，会管现金出纳等。（抱着有账即记，公私分明的原则，在记载个人日用账目及集体账目中学习）

（七）会管图书 包括编目、晒书、修补、陈列、借书等。（在每个人自己桌屉中的图书，必须日常整理，不得散乱。在各小组的图书架上，在图书库里观摩和工作中学习）

（八）会查字典 包括中文字典和外文字典等。（在小学四年级以上，在国语课、外语课，课前准备工作中学习）

（九）会烧饭菜 包括小锅饭、小锅面、小锅菜十味以上。并会做泡

菜、咸菜、糖果、果子酱、腊肉等。（在聚餐、野餐、助厨时学习）

（十）会洗补衣服 包括洗衣补衣等。（在十二岁以上，必须学会洗补衣服、晒晾、折浆，规定每星期洗衣一次，衣服破了即须缝补，会者教不会者；不会者必须跟会者学）

（十一）会种园 包括种菜、种花、种树等。（规定小学生每人至少种菜半分；中学生至少种一分。在生产活动中学习）

（十二）会布置 包括装饰、陈列、粉刷、洒扫等。（在美术课、手工课、参加布置生活室、会客室、课室、寝室、会场中学习）

（十三）会修理 包括简单木工、竹工、泥水工、油漆工工具等。（在修理中学习）

（十四）会游泳 包括仰游、俯游等。（在夏令必须参加游泳学习，在平时可定期去温泉学习）

（十五）会急救 包括医治小毛病、救溺、救触电、救中煤毒等。（请卫生室及校外医工指导，在分配卫生工作及旅行，急救中学习）

（十六）会唱歌 包括独唱、合唱等。（在唱歌课、参加合唱团中练习）

高级七常能

（一）会开汽车 检查目力及手腕灵敏，懂得汽车构造。（请专家指教）

（二）会打字（学毕高中英文，请专家指教）

（三）会速记（文字通顺，并请专家指教）

（四）会接电（学毕电学，并请专家指教）

（五）会担任翻译（在实习外国语课，极力争取会话练习，外宾至时，及与外宾做朋友中学习，交谈中学习）

（六）会临时讲演（在平时各种演说会、欢迎会、送别会及指定代表出席参加各社团纪念会中学习）

（七）会领导工作（在指定集体工作中负责领导，在集团选举出负责领导工作中学习，以完成上级或集团付托之使命）

出自《育才学校手册》时代印刷出版社 1944 年 1 月版

育才学校节略

宗旨 在三民主义抗战建国纲领指导之下，教导学生团结起来，做追求真理的小学生；自觉觉人的小先生；手脑双挥的小工人；反抗侵略的小战士。

方法 选拔有特殊才能之难童，在集体生活中，培养人才之幼苗，给以适当之阳光、空气、水份、养料，并除害虫，俾能发荣滋长。教育方法，注重教学做合一，在劳力上劳心，理论与实践并重。

课程 分为普修课、特修课两种。普修课依部章进行。特修课已建设音乐、戏剧、文学、绘画、社会、自然六组，使各人就性之所近，从容发展其才能；以后拟增加工艺组和农艺组，并视各组特性而改进其课程。普修课时间占四分之三，特修课占四分之一。本校为全年学校，利用寒暑假，以补普修课程之不足。

进度 在四年半中，本校已从小学办至初中。现在接着要办高级学校，充实研究所，以应学生升学之需要。而贯彻本校之主张，研究所已具雏形，并选拔幼年研究生十余人试办。

导师 导师有国外留学者四人，国内大学毕业程度者十二人，其他十八人，共有三十四人，家属十七人。

学生 学生一百五十二人，中有难童一百四十人，籍隶十五省，男八十三人，女六十九人，三十三年八月拟招新生二百人。

工友 工友十四人。

校舍 （一）古圣寺[①]为本校校本部，有大小房间四十六间。（二）明家院有大小房间八间。（三）屈家院有大小房间五间。（四）鹫岭寺有大小房间九间。（五）舞台一座。（六）露天讲座四座。（七）研究所四间。（八）体育场三处。（九）菜园十亩。（十）荷花池一眼。（十一）井三口。（十二）马家沱有荒地二百四十五亩即将辟为农场，以奠未来农艺组之初基。（十三）管家巷有大小房间十八间为绘画组之用。（十四）江北观音桥有大小房间九间为音乐组之用。

设备 图书二〇〇〇〇册，钢琴三架，提琴五架，风琴五架，科学仪器工具一千余件。

经费 本校对难童学生，负责衣食住行医药教育全部费用，依三十三年三月底标准计算，每月支出约二十万元，赈济委员会每月补助八千五百元，盐务局每月补助六千元，天府公司每月补助五千元，胡心惠先生每月补助三千元，美国援华会每月补助五万八千元，利息每月一万二千元，中华学校委员会每月补助七千五百元。上海银行补助学额十名，张瑞芝先生补助学额四名，其他补助每月合计二万八千元。保育会补助保育生之平价米、书藉费及零用费。现在最感困难的问题有四：（一）为教师薪金急须增加；（二）为学生营养急须改善；（三）为新生设备急须补充；（四）每月不足之六万余元急须补充以达收支之平衡。从现在起，拟于最短时间内筹足二百万元以奠定本校之经济基础。

创造生活 本校师生工友，以集体力量从事于五项创造工作：

（1）创造健康之堡垒；

（2）创造艺术之环境；

（3）创造生产之园地；

（4）创造学术之气候；

（5）创造真善美之人格。

出自《育才学校手册》时代印刷出版社 1944 年 1 月版

【注释】

①古圣寺，在四川省合川县凤凰山，始建于明代。1939 年 7 月至 1945 年冬为育才学校校址。